I0137882

Silvia Horsch / Melahat Kisi /
Kathrin Klausing / Annett Abdel-Rahman
(Hrsg.)

Der Islam und die Geschlechterfrage

Theologische, gesellschaftliche, historische und praktische Aspekte einer Debatte

Bibliografische Information der Deutschen Nationalbibliothek
Die Deutsche Nationalbibliothek verzeichnet diese Publikation in der DeutschenNationalbibliografie; detaillierte bibliografische Daten sind im Internet über http://dnb.d-nb.de abrufbar.

ISSN 2190-3395
ISBN 978-3-631-68100-8 (Print)
E-ISBN 978-3-653-07195-5 (E-PDF)
E-ISBN 978-3-631-76461-9 (EPUB)
E-ISBN 978-3-631-77423-6 (MOBI)
DOI 10.3726/b15450

Peter Lang – Berlin · Bern · Bruxelles · New York · Oxford · Warszawa · Wien

www.peterlang.com

Inhaltsverzeichnis

Silvia Horsch

Einleitung

Geschlechterbeziehungen und -rollenvorstellungen im Islam und deren vermeintliche inhärente Rückwärtsgewandtheit und Rigidität werden in der deutschen Öffentlichkeit mittlerweile seit Jahrzehnten diskutiert. Insbesondere „die muslimische Frau" ist ein wiederkehrendes Thema in Unterhaltungsliteratur, Podiumsdiskussionen, Feuilleton und TV-Shows. Wo es um die muslimische Frau geht, ist „der muslimische Mann" allerdings ebenso angesprochen, denn das Klischee der unterdrückten Muslimin setzt den unterdrückenden muslimischen Mann voraus. Auch wenn sich die Wissenschaft in verschiedenen Disziplinen ebenfalls schon seit längerem mit diesen Themen beschäftigt und die diskursive Einbettung, die historischen Voraussetzungen und die identitätsstiftenden Funktionen dieser Debatte herausgearbeitet hat,[1] kommt die öffentliche Diskussion weitgehend ohne diese Erkenntnisse aus. Ebenso wenig wird das vermeintliche Wissen über den Islam einer historischen Überprüfung unterzogen. Die Herausgeberinnen erliegen daher nicht der Illusion, dass der vorliegende Sammelband an der diskursiven Formation Wesentliches verändern wird. In solchen Debatten ist nicht das verfügbare Wissen der entscheidende Faktor, vielmehr geht es um bestimmte Funktionen: Der islamfeindliche Diskurs, innerhalb dessen Sexismus als spezifisch muslimisches Problem eine wichtige Rolle spielt, zielt auf die Herstellung einer nationalen Identität und die Verteidigung von Privilegien.[2]

Dieser Befund enthebt Wissenschaftler und Wissenschaftlerinnen indes nicht der Verpflichtung, historische und gegenwartsbezogene Forschung zu genau

1 Einer der ersten Beiträge, der die Verschränkung von Rassismus und Sexismus im Diskurs über Muslime herausgearbeitet hat ist der Vortrag von Margarete Jäger „Ethnisierung von Sexismus im Einwanderungsdiskurs. Analyse einer Diskursverschränkung" am 16.09.1999 an der Universität Georg-August-Universität Göttingen, URL: http://www.diss-duisburg.de/Internetbibliothek/Artikel/Ethnisierung_von_Sexismus.htm (letzter Zugriff: 20.03.2018).

2 Vgl. Iman Attia, „Privilegien sichern, nationale Identität revitalisieren. Gesellschafts- und handlungstheoretische Dimensionen der Theorie des antimuslimischen Rassismus im Unterschied zu Modellen von Islamophobie und Islamfeindlichkeit", in: Journal für Psychologie 21 (2013), URL: www.journal-fuer-psychologie.de/index.php/jfp/article/view/258 (letzter Zugriff: 20.03.2018).

diesen Fragen zu leisten. Für uns als Wissenschaftlerinnen im Feld der Islamischen Theologie und Religionspädagogik ist darüber hinaus vom gesamtgesellschaftlichen Diskurs abgesehen vor allem der innermuslimische Diskurs von Bedeutung. Sofern dieser Band eine Diskursintervention darstellen kann, zielt diese vor allem auf innerislamische Debatten und Praxisfelder wie Moscheen und Schulen, in denen Geschlechterrollenvorstellungen tradiert und Geschlechterbeziehungen eingeübt werden.

Die Vorstellungen zeitgenössischer Muslime sind von der europäischen Auseinandersetzung mit dem Islam zutiefst beeinflusst. In der Epoche der Kolonialisierung wurde das europäische Frauenbild des viktorianischen Zeitalters in die islamische Welt importiert. Dieses ordnete Rationalität einseitig dem Mann und Emotionen der Frau zu, assoziierte Männer mit Kultur und Frauen mit Natur und sah für Männer die Öffentlichkeit und für Frauen die Häuslichkeit vor.[3] Die Modernisierung des Rechts in den postkolonialen Nationalstaaten importierte europäische Regulierungen der Kernfamilie, welche für Frauen die Hausfrauenrolle unter Führung des Mannes vorsah.[4]

Die historische Entwicklung solcher Vorstellungen zu reflektieren, ihre Tradierung zu hinterfragen und die Möglichkeiten auszuloten, die die frühere islamische Geschichte bereit hält, sind daher zentrale Aufgaben im innerislamischen Diskurs. Diesen Diskurs anzuregen und zu befruchten, war das Ziel unserer Ringvorlesung „Der Islam und die Geschlechterfrage" am Institut für Islamische Theologie der Universität Osnabrück (Wintersemester 2014/15 und Sommersemester 2015), auf die die meisten der Beiträge des vorliegenden Sammelbandes zurückgehen. Darüber hinaus haben wir neben weiteren Beiträgen drei Übersetzungen von englischen Aufsätzen aufgenommen, welche wir für die Debatte in Deutschland als gewinnbringend ansehen.

---

3 Vgl. Leila Ahmed, *Women and Gender in Islam*, Yale 1992, S. 151. Die aufkommende Wissenschaft der Anthropologie untermauerte diese Rollenzuschreibungen mit wissenschaftlichen „Erkenntnissen", die das viktorianische Ideal der weiblichen Häuslichkeit als „natürlich" bestätigte, ebd.

4 "[...] the legal reduction of matrimonial relationship [...] to companionate marriage simultaneously constituted a step toward constructing the wife as a housewife in a family unit headed by the husband [...] a notion that is entirely absent from the fiqh." Wael Hallaq, *Sharīʿa. Theory, Practice, Transformations*, New York 2009, S. 455.

I Geschlecht und Religion in Theorie und Praxis

Dass religiöse Diskurse über Geschlechterrollen historischen Veränderungen unterliegen, zeigt *Omaima Abou-Bakr.* Sie untersucht und vergleicht die Exegesen (männlicher) klassischer und moderner Korankommentatoren sowie Reformerinnen. Während die klassischen Kommentatoren für ein „gemäßigtes Patriarchat" optieren, dass Männer im Hinblick auf ihre Beziehungen und Verantwortung gegenüber Frauen betrachtet, schreiben modernistische Autoren männliche Machtpositionen mit Verweis auf die Biologie fest, womit eine De-Thematisierung männlicher Verantwortung und eine Überbetonung der weiblichen Pflichten einhergeht. Auf diese diskursive Verschiebung und ihre gesellschaftlichen Folgen reagieren Reformerinnen mit der Etablierung einer weiblichen Stimme, die mit dem Verweis auf koranische Ideale Männer wieder in die Verantwortung nehmen will.

Muslimische Männlichkeit ist nicht erst seit der Silvesternacht 2015/2016 ein zentrales Thema skandalisierender Integrationsdebatten. Im gesellschaftlichen Diskurs haben sich Negativbilder als allgemeingültig für muslimische Männer durchgesetzt. *Michael Tunç* verweist demgegenüber auf die diversen Männer- und Väterrollen unter muslimischen Männern und stellt die Frage, ob Religiosität eine Ressource für emanzipative Männlichkeitsbilder und aktive Väterlichkeit sein kann oder ob sie konservative Geschlechterarrangements befördert.

Gegenwärtige Diskurse über muslimische Frauen können nicht unabhängig von ihrem kolonial-rassistischen Entstehungskontext diskutiert werden. Vor diesem Hintergrund verdeutlicht *Ismahan Wayah* in ihrem Beitrag die Relevanz postkolonialer Kritik und postkolonialer feministischer Ansätze, die den universalisierenden weißen Feminismus und dessen Verknüpfung mit (Neo-) Kolonialität und Orientalismus kritisieren. Am Beispiel des „Slutwalks" zeigt die Autorin, wie sich Bemühungen zur „Befreiung der muslimischen Frau" aus einer unkritischen weißen feministischen Position heraus als rassistische Vereinnahmungen entlarven.

Die gesellschaftlichen Auswirkungen medialer Diskurse über den Islam und muslimische Frauen lassen sich insbesondere im Bereich des Arbeitsmarktes beobachten, in dem für kopftuchtragende muslimische Frauen erhebliche Barrieren bestehen. *Gabriele Boos-Niazy* geht der Diskrepanz zwischen der im Grundgesetz verankerten Glaubens-, Gewissens- und Bekenntnisfreiheit und der alltäglichen Praxis von Arbeitgebern nach. Sie zeigt an zahlreichen Fällen aus der Beratungspraxis des Aktionsbündnisses muslimischer Frauen (AmF), wie Grundrechte wissentlich oder unwissentlich ignoriert werden.

Die Bedeutung der Geschlechterkategorie für den islamischen Religionsunterricht behandeln *Melahat Kisi*, *Kathrin Klausing* und *Annett Abdel-Rahman*. Die vielfältigen Korrelationen von Geschlecht und Religion spielen im schulischen Religionsunterricht schon deshalb eine zentrale Rolle, weil es keine geschlechtsneutrale Identitätsentwicklung gibt. Die Autorinnen geben einen Überblick über die Geschlechterforschung in der christlichen Religionspädagogik, mit den dort entwickelten Methoden und didaktischen Ansätzen, und entwickeln davon ausgehend Thesen zur Rolle der Geschlechterkategorie im islamischen Religionsunterricht.

II Frauen als Gelehrte: historische Perspektiven

Der zweite Teil des Bandes befasst sich mit den Beiträgen von Frauen zu den religiösen Wissenschaften in der islamischen Geschichte. Für eine Reihe von Disziplinen ist ʿĀʾiša, die bekannteste der Frauen des Propheten, die zentrale Vorbildfigur für weibliche Gelehrsamkeit in der Generation der Prophetengefährten. *Wolfgang Bauer* portraitiert ʿĀʾišas unabhängige und kritische Persönlichkeit, ihre Fähigkeiten und die Anerkennung, die sie gefunden hat, anhand der über sie überlieferten Aussagen. Er verfolgt außerdem die Frage, inwieweit aus den von ihr überlieferten Antworten auf Fragen, exegetischen Aussagen und korrigierenden Eingriffen auf eine unterliegende Systematik ihrer Auslegung geschlossen werden kann.

Doris Decker geht von der Beobachtung aus, dass Frauen wichtige Akteurinnen in der Vermittlung religiösen Wissens waren und stellt die Frage, ob Frauen deshalb auch als Lehrerinnen fungierten, die planmäßigen Unterricht erteilten. Zur Beantwortung dieser Frage analysiert sie die Modalitäten der Wissensvermittlung im frühen Islam und untersucht, welche Rolle Frauen dabei gespielt haben.

Auch wenn Frauen in der religiösen Bildung eine wichtige Rolle gespielt haben, war diese nicht unumstritten, wie das Traktat des Gelehrten al-ʿAẓīmabādī aus dem ausgehenden 19. Jahrhundert zeigt. *Asma Sayeed* untersucht die auf den Ansätzen des klassischen islamischen Rechts basierenden Argumentationsstrategien dieses Gelehrten, der für das Recht von Frauen auf Bildung plädiert. Dabei beruft er sich auch auf historische Beispiele, zu denen die zahlreichen Lehrerinnen des Hadith gehören. Eine solche ist Šuhda al-Kātiba (gest. 1178), deren Biographie Sayeed exemplarisch analysiert.

Den Beitrag von Frauen zum Genre der Koranexegese (*tafsīr*) untersuchen *Hidayet Aydar* und *Mehmet Atalay*. Die Anzahl der Frauen, die in dieser Disziplin der islamischen Wissenschaften tätig waren, fällt gegenüber der

Hadithwissenschaft deutlich ab, obwohl mit ʿĀʾiša auch hier ein prominentes frühes Vorbild vorhanden ist. Verfasserinnen von schriftlichen Koraninterpretationen treten erst spät in Erscheinung. Eine wichtige Rolle spielt dabei Ziyb an-Nisāʾ (gest. 1113/1702), Tochter eines Timuridenkönigs, die möglicherweise die erste Autorin eines vollständigen *tafsīr* ist. Im 19. und 20. Jahrhundert werden die Werke von weiblichen Koranexegetinnen schließlich zahlreicher.

III Meinungsbeiträge im innermuslimischen Diskurs

Der letzte Teil des vorliegenden Bandes soll einen Eindruck vom Beitrag weiblicher Stimmen in derzeit geführten innermuslimischen Debatten vermitteln. Es handelt sich hierbei nicht um wissenschaftliche, sondern um programmatische Beiträge, die in muslimischen Medien erschienen sind. Sie weisen auf Missstände im Umgang mit Frauen innerhalb der Community hin und schlagen Möglichkeiten zur Verbesserung vor.

Der erste Beitrag stammt von der in den USA aktiven, religiösen Gelehrten *Zaynab Ansary*, die sich mit einer Form des spirituellen Missbrauchs befasst: prominente männliche muslimische Prediger und Gelehrte, die ihre Bekanntheit und die ihnen von der Community verliehene Autorität ausnutzen, um multiple und kurzfristige Beziehungen zu Frauen einzugehen. Zaynab Ansary war im Jahr 2015 die erste, die sich öffentlich mit diesem Phänomen auseinandersetzte. Ihr Beitrag ist von besonderer Bedeutung, weil sie als eine der wenigen gelehrten Frauen im Kreis der prominenten religiösen Persönlichkeiten die Folgen dieser Verhaltensweisen im Kontakt mit den betroffenen Frauen beobachten konnte.

Der Beitrag der Herausgeberinnen *Silvia Horsch* und *Melahat Kisi* befasst sich mit der Rolle und dem Raum, der Frauen in Moscheen zugestanden wird. Er bietet eine Übersicht über die im Vergleich zu Deutschland weiter fortgeschrittene Diskussion im englischsprachigen Raum und zeigt die Folgen der mangelnden Integration von Frauen in Moscheen für die muslimische Gemeinschaft insgesamt auf.

Beide Beiträge sind Interventionen muslimischer Wissenschaftlerinnen, die sich nicht nur als Beobachterinnen, sondern als Teilhabende an der diskursiven Tradition des Islams verstehen. Sie wollen Entwicklungen nicht nur analysieren, sondern auch in den innermuslimischen Diskurs eingreifen. Wie die Rezeption beider Beiträge gezeigt hat, finden solche Stimmen inzwischen Gehör. Dies liegt auch daran, dass muslimische Medien, vor allem im Internet, sich für solche Interventionen zunehmend offen zeigen. Inwieweit sie Auswirkungen auf die Praxis haben, wird sich noch erweisen müssen.

Wir danken dem Bundesministerium für Bildung und Forschung sowie der Stiftung Mercator für die finanzielle Unterstützung der Ringvorlesung und dem Institut für Islamische Theologie für die Übernahme der Druckkosten. Außerdem danken wir Corinna Küster und Nina Ouaida für ihre Übersetzungen und Safiye Bozkurt für die Einrichtung des Manuskriptes.

Literatur

Ahmed, Laila, *Women and Gender in Islam*, Yale 1992.

Attia, Iman, „*Privilegien sichern, nationale Identität revitalisieren. Gesellschafts- und handlungstheoretische Dimensionen der Theorie des antimuslimischen Rassismus im Unterschied zu Modellen von Islamophobie und Islamfeindlichkeit*“, in: Journal für Psychologie 21 (2013), URL: www.journal-fuer-psychologie.de/index.php/jfp/article/view/258 (letzter Zugriff: 20.03.2018).

Hallaq, Wael, *Sharīʿa. Theory, Practice, Transformations*, New York 2009.

Jäger, Margarete, „*Ethnisierung von Sexismus im Einwanderungsdiskurs. Analyse einer Diskursverschränkung*“ Vortrag am 16.09.1999 an der Universität Georg-August-Universität Göttingen, URL: http://www.diss-duisburg.de/Internetbibliothek/Artikel/Ethnisierung_von_Sexismus.htm (letzter Zugriff: 20.03.2018).

I Geschlecht und Religion in Theorie und Praxis

Omaima Abou-Bakr

Den Spieß umdrehen: Perspektiven auf die Konstruktion „muslimischer Männlichkeit"

Abstract The article analyzes different conceptions of manhood in Islam. Whereas medieval exegetes concentrate on the relational dimension vis-à-vis women in the family, modernists emphasize inherent qualities of manhood. Different women reformists attempt to reconstruct men as domestic beings by measuring them against Qurʾanic ideals.*

1 Einleitung

Seit Jahrzehnten beschäftigt sich die Wissenschaft mit der Repräsentation von Frauen in verschiedenen islamischen Diskursen und Disziplinen der religiösen Wissenschaften, forscht zur Rolle von Frauen in muslimischen Gesellschaften der Vergangenheit und Gegenwart und produziert eine enorme Menge von Forschungsergebnissen zum Schwerpunkt *Frauen im Islam.* Ein entsprechendes Bild der Männer und die Charakterisierung von Männlichkeit in muslimischen Diskursen sind jedoch noch nicht gründlich und systematisch erforscht. Bisher existieren lediglich zwei Sammelbände in diesem Feld: „Imagined Masculinities: Male Identity and Culture in the Modern Middle East" (Ghoussoub 2000), in erster Linie eine soziologische Studie männlicher Initiation, und „Islamic Masculinities" (Ouzgane 2006), wo es heißt: „Männlichkeiten in islamischen Kontexten erscheinen als ein Set unterschiedlicher Praktiken, die durch die Positionierung von Männern in einer Vielfalt von religiösen und sozialen Strukturen definiert wird".[1] Allerdings enthält der Band nur einen kurzen Abschnitt über Religion.

Das Thema *al-marʾa fī l-islām* („die Frau im Islam") entwickelte sich ursprünglich um die Wende zum 20. Jahrhundert als Teil moderner, zeitgenössischer diskursiver Praktiken der arabischen Welt innerhalb konkurrierender Agenden, die auf die verschiedenen Forderungen nach Modernisierung und auf den Druck der kolonialen Hegemonie und des orientalistischen Diskurses reagierten. Die Frage des Status von Frauen im Islam hat sich nicht nur zu einem Schlachtfeld

---

* Der hier übersetzte Artikel *Turning the Tables: Perspectives on the Construction of „Muslim Manhood"* erschien in Hawwa 11 (2013), S. 89–107.

1 Ouzgane, *Islamic Masculinities*, 2006, S. 2.

für verschiedene Streitfragen des Projekts der Modernisierung gegenüber der islamischen Tradition entwickelt, sondern ist auch zu einem Mittel geworden, das Frauen zu Gegenständen der Untersuchung macht, anstatt zu Produzentinnen und Interpretinnen religiösen Wissens. Dieses Monopol in der Erschaffung eines Diskurses, der die Rolle, Rechte und Pflichten der muslimischen Frau überbetonte, hat die Rolle und die Verantwortung von Männern innerhalb des gleichen islamischen Wertesystems überschattet, und zu Vorschriften und Regelungen geführt, die ausschließlich an Frauen gerichtet waren, indem sie ihnen spezielle Geschlechterrollen und ideale Charaktereigenschaften zuschrieben. Darüber hinaus hat die charakteristisch modernistische Konstruktion von Frauen als Symbole der kulturellen Eigenheit und Häuslichkeit insbesondere im religiösen Diskurs zu einem essentialistischen und statischen Bild der Frau geführt. Aber was ist mit muslimischen Männern?

Paradoxerweise hat die moderne Beschäftigung mit der fortwährenden Re-Definition der *islamischen* Verhaltensweisen und Charakterisierung von Frauen zu einem übertriebenen Fokus auf *ihre* Pflichten, *ihre* guten Eigenschaften, *ihre* Fehler, *ihre* Aufgaben und *ihre* spezielle Last, die Familie, die Gemeinschaft und die ganze *umma* [Weltgemeinschaft der Muslime] zu erhalten und zu fördern, geführt. In dieser einseitigen Sicht wird auch nur sie für Mangelhaftigkeiten und Fehlschläge verantwortlich gemacht. Die relationale Dimension der beiden Geschlechter wird kaum betrachtet: Was sind die erwarteten Pflichten und die göttlichen Vorschriften gegenüber Männern als soziale Wesen und als Mitglieder der Familie? Was wird von ihnen als Teil der muslimischen Familie und Gemeinschaft erwartet und verlangt? Was sagt Gott *ihnen*, das sie tun sollen, und wie will Er, dass sie sich als Ehemänner, Väter, Brüder und Söhne verhalten? Warum gibt es eine Diskrepanz, besonders in der modernen und zeitgenössischen islamischen Literatur, zwischen dem emphatischen Diskurs über *az-zawǧa aṣ-ṣāliḥa* (die gute Ehefrau) und der nahezu nicht-existenten Kategorie *az-zawǧ aṣ-ṣāliḥ* (der gute Ehemann)? Die Fokussierung auf Frauen hat dazu geführt, dass die Männer im Hinblick auf göttliche Vorschriften, islamische Pflichten und Aufgaben sowie kulturelle und soziale Forschung aus dem Blick geraten sind. Daher wurde der Charakter eines muslimischen Mannes nicht wie der einer muslimischen Frau streng – gewissermaßen im Sinne einer Zwangsjacke – definiert. Die Abwesenheit von Diskussionen über Männlichkeit und männliche Rollen in modernen und zeitgenössischen Forschungen ist mir im Verlauf meiner Forschung über islamischen Feminismus aufgefallen und ich habe aufgrund ihrer diskursiven und politischen Bedeutung Interesse an dieser Frage entwickelt.

Dieser Artikel diskutiert die alternativen Diskursstrategien muslimischer Reformerinnen in verschiedenen Kontexten und mit verschiedenen Absichten, die als „den Spieß umdrehen und auf die Männer richten“ beschrieben werden können. Dieser Prozess involviert eine Umkehr der Rollen, indem Frauen eine religiöse Verantwortung übernehmen, die darin besteht, Männer im Hinblick auf bestimmte islamische Ideale und ein bestimmtes Ethos zur Rechenschaft zu ziehen, ihre Handlungsweisen zu beurteilen, zu korrigieren und Veränderungen in ihrem Verhalten zu verlangen. Im Ergebnis produzieren sie auf diese Weise einen neuen Diskurs über die Pflichten und die Moral von Männern im Islam und eine neue Definition männlicher Identität in Übereinstimmung mit islamischen ethischen Standards aus der Perspektive von Frauen. Diese Veränderung im Fokus destabilisiert die Machtbeziehungen, die die Produktion religiöser Bedeutung bestimmt haben und sie transformiert Frauen vom Objekt der Untersuchung und Kontrolle zu Initiatorinnen von Diskursen, die Männer zum Ziel moralischer Untersuchung und Maßregelungen machen.

Bevor ich einige solche Beispiele illustriere, beginne ich mit Arbeiten aus der Islamischen Tradition, die die Frage nach dem Zusammenhang von Geschlecht und religiöser Unterweisung und Interpretation behandeln, und stelle die Frage: „Wie haben männliche Autoren selbst Männlichkeit und die Eigenschaften von Männern im Islam wahrgenommen?“ Ich will drei Fälle untersuchen und zeigen, dass diese mit drei verschiedenen Perspektiven auf Männlichkeit in islamischen Diskursen zusammenhängen: (1) mittelalterliche Repräsentationen des männlichen Charakters, die sich auf die Beziehungsdimension gegenüber Frauen in der Familie konzentrieren; (b) die modernistische Konzeption von Männlichkeit, die inhärente Qualitäten betont, welche auf einem biologistischen Essentialismus beruhen und (3) Reformerinnen aus drei verschiedenen Epochen, die eine Rekonstruktion von Männlichkeit und eine Neudefinierung von Männern als „häusliche“ Wesen versucht haben, indem sie sie am koranischen Ideal und dem Beispiel der Propheten messen.

2 Studien zu Männern und Maskulinitäten

Die 1980er Jahre erlebten einen zunehmenden Trend in der Forschung, der von verschiedenen nordamerikanischen Wissenschaftlern und Wissenschaftlerinnen, vornehmlich aus der klinischen Psychologie, angeführt wurde und der Rollen von Männern und männliche Ideale verschiedener Kulturen und Gesellschaften analysierte. Joseph Pleck's „The Myth of Masculinity“ (1981) bearbeitete diese Frage hauptsächlich aus einer psychologischen Perspektive und führte den Begriff der *gender-role-strain* ein, der zeigte, dass die geschlechterbasierten

Rollen, Stereotypen und männlichen Ideale einer Gesellschaft, die Männern aufgedrängt werden, zu negativen psychologischen Effekten führen können. Plecks neue Annahme war, dass Geschlechterrollen von Männern sozial konstruiert und veränderlich sind. Wie Ronald Levant in „Men and Masculinities" zeigt, war Plecks Verdienst seine Infragestellung des Paradigmas, das die psychologischen Studien zu Männern von den 1930er bis in die 1980er Jahre dominierte, nämlich das *gender role identity paradigm*. Dieses behauptete, dass „Menschen ein inneres psychologisches Bedürfnis haben, eine Geschlechtsrollenidentität zu besitzen, und das Ausmaß, in dem dieses inhärente Bedürfnis erfüllt wird, wird dadurch bestimmt, wie vollständig eine Person seine oder ihre traditionelle Geschlechterrolle annimmt." Daher „gibt es eine deutliche maskuline Essenz, die historisch unveränderlich ist" [2]. Plecks neues Paradigma war ein Vorläufer einer neuen Psychologie von Männern, die nicht auf Essentialismus, sondern auf sozialer Konstruktion beruhte. In seinen Studien zeigte er nicht nur, dass zeitgenössische Geschlechterrollen widersprüchlich und inkonsistent sind, sondern auch, dass eine hohe Anzahl von Menschen Geschlechterrollen ablehnen anstatt sie anzunehmen, was besonders schwerwiegende Konsequenzen für Männer hat.[3]

Dies belegt, dass Männlichkeit und Weiblichkeit „relational, sozial konstruiert und Wandlungen unterworfen sind"[4]. Pleck und Howard waren 1995 in der Lage, durch die Untersuchung der normativen Dimension ihre Ideen weiter zu entwickeln, und schlugen das Konzept der „Männlichkeitsideologie" vor, nach der bestimmte geschlechtsspezifische Eigenschaften Männern zu eigen sein sollen und Frauen nicht. Männlichkeitsideologien können daher männliches Verhalten vorhersagen und verweisen auf eine enge Definition von Männlichkeit. Gleichzeitig unterscheiden sich die Ideale von Männlichkeit je nach sozialer Gruppe, Ethnie, sexueller Orientierung, Lebensphase und historischer Epoche.[5] Das Konzept der Männlichkeitsideologie verweist daher auf „Überzeugungen, die es als wichtig ansehen, dass Männer sich an kulturell definierte Standards männlichen Verhaltens halten."[6]

Harry Brod, Professor für Philosophie, plädiert für – wie er es genannt hat – TNMS (The New Men's Studies), ein Forschungsfeld, das „die Konstruktion und

2 Joseph Pleck, *The Myth of Masculinity*, Cambridge 1981, S. 352.

3 Vgl. ebd.

4 Ebd., S. 353.

5 Vgl. ebd., S. 129–163.

6 Ebd., S. 19.

Praxis männlicher Macht“ [7] untersucht und Männlichkeit, wie sie konstruiert und kulturell aufoktroyiert wird, kritisch analysiert. Zwei weitere Bände erschienen zeitgleich mit Brod's Publikation, die sich mit der kritischen Untersuchung von Männern und Männlichkeiten, sowie deren Beziehung zu Geschlecht und Macht in der Gesellschaft befassen: Micheal Kimmel's Sammelband „Changing men: New Directions in Research on Men and Masculinity“ (1987) and R.W. Connell's „Gender and Power: Society, the Person, and Sexual Politics“ (1987). In den 1990er Jahren wurden weitere Theorien zum männlichen Bild und der Repräsentation von Männlichkeit in verschiedenen Kulturen entwickelt, wie in David Gilmore's „Manhood in the Making: Cultural Concepts of Masculinity“ (1990), das Männlichkeit als den „anerkannten Weg, ein männlicher Erwachsener in einer bestimmten Gesellschaft zu sein“ definiert, d.h. dass das Männlichkeitsideal ein „kulturell aufoktroyiertes Ideal ist, dem sich Männer anpassen müssen“[8] Männlich zu sein ist also ein Teil der öffentlichen Kultur und der kollektiven Repräsentation der Gesellschaft.

Weitere Studien stellen eine Verbindung zu anderen Bewegungen und Diskursen in der Geschichte her, wie die Ko-Optierung von Männlichkeitsidealen im modernen Nationalismus (George Mosse: „The Image of Man: The Creation of Modern Masculinity“, 1996) und kolonialer Politik (Mrinalini Sinhas: „Colonial Masculinity: The ‚Manly Englishman‘ and the ‚Effeminate Bengali‘ in the Late Nineteenth Century“, 1995). In „Theorizing Masculinities“ (1994) diskutieren Harry Brod und Michael Kaufman eine neue Dimension der Männerstudien, ihre Beziehung zum Feminismus und feministischen Männerstudien. Indem sie die Frage stellen „Wie soll man Männer und ihre Institutionen *wirklich* ins Zentrum der Analyse stellen, ohne die patriarchale Voreingenommenheit vorangegangener Studien zu Männern zu wiederholen?“ antworten sie auf feministische Bedenken bezüglich des Fallstricks, die Zentrierung auf Männer zu reproduzieren. Ihre Antwort lautet, dass die neuen Studien, die sie vorschlagen, „von Männern als Männer handeln und nicht im generischen Sinn als Menschen.“[9]

Diese kurze Darstellung zeigt, dass die sich entwickelnden Ideen von männlicher Identität und Männlichkeiten, die von männlichen Wissenschaftlern der Sozialwissenschaften verfolgt wurden, von feministischen Theorien der Genderkonstruktion und der Kritik patriarchaler Machtbeziehungen beeinflusst

7 Harry Brod, *The Making of Masculinities: The New Men's Studies*, Boston 1987, S. 2.

8 David Gilmore, *Manhood in the Making: Cultural Concepts of Masculinity*, New Haven 1990, S. 14.

9 Harry Brod/Michael Kaufman, *Theorizing Masculinities*, Thousand Oaks, CA 1994, S. 4.

wurden. Die neue Theoretisierung von Männlichkeiten unterstützt daher feministische Forschung als *pro-feministische* und *anti-patriarchale* Men's Studies, wie diese Wissenschaftler angeben: „Sie nehmen die fundamentale feministische Einsicht auf, dass Geschlecht ein System der Macht ist und nicht einfach ein Set von Stereotypen und beobachtbaren Unterschieden zwischen Frauen und Männern." In dieser Hinsicht untersuchen sie „Beziehungen und Manifestationen ungleicher Macht und die Internalisierung und Wiederholung dieser Beziehungen".[10]

3 Männer in religiösen Diskursen

Für die pro-feministischen und anti-patriarchalen Men's Studies war es eine natürliche Entwicklung, die Untersuchung der Konstruktion von Männlichkeit in religiösen Diskursen zu beginnen und der Frage nachzugehen, wie Religionen Ideale von Männlichkeit formen und beeinflussen. Diese Überschneidung führte zur Untersuchung von Männern in den Religionen, die mit zwei wegweisenden Bänden begann: „Redeeming Men: Religion and Masculinities" (Boyd et al. 1996) und „Men's Bodies, Men's Gods: Male Identities in a (Post-) Christian Culture" (Krondorfer 1996). Die grundlegende Ausrichtung dieser Arbeiten war die Unterstützung feministischer Studien zur Religion in der Suche nach einer Alternative zu patriarchaler Theologie, die männliche Dominanz in der Religion nicht wiederholt oder wiedereinsetzt. Weitere Forschungen konzentrierten sich daher auf die kritische Untersuchung von Diskursen innerhalb des Christentums und des Judentums, die männliche Identitäten auf eine bestimmte Weise konstruieren.

Im Hinblick auf Diskurse über Männlichkeit und Repräsentationen von Männlichkeit im Islam, müssen wir zwischen verschiedenen Feldern der Untersuchung unterscheiden. So gibt es z.B.

1. Arbeiten, die auf die direkte Textanalyse der primären grundlegenden Quellen fokussieren, den Koran und die Hadithe;
2. Studien der theologischen Wissenschaften der Exegese (tafsīr) und Rechtswissenschaft (fiqh), d.h. sie betreffen das Verständnis der islamischen Quellen und ihrer Botschaft, sowie die Interpretation der Gelehrten (ʿulamāʾ);
3. Arbeiten zum Sufismus oder
4. zur zeitgenössischen öffentlichen Predigt und zu allgemeinen Diskursen.

Da es über das Ziel dieses Artikels hinausgeht, alle Ebenen zu behandeln,

10 Ebd. S. 4.

konzentriere ich mich auf exegetische Diskurse, wie sie sich in den traditionellen Kommentaren zu bestimmten Koranversen finden, die das Geschlecht ansprechen, und die Männer als häusliche Wesen, als Ehemänner, Väter und Erziehungsberechtigte im Verhältnis zu Frauen ansprechen. Dies sind Verse, in denen im Prozess des Vorschreibens neuer Regelungen und Bedingungen für diese Art von sozialen Beziehungen männliche Rollen modifiziert und männliche Identitäten neu geformt werden. Ich werde sowohl Beispiele aus der mittelalterlichen als auch aus der modernen Koranexegese berücksichtigen.

In den Interpretationen bestimmter geschlechterbezogener Verse konstruieren die klassischen Exegeten wie Ibn Abbās (gest. 68/688) aus der ersten Generation der Gefährten des Propheten, wie auch aṭ-Ṭabarī (gest. 310/923) und az-Zamaḫšarī (gest. 538/1144) das Bild des Ehemannes als nachsichtig, geduldig, erduldend, tolerant und kompromissbereit. Dies wird an drei Aspekten ihrer Exegese deutlich: (a) Ihre eigenen Kommentare zu den Implikationen eines bestimmten Verses bezüglich dem, was Gott von den Männern in ihrer Rolle als Ehemänner und Väter erwartet und wie sie sich gegenüber den Frauen in ihrer Familie verhalten sollen; (b) eingebettete Anekdoten, die einen Einblick in eheliche Beziehungen gewähren; und (c) die relevanten *Offenbarungsanlässe*, die auf die intendierte Verschiebung der Machtbeziehungen zwischen den Geschlechtern hinweisen. Im ersten vollständigen Korankommentar „*Ǧāmiʿ al-bayān fī tafsīr al-Qurʾān*" (3./9. Jahrhundert), erklärt aṭ-Ṭabarī den letzten Teil des Verses 4/34 (Sure *an-Nisāʾ*) „Gott ist erhaben und groß", als ein eindringliches göttliches Verbot, das alleine an die (Ehe)Männer gerichtet ist, ihren Frauen nicht zu schaden, indem sie Ausflüchte und Entschuldigungen suchen, um unerlaubten Zugriff auf ihren Körper oder ihr Geld zu erhalten, wie etwa, dass ein Ehemann zu seiner Frau sagt, „Du liebst mich nicht, du hasst mich", um sie aus diesem Grund zu schlagen. In einer langen moralisierenden und ermahnenden Passage, die an Drohung grenzt und in einem ernsten Predigtton vorgetragen wird, verbietet aṭ-Ṭabarī ungerechte Übertretungen von Männern (*baġī*): „Überschreitet euren Frauen gegenüber nicht die Grenzen, nur weil ihr Macht über sie habt, denn Gott ist *euch* überlegen [Hervorhebung der Autorin] und über allem und jedem, mehr als ihr über ihnen steht. Er ist größer als ihr und alles andere und ihr seid in Seinen Händen. So fürchtet Gott, wenn ihr ihnen gegenüber ungerecht seid oder übertretet [...], oder Er wird ihnen den Sieg über euch geben, da Er über euch und allen Dingen ist und größer als ihr und alles."[11] Die Wiederholungen

11 aṭ-Ṭabarī, *Ǧāmiʿ al-bayān fī tafsīr al-Qurʾān*, Bd. 8, Kairo 1961, S. 318.

unterstreichen die Bedeutung und Wichtigkeit der Botschaft im Verständnis des Interpreten. In einem späteren *tafsīr*-Werk, „*al-Kaššāf*" (6./12. Jahrhundert) wiederholt az-Zamaḫšarī diese Warnung: „Wisst, dass Gottes Allmacht über Euch größer ist als eure Stärke oder Macht ihnen gegenüber".[12]

Ähnlich in anderen Interpretationen dieses Teils des Koranverses: Ar-Rāzī (gest. 608/1212) erläutert in seinem „*Tafsīr al-kabīr*" die göttliche Absicht dahinter: „Das Ziel ist, die Ehemänner vor Ungerechtigkeiten gegenüber ihren Frauen zu warnen. Die Bedeutung ist: Wenn die Frauen zu schwach sind, eure Ungerechtigkeiten selbst zu beenden und nicht in der Lage sind, ihre Rechte von euch zu erhalten, dann ist Gott allmächtig und in der Lage, ihnen Gerechtigkeit widerfahren zu lassen und die Rechte der Frauen für sie zu erreichen".[13] In seinem „*Ǧāmiʿ li-aḥkām al-Qurʾān*" sieht auch al-Qurṭubī die Aussage an die Männer gerichtet, mit der Absicht auf einen bescheideneren und freundlicheren Charakter hinzuwirken: „Dies ist ein Signal an die Männer sich ihnen zuzuneigen (*ḫafd al-ǧanā*, wörtl. ‚die Flügel der Barmherzigkeit zu senken'), ansprechbar und nachsichtig zu sein. Wenn ihr stärker seid als sie, dann erinnert euch an die Stärke Gottes […]. Niemand soll sich über seine Frau erheben, denn Gott sieht alles was ihr tut (*bi-l-mirsād*)."[14] Solche Beispiele zeigen eine Ansprache, die direkt an die Männer gerichtet ist, und sie drängt, Zugeständnisse zu machen, bescheiden zu sein und die Strafe Gottes zu vermeiden, dessen erhabene Macht ihre übertrifft. Sich aufgrund des eigenen Selbstbildes von uneingeschränkter Kraft tyrannisch zu verhalten, kommt der Sünde gleich, Gottes Allmacht zu vergessen. In diesem Kontext ist das Ideal von Männlichkeit Milde und Bescheidenheit und nicht Kraft oder Überlegenheitsdünkel.

Eine andere Dimension der Männlichkeit eines Ehemannes, die nur in aṭ-Ṭabarīs Erklärung des Koranverses 2:228 zu finden ist, ist der Aspekt der bedingten Männlichkeit, die von angeborenen Eigenschaften zu unterscheiden ist – ein scharfsinniger Punkt, der von den nachfolgenden Exegeten nicht mehr aufgegriffen wurde. Der Vers beschreibt das gerechte Verhalten beider Seiten während einer Scheidung und verbietet jeder Seite, die andere zu verletzen, da beide Rechte und Pflichten gegenüber der anderen Seite haben. Der Vers konzentriert sich auf das Verbot von schädlichem und unredlichem Verhalten in den spezifischen Situationen einer Trennung, die zur Scheidung führt, und aṭ-Ṭabarī betont zu Recht den Aspekt der Gegenseitigkeit, um Schaden für beide Parteien

12 az-Zamaḫšarī, *al-Kaššāf*, Kairo 1948, Bd. 1, S. 394.

13 ar-Rāzī, *at-Tafsīr al-kabīr*, Bd. 10, S. 91.

14 al-Qurṭubī, *al-Ǧāmiʿ li aḥkām al-Qurʾān*, Kairo 1967, Bd. 6, S. 173.

zu vermeiden. Der letzte Teil des Verses nennt allerdings eine undefinierte zusätzliche Stufe für Männer: „Und den Frauen steht in Billigkeit (gegenüber den Männern) das gleiche zu, wie (den Männern) gegenüber ihnen. Doch die Männer haben ihnen gegenüber einen gewissen Vorzug.“ Diesen Vorzug interpretiert aṭ-Ṭabarī „in der [gegebenen] Situation oder dem Kontext“ als „die Toleranz oder Nachsichtigkeit des Mannes gegenüber seiner Frau im Hinblick auf ihre Pflichten ihm gegenüber, wobei er alle seine Pflichten ihr gegenüber vollständig erfüllt.“[15] Der Vers ist somit in dem Sinne zu verstehen, dass er den Mann dazu anhält, sich diesen Vorteil allein durch exemplarisches moralisches Verhalten und Großmut zu verdienen, d.h. durch den Verzicht auf einige der Rechte, die er in Anspruch nehmen könnte. Aṭ-Ṭabarī fügt an dieser Stelle einen bedeutsamen Kommentar hinzu: „Obwohl die offensichtliche Bedeutung [des koranischen Ausdrucks] eine faktische Aussage zu sein scheint, bedeutet er tatsächlich eine Aufforderung an die Männer, sich um diese Stufe der besonderen Tugend zu bemühen.“[16] Es handelt sich daher um einen angeeigneten oder verdienten moralischen Status, ausgerichtet an einer Vorstellung von rechtschaffenem und großmütigem *männlichen* Verhalten, und nicht durch ein dem Mann von Natur aus zukommendes Privileg. Insgesamt zeigen diese Interpretationen eine Sicht auf den männlichen Charakter – entsprechend der göttlichen Offenbarung – die Selbstlosigkeit und Geduld erfordert, sowie das Streben nach Verbesserung des Selbst, um Tugendhaftigkeit und Wert zu erlangen.

Das dargestellte paternalistische Verständnis und die Selbstwahrnehmung mittelalterlicher männlicher Exegeten reflektiert – auch wenn sie auf Güte und moralisches Verhalten abzielen – eine Art gemäßigtes Patriarchat. Dieses wurde von V.B. Wilcox (2004) in seiner Diskussion der Rolle der christlichen Lehre für die Definition männlicher Rollen in der Familie als „soft patriarchy“ bezeichnet und von Adriaan van Klinken in seiner Analyse der christlichen Predigten in einigen Kirchen Afrikas angewandt (z.B. in der Fallstudie über Bischof Joshua Banda in Zambia und dessen Predigtreihe „Vaterschaft im 21. Jahrhundert“). Van Klinken argumentiert, es sei möglich, die starke moralische und spirituelle Aufforderung an christliche Männer, ihre Aufgaben zu übernehmen um „biblical manhood“ zu erreichen, als eine nuancierte Konzeption von „male headship“ zu verstehen, die jenseits ihrer totalen feministischen Ablehnung als männliche

15 aṭ-Ṭabarī, *Ǧāmiʿ al-bayān fī tafsīr al-Qurʾān*, Bd. 2, S. 535.
16 Ebd.

Vorherrschaft gegenüber weiblicher Unterordnung liegt.[17] Er bietet einen komplexeren und weniger monolithischen Blick auf männliche häusliche Verantwortung, der ihre Funktion im lokalen Kontext ebenso berücksichtigt, wie ihre subtile Formung männlicher Identität aus einer religiösen Sicht.[18]

Die vorangegangenen Beispiele aus islamischen exegetischen Werken mögen ein wohlwollendes oder herablassendes Patriarchat offenbaren, ebenso wie offensichtliche Widersprüche, wenn der gleiche Exeget in anderen Versen Konzepte der Geschlechterhierarchie sieht, die auf männlicher Überlegenheit und Führungsqualitäten beruhen. Dennoch weisen die Beispiele ein partielles Verständnis der grundlegenden koranischen Botschaft auf, die die Ungleichheit der Geschlechter-Machtbeziehungen reduziert, indem sie männliche Eigenschaften oder männliche Identität, wie sie von vorislamischen tribalen Kulturen verstanden wurde, destabilisiert. Trotz des Einflusses universaler Annahmen des Mittelalters über weibliche Unter- und männliche Überlegenheit präsentieren mittelalterliche muslimische Exegeten eine relationale Definition des häuslichen männlichen Charakters innerhalb des Rahmens eines praktischen Austausches von Rechten und Pflichten entsprechend dem göttlichen Gesetz.

Basierten vormoderne interpretative Strategien darauf, dem Text sehr eng zu folgen, und resultierten daher manchmal in Widersprüchen und manchmal in Aufforderungen an Männer sich zu ändern, so reflektieren die Korankommentare männlicher Exegeten des 20. Jahrhunderts den Einfluss der Moderne und ihrer Diskurse. Zusätzlich zur Kanonisierung der weiblichen Häuslichkeit und der auf einem biologischen Essentialismus und zeitgenössischen pseudowissenschaftlichen Theorien basierenden strengen Trennung der Geschlechterrollen gibt es eine Veränderung im Ton: Der Fokus verschiebt sich von der Betonung der moralischen Verantwortung der Männer in ehelichen Beziehungen und den zahlreichen Ermahnungen von Männern und Warnungen vor Machtmissbrauch hin zu der Betonung der Pflichten der Frauen, ihrer Rolle in der Familie und als alleinige Kulturträgerinnen der muslimischen Gemeinschaft sowie als Zeichen der Fortschrittlichkeit oder Rückständigkeit der Gesellschaft. Bis in die Mitte des 19. Jahrhunderts haben Exegeten wie al-Ālūsī (gest. 1854) Geduld und Freundlichkeit als notwendige männliche Eigenschaften betont, der Reformer Muḥammad ʿAbduh (gest. 1905) vermittelt eine andere Sicht (wie wir später

17 Adriaan Van Klinken, *Male Headship as Male Agency: An Alternative Understanding of a „Patriarchal" African Pentecostal Discourse on Masculinity*, in: Religion and Gender 1 (2011) S. 113.

18 Vgl. ebd. 121.

sehen werden), die den Druck auf Männer, sich zu verbessern, zurücknimmt und Männlichkeit als in sich selbst wertvoll preist.

Dieser Unterschied stimmt überein mit der generellen Entwicklung in modernen Gesellschaften, in denen eindeutige Bilder von Männlichkeit entstehen, die nach der einhelligen Meinung der Forschung mit der Selbstdefinition der Moderne verbunden sind, die auf systematisierten und übereinstimmenden Stereotypen basiert. Die Idee des Mann-Seins (manhood) veränderte sich im späten 18. Jahrhundert: „The manly ideal corresponded to modern society's felt need for order and progress, and for a countertype that would serve to increase its self-confidence as it emerged into the modern age."[19] Die Konstruktion der modernen Männlichkeit im Westen war verbunden mit der neuen bürgerlichen Gesellschaft und den Sensibilitäten der Mittelschicht, weg vom Pietismus der Evangelikalen und des Protestantismus, welcher Zärtlichkeit und Mitgefühl als christliche und männliche Werte gefördert hatte. Religion blieb jedoch ein relevanter Faktor im Entwurf eines neuen göttlichen Mann-Seins; z.B. entstand in der Mitte des 19. Jahrhunderts innerhalb der englischen evangelikalen Bewegung mit „Muscular Christianity“ eine aggressive und robuste Maskulinität, die Göttlichkeit und Männlichkeit verband.[20] Die große Beliebtheit des Romans „Westward Ho!“ (1855) des Ministers und Autoren Charles Kingsley, der die normative Männlichkeit der Zeit zu einem Kampfschrei gegen alle Sündhaftigkeit zuspitzt, zeigt diese neue Verbindung von religiösen Werten und idealer Männlichkeit, von der Mosse sagt, dass sie „sometimes came close to the worship of force.“[21] Diese Ausrichtung wird auch in anderen Werken deutlich, wie dem von Bruce Barton (gest. 1967), einer prominenten Figur in der Beförderung dieser Sicht auf Männlichkeit in der Zeit nach dem ersten Weltkrieg in den USA. In seinem Werk „The man nobody knows“ (1924) gab er amerikanischen Männern Ratschläge, wie sie durch die Korrektur feminisierter Konzepte des Protestantismus und die Förderung der entstehenden Geschäftskultur eine maskuline Spiritualität in ihr Leben integrieren könnten. Er versuchte die Figur Jesus Christus zu maskulinisieren, indem er ihn als Modell des *Self-Made Man* und als erfolgreichen Händler darstellte.[22]

---

19 George Mosse, *The Image of Man: The Creation of Modern Masculinity*, New York 1996, S. 77.

20 Vgl. Mosse, *The Image of Man*, S. 49.

21 Ebd., S. 47.

22 Michael Kimmel/Amy Aronson, *Men and Masculinities: A Social, Cultural, and Historical Encyclopedia*, Santa Barbara 2004, S. 54.

Anders gesagt argumentiert Mosse, dass die moderne Entwicklung der westlichen Kultur und die Imperative der Gesellschaft in der Verfestigung alternativer Definitionen von Männlichkeit reflektiert werden: „Modern masculinity as an ideal type was popularized in words and pictures, and men attempted to attain its standards through steeling their bodies, passing the test of war, defending their honour, and molding their character accordingly.“[23] Trotz bestimmter Kontinuitäten im Vergleich zu vormodernen Männlichkeitsidealen hatte moderne Männlichkeit neue Prüfungen zu bestehen und neue Normen als Stereotyp moderner Männlichkeit zu erfüllen „built upon an ideal of bodily beauty, symbolizing the attributes that true man ought to possess.“[24]

Die letzte Beobachtung erklärt Muḥammad ʿAbduhs Verständnis von Männlichkeit als ein intrinsisches Set hervorragender Eigenschaften, die dem effizienten modernen Mann zukommen, der der geborene Führer ist. In seinem Hauptwerk „*Tafsīr al-Manār*“ (1907) entwickelt er das Konzept der *riyāsa fiṭriyya* (angeborene Führerschaft) von Männern, unabhängig von spezifischen sozialen und religiösen Praktiken, und entwirft eine in ihrer reaktiven und defensiven Übertreibung von essentiellen männlichen Werten, männlicher Schönheit und Rationalität typisch *moderne* Konstruktion von Männlichkeit. Diese aussagekräftige Passage erscheint in der Exegese:

> „Das Temperament der Männer ist stärker und perfekter [...]. Männer sind schöner und ansehnlicher als Frauen, da Schönheit von der Perfektion der Schöpfung abhängig ist. Daher sehen wir, dass in der Natur alle männlichen Tiere schöner und perfekter sind als die weiblichen, wie der Hahn im Vergleich zur Henne, der Schafbock im Vergleich zum Mutterschaf und der Löwe verglichen mit der Löwin. Was die Männer betrifft, so sind die Zeichen ihrer Schönheit und Perfektion die Bärte und Schnurrbärte, da der Haarlose oder Glatzköpfige als physisch defizitär angesehen wird. Aus der Stärke des Temperamentes und der Perfektion der Schöpfung folgt die Kraft der Vernunft und des gesunden Menschenverstandes. Dies wird bestätigt durch den Spruch der Ärzte und Wissenschaftler: ‚ein gesunder Geist wohnt in einem gesunden Körper'.“[25]

Die Wahrnehmung eines essentiellen männlichen Charakters (mit idealem Geist und Körper) markiert ein bestimmtes Selbstverständnis, das in die Interpretation der göttlichen/koranischen Botschaft integriert wird und in einem modernen pseudo-wissenschaftlichen „Biologismus“ gründet. Tatsächlich konstruiert ʿAbduh Männlichkeit als unveränderlich: Geschlechtsidentitäten, insbesondere

---

23 Mosse, *The Image of Man*, S. 76.

24 Ebd., S. 98.

25 Muḥammad ʿAbduh, *Tafsīr al-manār*, hg. v. Muḥammad Rašīd Riḍā, 12 Bde., Kairo 1990, Bd. 5, S. 69.

männliche Privilegien seien „der Ursprung der Schöpfung und [reflektieren] die Vorgaben der angeborenen (*fiṭrī*) Natürlichkeit."[26] Dieser ideale Zustand von Männlichkeit erklärt die Tendenz in der modernen Exegese, Männer weniger zu tadeln und stattdessen die Frauen für alle Probleme in der Gesellschaft und der Familie verantwortlich zu machen. Der vorausgesetzte Status von Männlichkeit als dem normativen Geschlecht stattet Männer mit der Rechtfertigung dafür aus, dem anderen (imperfekten) Geschlecht Rollen und Verhalten vorzuschreiben.

Führung und Autorität sind entsprechend dieser „angeborenen Unterteilung" (*taqsīm al-fiṭrī*) zwischen privat und öffentlich, Haus und Büro grundlegende männliche Eigenschaften.[27] Diese starke Betonung der *sunan al-fiṭra* (die angeborenen Regeln der Schöpfung) führt ʿAbduh zu einer Abweichung von der Rechtfertigung der männlichen Führungsrolle vormoderner Exegeten, die ausschließlich auf rechtlichen Überlegungen beruht. Zum Beispiel: „Selbst wenn die Scharia es Frauen erlaubt hätte, die Freitagspredigt zu halten, den Adhan auszurufen, und das Gebet zu leiten, würde dies die *fiṭra* nicht daran hindern, die Autorität von Männern gegenüber Frauen vorauszusetzen."[28] Mehr noch, Geduld und Zugeständnisse werden nicht länger als männliche Werte angesehen, sondern als grundlegende weibliche Eigenschaften, die mit ihrer nährenden und opferbereiten Disposition verbunden werden.

Im mittelalterlichen und modernen exegetischen Diskurs gibt es zwei unterschiedliche patriarchale Konstruktionen von Männlichkeit. Die meisten mittelalterlichen Annahmen gehen in Richtung einer wohlwollenden paternalistischen Haltung gegenüber Frauen als wehrlose Wesen, für die gesorgt werden sollte und die gut behandelt werden sollten (wobei angenommen wird, dass männliche Privilegien mit einer moralischen und religiösen Verpflichtung gegenüber Abhängigen einhergehen). Demgegenüber definieren moderne Exegeten Männlichkeit entsprechend neuer wissenschaftlicher, psychologischer und sozialer Erkenntnisse und entziehen sie sogar dem göttlichen Tadel, indem sie die Aufmerksamkeit, die von mittelalterlichen Exegeten auf die männlichen Verpflichtungen gelegt wurde, auf die Pflichten und Aufgaben von Frauen lenken. In mittelalterlichen *tafsīr*-Werken haben auch Männer eine häusliche Identität, d.h. auch sie sind Mitglieder einer Familie; sie haben Pflichten zu erfüllen und einen moralischen Status zu verdienen und zu erreichen, welcher vor allem auf dem Gehorsam gegenüber Gottes Vorschriften beruht und nicht auf Biologie.

26 Ebd., Bd. 2, S. 301.
27 Vgl. ebd.
28 Ebd.

Moderne Exegeten hingegen beseitigen die Anforderungen häuslicher und familiärer Verantwortung für Männer, schreiben diese ausschließlich Frauen zu und sichern Männlichkeit mit der zeitlosen Natürlichkeit der *fiṭra* ab.

Ein bemerkenswertes Beispiel dieser Verschiedenheit in Inhalt und Ton des Diskurses erscheint im letzten Teil des zuvor diskutierten Koranverses 2/228, der dem an die Parteien einer Scheidung ergangenen Verbot, sich gegenseitig zu schaden, folgt: „und Gott ist erhaben und weise". Der deutliche Unterschied zwischen den Kommentaren aṭ-Ṭabarīs und ʿAbduhs zum gleichen Versabschnitt kann nicht übersehen werden. Aṭ-Ṭabarī liest ihn als eine emphatische göttliche Warnung an Männer und Frauen, Gottes Geboten gegenüber nicht ungehorsam zu sein und die von Ihm gesetzten Grenzen nicht zu überschreiten und sich gegenseitig zu verletzen; insbesondere als Warnung an die Männer, die letzte Scheidung über den erlaubten Zeitraum hinauszuzögern und dann ihre Frauen plötzlich „zurückzugeben", um sie damit zu bestrafen. Er erklärt: „Gott ist allmächtig, indem er Rache nimmt an denen, die Ihm nicht gehorchen" und „weise in Seinen Entscheidungen zwischen ihnen"[29]. ʿAbduh hingegen interpretiert die Macht und Weisheit Gottes dahingehend, dass Er Frauen Rechte gegeben hat, die sie vor dem Islam nicht hatten und dass er „den Mann zum Herrscher (*raʾīs*) über sie gemacht hat".[30] Die Ermahnungen an die Männer zu Gerechtigkeit und Freundlichkeit sind verschwunden.

4 Muslimische Frauen schreiben über islamische Männlichkeit

Zwei von den Autorinnen, die sich mit den sozialen Fragen beschäftigen, die mit den Geschlechterbeziehungen ihrer Zeit und ihres kulturellen Kontextes verbunden sind, sind ʿĀʾiša Taymur (gest. 1902), eine ägyptische Dichterin und Autorin türkisch-aristokratischer Herkunft, und die libanesische Autorin Naẓīra Zayn ad-Dīn (gest. 1976). Beide lebten in einer Zeit, in der sich die arabischen Gesellschaften mit den widerstreitenden Diskursen von Modernität und Traditionalismus, westlichem Liberalismus und islamischer Reform, kolonialem Orientalismus und nationaler Unabhängigkeit auseinandersetzten. Die „Frauenfrage" wurde zu einem Testgelände für unterschiedliche politische und intellektuelle Projekte, und die Definition des Status von Frauen warf die Frage auf, ob Frauen das Symbol einer gefährdeten einheimischen kulturellen Identität sind, das vor Veränderung beschützt werden muss, oder ob ihre Bedingungen als Voraussetzung für den Eintritt der Nation in die moderne Welt verbessert werden

29 Aṭ-Ṭabarī, Bd. 2, S. 617.
30 ʿAbduh, *Tafsīr al-manār*, Bd. 2, S. 302.

müssen.[31] In diesem historischen Kontext der Spannung zwischen Kontinuität und Wandel, wie er insbesondere in Geschlechterrollen reflektiert wird, werde ich beschreiben, auf welche Weise die beiden Autorinnen den Fokus der Debatte auf die männlichen Pflichten entsprechend des Islams (hinsichtlich ihrer häuslichen Situation) und auf koranische und andere islamische Ideale der Männlichkeit lenkten.

In „Mirʾāt at-taʿammul fī l-umūr" (Der Spiegel zur Reflektion der Dinge), ihrer Abhandlung über die Probleme der modernen ägyptischen Familie aus dem Jahr 1892, diskutiert ʿĀʾiša Taymur die Rechte und Pflichten von Männern und Frauen, wie sie aus dem Koran abgeleitet werden können und befasst sich daher direkt mit dem Konzept der qiwāma (männliche Vormundschaft) im Vers 4/34. Die ursprüngliche grundlegende Bedeutung dieses Begriffs ist die dem Ehemann oder anderen Männern zugeschriebene finanzielle Verantwortung zur Versorgung der weiblichen Mitglieder der Familie, auch wenn die lange Geschichte der traditionellen Exegese Bedeutungen und Interpretationen hinzugefügt hat, die zu Konstruktionen von männlicher Überlegenheit in allen Bereichen des Lebens und zur Rechtfertigung von männlichem Autoritarismus geführt hat. Obwohl sie zur Oberschicht gehörte und sozial und politisch konservativ war, präsentiert Taymur hier, Mervat Hatem zufolge, einen mutigen ersten Versuch des Idschtihad (eigenständiges Schlussfolgern und Interpretieren) einer gelehrten muslimischen Frau mit einer islamischen Perspektive auf Geschlechterbeziehungen.[32]

Die ursprüngliche Absicht war die Kritik der zunehmenden sozialen Krankheiten der Zeit, insbesondere das Phänomen, dass Männer aus Geldgier in reiche Familien einheirateten und das Geld ihrer Ehefrauen für Glücksspiele und Alkohol verschleuderten oder sich auf das Geld ihrer Frauen für ihre Ausgaben verließen, anstatt zu arbeiten und die Familie zu versorgen. Taymūr stellt damit eine inhärente, essentialistische Definition dessen, was es im Islam heißt, ein Mann zu sein, in Frage und präsentiert das Verständnis einer bedingten *qiwāma*. Männer haben ihren Status verloren, weil sie die von ihnen erwartete Rolle als Vormund aufgegeben haben, ihre grundlegende Pflicht der Versorgung ihrer Frauen nicht erfüllen und auf diese Weise die Frauen zwingen, ihre Familien und Häuser zu führen. Die Implikation ist, dass nicht Männlichkeit an sich die Frage ist,

---

31 Vgl. Hoda Elsadda, *"Women in the Arab World: Reading Against the Grain of Culturalism"*, in Internationale Politik und Gesellschaft 4 (2004), S. 50.

32 Vgl. Mervat Hatem, *„Einleitung"*, in: ʿAʾisha Taymur, *Mirʾat at-taʿammul fī l-ʿumūr*, Kairo 2002, S. 8.

sondern männliches Verhalten, und dass der Weg zu Männlichkeit darin liegt, die spezifischen koranischen Vorschriften zu erfüllen.

Obwohl es Taymūrs Intention ist, die Gesellschaft vor dem Verlust traditioneller familiärer Geschlechterrollen zu warnen, liegt ihr Beitrag in einer bedingten, sich verändernden *qiwāma*, die davon abhängt, ob Männer ihrer materiellen und moralischen Verantwortung nachkommen. Taymūr macht die Männer zur Ursache des Problems und besteht darauf, dass nicht den Frauen die Schuld für ihre Fehler gegeben werden kann, ohne vorher die Männer dafür zu kritisieren, dass sie sowohl ihre religiöse Verpflichtung als auch eine anständige Lebensweise aufgegeben haben, und zu fordern, dass sie ihre Handlungsweise korrigieren.[33] Darüber hinaus resultierte dies, wie Hatem zeigt, aus ihrer Analyse der sozialen Realität der Zeit, und so werden die Erfahrungen von Frauen zu einer legitimen Referenz in der Erläuterung der islamischen Botschaft.[34] Paradoxerweise beginnt gerade die konservative Taymūr mit ihrer Forderung, dass Männer den hohen moralischen Status, den sie verloren haben, wieder erfüllen sollen, einen neuen Diskurs über Männlichkeit und ihre Eigenschaften.

Das erklärt die heftigen Angriffe auf Taymūrs Ansichten von Šaiḫ ʿAbdullāh al-Fayyūmī, einem Azhar-Gelehrten und Lehrer, in seinem Pamphlet „*Lisān al-ǧumhūr ʿalā mirʾāt at-taʾammul fī l-umūr*" (Die Stimme der Allgemeinheit hinsichtlich des Spiegels zur Reflektion der Dinge). Sein Haupteinwand betrifft die Definition von Männlichkeit: Er erklärt, dass „Vormundschaft und finanzielle Versorgung zu den grundlegenden Kennzeichen von Männern gehören; Versorgung ist nicht der Grund, weshalb ihnen die Ehre der Vormundschaft übertragen wurde."[35] Dies ist der typische modernistische Diskurs, der angeborene Qualitäten und Privilegien von Männlichkeit betont und die Leistung, d.h. die Übernahme familiärer Verpflichtungen, ignoriert.

Hatem analysiert weiterhin Taymūrs Aufdeckung der sozialen Krise der Familie als eine Folge der kolonialen Modernisierung, die verbunden ist mit ökonomischer Gier, Materialismus und einem freigeistigen Lebensstil vor allem für Männer. „Dieser neue Lebensstil untergrub die islamische Definition der Rollen von Männern und Frauen in der Institution der Ehe und familiäre Rechte. Er trug zur Entwicklung eines neuen Typus von Männlichkeit bei, der weniger geleitet wurde von einer religiösen Bestimmung der Grundlage männlicher Führerschaft, sondern vielmehr vom Aufstieg von Werten und Lebensstilen, die

---

33 Vgl. Hatem, *Literature, Gender, and Nation-Building in Nineteenth-Century Egypt: The Life and Works of Aʾisha Taymur*, New York 2011, S. 41.

34 Vgl. ebd., S. 23.

35 Ebd., S. 72.

mit der kolonialen Situation verbunden sind.“[36] Dieser Kontext erklärt Taymūrs konservative Position, die zumindest den praktischen Nutzen patriarchaler Verantwortlichkeiten preist: Für die Ehefrauen, die mit dem ökonomischen Ruin konfrontiert waren, war die Rückkehr der alten Regeln des Ehevertrags – der Männern Vorrechte gegenüber Frauen einräumte, sie aber mit vielen sozialen und ökonomischen Verpflichtungen belastete – dem modernen Männlichkeitsideal vorzuziehen, das die Männer zu einer von Doppelmoral geprägten Handlungsweise ermutigte, ihre Vorrechte auszuweiten und gleichzeitig ihre Verantwortungen den Frauen aufzuladen.

Ein anderes Beispiel für eine Autorin, die über islamische Bedingungen und islamische Ideale von Männlichkeit schreibt, ist Naẓīra Zayn Ad-Dīn (gest. 1976), eine Libanesin, die in jungen Jahren in zwei umstrittenen Büchern die Rechte von Frauen verteidigte und gegen die traditionelle kulturelle Marginalisierung von Frauen im Namen islamischer Vorschriften anschrieb. Sie gehörte einer drusischen Familie an, aber was uns hier interessiert, ist die Art der islambasierten Diskurse und Argumente, die sie entwickelte, um die Männer der muslimischen Gemeinschaft zu adressieren und sie noch direkter und zugespitzter zu kritisieren als ʿĀʾiša Taymūr. In ihrem ersten Buch, „*As-Sufur wa l-ḥiǧāb*“ (Die Enthüllung und der Schleier, 1928) zeigt sie ein alternatives Bild des „muslimischen Mannes“ entsprechend der Werte des Islams. Ihre diskursiven Strategien beinhalten die Etablierung der selbstsicheren Stimme einer engagierten, gelehrten und gläubigen Frau, die Männer zur Rede stellt, zur Verbesserung ihres Charakters und ihres Verhaltens aufruft und die traditionellen Leistungen von Männlichkeit – Macht und Aggressivität – in Frage stellt, indem sie eine friedliche, bescheidene und sanftmütige Männlichkeit konstruiert, die auf dem Modell der Propheten Jesus Christus und Muhammad basiert.

Zayn ad-Dīns Ton ist aggressiv, und das ganze Buch hindurch benutzt sie in den meisten Fällen die direkte Ansprache mit der Formel „*ya sayyidi ar-raǧul*“, „mein Herr“. In der Zurückweisung der kulturellen Überzeugung von der religiösen und intellektuellen Unterlegenheit von Frauen (basierend auf der vorurteilsbeladenen Auffassung und Interpretation eines Hadiths, den sie interessanterweise nicht nennt oder auch nur erwähnt) reagiert sie, indem sie die Männer für *ihre* unvollständige Erfüllung religiöser Verpflichtungen, *ihre* Verletzung von islamischen Normen und *ihre* fehlgeleiteten Entscheidungen in verschiedenen Bereichen des Lebens und der Gesellschaft kritisiert. Da alle bürgerlichen Gesetze, modernen politischen und ökonomischen Systeme und

36 Ebd., S. 119.

nationalstaatlichen Regierungen ausschließlich von Männern entworfen wurden, liegen alle existierenden Widersprüche zu religiösen Prinzipien in ihrer Verantwortung, nicht in der von Frauen.[37] Sie bestreitet, dass Männer aufgrund ihrer *fiṭra* rationaler sind, und vertritt die Position, dass der Grund für ihren scheinbar überlegenen Intellekt nicht ein natürlicher, sondern ein zufälliger und historisch bedingter ist: Männer überwältigten Frauen mit ihrer physischen Stärke, übernahmen die Kontrolle und beraubten sie der Mittel ihre mentalen und intellektuellen Kapazitäten zu benutzen und zu entwickeln.[38]

Zayn ad-Dīn richtet eine spezielle Kritik gegen die männliche Glorifizierung von Macht und Stärke und bietet eine andere Konstruktion von Mann-Sein an, eine die von der Ethik und dem Charakter der Propheten, insbesondere Jesus Christus und Mohammad inspiriert ist. In einem Kapitel „Die Taube ist besser als der Adler und das Lamm besser als der Löwe" wundert sie sich über den männlichen Stolz auf physische Stärke und die auf Macht basierende Formation einer männlichen Identität. Sie fordert die Männer auf, sich auf die inneren Werte statt auf äußere Kriterien zu konzentrieren: „Haben Sie keine Angst, meine Herren, individuelle Stärke mit Weisheit und Integrität zu ersetzen."[39] Sie fährt fort: „ʿĪsā, Friede sei mit ihm, beschrieb sich selbst nicht als den starken, mächtigen Löwen, sondern als das sanftmütige und zarte Lamm. Und Gott beschrieb unseren Propheten, Friede sei mit ihm, als mächtig und gewaltsam, aber ausgestattet mit edlen Charakterzügen, indem Er sagte: „Du bist wahrlich von großartigem Charakter" (68/4). Er forderte ihn auf, sanftmütig zu sein in dem Vers „wärst du schroff und hartherzig, so würden sie wahrlich vor dir davonlaufen" (3/159).

Ein Kapitel des Buches mit dem signifikanten Titel „Wie muslimische Frauen möchten, dass ihre Männer sind" besteht aus zwei langen Abschnitten, die zusammenfassen, wie Männer sein sollten, um „wahre Männer" zu sein, wie Gott es wünscht. Es endet mit einer Anekdote, die islamische Männlichkeit als grundsätzlich abhängig vom Geist der Gerechtigkeit konstruiert. Aus ihrer Sicht „wollen muslimische Frauen, dass ihre Männer Männer der Güte sind [...] und dass sie sich darauf besinnen, dass sie zusammen mit den Frauen [dem Koran zufolge] aus sich selbst erschaffen wurden." Sie betont darüber hinaus die Gleichwertigkeit bezüglich normativer und vorgeschriebener Anforderungen:

> „Was als Fehler bei einem Mann betrachtet wird, sollte auch als Fehler bei einer Frau betrachtet werden, und was bei einer Frau als Fehler gesehen wird, sollte auch so bei

---

37 Ebd., S. 77–81.

38 Ebd., S. 83 f.

39 Ebd., S. 92.

> einem Mann gesehen werden. Was bei einem Mann als tugendhaft angesehen wird, sollte auch bei einer Frau als tugendhaft angesehen werden und was bei einer Frau als tugendhaft angesehen wird, sollte auch so bei einem Mann angesehen werden. Durch diese Gerechtigkeit werden sowohl Gesellschaft als auch Familie reformiert. Wer dies akzeptiert und sich entsprechend verhält, wird von muslimischen Frauen als ein wahrer Mann angesehen [...] im Einklang mit Gottes Vorschriften."[40]

Miriam Cooke sieht in ihrer Biographie von Zayn ad-Dīn und der Einschätzung ihres Beitrags zu feministischen Schriften arabischer Frauen zutreffend die radikale und mutige Art ihrer Polemik, die in ihrer direkten Konfrontation von traditionellen Vorstellungen, die Frauen herabwürdigen, deutlich wird. Aufgrund ihrer großen Aufmerksamkeit für religiöse Quellentexte betrachtet Cooke Zayn ad-Dīns Werk als Abwendung von den Pro-Frauen Diskursen anderer moderner muslimischer Reformer wie Muḥammad ʿAbduh und Qāsim Amīn.[41] Ein anderer bedeutsamer Unterschied, den ich hinzufügen möchte, geht aus der vorangegangenen Erörterung und dem Hauptargument dieses Artikels hervor: In ihrer Konzeptualisierung und Konstruktion von Männlichkeit unterstützen sowohl ʿAbduh als auch Amīn Ideen von angeborenen Geschlechtseigenschaften, insbesondere solche, die männliche Identität bestimmen. Ihre Diskussionen lassen den Ansatz, Männer zur Veränderung und Verbesserung aufzurufen oder irgendeine andere soziale Erwartung vermissen, stattdessen werden die meisten Ratschläge an Frauen gerichtet, die einfach die männlichen Bedürfnisse erfüllen und mit dem Fortschritt ihrer Ehemänner Schritt halten sollen. Tatsächlich etabliert Zayn ad-Dīns Argument für eine fromme und gerechte islamische Männlichkeit eine bestimmte diskursive Kontinuität in den verstreuten Werken muslimischer Feministinnen, nämlich die Überprüfung der männlichen Charaktereigenschaften und Verhaltensweisen an islamischen Idealen. Aus dieser Perspektive zeigen sich ʿAʾiša Taymūr und Naẓīra Zayn ad-Dīn trotz der Differenzen in den historischen, sozialen, familiären und kulturellen Kontexten als muslimische Frauen, die ihre Glaubensbrüder darüber belehren, wie sie wahre muslimische Männer sein können.

Die Berücksichtigung von Charaktereigenschaften der Propheten als Männer kann in der jüngeren Forschung bei zeitgenössischen muslimischen feministischen Wissenschaftlerinnen gefunden werden, wie z.B. in Kecia Ali's Artikel von 2004 „'A beautiful example': The Prophet Muhammad as a model for Muslim husbands". Ali beginnt mit einer Untersuchung der in überlieferten islamischen Quellen zu findenden Spannung zwischen exemplarischen und

---

40 Ebd., S. 95.

41 Miriam Cooke, *Nazira Zeineddine: A Pioneer of Islamic Feminism*, Oxford 2010, S. 129.

außerordentlichen Aspekten des Ehelebens und Verhaltens des Propheten und der Beobachtung, dass frühe rechtliche Diskussionen keine Einigkeit darüber erzielten, ob einige oder die meisten seiner Verhaltensweisen für andere Muslime verpflichtend sind.[42] Sie betont die Gelegenheit für zeitgenössische reformorientierte Autoren und Autorinnen, dem Leben des Propheten mehr Aufmerksamkeit zu schenken, mit dem Ziel „ein positives Modell der Ehe zu konstruieren",[43] das insbesondere auf seinem Verhalten als Ehemann basiert und weniger auf den eher kontroversen Aussagen. D.h. sie sollten sich auf seine gesamte *sunna* stützen (Worte, Taten, Charaktereigenschaften, Standpunkte) anstatt nur auf die deklarativen Hadithe (Aussagen).[44] Da historische Berichte über Rücksichtnahme, Sanftheit und Mitgefühl des Propheten seinen Frauen gegenüber sowie seine Zusammenarbeit mit ihnen von allen Muslimen akzeptiert werden, schlägt Ali vor, dass sein Verhalten als „exemplarisch" beurteilt werden sollte, „als exemplarisches Verhalten, das alle muslimischen Ehemänner nachahmen sollten und nicht als außergewöhnlich und nur spezifisch für den Propheten selbst."[45] Der Artikel fordert so neue, bewusste Wege, die *sunna* zum Zweck einer veränderten diskursiven Konstruktion von Männlichkeit im Islam zu interpretieren: „Das Modell des Propheten [...] bietet Richtlinien für muslimische Ehemänner hinsichtlich ihres Verhaltens und für muslimische Frauen hinsichtlich der Art des Verhaltens, das sie zu Recht von ihren Ehemännern erwarten dürfen, die als Muslime das Verhalten des Propheten im Eheleben nachahmen sollten."[46]

5 Fazit

In der Zusammenfassung der verschiedenen Zugänge zu Charakter und Identität von Männern in verschiedenen Typen muslimischer Diskurse oder Diskussionen können wir die folgenden Konstruktionen unterscheiden: Eine gemäßigte und verfeinerte Männlichkeit, die freundliche Behandlung von Frauen in Demut gegenüber Gott verlangt, eine essentialisierende (und eingebildete) Konzeption von männlicher Führung des Haushalts und schließlich die Schaffung von Männern als häusliche Wesen, die beurteilt und korrigiert werden entsprechend einer islamischen Ethik der Männlichkeit. Es bleiben jedoch Fragen

42 Vgl. Kecia Ali, "*'A Beautiful Example': The Prophet Muhammad as a Model for Muslim Husbands*", in: Islamic Studies 43:2 (2004), S. 291.

43 Ebd., S. 287.

44 Vgl. ebd., S. 289.

45 Ebd.

46 Ebd.

bezüglich der letzten Ausrichtung, die in der Diskussion der diskursiven Strategien von ʿĀʾiša Taymūr, Naẓīra Zain ad-Dīn, Kecia Ali und mir selbst behandelt wurde: Repräsentiert sie ein „islamisches feministisches" Unterfangen, das auf eine Verschiebung des normativen Fokus auf Männer als gleichwertige Partner in der Annahme der göttlichen Anweisungen und im Ablegen von Rechenschaft hoffte und immer noch hofft? Kennzeichnet das Umdrehen des Spießes das Recht muslimischer Frauen den religiösen Diskurs zu gestalten und neues Wissen zu generieren oder riskiert es reaktiven und gewendeten Essentialismus und die Wiedereinsetzung einer männlich dominierten Theologie? Diese und verwandte Fragen der kritischen Männlichkeitsforschung und Repräsentation von Männern im Islam erfordern weitere Forschung und Analyse.
(Übersetzung: Silvia Horsch)

Literatur

ʿAbduh, Muḥammad, *Tafsīr al-manār*, hg. v. Muḥammad Rašīd Riḍā, 12 Bde., Kairo 1990.

Abou-Bakr, Omaima, „*Islamic Feminism: What's in a Name? Preliminary Reflections*", in: AMEWS Review 15–16 (2001): 1–4.

Abou-Bakr, Omaima, „*Sūrat ar-rağul fī l-kitābat al-islāmiyya*" [Das Bild des Mannes in islamischen Schriften], in: Hoda, Elsadda (Hg.), ʿAʾisha Taymur: *Tahaddiyat aṯ-ṯābit wa-l-mutaġayyir fī qarn at-tāsiʿ ašar*, Kairo 2004, S. 144–168.

Abou-Bakr, Omaima, „*al-Niswiyya al-islamiyya: Iškāliyat ad-dāḫil wa-l-ḫāriğ*", in: Tibah 7 (2006), S. 87–103.

Abou-Bakr, Omaima, „*Ḫītāb ar-rağul min manẓūr islāmī niswī*", in: Misbar 47 (2011), S. 39–53.

Ali, Kecia, „*'A Beautiful Example': The Prophet Muhammad as a Model for Muslim Husbands*", in: Islamic Studies 43 (2004), S. 273–291.

Alūsī, Šihāb ad-Dīn Muḥammad, *Rūḥ al-maʿānī fī tafsīr al-Qurʾān al-ʿaẓīm*, 16 Bde., Beirut o.J.

Boyd, Stephan B./W. Merle Longwood/Mark W. Muesse (Hg.), *Redeeming Men: Religion and Masculinities*, Louisville KY 1996.

Brod, Harry, *The Making of Masculinities: The New Men's Studies*, Boston 1987.

Brod, Harry/Kaufman, Michael, *Theorizing Masculinities*, Thousand Oaks CA, 1994.

Connell, R. W. (Hg.), *Gender and Power: Society, the Person and Sexual Politics*, Oxford 1987.

Cooke, Miriam, *Nazira Zeineddine: A Pioneer of Islamic Feminism*, Oxford 2010.

Elsadda, Hoda, „*Women in the Arab World: Reading Against the Grain of Culturalism*“, in: Internationale Politik und Gesellschaft 4 (2004), S. 41–53.

Ghoussoub, Mai/Emma Sinclair-Webb (Hg.), *Imagined Masculinties: Changing Patterns of Identity for Middle Eastern Men*, London 2000.

Gilmore, David, *Manhood in the Making: Cultural Concepts of Masculinity*, New Haven 1990.

Hatem, Mervat, „*Einleitung*“, in: *ʿAʾisha Taymur, Mirʾat at-taʾammul fī l-ʿumūr*, Kairo 2002, S. 7–24.

Hatem, Mervat, *Literature, Gender, and Nation-Building in Nineteenth-Century Egypt: The Life and Works of Aʾisha Taymur*, New York 2011.

Kimmel, Michael (Hg.), *Changing Men: New Directions in Research on Men and Masculinity*, New York 1987.

Kimmel, Michael/Amy Aronson (Hg.), *Men and Masculinities: A Social, Cultural, and Historical Encyclopedia*, Santa Barbara 2004.

Krondorfer, Bjorn (Hg.), *Men's Bodies, Men's Gods: Male Identities in a (Post-) Christian Culture*, New York 1996.

Levant, Ronald, „*Gender Role Strain Paradigm*“, in: Michael Kimmel/Amy, Aronson (Hg.), *Men and Masculinities: A Social, Cultural, and Historical Encyclopedia*, Santa Barbara 2004, S. 351–353.

Mosse, George, *The Image of Man: The Creation of Modern Masculinity*, New York 1996.

Ouzgane, Lahoucine (Hg.), *Islamic Masculinities*, London/New York 2006.

Pleck, Joseph, *The Myth of Masculinity*, Cambridge MA 1981.

Pleck, Joseph, „*The Gender Role Strain Paradigm: An Update*“, in: Ronald Levant/ William Pollack (Hg.), *A New Psychology of Men*, New York 1995, S. 11–32.

Pleck, Joseph/Howard Thompson, „*Masculinity Ideologies*“, in: Ronald Levant/ William Pollack (Hg.), *A New Psychology of Men*, New York 1995, S. 129–163.

al-Qurṭubī, Muḥammad b. Aḥmad, *al-Ǧāmiʿ li aḥkām al-Qurʾān*, 20 Bde., Kairo 1967.

ar-Rāzī, Muḥammad b. ʿUmar Faḫr ad-dīn, *at-Tafsīr al-kabīr*, 32 Bde., Kairo 1934–62.

Sinha, Mrinalini, *Colonial Masculinity: The „Manly Englishman“ and the „Effeminate Bengali“ in the Late Nineteenth Century*, Manchester 1995.

aṭ-Ṭabarī, Abū Ǧaʿfar b. Ǧarīr, *Ǧamīʿ al-bayān ʿan taʾwīl āy al-Qurʾān*, 16 Bde., ed. von Maḥmūd Šākir/Aḥmad Šākir, Kairo 1961.

Taymur, ʿAiʾisha, *Mirʾat at-taʾammul fī l-umūr*, Kairo 2002.

Van Klinken, Adriaan, „*Male Headship as Male Agency: An Alternative Understanding of a „Patriarchal“ African Pentecostal Discourse on Masculinity*“, in: Religion and Gender 1 (2011), S. 104–124.

Wilcox, W.B., *Soft Patriarchy, New Men: How Christianity Shapes Fathers and Husbands*, Chicago 2004.

az-Zamaḫšarī, Maḥmūd b. ʿUmar, *al-Kaššāf*, 3 Bde., Kairo 1948.

Zayn ad-Dīn, Nazīra, *as-Sufūr wa-l-ḥiǧāb*, Damaskus 1928, Beirut 1928.

Michael Tunç

Männlichkeiten und Islam. Kritiken und Transformationen

Abstract The article offers an analysis of discourses on masculinities and Islam in the context of Anti-Muslim-Racism as well as a critique of concepts of masculinity in specific Muslim milieus which justify a gender hierarchy with reference to religion. Furthermore it explores the possibilities for transformation.

1 Einleitung

Die Männlichkeitsforschung hat sich inzwischen auch im deutschsprachigen Raum als eigenständiger Bereich der Geschlechterforschung bzw. der Gender Studies etabliert. In Deutschland waren es vor allem die Frauenbewegung und feministische Kritiken an Männern, die Schwulen- und Queerbewegung sowie die kleinen Ansätze einer Männerbewegung, aus der heraus sich die Geschlechterforschung über Männer/Männlichkeiten seit den 1990er Jahren entwickelte.[1] Das Spektrum der Männlichkeitsforschung ist heute breit gefächert und umfasst beispielsweise Themen wie Gewalt, Erwerbsarbeit, Homosexualität, geschlechtliche Arbeitsteilung, (männliche) Sozialisation und Väterlichkeit. Zwar leisten Männer- und Frauenforschung inzwischen unter dem gemeinsamen Dach der Geschlechterforschung Beiträge zur Analyse von Geschlechterverhältnissen, um Kontinuitäten und Wandlungsprozesse verständlich zu machen, jedoch dauern die Konflikte und Aushandlungen um Ziele, Parteilichkeit und die Bedeutung des Geschlechts der Forschenden an und verschärfen sich dort, wo sich wissenschaftliche und politische Zugänge überschneiden. Während feministische Forschungsansätze unterschiedlich zur Entwicklung von Geschlechterdemokratie beitragen wollen, lassen sich nicht alle Ansätze, die Männlichkeiten thematisieren, als emanzipativ kennzeichnen. Insofern erscheint es sinnvoll und geboten, den Standpunkt der Männerperspektive zu klären und zu legitimieren: Emanzipatorische oder kritische Männerpolitik bezieht sich auf kritische

1 Vgl. Dag Schölper, *Männer- und Männlichkeitsforschung. Ein Überblick*, 2008, URL: http://www.fuberlin.de/sites/gpo/soz_eth/Geschlecht_als_Kategorie/M__nner_und_M__nnlichkeitsforschung/dag_schoelper.pdf (letzter Zugriff: 12.02.2016).

Männlichkeitsforschung[2] und beide setzen an den Kosten und Privilegien traditioneller Männlichkeiten an, um die Pluralisierung männlicher Lebenschancen im Rahmen zunehmender Geschlechtergerechtigkeit zu verwirklichen.[3] Dabei verorten sich gleichstellungsorientierte und geschlechtergerechte Ansätze der Männerforschung, -arbeit und -politik dialogisch zur (feministischen) Frauenforschung und grenzen sich klar ab von maskulinistischen und antifeministischen bzw. antiemanzipatorischen Strömungen.[4] Im Rahmen dieser kritischen und emanzipativen Ansätze sind alle folgenden Ausführungen zu Männlichkeit, Migration und Islam positioniert. Gerade in dieser skizzierten Perspektive wird deutlich, dass die Themen Diversität, Migration und Rassismus zu wenig bzw. nicht zufriedenstellend bearbeitet und reflektiert werden,[5] wodurch differenzierte Debatten im Themenfeld Männlichkeiten und Islam zusätzlich erschwert werden.

Denn in Deutschland kursieren viele Klischees und Vorurteile über muslimische Männer: Diese besäßen ein traditionelles Frauen- und Gesellschaftsbild, neigten zu (Ehr-)Gewalt und Extremismus, seien stark homophob und grenzten die Lebensentwürfe und -chancen ihrer Ehefrauen und Töchter massiv ein. Auch wenn bei einem Teil von Männern solche Probleme bestehen und beseitigt werden müssen, muss energisch kritisiert werden, dass sich diese Defizit- und Negativbilder diskursiv als weitgehend allgemeingültig für (fast) alle muslimischen Männer durchgesetzt haben. Denn durch vereinfachende Zuschreibungen werden die komplexen Lebensrealitäten von Menschen muslimischen Glaubens (mit Migrationshintergrund) oft auf den Aspekt „muslimisch" reduziert. Ausgeblendet bleibt dann meist auch, inwiefern der (muslimische) Glauben für Menschen eine Ressource darstellt, z.B. um in ihrem Leben Sinn herzustellen und sich in der Alltags- und Krisenbewältigung zu stärken. Die (muslimische) Religion kann für Männer wie Frauen, die zum Teil einen Migrationshintergrund

---

2 Vgl. BauSteineMänner (Hg.), *Kritische Männerforschung. Neue Ansätze zur Geschlechtertheorie*, 3. erw. Aufl., Hamburg 2001.

3 Vgl. Markus Theunert, *„Männerpolitik(en): ein Rahmenkonzept"*, in: ders. (Hg.), *Männerpolitik. Was Jungen, Männer und Väter stark macht*, Wiesbaden 2012, S. 13–56.

4 Eine gute Übersicht über Erscheinungsformen und Kritiken an antifeministischen Männeransätzen liefern Andreas Kemper (Hg.), *Die Maskulisten. Organisierter Antifeminismus im deutschsprachigen Raum*, Münster 2012 und Robert Claus, *Maskulismus. Antifeminismus zwischen vermeintlicher Salonfähigkeit und unverhohlenem Frauenhass*, Berlin 2014.

5 Vgl. Michael Tunç, *Männlichkeitsforschung und Intersektionalität*, 2012, URL: http://portal-intersektionalitaet.de/uploads/media/Tunc.pdf (letzter Zugriff: 12.02.2016).

aufweisen, subjektiv mitunter einen wichtigen Stellenwert einnehmen, während sie in anderen Fällen zweitrangig oder gar nicht bedeutsam ist bzw. in verschiedenen Lebensbereichen unterschiedliche Auswirkungen hat. Und auch wenn brennende soziale Fragen für viele Geschlechterfragen mitentscheidend sind, werden sie doch entweder gar nicht oder zu wenig systematisch als Bestandteil der Problemanalysen mitberücksichtigt. Zudem gibt es zunehmend Ansätze, die Kritiken an muslimischen Männlichkeiten auch religionswissenschaftlich und auf Basis theologischer Analysen von Quellen bearbeiten, die sich dann auch für geschlechtergerechte Entwicklungen nutzen lassen.[6] Es stellt sich die Frage nach Verbindungen zwischen Leitbildern bzw. Praxen der Männlichkeit wie auch der Väterlichkeit und der Religiosität von Männern sowie danach, inwiefern Religiosität eine Ressource für emanzipative Männlichkeitsbilder oder aktive Väterlichkeit sein kann oder ob sie mittels traditioneller Einstellungen konservative Geschlechterarrangements, Verhaltensweisen oder Leitbilder von Männlichkeit/Väterlichkeit begünstigt.

Im Folgenden soll das vorhandene „Imageproblem" muslimischer Männer in Deutschland, insbesondere mit Bezug auf Geschlechterfragen kritisch beleuchtet werden. Dabei sollen Vorurteile entlarvt werden, ohne jedoch bestehende Probleme traditioneller Männlichkeiten auszublenden. Auf diese Weise wird deutlich werden, inwiefern die Realität komplexer bzw. vielfältiger als die Vorurteile ist, vor allem, weil die bloße Religionszugehörigkeit in der Diskussion um Geschlechterfragen oft Nebensache ist, d.h. ihre Rolle zumeist überschätzt wird und viele andere Aspekte in die Debatten aufgenommen werden müssten.

Einerseits lässt sich konstatieren, dass Islamfeindlichkeit in Deutschland zu einem festen Bestandteil des Syndroms gruppenbezogener Menschenfeindlichkeit[7] geworden ist und Formen des antimuslimischen Rassismus oft in Zusammenhang mit Genderfragen geäußert werden, nicht nur im Rechtspopulismus. Andererseits werden Männlichkeiten im Kontext von Islam zu Recht kritisiert, wenn sie eine dominante Position im Geschlechterverhältnis bzw. der Familie einnehmen oder beanspruchen und dies mitunter mit ihrer Kultur und/oder Religion legitimieren. Eine große Herausforderung bedeutet es daher, diese unterschiedlichen Zugänge und Aspekte als miteinander verflochtene, wirksame

---

6 Vgl. Amanullah De Sondy, *Crisis of Islamic Masculinities*, London 2014. Siehe dazu Kap. 4.3.

7 Vgl. Andreas Zick/Beate Küpper/Andreas Hövermann, *Die Abwertung der Anderen. Eine europäische Zustandsbeschreibung zu Intoleranz, Vorurteilen und Diskriminierung*, Friedrich-Ebert-Stiftung, Berlin 2011, URL: http://library.fes.de/pdf-files/do/07905-20110311.pdf (letzter Zugriff: 12.02.2016).

Einflussfaktoren gleichzeitig im Blick zu behalten, also antimuslimische Rassismen (auch in Geschlechterfragen) aufzudecken und nötige Kritik an traditionellen Männlichkeiten bei bestimmten Männern muslimischen Glaubens (mit Migrationshintergrund) zu äußern.

2 Forschungsstand und Diskurskritik

Insgesamt ist das Forschungsfeld Männlichkeit, Migration und Islam noch jung und wenig entwickelt und es existieren bislang wenig vergleichende Studien zu Männlichkeit, Migration und Islam, in denen Männer mit und ohne Migrationshintergrund bzw. unterschiedlicher Religion miteinander verglichen werden. Außerdem sind Schieflagen im bisherigen Diskurs zu reflektieren, um eine angemessene und sachliche Diskussion führen zu können.[8]

2.1 Ein Forschungsdesiderat

Im Jahr 2010 stellten Lydia Potts und Jan Kühnemund fest: „Maskulinitäten von Migranten, insbesondere von türkischen, arabischen oder muslimischen Migranten, stellen ein internationales Forschungsdesiderat dar“[9]. Die erste von Potts und Kühnemund herausgegebene deutschsprachige Veröffentlichung zum Thema Männlichkeiten, Migration und Islam im Jahre 2008 machte zweierlei deutlich: Einerseits werden muslimische Männer „als Repräsentanten einer Religionskultur wahrgenommen, von der es sich zu emanzipieren gilt“,[10] andererseits trifft diese Zuschreibung nicht die Vielfalt der Identitätsentwürfe muslimischer Männer. So offenbarte beispielsweise Werner Schiffauers Studie „Gottesmänner“[11] mit Blick auf männliche Migranten in traditionellen islamischen Organisationen, „dass zum Spektrum dieser Veränderungen Akzentuierungen traditionaler, religiös oder ethnisch definierter Konzepte gehören. Neben (Re-) Traditionalisierungen werden aber auch Diskurse zu Modernität(en) und translokalen Identitäten entfaltet“.[12]

8 Vgl. Lydia Potts/Jan Kühnemund (Hg.), *Mann wird man. Geschlechtliche Identitäten im Spannungsfeld von Migration und Islam*, Bielefeld 2008; dies., *„Das ‚andere‘ Geschlecht. Maskulinitäten und Islam in der Gender- und Migrationsforschung“*, in: Susanne Lanwerd/Márcia E. Moser (Hg.), *Frau – Gender – Queer. Gendertheoretische Ansätze in der Religionswissenschaft*, Würzburg 2010, S. 37–53.

9 Potts/Kühnemund, *„Das ‚andere‘ Geschlecht“*, S. 37.

10 Potts/Kühnemund, *Mann wird man*, S. 11.

11 Werner Schiffauer, *Die Gottesmänner. Türkische Islamisten in Deutschland. Eine Studie zur Herstellung religiöser Evidenz*, Frankfurt a.M. 2000.

12 Potts/Kühnemund, *Mann wird man*, S. 8.

In bisherigen Veröffentlichungen zu Männlichkeit und Migration wird das Thema Islam zwar teilweise beleuchtet,[13] jedoch wird es noch selten innerhalb der muslimischen Community oder der islamischen Theologie thematisiert (siehe Kap. 4.3).

Eine Vielzahl von Studien wurde inzwischen zu migrantischen (jungen) Frauen und Musliminnen veröffentlicht, wie „Viele Welten leben"[14] oder „frauen leben"[15], die teilweise auch Fragen des Glaubens bzw. der Religiosität behandeln. An entsprechenden Studien über (junge) männliche Migranten und Muslime mangelt es jedoch, zumindest wenn es ausdrücklich um Männlichkeit geht und nicht allein um Bildungs- oder Integrationsfragen.

Wichtige neue Erkenntnisse erbrachte in dieser Hinsicht das Forschungsprojekt „Männer leben"[16] der Bundeszentrale für gesundheitliche Aufklärung (BZgA), in der auch Männer/Väter mit Migrationshintergrund untersucht wurden. In der Machbarkeitsstudie von Cornelia Helfferich und Kolleg(inn)en[17] sind umfassende Ergebnisse enthalten, doch werden Fragen der Religiosität kaum thematisiert.

Darüber hinaus sind die erwähnten Debatten um fremde bzw. muslimische Männlichkeiten selten empirisch fundiert und systematisch vergleichende Forschungen über Männer/Väter mit und ohne Migrationshintergrund bzw. verschiedener Religionszugehörigkeit sind nur wenige vorhanden. Es existiert in der Migrationsforschung zwar eine Vielzahl von Studien über Migrantenfamilien, die vereinzelt Aussagen über (muslimische) Männer/Väter treffen. Als problematisch erweist sich aber, dass es oft an Aufmerksamkeit für geschlechtliche Konstruktionsprozesse mangelt, wenn diese Untersuchungen Väterlichkeit und Männlichkeit thematisieren. Die Theorien, Methoden und Begriffe der Geschlechter-, Väter- und Männlichkeitsforschung finden dabei meist wenig

---

13 Vgl. Hans Prömper u.a., *Was macht Migration mit Männlichkeit? Kontexte und Erfahrungen zur Bildung und Sozialen Arbeit mit Migranten*, Opladen/Farmington Hills 2010.

14 Ursula Boos-Nünning/Yasemin Karakaşoğlu, *Viele Welten leben, Zur Lebenssituation von Mädchen und jungen Frauen mit Migrationshintergrund*, Münster 2005.

15 Bundeszentrale für gesundheitliche Aufklärung u.a. (Hg.), *frauen leben. Familienplanung und Migration im Lebenslauf*, Bonn 2011.

16 Bundeszentrale für gesundheitliche Aufklärung u.a. (Hg.), *männer leben. Studie zu Lebensläufen und Familienplanung. Vertiefungsbericht*, Köln 2005.

17 Vgl. Debora Niermann/Cornelia Helfferich/Jan Kruse, *Abschlussbericht. „Familienplanung und Migration im Lebenslauf von Männern." Eine Machbarkeitsstudie*, Evangelische Hochschule Freiburg, 2010, URL: http://www.soffi-f.de/files/u2/Abschlussbericht_ML2.pdf (letzter Zugriff: 12.02.2016).

systematische Anwendung. Zudem existieren in der Forschung bislang nur vereinzelt Studien mit Vergleichsgruppen mehrheitsdeutscher Männer/Väter ohne Migrationshintergrund und christlichen Glaubens (siehe Kap. 4.2).

Eine vergleichende Perspektive ermöglichen die Studien zu Migrantenmilieus, die Sinus Sociovision im Jahre 2007 und 2008 vorlegte. Die repräsentative empirische Studie ermittelte acht unterschiedliche Milieus von Menschen mit Migrationshintergrund, in denen sich Personen verschiedener ethnisch-kultureller Hintergründe zusammenfassen lassen. Zur Sinus-Studie über Migrantenmilieus kann gesagt werden, dass das Thema der Religiosität laut der Autoren insgesamt überschätzt wird:

> „Drei Viertel der Befragten zeigen eine starke Aversion gegenüber fundamentalistischen Einstellungen und Gruppierungen jeder Couleur. 84 Prozent sind der Meinung, Religion sei reine Privatsache. Insgesamt 56% der Befragten bezeichnen sich als Angehörige einer der großen christlichen Konfessionen, 22% als Muslime."[18]

Unter Menschen mit türkischem Migrationshintergrund „bezeichnet sich nur die Hälfte (51%) als Muslime, die ihre Religion aktiv ausüben".[19] Nur in einem Milieu, das vorwiegend die erste Migrantengeneration mit hohem Altersdurchschnitt repräsentiert, ist die Religion für das Milieu konstitutiv: Im religiös-verwurzelten Milieu sind teils Muslime (zu 54 %), teils Mitglieder anderer Konfessionen, wie z.B. christliche Zugewanderte vorhanden. In allen anderen Milieus vom Arbeiter- bis Akademiker-Milieu sind Muslime zwar vertreten, doch nimmt die Religiosität für sie keinen zentralen Stellenwert ein, sondern andere soziokulturelle Werte prägen den Lebensstil mehr.[20]

Die Sinus-Studie über Migranten-Milieus wurde in einer Studie vom Bundesministerium für Familie, Senioren, Frauen und Jugend auch genderbezogen ausgewertet,[21] und es lässt sich die Tendenz erkennen, dass Gleichstellung als Wert

---

18 Carsten Wippermann/Berthold Bodo Flaig, *„Lebenswelten von Migrantinnen und Migranten"*, in: Aus Politik und Zeitgeschichte 59 (2009) 5, S. 10, URL: http://www.bpb.de/files/R32I01.pdf (letzter Zugriff: 12.02.2016).

19 Sinus-Institut (Hg.), *Zentrale Ergebnisse der Sinus-Studie über Migranten-Milieus in Deutschland 2008. Eine sozialwissenschaftliche Untersuchung des Sinus-Instituts*, Heidelberg 2009, Quelle unter: http://www.sinus-institut.de.

20 Für weitere Details zur Sinus-Studie über Migranten-Milieus, z.B. die Beschreibung der acht Typen, sei verwiesen auf Wippermann/Flaig, *„Lebenswelten von Migrantinnen und Migranten"*.

21 Bundesministerium für Familie, Senioren, Frauen und Jugend, *Die Bestimmung von Rollenbildern in der Studie „Die Milieus der Menschen mit Migrationshintergrund in Deutschland"*, 2007, URL: http://www.bmfsfj.de/BMFSFJ/Presse/pressemitteilungen,did=101644.html (letzter Zugriff: 12.02.2016).

in besser gebildeten Migranten-Milieus stärkere Zustimmung findet. Jeweils in Abhängigkeit von ihren sozialen Lagen betrachtet, sind sich im Vergleich mehrheitsdeutsche Milieus und Migranten-Milieus bzgl. ihrer Einstellungen zur Geschlechterdemokratie ähnlich: Dem Wert Gleichberechtigung stimmen demnach besser Gebildete eher zu als weniger Gebildete. Zudem ist die zweite Generation der Menschen mit Migrationshintergrund mehrheitlich gleichstellungsorientiert.[22]

Zum Thema Männer/Väter offenbarte sich die Studie „Eltern unter Druck"[23] als aufschlussreich, die Milieus von Eltern in Deutschland, ihre Erziehungspraxen und Problemlagen (auch interkulturell) untersuchte. Es zeigte sich, dass die Verständnisse von einem „guten Vater" in den einzelnen Elternmilieus insgesamt sehr unterschiedlich ausfallen: perfektes und menschliches Vorbild in unmittelbarer Nähe, aktiver Feierabend- und Wochenend-Papa, Geldverdiener & Chef, partizipierender Erzieher, professioneller Part-Time-Event-Papa, Entdecker fremder Welten und großer Bruder, d.h. Spiel- und Spaßvater.[24] Auch migrantische Väter lassen sich in all diesen mehrheitsdeutschen Milieus finden (unter ihnen jeweils ein nicht bekannter Anteil von Muslimen), vor allem „in den soziokulturell (und altersmäßig) jungen Milieus",[25] und ihre Modelle sind ähnlich vielfältig wie die der Eltern ohne Migrationshintergrund.

2.2 Ethnisierende und religionisierende (Gender-)Diskurse und ihre Funktion

Einleitend sei nun zunächst die Frage aufgeworfen, warum die Diskurskritik in diesem Themenfeld so große Bedeutung hat. Schon seit einiger Zeit wird kritisch diskutiert, wie sich die Benennung der „Anderen" in der deutschen Migrationsgesellschaft in den über 50 Jahren seit der Arbeitsmigration gewandelt hat: Zuerst war die Rede von „Ausländern", dann von „Migranten", aktuell wird nicht mehr nur von „Menschen mit Migrationshintergrund" gesprochen, sondern zunehmend von „Muslimen". So werden immer häufiger Zuschreibungen wie „türkisch-muslimisch" in Integrationsdebatten verwendet, auch dann, wenn

22 Vgl. ebd.

23 Tanja Merkle/Carsten Wippermann, *„Eltern unter Druck. Die Studie"*, in: Christine Henry-Huthmacher/Michael Borchard (Hg.), *Eltern unter Druck. Selbstverständnisse, Befindlichkeiten und Bedürfnisse von Eltern in verschiedenen Lebenswelten*, Stuttgart 2008, S. 25–241.

24 Vgl. ebd., S. 45–48.

25 Ebd., S. 56.

Religiosität subjektiv für die Menschen bzw. im Fokus stehenden Themen und Probleme kaum oder gar nicht relevant ist. Zugespitzt bezeichnet Katharina Hierl diesen Trend als „Islamisierung der deutschen Integrationsdebatte“ und bezeichnet damit „die zunehmende Bedeutung von Religion im öffentlichen Diskurs um Integration“.[26] Da Debatten über den Islam in der multireligiösen deutschen Migrationsgesellschaft einerseits alltäglich und verständlich sind, möchte Hierl mit ihrem Begriff nicht nur die übermäßige Thematisierung des Islams kritisieren, sondern insbesondere zwei Phänomene:

> „Zum einen werden Immigrantinnen und Immigranten aus islamisch geprägten Ländern beziehungsweise orientalischen Ländern als eine homogene muslimische Gruppe wahrgenommen. Zum anderen fungieren der Islam und die daraus abgeleitete Kultur als ein monokausales Erklärungsmuster für das Auftreten von Problemen beim Integrationsprozess oder bei dessen Scheitern.“[27]

Begrifflich erscheint es als treffender, die von Hierl herausgearbeiteten Phänomene als Prozesse der „Religionisierung“[28] zu bezeichnen. Eberhard Seidel spricht von der „Religionisierung“ der Integrationsdebatte, weil ihm zufolge öffentliche (Islam-)Diskurse fortwährend negativ geprägt sind, insbesondere bzgl. der mangelnden Unterscheidung zwischen Islam und Islamismus als extremistischer Strömung. Insofern sollte man von der Verwendung des Begriffs der „Islamisierung“ für die Tatsache der Religionisierung im Sinne von Hierl (2012) absehen, da sie zu Unschärfen und massiven Abgrenzungsproblemen gegenüber ausgrenzenden Kritiken an Muslimen führt, welche leider häufig islamfeindlicher Natur sind.[29]

Die angesprochenen Prozesse islamfeindlicher Religionisierung von Geschlechterdebatten diskutiert auch Yasemin Shooman in ihrem Aufsatz zum „Zusammenspiel von Kultur, Religion, Ethnizität und Geschlecht im antimuslimischen Rassismus“[30] und in ihrer Analyse über „Narrative des antimuslimischen

---

26 Katharina Hierl, *Die Islamisierung der deutschen Integrationsdebatte. Zur Konstruktion kultureller Identitäten, Differenzen und Grenzziehungen im postkolonialen Diskurs*, Münster 2012.

27 Ebd., S. 32.

28 Vgl. Eberhard Seidel, *„In welche Richtung verschieben sich die medialen Diskurse zum Islam?“*, in: Wilhelm Heitmeyer (Hg.), *Deutsche Zustände. Folge* 6, Frankfurt a.M. 2008, S. 250–259.

29 Vgl. Thorsten Gerald Schneiders (Hg.), *Verhärtete Fronten. Der schwere Weg zu einer vernünftigen Islamkritik*, Wiesbaden 2012.

30 Yasemin Shooman, *„Das Zusammenspiel von Kultur, Religion, Ethnizität und Geschlecht im antimuslimischen Rassismus“*, in: Aus Politik und Zeitgeschichte 62 (2012) 16/17, S. 53–57.

Rassismus"[31]. Ihr zufolge wird im Neo-Rassismus, dem Rassismus ohne Rassen, Kulturdifferenz zum Merkmal der Unterscheidung und Ausgrenzung, die sich häufig auf den Islam fokussiert: „Im Falle des antimuslimischen Rassismus bedeutet dies, dass jedes (negative) Verhalten von Menschen, die als Muslime markiert sind, auf ‚den Islam' zurückgeführt wird."[32] Oft wird dann jedes Denken, Fühlen und Handeln muslimisch gläubiger Menschen dem Islam zugeschrieben, unabhängig davon, wie diese Menschen sich selbst verorten. So werden andere relevante Facetten der Identität, wie Geschlecht, Alter etc., von Zuschreibungsprozessen auf den Islam überlagert. Nach Shooman sind antimuslimische Ressentiments oft mit Genderfragen verbunden:

> „Häufig werden antimuslimische Positionen mit dem Eintreten für Menschen-, insbesondere für Frauenrechte legitimiert. Der Sexismus wird im antimuslimischen Rassismus zu einem kulturellen Wesenszug des Islams erklärt, dem als Musliminnen und Muslime markierte Menschen nicht entrinnen können."[33]

Wirksam wird dabei eine psychische Dynamik, bei der das konstruierte Fremdbild viel über das Selbstbild der deutschen Mehrheitsangehörigen verrät, denn es werden unangenehme Aspekte des Eigenen auf den Anderen projiziert. Derartige Gruppenvergleiche zwischen „wir" und „ihr" erfüllen die Funktion, gesellschaftliche Probleme wie Sexismus oder Gewalt in hierarchischen Geschlechterverhältnissen nahezu ausschließlich bei den Anderen zu verorten und so auszulagern, anstatt sie in einen gesamtgesellschaftlichen Kontext zu stellen.[34]

> „Die unterdrückte Muslimin fungiert in diesem Wahrnehmungsmuster als Kontrastfigur, deren Pendant die emanzipierte westliche Europäerin bildet. Entsprechend geht die Dämonisierung der Muslime als sexistisches Kollektiv oftmals mit einer Idealisierung der deutschen Mehrheitsgesellschaft einher, in der das Projekt der Geschlechtergleichheit realisiert zu sein scheint."[35]

Als Weiterführung und Zuspitzung ihrer Ausführungen ist zu sagen, dass in solchen ethnisierenden bzw. religionisierten Genderdebatten häufig die männliche Ehrgewalt als Pendant zum islamischen Kopftuch funktioniert, nämlich als

---

31 Yasemin Shooman, *„... weil ihre Kultur so ist": Narrative des antimuslimischen Rassismus*, Bielefeld 2014.

32 Shooman, *„Das Zusammenspiel von Kultur, Religion, Ethnizität und Geschlecht"*, S. 54.

33 Ebd., S. 56.

34 Vgl. ebd.

35 Ebd., S. 56.

symbolische Verschmelzung von Frauenunterdrückung, Kultur bzw. Islam und Männlichkeit.

> „Zu den vergeschlechtlichten Bildern gehört zum Beispiel auch das Stereotyp des übersexualisierten muslimischen Mannes, das Parallelen aufweist zu rassistischen Zuschreibungen gegenüber Schwarzen Männern."[36]

Ähnliche antimuslimische Rassismen rekonstruiert Iman Attia ebenfalls anhand von Alltagsdiskursen, die sie anhand qualitativer Interviews auch in Genderperspektive analysiert.[37] In der Genderperspektive auf das Datenmaterial fand Attia gegensätzliche, wertende Zuschreibungen, die die Interviewten im Kontext von Konstrukten des „Orient" als positiv und beim „Islam" als negativ beschreiben, auch in Bildern über Männer:

> „Die Faszination und Zuneigung, die die Stärke und Verführungskunst der Männer im orientalischen Bild auslösen, schlägt um in Verachtung und Angst vor der Gewalt und Unberechenbarkeit der gleichen Männer. Die Sehnsucht nach ihrem Mut und ihren Prinzipien schlägt um in Abscheu."[38]

Aus Sicht deutscher Männer würden muslimische Männer ihre Frauen unterdrücken, während deutsche Männer von sich ein emanzipiertes Selbstbild entwerfen.[39]

Um Missverständnisse zu vermeiden: Männer, die unter Berufung auf ihre Ehre Gewalt legitimieren oder ausüben, müssen dringend kritisiert werden und sollten mittels geeigneter Maßnahmen zu Verhaltensveränderungen gebracht werden. Problematisch ist jedoch, wenn männliche (Ehr-)Gewalt diskursiv wie analytisch allein und pauschal „dem" Islam zugeschrieben wird, wobei viele andere (auch strukturelle) Ursachen von Gewalt überlagert oder ganz ausgeblendet werden. Betont werden muss dabei, dass differenzierte Einzelfallanalysen

---

36 Shooman, *„… weil ihre Kultur so ist"*, S. 99.

37 Das empirische Material der Studie wurde Anfang der 1990er Jahre zur Zeit der Golfkriege erhoben. Befragt wurden 24 weiße deutsche christlich sozialisierte junge Erwachsene aus Westdeutschland (einschließlich Westberlin). Im Fokus der Interviews standen Bilder und Erfahrungen, welche die Befragten im Zusammenhang mit dem Orient oder Islam gemacht hatten, wobei Aussagen zum Geschlechterverhältnis bei allen Befragten eine herausragende Bedeutung zukam. Vgl. Iman Attia, 2009, *Die »westliche Kultur« und ihr Anderes. Zur Dekonstruktion von Orientalismus und antimuslimischem Rassismus*, Bielefeld 2009.

38 Ebd., S. 100.

39 Vgl. ebd., S. 129 f., S. 148.

und öffentliche wie mediale Debatten darüber auf zwei unterschiedlichen Ebenen anzusiedeln sind, die sich wiederum gegenseitig beeinflussen.

Wenig untersucht wurde bisher beispielsweise, wie die betroffenen migrantischen (muslimischen) Männer diese ethnisierten bzw. religionisierten Diskurse verarbeiten. Die Studie „Stolen Honor“[40] von Katherine Pratt Ewing untersucht, wie stigmatisierende Diskurse über muslimische Männer in Deutschland von den Betroffenen selbst bewältigt werden:

> „So stereotypisierend dieser Diskurs ist, wurde er dennoch von einigen Interviewpartnern Ewings angeeignet [...]. [Die] Söhne der Migranten griffen diesen Diskurs auf, etwa um sich von ihren Eltern oder den – medial so breit diskutierten – „problematischen Türken“ abzuheben [...]. Wie sich in Ewings Studie zeigt, konnten die von ihr interviewten Männer verbreitete Bilder türkischer Männlichkeit nutzen, um sich eine vergleichsweise positive Sprecherposition zu sichern. Widersprüchliche Prozesse der Aushandlung und Reproduktion von Stereotypen gehen dabei Hand in Hand.“[41] .

Auf der Ebene sozialwissenschaftlicher Analyse ist es daher sinnvoll und geboten, kulturelle wie religiöse Werte und Deutungsmuster muslimisch Gläubiger differenziert zu betrachten, da sie Lebensentwürfe von gleich- oder andersgläubigen Männern und Frauen beeinflussen. Allerdings wäre es bei diesem Vorhaben wünschenswert, verschiedene Gruppen gläubiger Menschen systematisch vergleichend zu betrachten, um beispielsweise Vergleiche zwischen verschiedenen Milieus weißer, christlicher Mehrheitsdeutscher mit verschiedenen Milieus muslimischer Menschen mit und ohne Migrationshintergrund anstellen zu können.

Wie zuvor schon festgestellt wurde, ist Gewalt von Männern nicht hinnehmbar, unabhängig von der ethnisch-kulturellen oder religiösen Zugehörigkeit. Gegenwärtig lässt sich feststellen, dass gerade als „fremd“ markierte migrantische (muslimische) Männlichkeit gesellschaftlich viel Aufmerksamkeit erfährt. Das könnte sinnvoll und hilfreich sein, jedoch erweist sich die Art und Weise, wie über diese Differenzen gesprochen und gedacht wird bei näherem Hinsehen mehr als Teil des Problems denn als Teil der Lösung. Doch worin liegt das begründet?

Selbst wenn bei Diskussionen um Männlichkeit, Migration und Islam die Lösung drängender Probleme vorne ansteht, so sollen hier zunächst bestimmte

---

40 Katherine Pratt Ewing, *Stolen Honor. Stigmatizing Muslim Men in Berlin*, Stanford 2008.

41 Paul Scheibelhofer, *„Intersektionalität, Männlichkeit und Migration. Wege zur Analyse eines komplizierten Verhältnisses“*, in: Sabine Hess/Nikola Langreiter/Elisabeth Timm (Hg.), *Intersektionalität Revisited. Empirische, theoretische und methodische Erkundungen*, Bielefeld 2011, S. 162 f.

Schieflagen der Debatten benannt werden, in denen „fremde Männlichkeiten" zu einem „hot topic" skandalisierender Integrationsdebatten aufgestiegen sind. Der türkisch-muslimische Mann „wird dabei als geleitet von Kultur, Tradition und Religion dargestellt und als Träger hypermaskuliner, archaischer, gewalttätiger Männlichkeit problematisiert."[42] Als prototypisch für ethnisierende Männlichkeitsdiskurse kann Necla Keleks Buch „Die verlorenen Söhne. Plädoyer für die Befreiung des türkisch-muslimischen Mannes"[43] gelten. Ihr zufolge sind türkisch-muslimische Männer „getrieben von archaischen Ehrvorstellungen, die weder Raum für Reflexion und individuelle Moral, noch für Unrechtsbewusstsein lassen [...]."[44]

Diesen Männern werden so jegliche Motive oder Ressourcen abgesprochen, sich für geschlechtergerechte Verhältnisse einsetzen zu wollen oder zu können. Zugespitzt formuliert drängt sich die Vermutung auf, dass insbesondere nicht nur türkischstämmigen migrantischen, sondern neuerdings vor allem muslimischen Männern für manche weiße Mehrheitsangehörige die Funktion zukommt, „als Gegenbild zum eigenen Selbst, deutsche Identität zu stiften".[45] So lässt sich beispielsweise kritisch reflektieren, inwiefern konstruierte Intergruppenvergleiche mit Migranten – auch mit Muslimen, die z.B. als „Islam-Machos" wahrgenommen werden – für bestimmte (männliche) Mehrheitsangehörige die Funktion eines „Modernitätsgewinns" und einer Selbstaufwertung haben. Während die Eigengruppe der Deutschen ohne Migrationshintergrund als vielfältig und heterogen gesehen wird, erscheint die Fremdgruppe der „Muslime" als einheitlich und homogen. Daher sind reflexive Ansätze nötig, in denen die Konstruktion homogener Wir-Gruppen und die damit verbundenen Vorurteile zum Gegenstand kritischer Debatten und Bildungsanstrengungen gemacht werden.

Insofern muss sich der Umgang mit Differenz und Vielfalt grundlegend ändern und verbessern. Das lässt sich gut anhand folgender Aufforderung illustrieren, welche die Afroamerikanerin Pat Parker in einem Gedicht an weiße amerikanische Frauen richtet, die sich mit ihr befreunden möchten: „Wenn du mit mir sprichst, vergiss, dass ich eine Schwarze bin. Und vergiss nie, dass ich eine

42 Ebd., S. 149 f.

43 Necla Kelek, *Die verlorenen Söhne. Plädoyer für die Befreiung des türkisch-muslimischen Mannes*, Köln 2006.

44 Scheibelhofer, „*Intersektionalität, Männlichkeit und Migration*", S. 164.

45 Margret Spohn, *Türkische Männer in Deutschland. Familie und Identität. Migranten der ersten Generation erzählen ihre Geschichte*, Bielefeld 2002, S. 443.

Schwarze bin."[46] Ihre Aussage verbindet dabei untrennbar die zwei Forderungen, Differenz (und Rassismuserfahrungen) anzuerkennen und gleichzeitig nicht auf diese Differenz festgelegt zu werden. Dies lässt sich weiterdenken als Aufforderung, mehrere Perspektiven einzunehmen und so migrantische wie muslimische Männer als gleich und anders wahrzunehmen. Angesichts der Defizitfixierung in Debatten um den Islam erscheint das jedoch als ein extrem schwieriges Unterfangen.

Dies leitet über zu einer weiteren zentralen These: Ethnisierende sowie stereotyp auf den Islam zentrierte Diskurse über Männer/Väter mit Migrationshintergrund muslimischen Glaubens produzieren oder enthalten eine Leerstelle, sodass andere Themen ignoriert oder verdeckt werden. Denn männliche (muslimische) Migranten sind gefährdet bzw. sozial verletzbar, beispielsweise als (potentielle) Opfer von Ausgrenzung und (antiislamischer) rassistischer Diskriminierung. Festzuhalten bleibt, dass ein differenzierter Blick auf Männer/Väter mit Migrationshintergrund muslimischen Glaubens, ihren (Familien-)Alltag und ihre Problemlagen wichtig ist. Dabei drängen sich folgende Fragen auf: Wie bewältigen diese Männer/Väter Diskriminierungserfahrungen? Wie wirkt sich das aus auf Konstruktionen von Männlichkeit/Väterlichkeit?[47]

Zur Beantwortung dieser Fragen ist eine neue, mehrdimensionale Sicht erforderlich. Wie festgestellt wurde, lassen die dargestellten ethnisierenden und religionisierenden Männlichkeitsdiskurse soziale Kontexte der Männlichkeitskonstruktionen außen vor, die im Folgenden als Herzstück mehrdimensionaler Analysen im Sinne der Intersektionalität herausgestellt werden.

3 Intersektionale Sichtweisen auf Männlichkeit und Islam

Innovative Sichtweisen auf Geschlechterverhältnisse, die dem komplexen Zusammenwirken verschiedenster Einflussfaktoren auf Männlichkeiten, Migration und Islam gerecht werden, erfordern eine konsequent mehrdimensionale Sicht, welche die Programmatik der Intersektionalität bereitstellt.

---

46 Pat Parker zit. nach Birgit Rommelspacher, *Dominanzkultur. Texte zu Fremdheit und Macht*, Berlin 1995, S. 100.

47 Männliche migrantische Jugendliche (einschließlich eines nicht benannten Teils muslimischer Jugendlicher) geben der Studie von Erol Karayaz zufolge in größerem Umfang als männliche Jugendliche ohne Migrationshintergrund an, in verschiedenen Situationen Diskriminierungserfahrungen zu machen (vgl. Erol Karayaz, *Männliche Jugendliche mit Migrationshintergrund. Ergebnisse eigener Untersuchungen und was diese für eine diversitätsbewusste Pädagogik bedeuten können*, Oldenburg 2013, S. 153).

3.1 Die Programmatik der Intersektionalität

Um sich von der Differenzfixierung bisheriger ethnisierender wie religionisierender Genderdiskurse zu lösen, vermag sich das Konzept der Intersektionalität als fruchtbar erweisen, das sich in der feministischen Frauenforschung einerseits als gesellschafts- und herrschaftskritische Perspektive und andererseits als anspruchsvolle ungleichheits- und differenztheoretische Programmatik entwickelt hat.[48] Solche intersektionalen Ansätze untersuchen die Überschneidungen verschiedener Kategorien sozialer Differenzierung wie Geschlecht, Ethnizität, Klasse, Alter und auch Religiosität. Sie eignen sich daher auch, um die Komplexität des Themas Männlichkeit/Väterlichkeit und Migration bzw. Religion verständlich zu machen.[49]

Folgende Fragen illustrieren die Herausforderungen, die ein intersektionaler Zugang beinhalten kann: Sind Differenzen zwischen Jungen, Männern oder Vätern in ihren ethnisch-kulturellen Zugehörigkeiten oder ihrer Religiosität begründet, oder sind trotz aller Unterschiede die Gemeinsamkeiten als Jungen, Männer oder Väter größer? Welchen Einfluss hat die soziale Herkunft der Jungen, Männer oder Väter und ist diese mitunter von größerer Bedeutung als der Migrationshintergrund oder die Religion? Und wie stehen diese Einflussfaktoren zueinander in Wechselwirkung?

Das folgende Beispiel stellt eine intersektionale Konfiguration verschiedener Positionierungen dar:

> „Ein homosexueller, muslimischer Migrant, der Wirtschaftswissenschaften studiert, könnte beispielsweise aufgrund seiner sexuellen Identität und/oder seiner Religion und/oder seiner ethnischen Herkunft von Diskriminierung betroffen sein. Gleichzeitig stehen ihm aufgrund seiner Geschlechtszugehörigkeit und seines Bildungshintergrundes verschiedene Ressourcen zur Verfügung, die ihn in diesen Aspekten privilegieren.“[50]

Für intersektionale Forschungen über Männlichkeiten ist es daher erforderlich, das spannungsreiche wie komplexe Verhältnis von Benachteiligung und

---

48 Vgl. Gudrun-Axeli Knapp, „*‚Intersectionality' – ein neues Paradigma feministischer Theorie? Zur transatlantischen Reise von ‚Race, Class, Gender'*“, in: Feministische Studien 23 (2005) 1, S. 68–81.

49 Vgl. Tunç, „*‚Viele türkische Väter fliehen von zu Hause.' Mehrfache ethnische Zugehörigkeiten und Vaterschaft im Spannungsfeld zwischen hegemonialer und progressiver Männlichkeit*“, in: Potts/Kühnemund (Hg.), *Mann wird man*, S. 105–132; Siehe auch Tunç, *Männlichkeitsforschung und Intersektionalität.*

50 Leah Carola Czollek/Heike Weinbach, *Lernen in der Begegnung. Theorie und Praxis von Social Justice-Trainings*, Düsseldorf [2]2008, S. 64.

Ressource zu klären. Denn es gilt herauszufinden, in welchem Kontext bestimmte subjektive Zugehörigkeiten von (migrantischen/muslimischen) Männern mehr Ressource sind bzw. sein können oder wann sie zu Nachteilen/Diskriminierungen führen (können). Insofern besteht eine große Herausforderung beim "doing intersectionality" in der Männlichkeitsforschung darin zu klären,

> „welche verschiedenen „Achsen" im konkreten Fall in welcher Weise von Bedeutung sind und wie beispielsweise die spezifischen Konstellationen von Subjekt und Struktur, von Benachteiligung und Bevorzugung, von Unterdrückung und Ressource oder von Fremdbestimmung und Selbstbestimmung aussehen."[51]

Dem folgend stehen intersektionale Forschungsansätze vor der Aufgabe, zu untersuchen, wie Positionierungen von (migrantischen) Männern muslimischen Glaubens kontextabhängig und situationsbedingt von je anderen Differenzkonstellationen strukturiert sind und welche wechselnden Überlagerungen dabei auftreten.

Hiernach muss dann noch die Differenzierung von Kultur/Ethnizität und Religion geleistet werden.[52] Auch wenn sich wissenschaftlich die Begriffe Kultur, Religion und Ethnizität klar voneinander trennen lassen, verweisen sie doch gleichzeitig wechselseitig aufeinander und hängen zusammen.[53] Susanne Kröhnert-Othmann bemerkt diesbezüglich, es dominiere „eine undifferenzierte Vermischung von Kultur, Religionszugehörigkeit und Religiosität."[54] Oft sei es daher präziser, von Menschen mit Migrationshintergrund muslimischen Glaubens zu sprechen, wobei Einflüsse von Ethnizität bzw. Kultur und Religion möglichst voneinander zu trennen oder Wechselwirkungen zwischen ihnen zu beachten sind.[55] Auch in Genderdebatten sollte demnach eine interkulturelle von einer

---

51 Rudolf Leiprecht/Helma Lutz, *„Rassismus - Sexismus - Intersektionalität"*, in: Claus Melter/Paul Mecheril (Hg.), *Rassismuskritik. Rassismustheorie und -forschung. Band 1*, Schwalbach a. Ts. 2009, S. 187 f.

52 So lässt sich beispielsweise das Thema männlicher Ehrkonzepte nicht mit dem Islam, dafür aber mit ethnisch-kulturellen Werten und Verhaltensweisen erklären (siehe Kap. 4.1).

53 Vgl. Paul Mecheril, *Einführung in die Migrationspädagogik*, Weinheim 2004, S. 22 ff.

54 Susanne Kröhnert-Othman, *„Tradition oder Religion? Religiosität als Bestimmungsfaktor der sozialen Arbeit mit muslimischen MigrantInnen"*, in: Sozial Extra. Zeitschrift für Soziale Arbeit 31 (2007) 1/2, S. 47.

55 Auf muslimische Deutsche ohne Migrationshintergrund kann hier nicht gesondert eingegangen werden, die selbstverständlich als eigene Gruppe wahrzunehmen, anzuerkennen und insbesondere zukünftig weiter zu erforschen sind – gerade auch in Bezug auf Gender- und Männlichkeitsfragen.

interreligiösen (Forschungs-)Perspektive unterschieden werden, die häufig auf vielfältige Weise ineinandergreifen. Insofern sind auch die Konzepte interkultureller und interreligiöser Kompetenz zu unterscheiden,[56] die sich aber dann noch einmal mit Fragen der Genderkompetenz überschneiden.

3.2 Männlichkeit, Intersektionalität und progressive Männlichkeiten

Als Grundbegriff der Männlichkeitsforschung soll nun kurz das Konzept der hegemonialen Männlichkeit eingeführt werden, das Raewyn Connell entwickelte: Hegemoniale Männlichkeiten sind doppelt relational strukturiert, und zwar verstanden als Hegemonie gegenüber Frauen einerseits und gegenüber untergeordneten und marginalisierten Männern andererseits.[57] Somit seien auch Hierarchien unter Männern im Sinne Connells Bestandteil männlicher Vorherrschaft. Nach dem Prinzip von Konkurrenz und Wettbewerb erfahren bestimmte Männlichkeiten geringere Akzeptanz, werden untergeordnet, wie Connell sagt, z.B. schwule Männlichkeiten oder auch die von (muslimischen) Migranten. Allerdings können schwule wie migrantische Männer im emanzipativen Sinne auch gegen ihre Marginalisierung bzw. Unterordnung durch hegemoniale Männlichkeiten Widerstand leisten. Das kann jedoch bislang im Konzept Connells begrifflich nur schwer erfasst und erklärt werden.

An diesem Punkt setzt rassismuskritische und diversitätsbewusste Männerforschung und -politik an. Ich habe daher vorgeschlagen, analog zum Begriff der hegemonialen Männlichkeit das Konzept der progressiven Männlichkeiten zu entwickeln, für das sich Connells doppelt relationale Sichtweise als ertragreich erweist: Demnach könne mehr Geschlechtergerechtigkeit auf einer ersten Ebene entstehen, wenn sich mehr (migrantische/muslimische) Männer an progressiven Männlichkeiten orientieren, d.h. auf Macht verzichten, egalitäre geschlechtliche Arbeitsteilung praktizieren und sich bei der Kindererziehung engagieren. Insofern lassen sich empirische Erkenntnisse der Männerforschung über Mischtypen von Männern, die sich gleichzeitig traditionell und modern orientieren, als Spannungsverhältnis zwischen progressiven und hegemonialen Männlichkeiten analysieren.[58]

---

56 Vgl. Joachim Willems, *„Interreligiöses und interkulturelles Lernen. Notwendige Bezüge und notwendige Unterscheidungen"*, in: Intercultural Journal 8 (2009) 9, S. 23–44, URL: http://www.interculture-journal.com/download/article/willems_2009_09.pdf (letzter Zugriff: 12.02.2016).

57 Vgl. Robert W. Connell, *Der gemachte Mann. Konstruktion und Krise von Männlichkeiten*, Opladen ²2000.

58 Siehe hierzu Kap. 4.2. Vgl. vertiefend Tunç, *„Viele türkische Väter fliehen von zu Hause."*

Die zweite Ebene von Männerforschung und -politik betrifft Differenzen zwischen Männern nach sexueller Identität, sozialer Schicht bzw. Klasse sowie bzgl. körperlicher, seelischer oder intellektuell-kognitiver Beeinträchtigung bzw. Dis-/Ability und eben ethnisch-kultureller und religiöser Zugehörigkeit. Ungleichheitsverhältnisse müssen also auf mehreren Ebenen angegangen werden, damit Ansätze der Männerforschung und -politik allen Männern gegenüber gerechter werden.[59] Außer sich mit Fragen im Geschlechterverhältnis zwischen Frauen und Männern zu befassen, sollten daher auch die vielfältigen Hierarchien unter Männern konsequent mitbedacht werden.

Darüber hinaus scheint es produktiv, die Perspektive auch dahingehend zu erweitern, dass der Fokus in Männlichkeitsdebatten weg von Integration vermehrt auf soziale Fragen und Bildungsthemen gerichtet wird. Insofern sind die bisherigen Aktivitäten und Forschungen für migrantische/muslimische Männer unterer Bildungsmilieus, in sozialen Problemlagen und in benachteiligten Wohnquartieren zwar wichtig. Zukünftig wird es aber unabdingbar sein, Bildungsbenachteiligte bzw. Arbeiter und Bildungsaufsteiger bzw. etablierte Männer, wie Wirtschaftler, Ärzte oder Rechtsanwälte, unter den migrantischen/muslimischen Männern miteinander zu vergleichen. Und weil davon auszugehen ist, dass die soziale Schicht und das Bildungsmilieu stark mit beeinflusst, wie (migrantische/muslimische) Jungen, Männer und Väter ihre Lebensentwürfe gestalten (können), sollten diese Differenzen auch in Vergleichsstudien zwischen Männern mit und ohne Migrationshintergrund bzw. christlicher oder muslimischer Religionszugehörigkeit untersucht werden.

Nachdem mit dem Konzept der Intersektionalität eine Grundlage zum Verständnis von Transformationen muslimischer Männer vorgestellt wurde, lässt sich nun das Thema Männlichkeiten, Migration und Islam konkretisieren.

4 Geschlechterverhältnisse, Männlichkeiten und Islam

Viele Hinweise und empirische Ergebnisse über Geschlechterverhältnisse und Islam stammen aus der Familienforschung. Barbara Thiessen vom Deutschen Jugendinstitut (DJI) kommt in ihrer Expertise für das Bundesfamilienministerium zu folgender Schlussfolgerung:

> „Familien mit muslimischem Hintergrund leben überwiegend integriert und assimiliert in Deutschland. Religionszugehörigkeit reicht als Merkmal einer Gruppenbeschreibung nicht aus, da muslimische Familien äußerst divers sind, sie sich nach Schicht,

59 Siehe Tunç, *Männlichkeitsforschung und Intersektionalität.*

> Bildungsgrad, Herkunftsregion, Aufenthaltsdauer in Deutschland, Einwanderungsgeneration und praktizierter Religiosität im Alltag erheblich unterscheiden."[60]

Die mitunter stärkere Geschlechtertrennung in muslimischen Familien erweist sich für die Handlungsspielräume einiger Mädchen und Frauen als problematisch, und es kommt aufgrund der nachgewiesenen hohen Bildungs- und Berufsorientierung junger Frauen bisweilen zu Spannungen.

> „Eine wesentliche Beobachtung muslimischer Familien ist, dass hier der Zusammenhalt der Familie vor individueller Entfaltung steht. Hintergrund ist, dass sowohl in islamischen als auch in ländlichen Kulturen ebenso wie in unteren sozialen Milieus traditionelle Werthaltungen dominieren. Sie sind besonders verfestigt, wenn sich untere soziale Milieus und muslimischer Migrationshintergrund überschneiden."[61]

Zusammenfassend stellt Thiessen fest, dass noch erheblicher Forschungsbedarf besteht, auch bzgl. grundsätzlicher struktureller Geschlechterfragen wie der „beruflichen Einbindung von Frauen aus muslimischen Familien und Auswirkungen der Vereinbarkeitsproblematik auf die Familiendynamik."[62]

Annika Natus untersuchte in ihrer explorativen qualitativen Studie „Verschleierte Gemeinsamkeiten" Geschlechterleitbilder von zwei muslimischen jungen Frauen und Männern einer international ausgerichteten deutschsprachigen Moschee. Sie resümiert: „Die Befragten weisen eine hohe Akzeptanz von Werten und Einstellungen auf, die in der Aufnahmegesellschaft in Bezug auf das Geschlechterverhältnis vorherrschen."[63] Kommt es im Umgang mit den als islamisch wahrgenommenen Werten wie Treue, selbstbestimmte Partnerwahl, Liebe, voreheliche Keuschheit und der Schutz des religiösen Bewusstseins zu Konflikten mit sogenannten westlichen Werten, „wird mit Hilfe der islamischen Religion eine Synthese gefunden, die für die Befragten sowohl innerhalb der islamischen Gemeinschaft als auch in der Aufnahmegesellschaft vertretbar ist."[64] Im Falle von Spannungen zwischen islamisch begründeten Glaubensgrundlagen und Werten der Aufnahmegesellschaft erkennt Natus keine „Ablehnung

---

60 Barbara Thiessen, *Muslimische Familien in Deutschland. Alltagserfahrungen, Konflikte, Ressourcen*, München 2007, S. 5.

61 Ebd., S. 5 f.

62 Vgl. ebd., S. 28. Wenig erforscht sind auch mehrfache Zugehörigkeiten und Identitäten muslimischer Frauen und Männer. Beispielsweise sind viele binationale Familien auch bireligiöse Familien, in denen Menschen vielfältige transkulturelle Identitäten entwickeln und ihr Leben mit zwei Religionen organisieren.

63 Annika Natus, *Verschleierte Gemeinsamkeiten. Muslime sprechen über Geschlechterrollen*, Marburg 2008, S. 223.

64 Ebd.

der Werte der Aufnahmegesellschaft, sondern eine mehr oder weniger starke Anpassung der Glaubensvorstellungen an diese."[65]

Abschließend ist zu sagen, dass man Glauben jedoch noch stärker als Ressource der (muslimischen) Menschen mit Migrationshintergrund anerkennen sollte, anstatt ihn, wie bisher sehr oft, lediglich für Probleme und konservative Geschlechterverhältnisse von Muslimen verantwortlich zu machen.[66]

In der Forschung und in Fachdebatten, teils auch zur Versachlichung der weiter oben kritisierten ethnisierten bzw. religionisierten Genderdiskurse, wird das Themenfeld „Frauen und Islam" inzwischen zunehmend diskutiert. Die Relationalität von Geschlechterverhältnissen, die normative Leitbilder und geschlechtsdifferenzierte Positionierungen für Frauen und Männer bedeuten, geraten so jedoch oft aus dem Blick. In vielen Fällen scheinen Frauen als Marker ihrer Kultur/Religion zu fungieren,[67] wie es Birgit Rommelspacher am Thema des islamischen Kopftuches und der darauf bezogenen Widersprüche westlicher Emanzipationskonzepte analysiert:

> „Sie sind nicht nur für die biologische, sondern auch die kulturelle Reproduktion einer Gesellschaft zuständig und mit kulturellen Codes wie der Kleidung der Frauen wird signalisiert, wer zu der jeweiligen Gruppe gehört und wer nicht. [...] Frauen werden jedoch auch deshalb zur Symbolisierung der Gemeinschaft genutzt, weil Männer sich so gegenseitig ihre Machtphantasien präsentieren können. Das gilt für die muslimische Frau mit dem Kopftuch ebenso wie für die moderne Frau."[68]

Das kann eine Erklärung dafür sein, warum Männer und Männlichkeiten, auch im Kontext von Migration/Islam, zwar oft Gegenstrand kritischer Analyse sind, aber selbst selten ausdrücklich bzw. geschlechtertheoretisch untersucht werden.

4.1 Ehre, Männlichkeiten und Islam

Das zentrale Thema öffentlicher Debatten über die männliche Seite von Geschlechterverhältnissen und Islam bilden Ehrkonzepte sowie die damit verbundene männliche Gewalt. Gewalt von Männern, die sich im Namen der Ehre

---

65 Ebd.

66 Siehe Thiessen, *Muslimische Familien in Deutschland.*

67 Auch Christina von Braun und Bettina Mathes stellen fest: „Man ist gewohnt, die symbolische Geschlechterordnung einer Religion an der ‚Rolle der Frau' festzumachen." (Christina von Braun/Bettina Mathes, *Verschleierte Wirklichkeit. Die Frau, der Islam und der Westen*, Berlin ²2007, S. 107.)

68 Birgit Rommelspacher, *Anerkennung und Ausgrenzung. Deutschland als multikulturelle Gesellschaft*, Frankfurt a.M. 2002, S. 99.

vor allem gegen Mädchen und Frauen aber auch gegen einige Jungen und Männer richtet, wird inzwischen gesellschaftlich geächtet und bekämpft.[69] Auch Ahmet Toprak hat sich mit dem Thema Männlichkeit und Migration befasst, wie im Jahre 2005[70], und zuletzt auch hinsichtlich muslimischer Männer im Rahmen seiner Familienstudie „Unsere Ehre ist uns heilig. Muslimische Familien in Deutschland“[71]. In dieser Studie stellt er anhand der vier Familientypen „konservativ-autoritäre Familie“, „religiöse Familie“, „leistungsorientierte Familie“ und „moderne Familie“ auch verschiedene Formen islamischer Männlichkeit vor. So werden unterschiedliche Konzepte von Männlichkeit zwischen Tradition und Moderne erkennbar, von denen die modernen männlichen Lebensentwürfe geeignet sind, die oben erwähnten Stereotype zu entkräften.

Daher kann sein Ansatz einerseits als ein Entwicklungsschritt des Forschungsfeldes gelten, auch wenn Vergleiche mit deutschen Männern ohne Migrationshintergrund bzw. verschiedener Religionszugehörigkeit zukünftig dringend erforderlich sind (siehe Kap. 2). Andererseits kann Topraks Argumentation als typisches Beispiel für kulturalistische Ansätze gelten, weil er sich hauptsächlich auf ethnisch-kulturelle Aspekte „problematischer, fremder“ Männlichkeiten fokussiert und keine Rahmung in (intersektionaler) Männlichkeitstheorie zugrunde legt, mit der sich männliche Lebensentwürfe als Ergebnis ineinandergreifender Ungleichheitsverhältnisse verstehen lassen, auch im Sinne der bereits angesprochenen Spannungsverhältnisse zwischen progressiven und hegemonialen Männlichkeiten.[72]

Allerdings gilt es bei diesem Thema auch, die in öffentlichen und medialen Debatten verbreiteten vereinfachenden Erklärungsmuster zu kritisieren und der Komplexität des Themas Rechnung zu tragen, insbesondere durch eine konsequent geschlechtertheoretische Bearbeitung des Problems. Wie vielschichtig und

---

69 Vgl. Terre des Femmes e.V. (Hg.), *Im Namen der Ehre. Misshandelt, zwangsverheiratet, ermordet. Hilfsleitfaden für die Arbeit mit von Zwangsheirat/Gewalt im Namen der Ehre bedrohten oder betroffenen Mädchen und Frauen*, 2. akt. und überarb. Aufl., Berlin 2011. Weitere Literaturhinweise sind zu finden unter http://www.ehrverbrechen.de.

70 Ahmet Toprak, *Das schwache Geschlecht – die türkischen Männer. Zwangsheirat, häusliche Gewalt, Doppelmoral der Ehre*, Freiburg i.Br., 2005.

71 Toprak, *„Unsere Ehre ist uns heilig.“ Muslimische Familien in Deutschland*, Freiburg i.Br./Basel/Wien 2012.

72 Auch Studien über Biographien und Alltagskulturen junger Muslime in Deutschland (vgl. Hans-Jürgen von Wensierski/Claudia Lübcke, *„Als Moslem fühlt man sich hier auch zu Hause.“ Biographien und Alltagskulturen junger Muslime in Deutschland*, Opladen/Berlin/Toronto 2012) enthalten wertvolle Erkenntnisse, die sich in Genderperspektive zukünftig noch systematischer geschlechtertheoretisch untersuchen lassen.

differenziert sich der Begriff der Ehre betrachten lässt, dokumentiert Werner Schiffauer, indem er die Einzelfallanalyse eines als „Ehrdelikt“ wahrgenommenen Mordversuchs verwendet, um den Wertewandel türkischer Einwanderer zu dokumentieren.[73] Denn längst nicht alle Ausprägungen von Ehrkonzepten sind mit Gewalt verbunden. Er führt aus, dass und wie sich Ehrkonzepte wandeln, und weist auf Tendenzen der Individualisierung und Flexibilisierung hin. Ihm zufolge bezeichnen einige, insbesondere junge Menschen mit dem Begriff Ehre teilweise ihre Paarmoral im Sinne von Treue und Verbindlichkeit, die sich nicht an Gewalt(-androhung), sondern am gegenseitigen Einverständnis orientiert. Da aber traditionelle und konservative Deutungen von Ehre weiterbestehen und sehr wirkmächtig bleiben – auch bzgl. der Gewaltproblematik –, kommt es dann zu großen Aushandlungskonflikten in türkeistämmigen Familien bzw. Communities, insbesondere zwischen den Generationen, zwischen in Deutschland längst Etablierten und Neuzugewanderten oder Angehörigen verschiedener Bildungs- und Migrantenmilieus. Ehre stellt kein einheitliches und in sich geschlossenes Konzept dar, sondern einen Wert und ein Deutungsmuster, auf das sich Männer und Frauen mit (meist) türkischem Migrationshintergrund in vielfältiger Weise beziehen.[74] Daher sollte man auch von Ehrbegriffen im Plural reden und das Thema zukünftig stärker geschlechter- und kulturtheoretisch differenziert beleuchten.[75]

4.2 Vergleichende Studien

Der Versachlichung dienend und gegen religionisierende Engführungen gerichtet, sind systematisch vergleichende Studien über muslimische wie christliche usw. Frauen und Männer wichtig, auch um für das Thema der Männlichkeiten mehr empirische Erkenntnisse zu erhalten. Im Folgenden werden zwei Studien ausführlicher vorgestellt, die empirische Ergebnisse zum Thema Väterlichkeit und Religiosität enthalten und geeignet sind, die gerade erwähnten religionisierenden Genderdebatten zu versachlichen.

---

73 Vgl. Schiffauer, *Migration und kulturelle Differenz*, hg. vom Beauftragten des Senats von Berlin für Integration und Migration in der Senatsverwaltung für Gesundheit, Soziales und Verbraucherschutz, Berlin 2003.

74 Vgl. ebd.

75 Vgl. Ewing, „*Stigmatisierte Männlichkeit. Muslimische Geschlechterbeziehungen und kulturelle Staatsbürgerschaft in Europa*“, in: Potts/Kühnemund (Hg.), *Mann wird man*, S. 19–37.

Yasemin El-Menouar und Inna Becher untersuchten Geschlechterrollenorientierungen bzw. Werteinstellungen im interreligiösen Vergleich.[76] Ein Kernergebnis dieser Studie ist, dass Gleichberechtigung als universelles Menschenrecht unabhängig von Religion und Herkunft bei den befragten Christen_innen und Muslim_innen in Deutschland als Wert stark etabliert ist: Lediglich 11% der Christ_innen und ca. 17% der Muslim_innen äußern teilweise Einstellungen, die Frauen benachteiligen. Als Bildungseffekt zeigte sich, dass Personen mit einer nicht in Deutschland erworbenen sehr geringen formalen Bildungsqualifikation einer Chancengleichheit von Frau und Mann weniger häufig zustimmen.[77]

Als ein Indikator zur Einschätzung der Geschlechterrollenorientierungen wurden Aussagen zur Liberalität[78] erhoben: Die befragten Muslim_innen lehnen eine traditionelle geschlechtliche Arbeitsteilung, in der Frauen mehr in der Verantwortung für Haushalt und Familie und der Mann mehr als Ernährer gesehen werden, deutlich weniger ab bzw. haben geringere Liberalitätswerte (Liberalitätswert = 57,3) als Christ_innen (Liberalitätswert = 74,1). Menschen, die Migrationsfolgegenerationen angehören, lösen sich klar und unabhängig von ihrer Religionszugehörigkeit vom klassischen Geschlechterrollenmodell (Liberalitätswert: Christ_innen = 85,5; Muslim_innen = 71,1). Hinsichtlich der gelebten Alltagspraxis geschlechtlicher Arbeitsteilung geben die Befragten unabhängig von ihrer Religionszugehörigkeit an, dass meist die Frauen alleine für den Bereich Hausarbeit verantwortlich sind.[79]

Beim Thema der Eltern- und Familienaufgaben geben die Befragten an, dass sich größtenteils beide Partner beteiligen, was also eine Beteiligung der Väter an der Erziehungsverantwortung bedeutet. Bei der Wahrnehmung von Elternaufgaben zeigen sich außerhalb des allgemeinen Erziehungsbereichs, d.h. bei Aufgaben wie Kind zu Bett bringen, Spielen, Elternabende, Ausflüge, Urlaub,

---

76 Vgl. Bundesamt für Migration und Flüchtlinge (BaMF)/Yasemin El-Menouar/Inna Becher, *Geschlechterrollen bei Deutschen und Zuwanderern christlicher und muslimischer Religionszugehörigkeit*, Forschungsbericht 21, Bundesamt für Migration und Flüchtlinge, Nürnberg 2014.

77 Vgl. ebd., S. 5.

78 El-Menouar und Becher definieren Liberalität als „Ablösung von traditionellen Geschlechterrollen [...]. Der Gegenpol zu Liberalität ist entsprechend Traditionalität. Eine Liberalisierung von Geschlechterrollenorientierungen besagt, dass Männer und Frauen nicht mehr auf geschlechtsspezifische Rollen festgelegt werden, sondern beiden Geschlechtern eine Wahlfreiheit eingeräumt wird, diese selbst zu bestimmen bzw. partnerschaftlich auszuhandeln." BaMF/El-Menouar/Becher, *Geschlechterrollen bei Deutschen und Zuwanderern*, S. 50.

79 Vgl. ebd., S. 6 f.

Kontakte, Angehörigenpflege relativ geringe Unterschiede (unter zehn Prozentpunkten), demnach werden sie bei Christ_innen wie Muslim_innen häufig gemeinsam erledigt, was grundsätzlich auf eine ähnlich große Egalität in der Verteilung der Elternaufgaben bei Christ_innen und Muslim_innen hinweist. Größere Differenzen sind bei einer gemeinsamen Zuständigkeit für die allgemeine Erziehung erkennbar: so befürworten 86% der Christ_innen und knapp unter 70% der Muslim_innen, also immer noch ein hohes Zustimmungsniveau für eine gemeinsame Zuständigkeit der Mütter und Väter im Bereich allgemeiner Erziehung.[80]

Interessant ist mit Blick auf Bildungseffekte in den Ergebnissen die Tatsache, dass bei vorhandenen hohen Bildungsabschlüssen Frauen im Vergleich seltener allein für sogenannte typisch weibliche Haushaltstätigkeiten zuständig sind und auch der Einsatz der Männer im Bereich der Familienarbeit steigt. Tendenziell werden mit höherer Bildung Elternaufgaben häufiger gemeinsam ausgeübt und es sind häufiger beide Partner voll erwerbstätig.[81]

Neue Ergebnisse zu Geschlechterarrangements im interreligiösen Vergleich für den deutschsprachigen Raum liegen aus Österreich vor, wo der Autor der großen deutschen Männerstudien Paul Zulehner – zusammen mit Petra Steinmair-Pösel – auch österreichische Muslime und Christen miteinander verglich.[82]

Ähnlich der Typen in den großen Männerstudien[83] arbeitet auch diese Studie mit vier Männertypen, die sich entsprechend auch als vier Typen auf Seiten der Frauen zur Geschlechterrollenorientierung finden: der traditionelle und der moderne Typ, der pragmatische Mischtyp und der suchende Typ.[84] Bei den Verteilungen auf die Typen der Geschlechterrollenorientierung kommen Zulehner und Steinmair-Pösel im Vergleich zwischen Muslim_innen sowie Österreicher_innen zum Ergebnis, dass sich auch bei Muslim_innen und in Österreich eine Vielfalt von Geschlechterrollenorientierungen zeigt. Bei den Verteilungen der Muslim_innen zu den Typen fällt die Zustimmung zu traditionellen

---

80 Vgl. ebd., S. 124 f.

81 Vgl. ebd., S. 7.

82 Paul M. Zulehner/Petra Steinmair-Pösel, *Gleichstellung in der Sackgasse? Frauen, Männer und die erschöpfte Familie von heute*, Wien 2014.

83 Vgl. Paul M. Zulehner/Rainer Volz, *Männer im Aufbruch. Wie Deutschlands Männer sich selbst und wie Frauen sie sehen*, Ostfildern 1998; Volz/Zulehner, *Männer in Bewegung. Zehn Jahre Männerentwicklung in Deutschland*, Nomos, Baden-Baden 2009, URL: http://www.bmfsfj.de/BMFSFJ/Service/Publikationen/publikationen,did=121150.html (letzter Zugriff: 12.02.2016).

84 Vgl. Zulehner/Steinmair-Pösel, *Gleichstellung in der Sackgasse?*, S. 50 f.

Geschlechterleitbildern insgesamt etwas höher aus; Angehörige der zweiten Migrationsgeneration muslimischen Glaubens vertreten aber den Österreicher_innen ähnlichere, modernere Einstellungen[85].

Es gibt erheblich mehr männliche traditionelle Muslime als traditionelle Musliminnen: 41 % der Befragten sind traditionelle männliche Muslime und 19 % traditionelle Musliminnen. In der übrigen österreichischen Bevölkerung äußern sich lediglich 6 % der Frauen traditionell und 16 % der Männer. Deutlich wird in der Studie auch, dass sich zum Befragungszeitpunkt im Jahre 2012 mehr Musliminnen als Muslime modern orientieren: 19 % geben an, moderne Musliminnen zu sein, aber lediglich 6 % bezeichnen sich als männliche moderne Muslime. Unter der übrigen österreichischen Bevölkerung orientieren sich 15 % der Männer modern und 30 % der Frauen.

Dem suchenden Typus, bei dem Befragte weder traditionelle noch moderne Muster akzeptieren, können 39 % der Musliminnen zugerechnet werden, was auf Prozesse der Neuorientierung hinweist. Der Anteil von 29 % suchender Männer unter Muslimen liegt deutlich unter dem Wert von 48 % bei den übrigen österreichischen Männern.[86]

Dem Mischtypus des Pragmatischen lassen sich in der islamischen Bevölkerung und unter den übrigen Österreichern und Österreicherinnen jeweils ungefähr ein Viertel der Befragten zuordnen (Muslime 24 %, Musliminnen 23 %; übrige Männer 22 %, übrige Frauen 28 %).[87] Im Vergleich der Migrationsgenerationen modernisieren sich traditionelle Musliminnen schneller als Muslime: Der Anteil männlicher traditioneller Muslime nimmt von der ersten Generation mit 44 % zur zweiten/dritten Generation mit 40 % nur leicht ab, bei den Musliminnen jedoch verringert sich der Anteil von 26 % auf 11 %. Der Anteil männlicher moderner Muslime nimmt von 2 % in der ersten Generation auf 9 % in der zweiten Generation zu, bei muslimischen Frauen stärker, und zwar von 12 % auf 29 %. Interessant sind die Veränderungen beim suchenden Typ: Während der Anteil suchender männlicher Muslime von 25 % in der ersten Generation auf 32 % zur zweiten Generation ansteigt, nimmt der Anteil suchender muslimischer Frauen von 42 % auf 33 % ab.[88]

Zusammenfassend lässt sich festhalten, dass sich Musliminnen der zweiten Generation weitgehend den übrigen österreichischen Frauen annähern. Diese

85 Vgl. ebd., S. 263 f.
86 Vgl. ebd., S. 264 f.
87 Vgl. ebd., S. 265.
88 Vgl. ebd.

Tendenz der Annäherung ist bei männlichen Muslimen zwar gleichfalls vorhanden, fällt aber schwächer als bei den Musliminnen aus.

Die Daten zur Vereinbarkeit von Berufs-/Erwerbsarbeit und Familie, insbesondere zum Thema der Kindererziehung, offenbaren eine Modernisierung im Vergleich der ersten und zweiten Generation der Muslim_innen: Muslimische Männer der ersten Generation und übrige österreichische Männer erledigen im Durchschnitt nur ca. ein Drittel kindbezogener Aktivitäten, verglichen mit Musliminnen der ersten Generation bzw. den übrigen österreichischen Frauen. Männer und Frauen in diesen beiden Gruppen zeigen durchschnittlich eine traditionellere Verteilung bei kindbezogenen Aktivitäten, als es muslimische Männer und Frauen der zweiten Generation angeben: Der Anteil muslimischer Männer bei Aktivitäten mit Kindern macht im Durchschnitt immerhin ca. gut die Hälfte des Anteils muslimischer Frauen aus.[89]

Die genannten Erkenntnisse zur geschlechtlichen Arbeitsteilung von Paaren lassen sich mit den Arbeiten von Dirk Hofäcker verbinden.[90] Denn in seinem umfassenden empirischen Überblick im internationalen Vergleich zeigen sich

> „[…] diejenigen Ehemänner und Väter egalitäreren Rollenbildern gegenüber als aufgeschlossen, deren soziales Milieu ihnen eine Reflexion über traditionelle Rollenbilder ermöglicht: Männer mit höherer Bildung, einem urbanen Wohnumfeld und geringer religiöser Bindung stellen traditionelle Verhaltensmuster in Beruf und Familie am deutlichsten in Frage."[91]

Für vertiefende Analysen des Wandels von Männlichkeiten in Geschlechterverhältnissen sind allerdings dann auch die Strukturen sozialer Ungleichheit und die Rahmenbedingungen des kapitalistisch verfassten Arbeitsmarktes als zentrale Einflussfaktoren zu berücksichtigen.[92]

---

89 Dieses Phänomen zeigt auch die Abbildung Nr. 10 in Zulehner, *Muslimas und Muslime in Österreich im Migrationsstress*, Wiesbaden 2016, S. 50.

90 Vgl. Dirk Hofäcker, *„Väter im internationalen Vergleich"*, in: Tanja Mühling/Harald Rost (Hg.), *Väter im Blickpunkt. Perspektiven der Familienforschung*, Opladen/Farmington Hills 2007, S. 161–204.

91 Ebd., S. 198.

92 Verwiesen wird dazu auf Brigitte Aulenbacher/Michael Meuser/Birgit Riegraf, *„Geschlecht, Ethnie, Klasse im Kapitalismus. Über die Verschränkung sozialer Verhältnisse und hegemonialer Deutungen im gesellschaftlichen Reproduktionsprozess"*, in: Berliner Journal für Soziologie 22 (2012) 1, S. 5–27. Zur Vertiefung von Geschlechterarrangements im interkulturellen Vergleich sei noch verwiesen auf Schahrzad Farrokhzad u.a., *Verschieden – Gleich – Anders? Geschlechterarrangements im interkulturellen und intergenerativen Vergleich*, Wiesbaden 2011.

Als Schlussfolgerung für die Transformationsprozesse muslimischer Männer/Väter lässt sich formulieren, dass die beiden Studien von El-Menouar und Becher sowie von Zulehner und Steinmair-Pösel Modernisierungen der Geschlechterarrangements von Muslim_innen sichtbar machen. Empirisch zeigen sich hier deutlich die weiter oben aus männlichkeitstheoretischer Perspektive vorgestellten Spannungsverhältnisse zwischen progressiven und hegemonialen Deutungsmustern von Männlichkeit/Väterlichkeit. Dies lässt sich daran erkennen, dass die beiden mittleren Typen der suchenden und balancierenden Männlichkeiten zusammengenommen bei muslimischen Männern wie Mehrheitsangehörigen die Mehrheit ausmachen. Auch wenn sich diese Modernisierungen auf Seiten der Muslime langsamer als in der (christlichen) Mehrheitsgesellschaft vollziehen, offenbaren sie doch auch verstärkte Entwicklungen muslimischer Männer von engagierter Väterlichkeit.[93]

4.3 Kritik am Patriarchat und Geschlechtergerechtigkeit im Islam

Hierarchische Geschlechterverhältnisse bzw. ihre Transformation werden bereits länger auch im Zusammenhang mit dem Islam diskutiert. Dabei lassen sich verschiedene Stränge der Diskussionen verfolgen, die teils innerhalb der muslimischen Community sowie der islamischen Theologie und teils in verschiedenen Bereichen der Sozial- und Religionswissenschaften geführt werden. Seit einiger Zeit existieren islamisch feministische Aktivitäten in Deutschland,[94] die auch zunehmend wahrgenommen und diskutiert werden, was auch für zukünftige Debatten zu Männlichkeit und Islam richtungsweisend bzw. anregend sein dürfte.

Als ein zentraler Beitrag für patriarchatskritische und geschlechtergerechte Entwicklungen im Islam können auch reformorientierte Koranauslegungen gelten. Im Rahmen einer Analyse der Geschlechterrollenvorstellungen moderner Koranexegeten (*mufassirūn,* Sg.: *mufassir*) kommt Kathrin Klausing zu dem

---

93 Kritisch ist zur Studie aus Österreich (Zulehner/Steinmair-Pösel, *Gleichstellung in der Sackgasse*) anzumerken, dass es sehr irritiert, wenn die Differenzen (inter-)religiöser Vielfalt erforscht werden, ohne die Frage nach möglichen Effekten des Migrationshintergrunds oder der ethnisch-kulturellen Zugehörigkeit aufzuwerfen oder zu reflektieren. Diese Überbetonung der Religiosität kann eindeutig im Sinne der oben skizzierten Religionisierung gewertet werden, die ethnisch-kulturelle Aspekte überlagert.

94 Vgl. Markus Gamper, *Islamischer Feminismus in Deutschland? Religiosität, Identität und Gender in muslimischen Frauenvereinen*, Bielefeld 2011; Kathrin Klausing, *„Muslimische Positionen zu Feminismus. Begriffe, Bewegungen, Methoden"*, in: Yvonne Franke u.a. (Hg.), *Feminismen heute. Positionen in Theorie und Praxis*, Bielefeld 2014, S. 89–99.

Ergebnis, dass sich dort im Grundsatz – mit kleinen Abweichungen – eine „Abwertung der Frau in Relation zum Mann“[95] finden lasse. In feministischer Lesart werden so patriarchale Geschlechterverhältnisse mit einer Erklärung legitimiert, d.h. einer Deutungsart im Sinne eines genetischen

> „Determinismus, der die ungleiche Bewertung als Folge eines tatsächlich existierenden Mangels im weiblichen Geschlecht selbst interpretiert. Die Frau selbst sei mit einer biologischen Mangelhaftigkeit belastet, was ihre Unterordnung quasi natürlich machen würde und sie im Allgemeinen auch recht zufrieden damit sein lasse.“[96]

Somit werden oft dichotome Geschlechterkonstruktionen gestützt, welche die Frau symbolisch mehr der Natur und den Mann mehr der Kultur zuordnen, ein Mechanismus, den auch Pierre Bourdieu als Grundmuster der Reproduktion „Männlicher Herrschaft“[97] herausarbeitet. Klausing zieht als Schlussfolgerung aus der Analyse von Geschlechterrollenvorstellungen moderner Korankommentare:

> „Der kulturelle und historische Kontext scheint in Bezug auf Vorstellungen von Geschlechterrollen eine viel größere Rolle zu spielen als religiöse Texte dies tun. Diese gehören zum Allgemeinwissen und werden von den Exegeten dann hinterfragt, wenn eine andere gesellschaftliche Realität bereits vorliegt und die Exegeten ihre Erfahrungen damit sammeln konnten.“[98]

Diese Erkenntnisse können Chancen für zukünftige Koranexegese bieten. Katajun Amirpur stellt den Islam neu denkende Koran-Interpreten und Interpretinnen vor, die

> „zu geschlechtergerechten Interpretationen hinsichtlich der Stellung der Frau gelangen. [...] Es liege eben nicht an der Rechtsquelle, dem Koran, dass Frauen in einigen islamischen Gesellschaften nur wenig Rechte hätten, sondern am männlichen Monopol auf die Koranauslegung.“[99]

Allerdings nennt Amirpur auch männliche Islamgelehrte wie Khaled Abou El Fadl, Farid Esack oder Ebrahim Moosa, die zu einer geschlechtergerechteren Koranexegese beigetragen hätten.[100]

---

95 Klausing, *„Muslimische Positionen zu Feminismus“*, S. 241.

96 Ebd.

97 Pierre Bourdieu, *Die männliche Herrschaft*, Frankfurt a.M. 2005.

98 Klausing, *„Muslimische Positionen zu Feminismus“*, S. 246.

99 Katajun Amirpur, *Den Islam neu denken. Der Dschihad für Demokratie, Freiheit und Frauenrechte*, München 2013, S. 34.

100 Vgl. ebd., S. 40 ff.

Damit gelangen auch islamische Männlichkeiten in den Fokus geschlechtergerechter Entwicklungen im Islam: Amanullah De Sondys Studie über die Krise der islamischen Männlichkeiten[101] überprüft, angesichts der Krisendiskurse westlicher Gesellschaften zu Männlichkeiten bzw. angestoßen durch die feministische Frauenbewegung, inwiefern sich Männlichkeiten in der islamischen Welt in der Krise befinden. Für De Sondy sind starre Vorstellungen von Männlichkeit die Ursache für Krisen in der weltweiten islamischen Gemeinschaft. Er zeigt, wie jedes Verständnis muslimischer oder islamischer Männlichkeit in der Regel gegen eine Reihe bedeutsamer „Anderer" konstruiert wird, d.h. gegen die Frauen, den Westen und Gott. De Sondy befasst sich mit der Heterogenität muslimischer Männlichkeiten, wobei er dominante oder „hegemoniale" Formen von Männlichkeit in religiösen, politischen und alltäglichen Diskursen der gegenwärtigen muslimischen Welt reflektiert. Am Beispiel der Werke von Syed Abūl Aʿlā Mawdūdī, einem einflussreichen Theologen des 20. Jahrhunderts aus Pakistan, kritisiert De Sondy archetypische Konstrukte der Ernährer-Männlichkeit in traditionell-konservativen hierarchischen Geschlechterverhältnissen, die zum Teil von islamistischen Strömungen gestützt werden. In Anlehnung an Connells umfassende Analyse hegemonialer Männlichkeiten – unterschieden als hegemoniale, untergeordnete, marginalisierte und komplizenhafte[102] –, auch im Sinne der Hierarchien zwischen Männern, findet De Sondy im Leben der wichtigsten Propheten (Adam, Josef, Muhammad und Jesus), die im Koran geschildert werden, vielfältige Männlichkeitsbilder und nicht allein ein einziges Männlichkeitsideal. Außerdem liefert für De Sondy der Sufismus gute Grundlagen dafür, über ein einziges hegemoniales islamisches Männlichkeitsideal hinausgehende Transformationen anzustoßen bzw. zu verwirklichen.[103]

Die Arbeitsansätze bzw. Forderungen feministischer Theologie richten sich zwar zunächst vor allem jeweils auf die eigene Religionsgemeinschaft, aber es findet zunehmend auch ein produktiver interreligiöser Austausch statt, der an vielen Gemeinsamkeiten wie z.B. der Interpretation von Quellen oder einer geschlechtergerechten Glaubenspraxis ansetzt. So entwickeln sich nach und nach interreligiöse feministische Debatten um Religion, Kultur und Geschlecht.[104] Diese interreligiösen feministischen Aktivitäten im Kontext der Begriffe Religion, Politik und Gender setzen sich für Geschlechtergerechtigkeit

---

101 De Sondy, *Crisis of Islamic Masculinities.*

102 Vgl. Connell, *Der gemachte Mann*, S. 97–102.

103 Vgl. De Sondy, *Crisis of Islamic Masculinities*, S. 153–178.

104 Vgl. Mualla Selçuk/Ina Wunn (Hg.), *Islam, Frauen und Europa. Islamischer Feminismus und Gender Jihad – neue Wege für Musliminnen in Europa*, Stuttgart 2012.

ein und möchten „gleichberechtigte interreligiöse Teilhabe an gesellschaftlichen Prozessen“[105] vorantreiben, was ebenfalls für emanzipative Ansätze in Männerperspektive fruchtbar gemacht werden kann. Auch das Heft „Geschlechterrollen vor dem Hintergrund unterschiedlicher Religionen und Weltanschauungen“[106] der Bundeszentrale für politische Bildung vergleicht die Werte und Umgangsweisen verschiedener Religionen zu den Themen Geschlecht und Geschlechterverhältnisse.

Solche Erfahrungen sollten zukünftig auch im Themenfeld Migration, Islam und Männlichkeit sowie für interreligiöse Männerprojekte jüdischer, christlicher und muslimischer Männer genutzt werden. Insofern wächst langsam eine Basis für den interreligiösen Dialog über Männlichkeiten und Religion/Spiritualität im Vergleich von Christentum, Islam, Judentum und anderen Religionen. Die Chance solcher Projekte liegen auch darin, jenseits vorhandener Probleme Ressourcen des (muslimischen) Glaubens in den Mittelpunkt zu rücken, möglicherweise auch für Fragen von Gender und Männlichkeit.[107] Weil für derartige interreligiöse Aktivitäten von Männern für Geschlechtergerechtigkeit bisher Beispiele fehlen, werden nun einige positive Praxiserfahrungen der Bildungs- und Sozialarbeit vorgestellt.

5 Praxisansätze und Beispiele guter Praxis

Nachdem bisher viele Facetten des Themenfeldes Männlichkeit, Migration und Islam beleuchtet wurden, sollen im Folgenden Beispiele aus praktischer und/oder politischer Arbeit in diesem Themenfeld, v.a. Ansätze der Jungen- und Väterarbeit präsentiert werden.[108] Dabei muss einleitend betont werden,

105 Annette Mehlhorn, „*Religion – Politik – Gender. Die Töchter von Sarah und Hagar engagieren und vernetzen sich*“, in: Volker Meißner u.a. (Hg.), *Handbuch christlich-islamischer Dialog. Grundlagen – Themen – Praxis – Akteure*, Freiburg i. Br./Basel/Wien 2014, S. 318.

106 Ursula Röper/Ruthild Hockenjos (Hg.), *Geschlechterrollen vor dem Hintergrund unterschiedlicher Religionen und Weltanschauungen*, Bundeszentrale für politische Bildung, Bonn 2007.

107 Zum Thema Männlichkeit und christlicher Glaube sei verwiesen auf Martin Engelbrecht/Martin Rosowski, *Was Männern Sinn gibt. Leben zwischen Welt und Gegenwelt*, Stuttgart 2007.

108 Hingewiesen wird auf die Handreichung „*Geschlechterbilder zwischen Tradition und Moderne. Materialien der Deutschen Islam Konferenz zu Rollenbildern und aktuellen rollenbezogenen Fragestellungen*“ der Geschäftsstelle der Deutschen Islam Konferenz und des Bundesamts für Migration und Flüchtlinge als Herausgeber sowie der Projektgruppe „Rollenbilder in muslimischen Milieus“ der Deutschen Islam Konferenz

dass man angesichts ausschließender (migrations-)gesellschaftlicher Verhältnisse mangelhafte Politik nicht durch Pädagogik bzw. Soziale Arbeit ersetzen kann: Georg Auernheimer merkt mit Bezug auf Franz Hamburger[109] an: „Ohne politische Interventionen in den Gang der Dinge, ohne Korrekturen am System erscheint mir die Pädagogik ziemlich hilflos."[110] Die bereits 1981 von Franz Hamburger, Lydia Seus und Otto Wolter ausgesprochene Warnung, Politik nicht durch Pädagogik ersetzen zu wollen,[111] behält m.E. insofern auch im Themenfeld von Ethnizität, Islam und Männlichkeiten bzw. für die folgenden Ausführungen ihre Gültigkeit.

5.1 Projekte mit migrantischen/muslimischen männlichen Jugendlichen

Ein Überblick auf einzelne Projekte guter Praxis mit migrantischen/muslimischen männlichen Jugendlichen ermöglicht es, Antworten zu geben auf die Frage, inwiefern die dargestellte Programmatik der Intersektionalität und ein ressourcenorientierter Ansatz auf der Ebene praktischer (Jugend-)Projekte im Kontext von Männlichkeit und Islam umgesetzt wird.

Das Projekt „Muslim 3.0"

Das Projekt „Muslim 3.0: Deutsch, muslimisch, tolerant – ein Leben zwischen Demokratie und Glaube" entsprang einer Kooperation der multilateral academy mit dem Liberal Islamischen Bund e.V. und wurde von 2011 bis 2012 im nordrhein-westfälischen Hagen und anderen Städten durchgeführt.[112] Die Identitätsarbeit junger männlicher Muslime in Deutschland wurde durch musik-, tanz- und kulturpädagogische Angebote unterstützt. In dieser Bildungsarbeit

---

2013, Berlin. Sie soll Multiplikatorinnen und Multiplikatoren sowie Muslimas und Muslimen bei ihrer Auseinandersetzung mit Fragen von Geschlechterverhältnissen und Islam unterstützen.

109 Franz Hamburger, *Pädagogik der Einwanderungsgesellschaft*, Frankfurt a.M. 1994, S. 44.

110 Georg Auernheimer, *„Nochmals über die Unmöglichkeit, Politik durch Pädagogik zu ersetzen"*, in: Tarek Badawia/Helga Luckas/Heinz Müller (Hg.), *Das Soziale gestalten. Über Mögliches und Unmögliches der Sozialpädagogik*, Wiesbaden 2006, S. 266.

111 Vgl. ebd., S. 265 f.

112 Das Projekt hat im September 2012 den 2. Platz beim Jugendkulturpreis NRW 2012 gewonnen. Die Projektverantwortlichen waren die multilateral academy gGmbH (http://www.multilateral-academy.org) und der Liberal Islamische Bund e.V. (http://www.lib-ev.de). Infos unter http://www.muslim-3-0.de.

sollten mittels kritischer Reflexion die interkulturelle Kompetenz und die Genderkompetenz der Jungen gestärkt werden. Das Jungenprojekt wollte das Selbstbewusstsein stärken, durchaus auch den Stolz auf die eigene Lebensgeschichte und Zugehörigkeit, setzte aber auch auf das kritische Hinterfragen der Werte und Verhaltensweisen aus dem Lebensalltag der Jungen.

„Ibrahim trifft Abraham"

Ein innovatives Projekt interkultureller wie gleichermaßen interreligiöser Jungenarbeit war „Ibrahim trifft Abraham", das in Düsseldorf Jungen aus bildungsbenachteiligten Milieus ansprach. In dem Modellprojekt, das von 2010 bis 2013 lief, wurden neue und auf Partizipation angelegte interkulturelle Bildungs- und Dialogansätze erprobt und angewandt. Jungen aus bildungsfernen Milieus entwarfen attraktive Bildungsangebote für Jugendliche der gleichen Altersgruppe und führten diese in professionell moderierten Gruppen durch, um aktiv an der Dialog- und Toleranzfähigkeit der Teilnehmenden zu arbeiten.[113]

Aber es existieren nicht nur Jugendprojekte im Kontext von Männlichkeiten, Migration und Islam, die im Bereich der Pädagogik oder Sozialen Arbeit aktiv sind, sondern auch Ansätze der Väterarbeit[114] haben sich in Deutschland zunehmend diversitätsbewusst entwickelt und professionalisiert.

5.2 Interkulturelle Väterarbeit

Es bestehen bundesweit und in NRW inzwischen verschiedene Bildungsangebote für (teils muslimische) Männer/Väter mit Migrationshintergrund, um emanzipative Entwicklungen von Männern/Vätern und ihr Engagement als aktive Väter zum Wohl ihrer Kinder zu unterstützen. So wächst beispielsweise in Nordrhein-Westfalen die Zahl interkultureller Väterprojekte stetig, deren erfolgreiche Ansätze inzwischen auch gut dokumentiert sind.[115]

---

113 Vgl. Michael Kiefer, *„Dialog als Methode der Radikalisierungsprävention. Das Modellprojekt ‚Ibrahim trifft Abraham'"*, in: Landesarbeitsgemeinschaft Jungenarbeit NRW (Hg.), *Dokumentation der Konferenz Praxis der Jungenarbeit 13: „Partizipation zwischen pädagogischer Rhetorik und Haltung" am 28.11.2013 im LVR in Köln*, 2014, S. 53–68. Für weitere Informationen siehe http://www.ibrahim-trifft-abraham.de.

114 Für Grundlagen zum Thema Väterarbeit sei verwiesen auf Robert Richter/Martin Verlinden, *Vom Mann zum Vater. Praxismaterialien für die Bildungsarbeit mit Vätern*, hg. vom Sozialpädagogischen Institut NRW, Münster 2000.

115 Vgl. MAIS NRW 2011; Tunç, *Endbericht des Projekts „Praxisforschung für nachhaltige Entwicklung interkultureller Väterarbeit in NRW"*, hg. vom Zentrum für Türkeistudien und Integrationsforschung, Essen 2015.

Diese interkulturellen Väterprojekte, an denen mehrheitlich muslimische Väter teilnehmen, zeichnen sich durch eine Ressourcenorientierung aus, die auch handlungsleitend war im zweijährigen Projekt „Praxisforschung für nachhaltige Entwicklung interkultureller Väterarbeit in NRW" des Zentrums für Türkeistudien und Integrationsforschung (ZfTI) in Essen, das von 2013 bis 2014 durchgeführt wurde. Die Evaluation der sieben untersuchten interkulturellen Väterprojekte in NRW erbrachte interessante Ergebnisse: Demnach erreichen die beteiligten Väterprojekte zumeist ihr Ziel, die Bedürfnisse der Väter zu erfüllen und sie in ihrer Erziehungskompetenz zu stärken.[116] Ein großer Teil der qualitativ wie quantitativ befragten Väter bezeichnet sich selbst als muslimisch. Insofern lässt sich indirekt schlussfolgern, dass die untersuchten muslimischen Männer und Väter über vielfältige Ressourcen verfügen, die sie zum Wohl ihrer Familien und Kinder auch verbessern möchten und weiterentwickelt haben.[117]

Projekt „Vaterzeit im Ramadan" des Verbands Binationaler Leipzig

Aufbauend auf den guten Projekterfahrungen interkultureller Väterarbeit (Laufzeit: 2012–2014)[118] des Verbands Binationaler Leipzig ist es das Ziel des neuen Projektes „Vaterzeit im Ramadan" (Laufzeit: 2015–2019),

> „durch verschiedene Maßnahmen und Angebote die Vielfalt der Lebenswelten von muslimischen Vätern in die Öffentlichkeit zu bringen. Dabei geht es um einen

---

Verwiesen sei für die Ansätze in NRW auf die erfolgreiche Arbeit der Projekte im Facharbeitskreis für interkulturelle Väterarbeit in NRW. Als Beispiel für ein spezielles Angebot in NRW, das gezielt und ausschließlich eine muslimische Zielgruppe anspricht und erfolgreich Ansätze der Väterarbeit mit ihnen durchführt, kann das Väterangebot des Begegnungs- und Fortbildungszentrum muslimischer Frauen (BFmF) Köln e.V. genannt werden: siehe www.bfmf-koeln.de.

116 Vgl. Tunç, *Endbericht des Projekts „Praxisforschung für nachhaltige Entwicklung interkultureller Väterarbeit in NRW"*.

117 Allerdings standen Fragen des Glaubens der untersuchten Väter nicht explizit im Interesse der Evaluation. Aus Sicht einiger befragter Fachkräfte der Projektpartner würden Gespräche zum Thema Religion auch immer wieder vermieden, um unerwünschte Dynamiken der Kommunikation in den Vätergruppen zu vermeiden, zu denen es mitunter vereinzelt komme. Das Thema Glauben werde trotzdem als wichtig für zukünftige Entwicklungen der Väterarbeit eingeschätzt, dem man sich gezielt und mit spezifischen Zugängen widmen sollte.

118 Vgl. Verband binationaler Familien und Partnerschaften (Hg.), *Väter in interkulturellen Familien. Erfahrungen – Perspektiven – Wege zur Wertschätzung*, Frankfurt a.M. 2014.

Perspektivenwechsel, um dem „Feindbild Islam" durch eine Vielzahl von Aktivitäten entgegenzutreten."[119]

„Stereotypen und einseitigen stigmatisierenden Bildern patriarchaler muslimischer Väter sollen vielfältige Identitäten muslimischer Väter entgegengestellt werden, wie sie für andere Gruppen selbstverständlich sind. Hierfür werden öffentliche Kampagnen entwickelt und umgesetzt sowie „ready-to-use"-Materialien und Fortbildungscurricula für Fachkräfte und Multiplikatorinnen und Multiplikatoren erstellt. Begleitend wird eine Medienanalyse mit Beispielen guter und schlechter Praxis medialer Berichterstattung über muslimische Väter erstellt."[120]

Aus den vorgestellten Projekten der Väterarbeit lässt sich schlussfolgern, dass der Aufbau von Strukturen im Bereich Muslime und Musliminnen und Männlichkeit/Väterlichkeit bzw. Männer-/Väterarbeit, insbesondere im Rahmen von Familien-/Elternarbeit in der Bildungs- und Sozialarbeit, aus verschiedenen Gründen hoch relevant ist und Chancen auf Erfolg hat: Denn auch immer mehr muslimische Männer wollen sich von traditionellen Männerbildern lösen und aktive Väter sein, wobei sie entweder noch auf der Suche sind oder sich bereits mehr oder weniger geschlechterdemokratisch orientieren. Dafür suchen sie Unterstützung und nehmen Angebote zunehmend, gern und mit Erfolg wahr.

Daher bieten sich die Erfahrungen der NRW-Väterprojekte und ihre Evaluation[121] für eine Vielzahl wichtiger Fragen an, um zukünftige Ansätze in diesem Themenfeld mitzuentwickeln, wie z.B. mithilfe welcher Ansätze und/oder Arbeitsgruppen im Bereich „Muslime und Musliminnen und Männlichkeit/Väterlichkeit bzw. Männer-/Väterarbeit" sich Projekte starten oder weiterentwickeln lassen und wie islamische Organisation und Gemeinden an diesen Entwicklungsprozessen beteiligt werden können.

Ansätze für muslimische Jungen, Männer und Väter lassen sich zukünftig innerhalb genderbewusster und geschlechtergerechter religiöser Bildungsansätze bzw. Religionspädagogik[122] entwerfen und sich auch mit Ansätzen

---

119 Leipzig –Verband binationaler Familien und Partnerschaften, URL: http://www.leipzig.verband-binationaler.de/ (letzter Zugriff: 06.01.2018).

120 Demokratie leben, URL: https://www.demokratie-leben.de (letzter Zugriff: 06.01.2018). Siehe auch http://www.vaterzeit.info (letzter Zugriff: 06.01.2018).

121 Vgl. Tunç, *Endbericht des Projekts „Praxisforschung für nachhaltige Entwicklung interkultureller Väterarbeit in NRW"*.

122 Vgl. Melahat Kişi, *„Geschlechtergerechtigkeit und religiöse Erziehung in muslimischen Gemeinden"*, in: Kathrin Klausing/Erna Zonne (Hg.), *Religiöse Früherziehung in Judentum, Islam und Christentum*, Frankfurt a.M. 2014, S. 113–128.

interreligiöser Bildung und Kompetenz in verschiedensten Bildungsorganisationen zusammenbringen.[123]

Allerdings fehlt es bisher an Ansätzen rassismuskritischer und diversitätsbewusster Männerpolitik,[124] mit deren Hilfe Transformationen und Empowerment (teils muslimischer) Jungen, Männer oder Väter mit Migrationshintergrund vorangetrieben werden können. Denn die vorliegenden Ausführungen haben ja deutlich klargemacht, wie dringend innovative Ansätze der Bildungs- und Sozialarbeit sowie innovative Initiativen benötigt werden, insbesondere um die wirkmächtigen ethnisierenden bzw. religionisierten Männlichkeitsdebatten zu kritisieren, aufzubrechen und muslimischen Jungen, Männern und Vätern mehr unterstützende Angebote zu machen.

6 Fazit, Ausblick und Empfehlungen

Dieser Beitrag hat aktuelle Entwicklungen im Feld von Männlichkeiten, Migration und Islam aufgezeigt, neue mehrdimensionale Sichtweisen vorgestellt, Prozesse der Transformation sichtbar gemacht und so Chancen des Empowerment ausgelotet. Dabei wurden folgende Fragen diskutiert, die zukünftig jedoch weiter zu vertiefen sind:

Was muss innovative und emanzipative Forschung, Politik und Pädagogik zum Thema Männlichkeiten, Migration und Islam heute konkret leisten, um Männlichkeitskritiken zur Transformation und Pluralisierung männlicher Lebenschancen voranzutreiben? Wie kann man angesichts des unzureichenden Forschungsstandes gesellschaftliche und politische Diskurse zu Männlichkeiten, Migration und Islam emanzipativ und in Richtung Geschlechtergerechtigkeit verändern?

Mittels der skizzierten innovativen Ansätze kann zukünftig die Vielfalt von Lebensentwürfen von (muslimischen) Männern mit Migrationshintergrund (besser) wahrgenommen werden. Gerade der Blick auf komplexe Zusammenhänge zwischen Migration/Ethnizität und Religion kann Anknüpfungspunkte liefern, um ressourcenorientiert und differenzsensibel an der Verwirklichung von Geschlechterdemokratie in der multireligiösen Migrationsgesellschaft zu arbeiten. Neben der Kritik an konservativen Männlichkeiten bzw.

---

123 Vgl. Mirjam Schambeck, *Interreligiöse Kompetenz. Basiswissen für Studium, Ausbildung und Beruf*, Göttingen 2013; Friedrich Schweitzer, *Interreligiöse Bildung: Religiöse Vielfalt als religionspädagogische Herausforderung und Chance*, Gütersloh 2014.

124 Vgl. Tunç, „*Männerpolitiken und Diversität. Von Kulturdifferenz zu Rassismuskritik und Intersektionalität*", in: Theunert (Hg.), *Männerpolitik*, S. 97–123.

Emanzipationswiderständen auf Männerseite müssen dabei vorhandene Emanzipationsanstrengungen (muslimischer) Männer/Väter mit Migrationshintergrund gesehen, anerkannt und unterstützt werden.

In diesem Sinne ist auch zu diskutieren, wie die grundlegenden Begriffe der Männlichkeitsforschung in intersektionaler Perspektive produktiv weiterentwickelt werden können. So ist beispielsweise das Potenzial des neuen Begriffs der progressiven Männlichkeit - auch empirisch - zu prüfen.

Gewalt von Männern oder traditionelle Männlichkeiten sollten systematisch in gesamtgesellschaftlicher Perspektive kritisiert werden, sodass immer die Vielfalt ethnisch-kultureller Zugehörigkeiten und Religionen mitgedacht und reflektiert wird. Auf diese Weise kommen mehr als bisher das unmarkierte „Deutschsein" oder auch Aspekte christlich Gläubiger klarer mit in den vergleichenden Blick, anstatt weiterhin mit ethnisierenden bzw. religionisierten Männlichkeitsdebatten fortwährend die „anderen" (migrantischen/muslimischen) Männer zum Problem zu erklären. Gegen den Trend der Individualisierung solcher Problemlagen, bei der zu eng auf kulturelle Muster der Herausbildung von Männlichkeitsbildern (junger) männlicher Migranten oder Muslime geschaut wird,[125] müssen strukturelle Aspekte gesellschaftlicher (Macht-)Verhältnisse konsequent mit in den Blick genommen werden, weil sich Diskriminierungen und (Bildungs-)Benachteiligungen im Lebensalltag vieler (junger) migrantischer Männer und Muslime niederschlagen, insbesondere im Kontext sozialer Ungleichheit und in sogenannten benachteiligten bzw. stigmatisierten Stadtteilen.

Um die (Re-)Produktion migrantischer wie muslimischer Männlichkeitskonstrukte zu erschließen, sehe ich es als fruchtbar an, einen Transfer von Erkenntnissen der Frauen- in die Männerforschung zu leisten. Das beinhaltet den Dialog zwischen feministischen Migrantinnen bzw. Musliminnen und kritisch emanzipatorisch in der Männlichkeitsforschung bzw. Männerbildung und -politik Tätigen, die im Themenfeld von Männlichkeiten, Migration und Islam aktiv sind. Denn ein solcher Dialog eröffnet vielfältige Möglichkeiten, Emanzipationsbündnisse zu schließen, um sich in einer breiten Solidarität aller Geschlechter und ethnisch-kulturell Zugehöriger gemeinsam intersektional und rassismuskritisch für Geschlechtergerechtigkeit zu engagieren.

Abschließend soll betont werden, dass es zukünftig dringend erforderlich ist, die Dekonstruktion der homogenen Gruppe „der muslimische Mann" zu leisten

125 Siehe dazu kritisch Susanne Spindler, *Corpus Delicti. Männlichkeit, Rassismus und Kriminalisierung im Alltag jugendlicher Migranten*, Münster 2006.

und Anregungen zu geben, wie diesbezüglich Perspektiven und Haltungen zu verändern bzw. emanzipativ zu erweitern sind. Hervorgehoben soll zum Schluss auch noch einmal, dass in Anlehnung an Pat Parker gleichzeitig die Sichtweise auf migrantische (muslimische) Männer als anders und gleich einzunehmen ist, um sie immer als Menschen und teils als Männer statt wie (fast) immer lediglich als Muslim_innen/Migrant_innen zu sehen. Nur so kann es gelingen, sich von Debatten über „die (religiös) Anderen" zu lösen, die oft vor allem der Stabilisierung des „Normalen" der Mehrheitsgesellschaft und ihrer Privilegien dienen. Solche Entwicklungen sind nötig und mittels partizipativer wie emanzipativer Ansätze realisierbar, um die vielen Defizit- und Differenzdebatten zu beenden und um das Potenzial der Bereicherung durch religiöse Vielfalt wirksam werden zu lassen, sodass es zu einem gerechten und gleichgestellten Miteinander der Religionen und der (gläubigen) Frauen und Männer kommt.

Mit Potts und Kühnemund soll das Plädoyer für das Anerkennen von Transformationen und das Stärken von Empowerment abgeschlossen werden, die als Fazit des Überblicks auf bisherige Studien im Kontext von Männlichkeiten, Migration und Islam feststellen:

> „Diskurse, in die die konsequente Berücksichtigung und Analyse von Mehrfachzugehörigkeiten sowie ein nicht hierarchisierendes Aufeinander beziehen der Differenzlinien wie Religiosität, Ethnizität, Geschlecht, Klasse und Alter eingeschrieben ist, können dazu beitragen, das Othering muslimisch-migrantischer Männer zu überwinden – kurz: den Anfang vom Ende der Essentialisierung muslimisch-migrantischer Männer als das „andere" Geschlecht zu markieren."[126]

Literatur

Amirpur, Katajun, *Den Islam neu denken. Der Dschihad für Demokratie, Freiheit und Frauenrechte*, München 2013.

Attia, Iman, *Die »westliche Kultur« und ihr Anderes. Zur Dekonstruktion von Orientalismus und antimuslimischem Rassismus*, Bielefeld 2009.

Auernheimer, Georg, *„Nochmals über die Unmöglichkeit, Politik durch Pädagogik zu ersetzen"*, in: Tarek Badawia/Helga Luckas/Heinz Müller (Hg.), Das Soziale gestalten. Über Mögliches und Unmögliches der Sozialpädagogik, Wiesbaden 2006, S. 265–279.

Aulenbacher, Brigitte/Meuser, Michael/Riegraf, Birgit, *„Geschlecht, Ethnie, Klasse im Kapitalismus. Über die Verschränkung sozialer Verhältnisse und hegemonialer*

126 Potts/Kühnemund, *„Das ‚andere' Geschlecht"*, S. 49.

Deutungen im gesellschaftlichen Reproduktionsprozess", in: Berliner Journal für Soziologie 22 (2012) 1, S. 5–27.

Barandun, Katharina, *Partizipation in interkulturellen Siedlungen. Erfolg durch Väterbeteiligung*, Zürich 2012.

BauSteineMänner (Hg.), *Kritische Männerforschung. Neue Ansätze zur Geschlechtertheorie*, 3. erw. Aufl., Hamburg 2001.

Bourdieu, Pierre, *Die männliche Herrschaft*, Frankfurt a.M. 2005.

Braun von, Christina/Mathes, Bettina, *Verschleierte Wirklichkeit. Die Frau, der Islam und der Westen*, Berlin [2]2007.

Bundesamt für Migration und Flüchtlinge (BaMF)/El-Menouar, Yasemin/Becher, Inna, *Geschlechterrollen bei Deutschen und Zuwanderern christlicher und muslimischer Religionszugehörigkeit*, Forschungsbericht 21, Nürnberg 2014.

Bundesministerium für Familie, Senioren, Frauen und Jugend, *Die Bestimmung von Rollenbildern in der Studie „Die Milieus der Menschen mit Migrationshintergrund in Deutschland"*, 2007, URL: http://www.bmfsfj.de/BMFSFJ/Presse/pressemitteilungen,did=101644.html (letzter Zugriff: 12.02.2016).

Claus, Robert, *Maskulismus. Antifeminismus zwischen vermeintlicher Salonfähigkeit und unverhohlenem Frauenhass*, Berlin 2014.

Connell, Robert W., *Der gemachte Mann. Konstruktion und Krise von Männlichkeiten*, Opladen 2000.

Czollek, Leah Carola/Weinbach, Heike, *Lernen in der Begegnung. Theorie und Praxis von Social Justice-Trainings*, Düsseldorf [2]2008.

De Sondy, Amanullah, *Crisis of Islamic Masculinities*, London 2014.

Engelbrecht, Martin/Rosowski, Martin, *Was Männern Sinn gibt. Leben zwischen Welt und Gegenwelt*, Stuttgart 2007.

Ewing, Katherine Pratt, *Stolen Honor. Stigmatizing Muslim Men in Berlin*, Stanford 2008.

Ewing, Katherine Pratt, „*Stigmatisierte Männlichkeit. Muslimische Geschlechterbeziehungen und kulturelle Staatsbürgerschaft in Europa*", in: Lydia Potts/Jan Kühnemund (Hg.), Mann wird man. Geschlechtliche Identitäten im Spannungsfeld von Migration und Islam, Bielefeld 2008, S. 19–37.

Farrokhzad, Schahrzad u.a., *Verschieden – Gleich – Anders? Geschlechterarrangements im interkulturellen und intergenerativen Vergleich*, Wiesbaden 2011.

Geschäftsstelle der Deutschen Islam Konferenz/Bundesamt für Migration und Flüchtlinge (Hg.)/Projektgruppe „Rollenbilder in muslimischen Milieus" der Deutschen Islam Konferenz, *Geschlechterbilder zwischen Tradition und Moderne. Materialien der Deutschen Islam Konferenz zu Rollenbildern und aktuellen rollenbezogenen Fragestellungen*, Berlin 2013.

Hamburger, Franz, *Pädagogik der Einwanderungsgesellschaft*, Frankfurt a.M. 1994.

Helfferich, Cornelia/Klindworth, Heike/Kruse, Jan, *frauen leben. Familienplanung und Migration im Lebenslauf*. Eine Studie im Auftrag der BZgA, Bonn 2011.

Hierl, Katharina, *Die Islamisierung der deutschen Integrationsdebatte. Zur Konstruktion kultureller Identitäten, Differenzen und Grenzziehungen im postkolonialen Diskurs*, Münster 2012.

Hofäcker, Dirk, *„Väter im internationalen Vergleich"*, in: Tanja Mühling/Harald Rost (Hg.), Väter im Blickpunkt. Perspektiven der Familienforschung, Opladen/Farmington Hills 2007, S. 161–204.

Karayaz, Erol, *Männliche Jugendliche mit Migrationshintergrund. Ergebnisse eigener Untersuchungen und was diese für eine diversitätsbewusste Pädagogik bedeuten können*, Oldenburg 2013.

Kelek, Necla, *Die verlorenen Söhne. Plädoyer für die Befreiung des türkisch-muslimischen Mannes*, Köln 2006.

Kemper, Andreas (Hg.), *Die Maskulisten. Organisierter Antifeminismus im deutschsprachigen Raum*, Münster 2012.

Kiefer, Michael, *„Dialog als Methode der Radikalisierungsprävention. Das Modellprojekt ‚Ibrahim trifft Abraham'"*, in: Landesarbeitsgemeinschaft Jungenarbeit NRW (Hg.), Dokumentation der Konferenz Praxis der Jungenarbeit 13: „Partizipation zwischen pädagogischer Rhetorik und Haltung" am 28.11.2013 im LVR in Köln, 2014, S. 53–68.

Kişi, Melahat, *„Geschlechtergerechtigkeit und religiöse Erziehung in muslimischen Gemeinden"*, in: Kathrin Klausing/Erna Zonne (Hg.), Religiöse Früherziehung in Judentum, Islam und Christentum, Frankfurt a.M. 2014, S. 113–128.

Klausing, Kathrin, *Geschlechterrollenvorstellungen im Tafsir*, Frankfurt a.M. 2014.

Klausing, Kathrin, *„Muslimische Positionen zu Feminismus. Begriffe, Bewegungen, Methoden"*, in: Yvonne Frank u.a. (Hg.), Feminismen heute. Positionen in Theorie und Praxis, Bielefeld 2014, S. 89–99.

Knapp, Gudrun-Axeli, *„'Intersectionality' – ein neues Paradigma feministischer Theorie? Zur transatlantischen Reise von 'Race, Class, Gender'"*, in: Feministische Studien 23 (2005) 1, S. 68–81.

Kröhnert-Othman, Susanne, *„Tradition oder Religion? Religiosität als Bestimmungsfaktor der sozialen Arbeit mit muslimischen MigrantInnen"*, in: Sozial Extra. Zeitschrift für Soziale Arbeit 31 (2007) 1/2, S. 47–49.

Leiprecht, Rudolf (Hg.), *Diversitätsbewusste Soziale Arbeit*, Schwalbach a. Ts. 2011.

Leiprecht, Rudolf/Lutz, Helma, „*Rassismus - Sexismus - Intersektionalität*“, in: Claus Melter/Paul Mecheril (Hg.), Rassismuskritik. Rassismustheorie und -forschung, Band 1, Schwalbach a. Ts. 2009, S. 179–198.

Markus, Gamper, *Islamischer Feminismus in Deutschland? Religiosität, Identität und Gender in muslimischen Frauenvereinen*, Bielefeld 2011.

Mecheril, Paul, *Einführung in die Migrationspädagogik*, Weinheim 2004.

Mehlhorn, Annette, „*Religion - Politik - Gender. Die Töchter von Sarah und Hagar engagieren und vernetzen sich*“, in: Volker Meißner u.a. (Hg.), Handbuch christlich-islamischer Dialog. Grundlagen - Themen - Praxis - Akteure, Freiburg i.Br./Basel/Wien 2014, S. 318–322.

Merkle, Tanja/Wippermann, Carsten, „*Eltern unter Druck. Die Studie*“, in: Christine Henry-Huthmacher/Michael Borchard (Hg.), Eltern unter Druck. Selbstverständnisse, Befindlichkeiten und Bedürfnisse von Eltern in verschiedenen Lebenswelten, Stuttgart 2008, S. 25–241.

Ministerium für Arbeit, Integration und Soziales des Landes Nordrhein-Westfalen (Hg.), *Väter mit Migrationshintergrund*, Düsseldorf 2011.

Natus, Annika, *Verschleierte Gemeinsamkeiten. Muslime sprechen über Geschlechterrollen*, Marburg 2008.

Niermann, Debora/Helfferich, Cornelia/Kruse, Jan, *Abschlussbericht. „Familienplanung und Migration im Lebenslauf von Männern.“* Eine Machbarkeitsstudie, 2010, URL: http://www.soffi-f.de/files/u2/Abschlussbericht_ML2.pdf (letzter Zugriff: 12.02.2016).

Potts, Lydia/Kühnemund, Jan, „*Das ‚andere‘ Geschlecht. Maskulinitäten und Islam in der Gender- und Migrationsforschung*“, in: Susanne Lanwerd/Márcia Moser (Hg.), Frau - Gender - Queer. Gendertheoretische Ansätze in der Religionswissenschaft, Würzburg 2010, S. 37–53.

Potts, Lydia/Kühnemund, Jan (Hg.), *Mann wird man. Geschlechtliche Identitäten im Spannungsfeld von Migration und Islam*, Bielefeld 2008.

Prömper, Hans u.a. (Hg.), *Was macht Migration mit Männlichkeit? Kontexte und Erfahrungen zur Bildung und Sozialen Arbeit mit Migranten*, Opladen/Farmington Hills 2010.

Richter, Robert/Verlinden, Martin, *Vom Mann zum Vater. Praxismaterialien für die Bildungsarbeit mit Vätern*, hg. vom Sozialpädagogischen Institut NRW, Münster 2000.

Rommelspacher, Birgit, *Dominanzkultur. Texte zu Fremdheit und Macht*, Berlin 1995.

Rommelspacher, Birgit, *Anerkennung und Ausgrenzung. Deutschland als multikulturelle Gesellschaft*, Frankfurt a.M. 2002.

Röper, Ursula/Hockenjos, Ruthild (Hg.), *Geschlechterrollen vor dem Hintergrund unterschiedlicher Religionen und Weltanschauungen*, Bonn 2007.

Schambeck, Mirjam, *Interreligiöse Kompetenz. Basiswissen für Studium, Ausbildung und Beruf*, Göttingen 2013.

Scheibelhofer, Paul, *„Intersektionalität, Männlichkeit und Migration. Wege zur Analyse eines komplizierten Verhältnisses“*, in: Sabine Hess/Nikola Langreiter/Elisabeth Timm (Hg.), Intersektionalität Revisited. Empirische, theoretische und methodische Erkundungen, Bielefeld 2011, S. 149–172.

Schiffauer, Werner, *Migration und kulturelle Differenz*, hg. vom Beauftragten des Senats von Berlin für Integration und Migration in der Senatsverwaltung für Gesundheit, Soziales und Verbraucherschutz, Berlin 2003.

Schneiders, Thorsten Gerald (Hg.), Verhärtete Fronten. Der schwere Weg zu einer vernünftigen Islamkritik, Wiesbaden 2012.

Schölper, Dag, *Männer- und Männlichkeitsforschung. Ein Überblick*, URL: https://www.fu-berlin.de/sites/gpo/soz_eth/Frauen-_M__nnerforschung/M__nner-_und_M__nnlichkeitsforschung_____ein___berblick/dag_schoelper.pdf (letzter Zugriff: 06.12.2018).

Schweitzer, Friedrich, *Interreligiöse Bildung: Religiöse Vielfalt als religionspädagogische Herausforderung und Chance*, Gütersloh 2014.

Seidel, Eberhard, *„In welche Richtung verschieben sich die medialen Diskurse zum Islam?“*, in: Wilhelm Heitmeyer (Hg.), Deutsche Zustände, Folge 6, Frankfurt a.M. 2008, S. 250–259.

Selçuk, Mualla/Wunn, Ina (Hg.), Islam, Frauen und Europa. Islamischer Feminismus und Gender Jihad – neue Wege für Musliminnen in Europa, Stuttgart 2012.

Shooman, Yasemin, *„Das Zusammenspiel von Kultur, Religion, Ethnizität und Geschlecht im antimuslimischen Rassismus“*, in: Aus Politik und Zeitgeschichte 62 (2012) 16/17, S. 53–57.

Shooman, Yasemin, *„… weil ihre Kultur so ist.“ Narrative des antimuslimischen Rassismus*, Bielefeld 2014.

Sinus-Institut (Hg.), *Zentrale Ergebnisse der Sinus-Studie über Migranten-Milieus in Deutschland 2008. Eine sozialwissenschaftliche Untersuchung des Sinus-Instituts*, Heidelberg 2009, URL: http://www.sinus-institut.de (letzter Zugriff: 12.02.2016).

Spindler, Susanne, *Corpus Delicti. Männlichkeit, Rassismus und Kriminalisierung im Alltag jugendlicher Migranten*, Münster 2006.

Spohn, Margret, *Türkische Männer in Deutschland. Familie und Identität. Migranten der ersten Generation erzählen ihre Geschichte*, Bielefeld 2002.

Terre des Femmes e.V. (Hg.), *Im Namen der Ehre. Misshandelt, zwangsverheiratet, ermordet. Hilfsleitfaden für die Arbeit mit von Zwangsheirat/Gewalt im Namen der Ehre bedrohten oder betroffenen Mädchen und Frauen*, 2. akt. und überarb. Aufl., Berlin 2011.

Theunert, Markus, *„Männerpolitik(en): ein Rahmenkonzept"*, in: ders. (Hg.), Männerpolitik. Was Jungen, Männer und Väter stark macht, Wiesbaden 2012, S. 13–56.

Thiessen, Barbara, *Muslimische Familien in Deutschland. Alltagserfahrungen, Konflikte, Ressourcen*, München 2007.

Toprak, Ahmet, *Das schwache Geschlecht – die türkischen Männer. Zwangsheirat, häusliche Gewalt, Doppelmoral der Ehre*, Freiburg i.Br. 2005.

Toprak, Ahmet, *„Unsere Ehre ist uns heilig."* Muslimische Familien in Deutschland, Freiburg i.Br./Basel/Wien 2012.

Tünç, Michael, *„‚Viele türkische Väter fliehen von zu Hause.' Mehrfache ethnische Zugehörigkeiten und Vaterschaft im Spannungsfeld zwischen hegemonialer und progressiver Männlichkeit"*, in: Lydia Potts/Jan Kühnemund (Hg.), Mann wird man. Geschlechtliche Identitäten im Spannungsfeld von Migration und Islam, Bielefeld 2008, S. 105–132.

Tunç, Michael, *„Väter(lichkeit) in der Einwanderungsgesellschaft im Wandel"*, in: Ministerium für Arbeit, Integration und Soziales des Landes Nordrhein-Westfalen (Hg.), Väter mit Migrationshintergrund, Düsseldorf 2011, S. 19–22.

Tunç, Michael, *„Männerpolitiken und Diversität. Von Kulturdifferenz zu Rassismuskritik und Intersektionalität"*, in: Markus Theunert (Hg.), Männerpolitik. Was Jungen, Männer und Väter stark macht, Wiesbaden 2012, S. 97–123.

Tunç, Michael, *Männlichkeitsforschung und Intersektionalität*, 2012, URL: http://portal-intersektionalitaet.de/uploads/media/Tunc.pdf (letzter Zugriff: 12.02.2016).

Tunç, Michael, *Endbericht des Projekts „Praxisforschung für nachhaltige Entwicklung interkultureller Väterarbeit in NRW"*, hg. vom Zentrum für Türkeistudien und Integrationsforschung, Essen 2015.

Verband binationaler Familien und Partnerschaften (Hg.), *Väter in interkulturellen Familien. Erfahrungen – Perspektiven – Wege zur Wertschätzung*, Frankfurt a.M. 2014.

Volz, Rainer/Zulehner, Paul M., *Männer in Bewegung. Zahn Jahre Männerentwicklung in Deutschland*, Baden-Baden 2009, URL: http://www.bmfsfj.de/BMFSFJ/Service/Publikationen/publikationen,did=121150.html (letzter Zugriff: 12.02.2016).

von Wensierski, Hans-Jürgen/Lübcke, Claudia, *„Als Moslem fühlt man sich hier auch zu Hause." Biographien und Alltagskulturen junger Muslime in Deutschland*, Opladen/Berlin/Toronto 2012.

Willems, Joachim, *„Interreligiöses und interkulturelles Lernen. Notwendige Bezüge und notwendige Unterscheidungen"*, in: Intercultural Journal 8 (2009) 9, S. 23–44, URL: http://www.interculture-journal.com/download/article/willems_2009_09.pdf (letzter Zugriff: 12.02.2016).

Wippermann, Carsten/Flaig, Berthold Bodo, *„Lebenswelten von Migrantinnen und Migranten"*, in: Aus Politik und Zeitgeschichte 59 (2009) 5, S. 3–11, URL: http://www.bpb.de/files/R32I01.pdf (letzter Zugriff: 12.02.2016).

Zick, Andreas/Küpper, Beate/Hövermann, Andreas, *Die Abwertung der Anderen. Eine europäische Zustandsbeschreibung zu Intoleranz, Vorurteilen und Diskriminierung*, Berlin 2011, URL: http://library.fes.de/pdf-files/do/07905-20110311.pdf (letzter Zugriff: 12.02.2016).

Zulehner, Paul M., *Muslimas und Muslime in Österreich im Migrationsstress*, Wiesbaden 2016.

Zulehner, Paul M./Steinmair-Pösel, Petra, *Gleichstellung in der Sackgasse? Frauen, Männer und die erschöpfte Familie von heute*, Wien 2014.

Zulehner, Paul M./Volz, Rainer, *Männer im Aufbruch. Wie Deutschlands Männer sich selbst und wie Frauen sie sehen*, Ostfildern 1998.

Ismahan Wayah

„You should be topless!“: Muslimische Frauen im Kreuzfeuer diskursiver Kolonialität

Abstract It is crucial to situate the current discourse around gender and Islam in its historical context. This article provides an introduction into postcolonial feminist thought and takes up the discussions around the Slut Walk 2012 in Berlin as a case study to illustrate some key concepts in postcolonial feminisms with regards to Muslim women in the West.

„As long as women are using class or race power to dominate other women, feminist sisterhood cannot be fully realized.“[1]

1 Einleitung

Im Zeitalter des Kriegs gegen den Terror und des Rechtspopulismus dominieren Medienbilder von muslimischen Frauen, bedeckt in schwarzen Tüchern und mit gesenktem Kopf. Es scheint mittlerweile fast kein Printmedium ohne die namenlosen, gesichtslosen und fragmentierten Frauen zu geben. Mit Islam, MuslimInnen und im Besonderen mit muslimischen Frauen setzt sich mittlerweile auch die deutsche Wissenschaftslandschaft zunehmend auseinander. Dabei wird jedoch eher selten hervorgehoben, dass die aktuellen Bilder nicht in einem Vakuum, sondern im Kontext eines tradierten kolonial-rassistischen Wissens, Denkens und Sprechens entstanden sind. Postkoloniale Kritik hingegen dient der Hinterfragung und Dekonstruktion des vermeintlichen ‚Anderen‘ sowie dem Aufzeigen von (Dis-)Kontinuitäten und Wechselbeziehungen zu anderen (Kon-)Texten. So zeigt sich in Bezug auf muslimische Frauen, dass die dominante Vorstellung ‚der muslimischen Frau‘ an westliche Haremsphantasien des 19. Jahrhunderts anknüpft und damit die orientalistische Mystifikation der unterdrückten, geheimnisvollen, aber gleichzeitig auch erotischen muslimischen Frau bedient. Yasemin Shooman legt dar, dass parallel zur Figur der „unterdrückten Muslima“ auch das der „gefährlichen Muslima“ besteht. Denn im rechtspopulistischen Diskurs vereinen sich die beiden dominanten Stereotype der „unterdrückten“ und der „gefährlichen“ Muslima miteinander in der Imagination der „gebärenden Muslima“. Der Körper der „gebärenden Muslima“ bzw. der „gebärfähigen Muslima“ dient als Projektionsfläche nationaler Ängste,

1 Bell hooks, *Feminism is for everybody: Passionate politics*, Cambridge 2000, S. 16.

da sie, wie u.a. Thilo Sarrazin behauptet, die Fähigkeit hat, einen unerwünschten Bevölkerungsteil zu schaffen.[2] Auch deshalb unterliegt ihr Körper tagtäglichen Disziplinierungsmaßnahmen z.B. in Form von Kopftuch-, Burka- und Burkini-debatten.

Im deutschsprachigen Raum ist die Forschungslücke zu muslimischen Frauen, die sich an der Schnittstelle von verschiedenen Diskriminierungsachsen wie z.B. Rassismen, (Hetero-)Sexismus, Klassismus etc. befinden, gravierend. Gerade trans- und interdisziplinäre Ansätze sollten einen enormen Stellenwert bei der Analyse der sozio-historischen Realitäten von muslimischen Frauen im Westen haben.

Aus diesem Grund erläutert dieser Beitrag aus postkolonialer Perspektive zuerst die Relevanz postkolonialer Kritik und betrachtet im zweiten Schritt die postkolonial-feministischen Ansätze von Angela Davis, bell hooks, Chandra Mohanty und Gayatri Spivak. Zum Schluss werden die postkolonial-feministischen Thesen am Beispiel des Slutwalks Berlin für den deutschsprachigen feministischen Kontext angewandt und diskutiert. Eine kritische Forschung zu diesem hochpolitischen und aktuellen Thema bedarf der Reflexion der eigenen Positionierung, um nicht dominante Machtstrukturen zu reproduzieren. Dieser Beitrag ist geprägt von meiner Perspektive als muslimische Wissenschaftlerin, sozialisiert und eingebettet in den neo-kolonialen, neo-liberalen, rassifizierenden und (hetero-)sexistischen Strukturen Deutschlands.

2 Relevanz postkolonialer Kritik

2.1 Kolonialismus und Kolonialität

Die heutigen postmodernen Gesellschaften sind Produkte und Konstrukte ihrer globalen und lokalen Geschichte(n), von denen ein prägender Teil die koloniale Expansion Europas seit der frühen Neuzeit ist. Walter Mignolo beschreibt die Epoche der „Moderne“ als ein europäisches Erfolgsnarrativ, das die dunkle Geschichte des Kolonialismus verschleiert.[3] Kolonisation bedeutet dabei nicht nur die gewaltsame territoriale Aneignung von Gebieten, sondern auch die Versklavung von als minderwertig betrachteten Menschen, die Ausbeutung ihrer Ressourcen sowie die Entwertung ihrer Kulturen und Traditionen. Die

---

2 Vgl. Yasmin Shooman, „*...Weil ihre Kultur so ist*“: *Narrative des anti-muslimischen Rassismus*, Bielefeld 2014, S. 93.

3 Vgl. Walter D. Mignolo, „*Coloniality and Modernity/Rationality*“, in: Culture Studies 21 (2007), S. 155.

Expansion europäischer Kolonialreiche setzte Ende des 15. Jahrhunderts mit der spanischen Reconquista (1492) ein. Diese territoriale Eroberung Andalusiens von einer muslimischen Herrschaft war der erste Schritt zur Schaffung eines homogenen christlichen Reiches, sodass JüdInnen und MuslimInnen zwangskonvertiert oder vertrieben wurden. Beflügelt von der Reconquista und getragen von der Überzeugung einer zivilisatorischen und religiösen Mission eroberten die spanischen und portugiesischen Königreiche über den Seeweg außereuropäische Gebiete, u.a. afrikanische Küstengebiete und den amerikanischen Kontinent. Der Höhepunkt der europäischen Kolonisation wurde im 19. Jahrhundert im Zeitalter des Imperialismus erreicht. Die Errungenschaften der industriellen Revolution, wie Dampfschiffe, Telegraphen und Schienennetzwerke, ermöglichten es, dass Europa Anfang des 20. Jahrhunderts ca. 85 % des globalen Territoriums in Form von verschiedenen Abhängigkeitsverhältnissen, z.B. Kolonien, Protektoraten oder Dependancen, kontrollierte.[4] Diese jahrhundertlange Ausbeutung und Unterdrückung von Menschen, Ressourcen und Räumen prägt bis heute nachhaltig das Selbstverständnis ehemals kolonisierter Gesellschaften. Frantz Fanon beschreibt diese physische und epistemische koloniale Gewalterfahrung wie folgt:

> „Colonialism is not satisfied merely with holding a people in its grip and emptying the native's brain of all form and content. By a kind of perverted logic, it turns to the past of the oppressed people, and distorts, disfigures, and destroys it. This work of devaluing pre-colonial history takes on a dialectical significance today."[5]

Die Dekolonisierungsprozesse der 1960er, die nach einer langen Phase des antikolonialen Widerstands eingeleitet wurden, haben jedoch den Zustand der *Kolonialität* nicht beendet. Entgegen aller damaligen Hoffnung haben sich nach der formalen Unabhängigkeit der ehemaligen Kolonien und Dependancen die strukturellen Machtverhältnisse nicht aufgelöst; vielmehr setzten sie sich bloß in veränderter Form explizit, implizit und latent auf politischer, ökonomischer und diskursiver Ebene weiter fort. Die kontinuierliche Abhängigkeit des Globalen Südens vom Globalen Norden zeigt sich heutzutage vor allem in der Ausbeutung des afrikanischen Kontinents, der Entwicklungszusammenarbeit und den Auswirkungen des globalen Kapitalismus auf die sozio-ökonomischen

---

4 Vgl. Encarnacion Gutierrez Rodriguez, „*Repräsentation, Subalternität und postkoloniale Kritik*", in: Hito Styerl/Encarnacion Gutierrez Rodriguez (Hg.), *Spricht die Subalterne deutsch? Migration und postkoloniale Kritik*. Münster ²2012, S. 20.

5 Frantz Fanon, *The Wretched of the Earth*, New York 2004, S. 149.

Unterschichten des Globalen Südens. Am Beispiel der Geschichtswissenschaft verdeutlicht Dipesh Chakrabarty wie sich diese Dependenz in der Forschung ausdrückt.

> „It is that insofar as the academic discourse of history – that is, ‚history' as a discourse produced at the institutional site of the university – is concerned, ‚Europe' remains the sovereign, theoretical subject of all histories [...]. This is a gesture, however, that ‚we' [subaltern historians] cannot return. We cannot even afford an equality or symmetry of ignorance at this level without taking the risk of appearing ‚oldfashioned' or ‚outdated'."[6]

Die herrschenden (neo-)kolonialen Episteme in der Wissenschaft machen eine Forschung außerhalb eines eurozentrischen epistemologischen Rahmens fast unmöglich. Wael Hallaq konstatiert deshalb auch, dass „no serious Muslim historian [...] could even attempt – much less be capable of producing – a Ṭabarian, Mas'ūdian or Kathīrian history".[7] Gerade für im Globalen Norden sozialisierte WissenschaftlerInnen mit diasporischen Bezügen ist die Auseinandersetzung mit der Frage, inwiefern sie nicht auch den Diskurs von „Europa als Souverän" mit-reproduzieren, unabdingbar. Problematisch ist jedoch, dass diese Fragestellung in der deutschsprachigen Wissenschaftslandschaft lange Zeit weitgehend ignoriert wurde, während postkoloniale Kritik sich im englischsprachigen Raum schon in den frühen 1990er-Jahren zu einem Wissenschaftsfeld etabliert hatte. Dabei haben Schwarze[8] deutsche Frauen schon in den 1980er-Jahren auf die kolonialen Kontinuitäten in Deutschland hingewiesen.[9] Diese koloniale Amnesie ist dem Umstand geschuldet, dass Deutschland seine koloniale Vergangenheit und Migrationsgegenwart jahrzehntelang verdrängt hatte, wie u.a. Fatima El-Tayeb und Kien Ni Ha feststellen. Doch die kritischen Stimmen von

---

6 Dipesh Chakrabarty, *„Postcoloniality and the Artifice of History: Who Speaks for An Indian Past?"*, in: Representations 37 (1992), S. 1f.

7 Wael B. Hallaq, *„Re-Orienting Orientalism: Toward an Epistemology of Moral Responsibility"*, Yale Law School, 17.11.2015, https://law.yale.edu/yls-today/yale-law-school-videos/wael-hallaq-re-orienting-orientalism-toward-epistemology-moral-responsibility (letzter Zugriff: 26.05.2017).

8 Schwarz wird hier als politische Identitätskategorie groß geschrieben. Als widerständiges Schreiben problematisiert es die bestehenden rassifizierten Machtstrukturen. Schwarz/weiß. Vgl. Maisha Eggers, *Mythen, Masken und Subjekte: Kritische Weißseinforschung*, Münster 2005.

9 Vgl. Kaharina Oguntoye/May Opitz/Dagmar Schulz (Hg.), *Farbe Bekennen*, Berlin 1986. Für die Auseinandersetzungen mit Rassismus und Kolonialismus war für afrodeutsche Frauen vor allem die afro-amerikanische Schwarze lesbische Autorin Audre Lorde wegweisend.

Menschen of Color,[10] MigrantInnen und Geflüchteten konnten gerade im letzten Jahrzehnt zunehmend Aufmerksamkeit gewinnen.[11]

2.2 Definition „Postkoloniale Kritik"

Im Allgemeinen beschäftigt sich postkoloniale Kritik mit den historischen, politischen, ökonomischen, kulturellen, sozialen und diskursiven Auswirkungen von *Kolonialität*. Dabei ist in der Wissenschaft, wie Maria do Mar Castro Varela und Nikita Dhawans aufzeigen, die Verknüpfung von Diskurs und Materialität signifikant. Sie verstehen postkoloniale Kritik als

> „[...] eine anti-disziplinäre Intervention, die versucht herauszuarbeiten, welche Rolle die wissenschaftlichen Disziplinen im Rahmen kolonialer Herrschaftssysteme gespielt haben und wie diese (neo-)koloniale Episteme und materielle Beziehungen reproduzier(t)en, die die ‚Anderen' in der Position der ‚Anderen' zu fixieren suchen."[12]

Anlehnend an diese Erläuterung wird in diesem Beitrag postkoloniale Kritik als Analyse- und Interventionsinstrument (neo-)kolonialer Verflechtungen von Menschen, Communities, Gesellschaften und deren Konstruktionen von Norm(alitäten) verstanden. Postkoloniale Kritik benennt kolonial-rassistisch-(hetero-)sexistische Machtgefüge und -diskurse und dekonstruiert das historisch-tradierte Verständnis von Wissenschaft, Kultur, Zivilisation sowie damit inhärent verknüpfte Konzepte, wie z.B. Vernunft, Gender, Sexualität, Gewalt, Gefühle etc.[13] Eine solche Analyse bedarf einer kritischen Reflexion der (neo-)

---

10 People of Color ist ein politischer Bündnisbegriff, der diejenigen vereint, die durch weiße Dominanzkultur und (neo-)koloniale Gewalt marginalisiert und kollektiv abgewertet werden. Menschen of Color entwickelte sich als anti-rassistische Selbstbezeichnung im Kontext der Black Power Bewegungen in den USA, den antikolonialen Kämpfen in Südafrika, in der Karibik und dem Commonwealth. Vgl. Kien Nigh Ha, *„‚People of Color' als Diversity-Ansatz in der antirassistischen Selbstbenennungs- und Identitätspolitik"*, in: Heinrich Böll Stiftung Migration, Integration, Diversity (Hg.): *Ethnic Monitoring, Datenerhebung mit oder über Minderheiten?*, Berlin 2009, S. 52.

11 Vgl. Kien Nigh Ha, *Unrein und vermischt. Postkoloniale Grenzgänge durch die Kulturgeschichte der Hybridität und der kolonialen ‚Rassenbastarde'*, Münster 2010, S. 63; Fatima El Tayeb, *Undeutsch: Die Konstruktion des Anderen in der postmigrantischen Gesellschaft*, Bielefeld 2016.

12 María do Mar Castro Varela/Nikita Dhawan, *„Europa provinzialisieren? Ja, bitte! Aber wie?!"*, in: femina politica: Feministische Postkoloniale Theorie 2 (2009), S. 2.

13 Vgl. Hallaq, *„Re-Orienting Orientalism: Toward an Epistemology of Moral Responsibility"*, URL: https://law.yale.edu/yls-today/yale-law-school-videos/wael-hallaq-re-orienting-orientalism-toward-epistemology-moral-responsibility (letzter Zugriff: 26.05.2017).

kolonialen Verflechtungen wissenschaftlicher Disziplinen und zwar nicht nur für Wissenschaftsfelder wie die Anthropologie, Orientalistik und Ethnologie, die sich im Zuge der Kolonisation als Forschung über „den Anderen" gebildet haben,[14] sondern auch vermeintlich kritische Wissenschaften, wie Gender Studies und Politikwissenschaften, sowie die Naturwissenschaften. Davon sind auch die Islamischen Studien bzw. Theologie nicht ausgenommen, zumal sie in ihrer Etablierung an deutschen Universitäten in Abgrenzung zu den Islamwissenschaften und der Orientalistik entstanden sind, jedoch gleichzeitig von ihrem Erbe stark beeinflusst sind.[15] Dies erfordert eine besondere Aufmerksamkeit hinsichtlich der „geografischen, politischen und diskursiven Herstellungsränder" der Wissenschaft.[16] Wenn das Privileg der Wissensproduktion im Globalen Norden sich diskursiv und materiell auf den Rest der Welt auswirkt, stellt sich die Herausforderung für WissenschaftlerInnen, hierfür ethische und politische Verantwortung zu übernehmen. Aus diesem Grund versteht sich postkoloniale Kritik, wie auch feministische Kritik, als ein dezidiert politisches Projekt, das Normen nicht nur aufzeigt, sondern aufzubrechen versucht, um damit gesellschaftliche Transformationen in Richtung diverseren und sozialgerechteren Gesellschaften zu bewirken. Dipesh Chakrabarty und andere dekoloniale und postkoloniale DenkerInnen fordern eine Abwendung vom Eurozentrismus hin

---

Selbstverständlich haben nicht-europäische Gesellschaften auch Vorstellung über diese gesellschaftlichen Konstrukte; doch sie unterschieden sich grundlegend in der Art und Weise, wie sie sich manifestierten und ausdrückten.

14 Vgl. Birgit Schäbler, „*Riding the Turns: Edward Saids Buch Orientalism als Erfolgsgeschichte*", in: Burkhard Schnepel/Gunnar Brands/Hanne Schönig (Hg.), *Orient – Orientalistik – Orientalismus: Geschichte und Aktualität einer Debatte*, Bielefeld 2011, S. 287.

15 Viele der WissenschaftlerInnen im Feld der Islamischen Studien bzw. Islamischen Theologie in Deutschland haben ihre wissenschaftliche Ausbildung in den Islamwissenschaften und der Orientalistik absolviert. Ich denke, dass ohne eine selbstkritische Auseinandersetzung der Islamischen Studien mit ihrem (neo-)kolonialen Erbe, der eurozentrischen Epistemologie, Paradigmen und Methoden, die eigene Forschung unhinterfragt und unbewusst beeinflusst wird. Farid Esack wirft auf, „dass die grundlegende Frage nach den ideologischen Motiven hinter dem Interesse an einer Islamischen Theologie an deutschen Hochschulen" von MuslimInnen gestellt werden muss. Vgl. Farid Esack, „*Deutsche Muslime sind nur Mitreisende*", Qantara 2014, URL: https://de.qantara.de/inhalt/interview-mit-dem-islamischen-theologen-farid-esack-deutsche-muslime-sind-nur-mitreisende (letzter Zugriff: 26.05.2017).

16 Vgl. Rodriguez, „*Repräsentation, Subalternität und postkoloniale Kritik*", Münster 2012, S. 23.

zu einer Provinzialisierung Europas, d.h. Europa nicht als Norm, sondern als eine Variante von vielen zu sehen. Die Dezentralisierung Europas öffnet den Raum für eine *Pluriversalität* von Kosmologien, Ontologien und Epistemologien.[17] Dies bedarf jedoch Prozesse der Dekolonisierung auf unterschiedlichen Ebenen, denn wie Syed Hussan es treffend formuliert: „Decolonization is a dramatic reimagining of relationships with land, people and the state. Much of this requires study. It requires conversation. It is a practice; it is an unlearning".[18]

2.3 Orientalistische Kontinuitäten

In seiner bahnbrechenden Forschung zum Orientalismus, die vor allem in der amerikanischen Wissenschaftslandschaft Wellen schlug, analysierte Edward Said das wirkungsmächtige Modell der kolonialen Diskurstheorie.[19] Seine Studie beschreibt die Relationen von Kolonialismus und Eurozentrismus und demonstriert überzeugend, „wie die diskursive Konstruktion des/der orientalischen Fremden als kohärente kulturelle Figur des Anderen in einem umfassenden Macht/Wissen-Komplex eingebunden ist".[20] Saids wissenschaftliche Termini, wie z.B. Diskurs, Hegemonie, Wissensproduktion, Macht/Wissen-Komplex, lässt den Einfluss von Michel Foucault und Antonio Gramsci durchscheinen; doch Edward Said geht einen Schritt weiter als seine Vordenker. Michel Foucault z.B. beschränkte sich in seinen soziotheoretischen Analysen zu Macht auf den abendländischen Diskurs und seine Produktion von inneren Anderen, wie etwa psychisch Kranke, Arme, Homosexuelle, und sah über die historischen Dependenzen zwischen Europa und dem Rest der Welt hinweg. Dabei ließ er den signifikanten Aspekt, dass „die analysierte Disziplinarmacht ebenfalls dazu

17 Vgl. Chakrabarty, „*Postcoloniality and the Artifice of History: Who Speaks for An Indian Past?*" S. 8; Ramón Grosfoguel, „*A Decolonial Approach to Political-Economy: Transmodernity, Border Thinking and Global Coloniality*", in: Kult 6 (2009), S. 26; Mignolo, „*Towards a Decolonial Horizon of Pluriversality: A Dialogue with Walter Mignolo on and around The Idea of Latin America*", Lucero 2006.

18 Harsha Walia, „*Decolonizing together: Moving beyond a politics of solidarity toward a practice of decolonization*", 01.01.2012, URL: https://briarpatchmagazine.com/articles/view/decolonizing-together (letzter Zugriff: 26.05.2017).

19 Vgl. Schäbler, "*Riding the Turns: Edward Saids Buch Orientalism als Erfolgsgeschichte*", S. 280.

20 Markus Schmitz, „*Archäologien des okzidentalen Fremdwissens und kontrapunktische Komplettierungen – Edward W. Said: ‚Orientalism' und ‚Culture and Imperialism'* ", in: Julia Reuter/Alexandra Karentzos (Hg.), *Schlüsselwerke der Postcolonial Studies*, Wiesbaden 2012, S. 110.

verwendet wurde, die nichteuropäische Welt zu erforschen, zu besetzen und zu beherrschen“[21] außer Acht.

In *Orientalismus* argumentiert Edward Said, dass Europa schon seit der Antike, aber im Besonderen im 19. Jahrhundert in der Hochphase des Kolonialismus, über ein selbst-referenzielles Wissen den Orient als ein unterlegenes Gegenbild konstruierte. Erst mit der Orientalistik und der Forschung über ‚die Anderen‘ wurde der Orient geschaffen und zu einem „integralen Bestandteil der kulturellen Identität Europas“[22] gemacht. Im orientalistischen Diskurs ist der Orient das, was „Europe is not but one that must constantly strive to become European.“[23] Während der Westen immer wieder als normal, modern, rational, säkular und männlich konstruiert wird, ist der Orient im Gegensatz dazu fremd, exotisch, rückständig, irrational, fanatisch religiös, statisch und feminin. Die Konstruktion einer Alterität zu Europa eignet sich als Projektionsfläche für europäische Imaginationen, reproduziert hegemoniale Strukturen und dient der Legitimation der Beherrschung „des Anderen“.[24] Dies lässt sich an Mary Wallstonecrafts Rede „A Vindication of the Rights of Woman“ (1792) verdeutlichen. Als weiße britische Frauenrechtlerin setzte sie sich für das Frauenwahlrecht ein, indem sie behauptete, dass die rechtliche Ungleichheit der europäischen Frauen der zivilisatorischen und moralischen Rückständigkeit muslimischer Gesellschaften gleicht, zumal würden Frauen dort „in the true style of Mahometanism, [...] only considered as females, and not as a part of the human species“.[25] Der Orient dient hier als Projektionsfläche für die eigenen nationalen Narrative, denn indem Mary Wallstonecraft die Situation britischer Frauen mit vermeintlich rückständigen muslimischen Gesellschaften gleichsetzt, fordert sie von der britischen Bevölkerung über das Frauenwahlrecht eine Abgrenzung zum ‚Anderen‘ als rationale, fortschrittliche und säkulare Nation.

Die koloniale Macht/Wissensmatrix ermöglicht dem europäischen Souverän nicht nur über den Orient, sondern auch für den Orient zu sprechen.[26] Die Inhalte des orientalistischen Diskurses können sich dabei je nach Kontext und

---

21 Ebd. S. 111.

22 Ebd. S. 114.

23 Hallaq, „*Re-Orienting Orientalism: Toward an Epistemology of Moral Responsibility*“, Yale Law School 2015, URL: https://law.yale.edu/yls-today/yale-law-school-videos/wael-hallaq-re-orienting-orientalism-toward-epistemology-moral-responsibility (letzter Zugriff: 29.05.2017).

24 Edward Said, *Orientalism*, New York 1979, S. 71–72.

25 Mary Wollstonecraft, *A Vindication of the Rights of Woman*, Boston 1999, S. 1.

26 Vgl. Edward Said, *Orientalism*, S. 122.

Ort ändern, doch das hegemoniale Sprechen über das, was als Orient konturiert wird, bleibt beständig, sodass sich der Westen weiterhin über diesen Diskurs profilieren kann. Der orientalistische Diskurs produzierte den Orient und seine BewohnerInnen als einen homogenen, soziopolitischen, geographischen Raum, von dem aus der Orient nun die Möglichkeit hat, selbst an seiner eigenen Orientalisierung mitzuwirken.[27]

3 Postkolonial-feministische Ansätze

3.1 Kritik am weißen Feminismus

Mary Wallstonecrafts Rede zeigt nicht nur ihre orientalistische Argumentationsweise auf, sondern auch, dass sich die politischen Interessen in den 1850er-Jahren auf das Wahlrecht, Erwerbsrecht, Erbrecht und Recht auf Bildung von Frauen bezogen. Es stellt sich somit die Frage, über wessen Feminismus bzw. über welche Frauenbewegung gesprochen wird. Im euro-amerikanischen Kontext herrschte im 19. Jahrhundert die viktorianische Vorstellung von „separaten Sphären"[28] vor, wobei Frauen keinen Zugang zu politischer und finanzieller Mitbestimmung erhielten. Weiße Frauenrechtlerinnen kämpften gegen diese sexistische Ideologie; doch dabei hinterfragten sie oft nicht das rassifizierte und schichtbezogene Genderkonzept. Denn es zeigt sich, dass eine Reihe von gesellschaftlich anders positionierten Frauen in dieser Frauenbewegung entweder gar nicht oder nur marginal vertreten waren. Aus diesem Grund fragte Sojourn Truth zu Recht schon 1851 auf der ersten amerikanischen Frauenkonvention in Seneca Falls, Ohio: „Ain't I a woman?"[29]. bell hooks hebt hervor, dass die viktorianische Vorstellung der ‚separaten Sphären' eben nicht für Schwarze Frauen in Amerika galt, denn diese blickten auf eine lange Geschichte der harten Arbeit auf Sklavenplantagen, in den Fabriken und den Wäschereien zurück. Während

27 Vgl. ebd. S. 325.

28 Die viktorianische Vorstellung der „separaten Sphären" behauptete, dass Männer und Frauen biologisch, intellektuell, spirituell und gesellschaftlich unterschiedlich sind. Aufgrund dieser Differenzen sollten Männer, da sie externe Genitalien besitzen, in den „öffentlichen" Sphären tätig sein. Als der natürliche männliche Raum wurden die Wirtschaft, die Regierung und intellektuellen Räume verstanden. Frauen hingegen sollten aufgrund ihrer nach innen gekehrten Genitalien den natürlichen Raum des Hauses innehaben und dort mütterlich, emotional und fürsorglich sein. Vgl. Randi R. Warne, *"Making the Gender-Critical Turn"*, in: Tim Jensen/Mikael Rothstein (Hg.), *Secular theories on religion: Current perspectives*, Kopenhagen 2000, S. 255.

29 Sojourner Truth, *„Ain't I a Woman?"* (Women's Convention), Akron 1851.

weiße Frauen aus der Mittelschicht Reproduktionsarbeit in der Familie häufig mit Attributen wie Monotonie, Isolation oder weibliche Selbstentwertung assoziierten, hatte für Schwarze Frauen die Familie im Kontext der Sklaverei eine ganz andere Bedeutung. Für sie war das Zuhause oft ein Ort der Humanität bzw. des Rückzugs vor rassistisch-sexistischer Verfolgung.[30]

Ähnliche Differenzen lassen sich auch bei der sogenannten zweiten Welle der Frauenbewegung beobachten. Nach dem Zweiten Weltkrieg wurde zunehmend Kritik an sexistischer Diskriminierung in Berufen geübt und das Recht auf den eigenen Körper und die eigene Sexualität eingefordert. Doch auch hier waren es hauptsächlich weiße Frauen aus der Mittelschicht, die die finanziellen Mittel sowie zeitlichen und emotionalen Kapazitäten hatten, ihre eigenen Interessen auf lokaler, nationaler und globaler Ebene zu vertreten. Angela Davis erörtert dies am eindrücklichsten an der amerikanischen Debatte zum Reproduktionsrecht in den 1970er-Jahren. Denn während weiße Feministinnen darauf pochten, das Recht auf Abtreibung als Frauenrecht durchzusetzen, ignorierten sie dabei die Bedenken und Ängste von nicht-weißen amerikanischen Frauen. Sie blendeten dabei aus, dass die USA seit Jahrhunderten schon eine rassistische Politik der Bevölkerungsregulierung verfolgten, indem Schwarze, Menschen of Color, Behinderte und Arme sterilisiert wurden. Parallel zu den Forderungen weißer Frauen nach Recht auf Abtreibung kam es zeitgleich in den 1960er- und 1970er-Jahren zu Wellen von Sterilisationsmissbräuchen, bei denen vor allem Schwarze, Native Americans und lateinamerikanische Frauen betroffen waren.[31] Die Zweifel von Frauen of Color an Abtreibung aufgrund ihrer historischen Erfahrungen wurden von weißen Feministinnen einfach ignoriert. Angela Davis schlussfolgert: „[T]he abortion rights activists of the early 1970s should have examined the history of their movement. Had they done so, they might have understood why so many of their Black sisters adopted a posture of suspicion toward their cause."[32]

In beiden sogenannten Frauenbewegungen im euro-amerikanischen Kontext zeigt sich, dass sie in keiner Weise repräsentativ waren, weil sie die politischen Interessen von Schwarzen Frauen, Frauen of Color, weißen Arbeiterinnen, behinderten Frauen, Transfrauen etc. ausschlossen. Die euro-amerikanischen

---

30 Vgl. Hooks, *Feminist theory: From margin to center*, Cambridge 1984, S. 133–134.

31 In den USA wurden in den 1970ern ein Viertel aller First Nation Frauen sowie überdurchschnittlich viele Schwarze und Latina Frauen sterilisiert. Vgl. Susan Davis, *Women Under Attack*, Boston 1988, S. 28.

32 Angela Davis, *"Racism, Birth Control and Reproductive Rights"*, New York 2003, S. 361; Vgl. dies., *Women, Race, and Class*, New York 1983, S. 215.

Frauenbewegungen bestanden vor allem aus weißen cis-Frauen aus der gebildeten Mittelklasse, die aus ihren eigenen positionierten Erfahrungen heraus politische Ziele universalisierend formulierten und diese anderen Frauen, die ihre soziale Positionierung nicht teilten, überstülpten. Es sollte deshalb festgehalten werden, dass was in der westlichen Geschichtsschreibung als erste und zweite Frauenbewegung bezeichnet wird, im Grunde genommen weiße euro-amerikanische Frauenbewegungen der Mittelschicht waren.[33]

Die weißen euro-amerikanischen Frauenbewegungen wurden jedoch nicht nur im Westen von Frauen of Color skeptisch beobachtet, sondern auch von Frauen aus dem Globalen Süden. Denn gerade sie waren von einer dreifachen Kolonisierung betroffen. So waren sie zum einen von den patriarchalen Strukturen der Kolonialmächte betroffen, zum anderen von den patriarchalen Strukturen der eigenen Gesellschaft und zu guter Letzt vom Paternalismus weißer Frauen und/oder Frauen of Color aus dem Globalen Norden. Kirsten Holst Petersen schreibt, während weiße westliche Frauen über Feminismus versus Klassenbefreiung diskutierten, sprachen Frauen in ehemalig kolonisierten Gebieten über „feminist emancipation versus the fight against neo-colonialism, particularly in its cultural aspect“[34].

Es ist nicht erstaunlich, dass viele Frauen of Color und Frauen aus dem Globalen Süden sich dem Begriff Feminismus zögerlich nähern, da er eine starke koloniale Konnotation mit sich trägt. Viele nicht-weiße Frauen, die gegen sexistische Strukturen kämpfen, haben den Eindruck, sich selbst nicht als Feministinnen bezeichnen zu können, da die dominante Vorstellung einer Feministin immer noch die einer weißen Frau ist, mit der sie sich nicht identifizieren können. Frauen vom Globalen Süden und Frauen of Color müssen in einem schwierigen Feld navigieren, da sie auf der einen Seite einige Konzepte vom Westen übernehmen, und auf der anderen Seite sich genau von diesem neokolonialem Westen abzugrenzen versuchen.[35] Aus diesem Dilemma heraus haben sich zwei verschiedene Umgangsformen mit dem Begriff Feminismus herauskristallisiert: Während einige Frauen of Color mit der Universalität des Eurozentrismus brechen, indem sie im Plural von Feminismen sprechen, wie etwa *Postkoloniale Feminismen, Afrikanische Feminismen, Dritte-Welt Feminismen* etc., lehnen andere den Begriff „Feminismus“ gänzlich ab. Die letztere Gruppe distanziert sich nicht nur in der Terminologie, sondern grundlegend von dessen impliziten

33 Vgl. Warne, *“Making the Gender-Critical Turn”*, S. 252.

34 Kirsten Holst Petersen, *“First things first: Problems of a feminist approach to African literature”*, Kunapipi 1984, S. 34.

35 Ebd. S. 46.

und expliziten Assoziationen, indem sie Vokabular aus der eigenen anti-patriarchalen Tradition einbeziehen. Ein Beispiel dafür ist der von Alice Walker geprägte Terminus „Womanism", den sie im prägnanten Vergleich „Womanist is to feminist as purple is to lavander"[36] verdeutlicht. Alice Walker führt aus:

> „[A womanist is someone] who loves other women, sexually and/or nonsexually. Appreciates and prefers women's culture, women's emotional flexibility […] and women's strength. […] Committed to survival and wholeness of entire people, male *and* female. Not a separatist, except periodically, for health. […] Loves the Spirit. Loves love and food and roundness. Loves struggle. Loves the Folk. Loves herself. Regardless."[37]

„Womanism" ist als Teil einer feministischen Agenda zu verstehen, doch die Farbe Lila hat im Gegensatz zu Flieder einen dunkelrot getränkten Farbton und ist damit eine Anspielung auf die gewaltsamen und blutigen Erfahrungen der Sklaverei. Durch die Anknüpfung an die Geschichte der Sklaverei, bei der weiße Frauen Täterinnen und Komplizinnen der Ausbeutung von Schwarzen Frauen waren, widersetzt sich „Womanism" einer weißen feministischen Vereinnahmung von Kämpfen Schwarzer Frauen. Des Weiteren beinhaltet der Begriff „Womanism" das Wort „man" und ist damit eine Abgrenzung von einer separatistisch-feministischen Auffassung, die Männer, vor allem Schwarze Männer, ausschließt. Denn wie bell hooks und andere Womanists in ihrem Verständnis von Sexismus als strukturelle und institutionelle Unterdrückung und Diskriminierung immer wieder betonen, sind Männer nicht die Feinde einer womanistischen Politik. In patriarchalen Gesellschaften wird sexistisches Denken und Handeln von allen Beteiligten, unabhängig von Gender, perpetuiert.[38] Womanistische bzw. Schwarze-feministische Politik strebt in einem intersektionalen Verständnis das Ende jeglicher Unterdrückung, nicht nur sexistischer, an.[39]

3.2 Postkolonial-feministische Kritik aus dem Globalen Süden

In den 80er-Jahren formulierten Schwarze Frauen, Frauen of Color und Frauen aus dem Globalen Süden zunehmend ihre Bedenken und Kritik an weißen feministischen Bewegungen. Eine dieser bahnbrechenden Arbeiten ist Chandra Mohantys Aufsatz „Under Western Eyes: Feminist Scholarship and Colonial Discourse" (1984), der trotz seiner signifikanten Forschungsintervention bis heute

36 Alice Walker, "*Womanist*", in: Buddhist-Christian Studies 32 (1/2012), S. 45, URL: https://muse.jhu.edu/article/486705/pdf (letzter Zugriff: 28.07.2017).

37 Ebd. S. 4S. 45.

38 Vgl. hooks, *Feminism is for everybody: Passionate politics*, S. 1.

39 Vgl. ebd. S. 103.

nicht ins Deutsche übersetzt wurde. Ihre Kernaussage ist, dass der universale Geltungsanspruch des weißen westlichen Feminismus Teil eines neokolonialen Denksystems ist.[40] Diese neokoloniale Auffassung von Feminismus ermöglichte es weißen westlichen Feministinnen mit dem populären Slogan „Sisterhood Forever" und „Sisterhood is Global" zu glauben, für alle Frauen der Welt sprechen zu können und sprechen zu wollen. In ihrer Analyse von westlich-feministischen Texten verdeutlicht Chandra Mohanty anhand der Forschungsliteratur von *Zed Press*[41], wie weiße westliche Feministinnen in ihrer Forschung diskursiv die materielle und historische Heterogenität der Leben von „Dritte-Welt"-Frauen vereinnahmen und kolonisieren, was letztendlich dazu führt, dass eine singuläre „Dritte-Welt-Frau" geschaffen und repräsentiert wird.[42]

> „And it is in the production of this ‚Third World Difference' that Western feminisms appropriate and ‚colonize' the fundamental complexities and conflicts which characterize the lives of women of different classes, religions, cultures, races and castes in these countries. It is in this process of homogenization and systematization of the oppression of women in the third world that power is exercised in much of recent Western feminist discourse, and this power needs to be defined and named."[43]

Anhand verschiedener feministischer Forschungen und Studien, von denen im Folgenden lediglich zwei Beispiele zu ‚Frauen und Religion' aufgegriffen werden, zeigt Mohanty, wie weiße westlich-feministische Wissenschaftlerinnen in ihrer Forschung weiße westliche Frauen implizit als die Norm verstehen. An der Forschungsarbeit von Fran Hosken können einige der gängigen universalisierenden Methodologien in westlich-feministischer Wissenschaft beobachtet

40 Chandra Mohanty versteht weißen westlichen Feminismus nicht als einen singulären und monolithischen Block, da er durchaus unterschiedliche Interessen und Ziele verfolgt. Sie hebt hervor: "However, it is possible to trace a coherence of effects resulting from the implicit assumption of 'the West' (in all its complexities and contradictions) as the primary referent in theory and praxis (….)", vgl. Valerie Amos/Pratibha Parmar, *"Challenging Imperial Feminism"*, in: Feminist Review 17 (3/1984), S. 4.

41 Zed Press wurde 1977 als unabhängiger Verlag gegründet und publiziert vor allem Arbeiten in den Politikwissenschaften, den Gender Studies, den Entwicklungsstudien und den Umweltwissenschaften. Zed Press versteht sich als dezidiert politischer Verlag für marginalisierte Stimmen. (vgl. Zed Press, *"About"*, URL: https://www.zedbooks.net/about/the-zed-collective/ (letzter Zugriff: 28.07.2017). Chandra Mohanty zeigt jedoch auf, dass Zed Press dabei die Mehrfachmarginalisierung von Frauen of Color und Dritte-Welt-Frauen übersieht.

42 Vgl. Chandra Mohanty, *"Under Western Eyes: Feminist Scholarship and Colonial Discourses"*, boundry 2 1984, S. 334.

43 Ebd. S. 335.

werden. Hosken schreibt in ihrem Bericht zu FGM/C[44] in Afrika und dem Nahen Osten: „Rape, forced prostitution, polygamy, genital mutilation, pornography, the beating of girls and women, purdah (segregation of women) are all violations of basic human rights."[45] Diese Aufzählung von verschiedenen Dimensionen von sexualisierter Gewalt, wie Vergewaltigung, häuslicher Gewalt, Zwangsprostitution wird mit der Praxis der Parda[46] gleichgesetzt. Problematisch hierbei ist, dass verschiedene Formen von sexistischer und sexualisierter Gewalt sowie genderspezifische Aspekte, wie Parda, ohne jegliche Differenzierung nebeneinander gestellt werden, was suggeriert, dass sie gleichbedeutend sind. Zweitens setzt Hosken den afrikanischen Kontinent mit seinen verschiedenen Ethnien, Religionen und Traditionen gleich, wie es ebenso mit dem diversen Nahen Osten praktiziert wird. Problematisch bei dieser Verallgemeinerung ist, dass damit die Praxis der Parda, die sie als eine patriarchale Kontrolle der Sexualität von Frauen versteht, ahistorisch, statisch und universal bleibt. Hosken ignoriert und verwischt die historische, soziale und kulturelle Spezifität von Parda. Der Schleier unterscheidet sich nicht nur in der Art und Weise, wie er z.B. in Saudi Arabien, Mali und dem Iran sowie in der Stadt oder auf dem Land getragen wird, sondern auch in der Bedeutung, der dem Schleier in bestimmten Kontexten beigemessen

---

44 Die Debatte darüber, wie die Praxis der Entfernung von Teilen oder der ganzen Klitoris, zu bezeichnen ist, wird seit einigen Jahrzehnten kontrovers geführt. Es haben sich dabei zwei Begriffe durchgesetzt, nämlich Female Genital Mutilation (weibliche Genitalverstümmelung) und Female Genital Cutting (weibliche Genitalbeschneidung). Die weibliche Genitalverstümmelung als Bezeichnung wird von internationalen Menschen-und Frauenrechtsorganisationen sowie der Weltgesundheitsorganisation verwendet, um auf die dramatische Dimension dieses Eingriffs für betroffene Frauen hinzuweisen und nicht zu verharmlosen. Dieser Begriff wurde jedoch wegen seiner negativen Zuschreibung von betroffenen Frauen als „Verstümmelte" kritisiert. Um die Praxis nicht zu verharmlosen und gleichzeitig betroffene Frauen nicht zu stigmatisieren, hat sich im englischsprachigen Kontext die Schreibweise FGM/C etabliert. Vgl. Women's Health Council, *Female Genital Mutilation/Cutting. A Literature Review*, Dublin 2008, S. 3.

45 Fran Hosken, Zit. n. Mohanty, *"Under Western Eyes: Feminist Scholarship and Colonial Discourses"*, S. 347.

46 Parda (eng. Purdah) kann je nach Kontext unterschiedliche Bedeutungen haben. In einigen muslimischen und hinduistischen Gesellschaften bedeutet Parda die Trennung von Männern und Frauen mit Hilfe eines Vorhangs. Es kann auch muslimische Formen des Frauenschleiers wie Khimar, Tschador, Niqab und Burka bedeuten. Vgl. Encyclopædia Britannica, „Purdah", URL: https://www.britannica.com/topic/purdah (letzter Zugriff: 26.05.2017).

wird.[47] Auch die Möglichkeit eines subversiven Potenzials der Parda wird von Fran Hosken kategorisch bei diesem Verfahren ausgeschlossen. Chandra Mohanty stellt fest, dass dabei auch Solidarität zwischen Frauen übersehen wird, und wendet ein:

> „[…] Iranian middle class women veiled themselves during the 1979 revolution to indicate solidarity with their veiled working class sisters, while in contemporary Iran, mandatory Islamic laws dictate that all Iranian women wear veils. While in both these instances, similar reasons might be offered for the veil (opposition to the Shah and Western cultural colonization in the first case, and the true Islamicization [sic!] of Iran in the second), the concrete *meanings* attached to Iranian women wearing the veil are clearly different in both historical contexts. In the first case, wearing the veil is both an oppositional and revolutionary gesture on the part of Iranian middle class women; in the second case it is a coercive, institutional mandate."[48]

Im Fall des Iran scheint Mohanty die Parda als politisches Symbol zu lesen. Dabei ist es interessant, dieses Beispiel aus einer postsäkularen Perspektive zu betrachten. Denn Parda kann durchaus als anti-koloniale Geste verstanden werden, die sich nicht nur gegen die Diktatur des Shahs, sondern auch gegen einen euro-amerikanischen Säkularismus richtet.[49] Saba Mahmood gibt jedoch auch hier zu bedenken, dass wissenschaftliche Studien zu dem Thema oft dazu tendieren die Parda aus einer sozio-ökomischen Brille als sozialen Protest, ökonomische Notwendigkeit oder zweckgebundene Strategie verstehen. Dabei werden Beweggründe für das Bedecken, wie Moral, Tugendhaftigkeit und Gottesbewusstsein, als ‚nicht-echte' Motivationen abgetan.[50]

An diesen und weiteren Beispielen zeigt Chandra Mohanty auf, wie in westlich-feministischen Forschungen „Dritte-Welt-Frauen" immer wieder als ungebildete, arme, traditionsbewusste, familienorientierte, unfreie, feministisch unterentwickelte Opfer konstruiert werden und dabei weiße westliche Frauen implizit als gebildet, modern und emanzipiert abgegrenzt werden.[51] Chandra Mohanty fordert die Anerkennung der historischen, politischen, wirtschaftlichen und ethnischen Heterogenität von Frauen und ihrer Interessen. Genau wie Dipesh Chakrabarty die Wissensproduktion der westlichen

47 Vgl. Mohanty, *"Under Western Eyes: Feminist Scholarship and Colonial Discourses"*, S. 347.

48 Ebd. S. 347.

49 Vgl. ebd. S. 347.

50 Vgl. Mahmood, *"Feminist Theory, Embodiment, and the Docile Agent: Some Reflections on the Egyptian Islamic Revival"*, in: Cultural Anthropology 16 (2/2001), S. 209.

51 Vgl. ebd. S. 337.

Geschichtswissenschaft beanstandet, sieht Mohanty ähnliche Probleme in der westlich-feministischen Forschung. Sie kritisiert den universalen Geltungsanspruch, den westliche Feministinnen ihren Theorien zuschreiben, und fordert, dass westlich-feministische Forschung die eigene Involvierung im hegemonialen Machtsystem anerkennt und sich damit kritisch auseinandersetzt, da sie sich ansonsten einer imperialen Komplizenschaft schuldig macht. Eine positionierte feministische Forschung bedarf einer Kontextualisierung und Spezifizierung der Erfahrungen von Frauen. Denn Interessen von Frauen sind aufgrund von verschiedenen historischen, politischen, wirtschaftlichen und ethnischen Erfahrungen in sich fragmentiert, sodass Koalitionen zwischen Frauen nicht einfach angenommen werden können, sondern ausgehandelt werden müssen, was Feminismus erst zu einem politischen Feld macht.

Im Gegensatz zu Chandra Mohanty, die in „Under Western Eyes" den fixierenden westlichen Blick auf nicht-westliche Wissensproduktion analysiert, geht Gayatri Spivak der Frage nach, ob und wie sich Menschen, die keinen Zugang zum Diskurs haben, artikulieren können. In ihrem monumentalen Aufsatz „Can the Subaltern Speak?" kritisiert Spivak die Annahme, dass die unterdrückten Massen für sich selbst sprechen können.[52] Gayatri Spivak kritisiert das universalisierende und eurozentrische Verständnis von „für sich selbst sprechenden Arbeitern" und wirft den beiden französischen Intellektuellen, Foucault und Deleuze, angesichts der internationalen Arbeitsteilung vor, die epistemische Gewalt des Imperialismus zu ignorieren.[53] Das politisch-philosophische Dilemma, auf das Spivak hier aufmerksam macht, ist das der Repräsentation. Sie argumentiert, dass die beiden linken Intellektuellen zwei verschiedene Formen der Repräsentation miteinander vereinen:

52 Vgl. Gayatri C. Spivak, *"Can the Subaltern Speak?"*, in: Cary Nelson/Lawrence Grossberg (Hg.), *Marxism and the Interpretation of Culture*, London 1988, S. 274. Spivak nimmt als Aufhänger für ihre Analyse ein Interviewgespräch zwischen den beiden französischen Intellektuellen Michel Foucault und Gilles Deleuze, die sich mit der Rolle der 1968er-Studierendenbewegungen und deren Potential für die internationalen Arbeiterbewegungen auseinandersetzen. Foucault argumentiert, dass die Arbeiterstreiks im Mai 1968 gezeigt hätten, dass die Arbeiter durch Arbeiter für sich selbst sprechen könnten und wendet sich dabei gegen Jean-Paul Satres Ansicht, dass Unterdrückte einen Fürsprecher benötigten. (vgl. Miriam Nandi, *„Sprachgewalt, Unterdrückung und die Verwundbarkeit der postkolonialen Intellektuellen: Gayatri Chakravorty Spivak: ‚Can the Subaltern Speak' und ‚Critique of Postcolonial Reason'"*, in: Julia Reuter/Alexandra Karentzos (Hg.), *Schlüsselwerke der Postcolonial Studies*, Wiesbaden 2012, S. 124.)

53 Vgl. Spivak, *"Can the Subaltern Speak?"*, S. 272.

> „Representation as ‚speaking for', as in politics, and representation as ‚re-presentation', as in art or philosophy. Since theory is also only ‚action', the theoretician does not represent (speak for) the oppressed group. Indeed, the subject is not seen as a representative consciousness (one re-presenting reality adequately). These two senses of representation – within state formation and the law, on the one hand, and in subject-predication, on the other – are related but irreducibly discontinuous."[54]

Gayatri Spivaks scharfsinnige Unterscheidung von Re-Präsentieren als zum einen ein Darstellen und zum anderen ein Vertreten hilft zu verstehen, dass Foucault die Rolle des Fürsprechers, die er selbst kritisiert, einnimmt. Denn über die Behauptung, dass die „Unterdrückten für sich selbst sprechen", verschleiert er seine Position, die Spivak als die eines Bauchredners versteht, bei dem die Unterdrückten nur den Mund bewegen, während der linke Intellektuelle für sie spricht.[55] Spivak ist sich aber durchaus bewusst, dass in bestimmten Situationen für, und damit an Stelle von unterdrückten Gruppen gesprochen werden muss. Doch sie erwartet insbesondere von Intellektuellen und TheoretikerInnen, dass sie sich ihrer Rolle bewusster werden.[56]

Gayatri Spivak verdeutlicht die Problematik der Repräsentation und deren Konsequenzen im kolonialen Kontext anhand der Praxis der Witwenverbrennung (Sati), bei der nach der brahmanischen Tradition Frauen nach der Verbrennung des Leichnams des Mannes sich mit ihm in das Feuer warfen. Sati wurde in Indien mit der britischen Kolonialmacht in Indien verboten und war eine der Legitimationen für die Kolonisierung des Landes.[57] Auch wenn dieses Verbot aus feministischer Sicht für die betroffenen Frauen als positiv zu betrachten ist, beanstandet Gayatri Spivak, dass dabei die Interessen der Frauen von der britischen Kolonialmacht nicht adäquat repräsentiert wurden. Sie fasst die koloniale Repräsentation in dem Satz „White men are saving brown women from brown men"[58] zusammen. Denn die Kolonialherren stellten die Witwen als rassifizierte passive Opfer dar, die vor ihren rassifizierten Männern geschützt werden

---

54 Ebd. S. 275.

55 Vgl. ebd. S. 271.

56 Vgl. ebd., S. 104. Vgl. Nandi, *„Sprachgewalt, Unterdrückung und die Verwundbarkeit der postkolonialen Intellektuellen"*, S. 125.

57 Den zivilisatorischen Auftrag legitimiert James Mill in History of British India folgendermaßen: "The condition of women is one of the most remarkable circumstances in the manner of nations. Among rude people the women are generally degraded, among civilized people they are exalted" (293). Vgl. Leila Ahmed, *Women and Gender in Islam*, New Haven und London 1992, S. 150.

58 Spivak, *"Can the Subaltern Speak?"*, S. 296.

müssen. Doch auch die patriarchal-brahmanische Tradition konnte diese Frauen nicht angemessen vertreten, diese hielt als Argument dagegen, „the woman actually wanted to die“[59]. Gayatri Spivak schlussfolgert, dass in der Debatte um indische Frauen die Stimmen der betroffenen Frauen nicht wahrgenommen werden. Diese Gruppe bezeichnet sie in Anlehnung an Antonio Gramsci als subalterne Frauen. „Here is a woman who tried to be decisive in extremis. She ‚spoke', but women did not, do not, ‚hear' her. Thus she can be defined as a ‚subaltern'.“[60]

Da diese Frauen als Subalterne nicht Teil des hegemonialen Diskurses sind, können sie im Diskurs auch nicht sprechen. Dies bedeutet jedoch keineswegs, dass diese Frauen nicht tatsächlich sprechen, im Sinne von Worte produzieren, können. Auf was Spivak hier aufmerksam macht ist, dass subalterne Frauen diskursiv keinen Sprechakt vollziehen können. Um an das Bild des Bauchredners anzuknüpfen: Spivak hebt hervor, dass zu einem vollständigen Sprechakt nicht nur gehört, dass der Mund sich bewegt, sondern dass vielmehr die Stimme der Puppe gehört wird. Dies ist jedoch aufgrund der dominanten, patriarchalen, paternalisierenden und essentialistischen Diskurse entlang der gegensätzlichen Pole „Wir müssen braune Frauen vor braunen Männern retten“ und „Sie wollte sterben“ nicht möglich, sodass die Stimmen der betroffenen Frauen verstummen oder von den BauchrednerInnen übertönt werden.

Dieses koloniale Szenario wiederholt sich bei vielen anderen Themen, wie etwa der Kopftuchdebatte und FGM/C etc. Spivak verdeutlicht überzeugend, wo das eigentliche Problem liegt: Frauen of Color und Frauen aus dem Globalen Süden sprechen, doch solange sie nicht Teil des hegemonialen Diskurses sind, wird ihnen nicht zugehört. Insbesondere Intellektuelle, die sich kritisch mit Macht, Sprache und Diskurs auseinandersetzen, sollten nicht nur die universalisierenden Begriffe wie „Frau“, „Arbeiter“ und „Muslim“ hinterfragen, sondern auch ihre eigene Rolle im Diskurs reflektieren.

4 Der Körper der Muslima auf dem Slutwalk

Der Faktor „Islam“, der gleichgesetzt wird mit Unterdrückung, Homophobie und Rückständigkeit, fungiert in der orientalistischen Logik als Selbstprofilierung Europas. Denn indem im deutschsprachigen Diskurs Sexismus, Homophobie, aber auch zunehmend Antisemitismus, ausschließlich beim vermeintlich Anderen verortet wird, spricht sich die weiße deutsche Mehrheitsgesellschaft selbst davon frei. Da die weiße Mehrheitsgesellschaft in ihrem Eigenverständnis sich

59 Ebd. S. 297.
60 Vgl. Spivak, *A Critique of Postcolonial Reason.*

schon als emanzipiert sieht, übernimmt sie die „zivilisatorische Aufgabe" muslimische Frauen vor muslimischen Männern zu retten.[61] Gendergerechtigkeit zur Legitimation für rassistische und paternalistische Handlungen zu benutzen, ist jedoch nichts Neues und steht nicht nur in Indien in einer langen kolonialen Tradition. Für Ägypten zeigt Leila Ahmed auf, wie der britische Kolonialbeamte Lord Cromer (1883–1907) die Zwangsentschleierung muslimischer Frauen als Emanzipation propagierte, während er in Großbritannien vehement gegen das Frauenwahlrecht kämpfte.[62]

Die Art und Weise, wie „der" Islam als einzige Erklärungsschablone für muslimisch-positionierte Menschen genommen wird, reduziert und kolonisiert diskursiv die Vielfalt und Vielschichtigkeit muslimischer Frauen (und Männer). Auch wenn muslimische Frauen als Gruppe divers und heterogen sind, erscheinen sie als Subalterne im Diskurs. Denn während die sich selbst als sexismusfrei imaginierende deutsche Mehrheitsgesellschaft ein „Wir müssen muslimische Frauen vor muslimischen (per se sexistischen) Männern befreien" postuliert, hält die muslimisch-patriarchale Seite ein „Die muslimische Frau will das" entgegen. Dass muslimische Frauen im dominanten Diskurs oft nicht gehört werden, hat wenig damit zu tun, dass sie sich nicht richtig artikulieren können, sondern daran, dass die Machtverhältnisse der Debatten ihre Stimmen zum Verstummen bringen. Das Beispiel des Slutwalks 2012 in Berlin zeigt die Relevanz der von Spivak analysierten Unterscheidung zwischen Repräsentation als Darstellung und Repräsentation als Vertretung.

Der Slutwalk ist 2011 als Reaktion auf die Aussage eines kanadischen Polizeibeamten entstanden, der zum Thema Gewalt-und Verbrechensprävention an der York University den Rat gab: „Women should avoid dressing like sluts in order not to be victimized."[63] Dies löste eine Welle der Empörung aus, da die Vorstellung, dass Frauen sich nicht wie „Schlampen" anziehen sollten, um sich vor sexuellen Übergriffen und sexualisierter Gewalt zu schützen, suggeriert, dass Männer als Täter nicht anders können und so für ihr Verhalten freizusprechen sind, während den Opfern eine Mitschuld zugesprochen wird.[64] Damit

61 Vgl. Ismahan Wayah, „*Muslimische Frauen im Spannungsfeld neo-kolonialer (Dis)Kontinuitäten*", Islamiq 2017, URL: http://www.islamiq.de/2017/02/04/muslimische-frauen-im-spannungsfeld-neo-kolonialer-diskontinuitaeten/ (letzter Zugriff: 27.07.2017); Yasemin Shooman, „*... Weil ihre Kultur so ist*": *Narrative des anti-muslimischen Rassismus*.

62 Leila Ahmed, *Women and Gender in Islam*, S. 151.

63 Joetta L. Carr, "*The Slutwalk Movement: A Study in Transnational Feminist Activism*", in: Journal of Feminist Scholarship 4 (1/2013), S. 24.

64 Vgl. Janet Anderson, "*Rape Myths*", in: Research and Advocacy Digest 9 (3/2007), S. 2.

widersetzt sich der Slutwalk als Demonstrationsform der Täter-Opfer-Umkehr und fordert, dass Sexismus und sexualisierte Gewalt als gesellschaftliches Problem ernst genommen wird, anstatt die Verantwortung auf die Betroffenen abzuwälzen. Diese Protestaktion findet mindestens einmal im Jahr in verschiedenen Städten statt. Dabei tragen Frauen so wenig bzw. viel sie möchten, um zu verdeutlichen, dass unabhängig davon, was frau trägt, sexualisierte Übergriffe und Gewalt nie gerechtfertigt sind.

Seit dem Beginn der Slutwalks identifizieren sich vor allem weiße Feministinnen mit dieser Protestform, bei der sie oft ‚slut'-mäßig gekleidet sind. Frauen of Color hingegen kritisieren, dass die Art und Weise wie nicht-weiße Körper in der Gesellschaft exotisiert und hypersexualisiert werden, es ihnen fast unmöglich macht, an dieser Aktionsform teilzunehmen.[65] Denn die Auseinandersetzung mit sexualisierter Gewalt geht für Frauen of Color über die individuelle Frage von Bekleidung hinaus. In einem offenen Brief betten Schwarze diasporische Frauen ihre Erfahrungen von sexualisierter Gewalt in einen historischen und strukturellen Kontext, indem sie argumentieren:

> „The way in which we are perceived and what happens to us before, during and after sexual assault crosses the boundaries of our mode of dress. Much of this is tied to our particular history. In the United States, where slavery constructed Black female sexualities, Jim Crow kidnappings, rape and lynchings, gender misrepresentations, and more recently, where the Black female immigrant struggle combine, ‚slut' has different associations for Black women. We do not recognize ourselves nor do we see our lived experiences reflected within SlutWalk."[66]

Die heftige Kritik an der Protestform des Slutwalks von Feministinnen of Color zwang im englischsprachigen Kontext die Unterstützerinnen des Slutwalks sich mit den kritischen Stimmen auseinanderzusetzen.[67] In Deutschland hingegen, wo der Slutwalk über die Femenbewegung 2012 einen Aufschwung erlebte, wurden diese Bedenken nicht rezipiert. Die Femenbewegung setzte sich vor allem in der Zeit von 2012–2014 medienstark mit weißen, barbusigen, schlanken, cis-Frauenkörpern für die Befreiung von Frauen, insbesondere aber muslimischen Frauen, die sie als die ultimativen Opfer betrachten, ein. Auf dem Slutwalk in

---

65 Vgl. Bim Adewunmi, "*The inconsistency of Femen's imperialist 'one size fits all' attitude*", New Stateman, 05.04.2013, URL: http://www.newstatesman.com/bim-adewunmi/2013/04/inconsistency-femens-imperialist-one-size-fits-all-attitude (letzter Zugriff: 26.05.2017).

66 Black Women's Blueprint, "*An Open Letter from Black Women to the Slutwalk*", in: Gender and Society: Theorizing Rape through Time, Place and Relations 30 (1/2016), S. 10.

67 Vgl. Carr, "*The Slutwalk Movement: A Study in Transnational Feminist Activism*", S. 33.

Berlin 2012, bei dem auch Femen-Aktivistinnen anwesend waren, erschienen einige weiße Frauen mit schwarz bemaltem Oberkörper und Gesicht, welches nur in Form eines Rechtecks um die Augenpartie weiß blieb und somit symbolisch für einen Niqab stehen sollte. Des Weiteren trugen sie Schilder mit der Aufschrift „Unveil Womens right to unveil", „Rights for Women Liberation from Religious Oppression" und „Freedom to all Women".[68] Da auf dem Slutwalk selbst keine erkennbar muslimischen Frauen anwesend waren, kamen die weißen Aktivistinnen auf die Idee, ihre eigenen Körper als muslimische Frauen vorzuführen. Diese Inszenierung, die an die Praxis des Blackfacing bei Minstrel Shows erinnert,[69] zielte darauf ab, die muslimische Frau als unterdrücktes Opfer zu repräsentieren (d.h. darzustellen). Dies drückt sich insbesondere in der Wahl der Farbe schwarz für den Niqab aus. Im zweiten Schritt diente diese Inszenierung auch dazu, muslimische Frauen politisch zu repräsentieren (d.h. vertreten). Die Schilder, die den Topos der stummen muslimischen Frau performativ fortführten, stehen für das, was die muslimische Frau ihrer Ansicht nach am stärksten begehrt, die Entschleierung. Die weißen Frauen auf dem Slutwalk stellen also nicht nur muslimische Frauen in einer rassistischen Weise dar, sondern sprechen auch an Stelle dieser Frauen. Anstatt die fehlende Präsenz von muslimischen Frauen und nicht-weißen Frauen auf der Demonstration zu hinterfragen und zu reflektieren, inwiefern die Protestform für diese Frauen adäquat ist, stellen die Aktivistinnen sich selbst als unterdrückte subalterne muslimische Frauen dar und sprechen somit in einem weißen Monolog mit sich selbst. Die Ausgangsidee

---

68 Yusuf Beyazit, Slutwalk 2012 Berlin. URL: https://www.flickr.com/photos/sunsurfers-fotostream/7995100983/ (letzter Zugriff: 26.05.2017).

69 Minstrel war im 19. Jahrhundert bis Anfang des 20. Jahrhunderts eine beliebte Unterhaltungsshow, bei der weiße Menschen ihre rassistischen Fantasien über Schwarze Menschen ausleben konnten. Die Shows wurden von weißen Unterhaltungsmusikern geführt, die sich ihre Gesichter schwarz färbten (blackfacing) und auf rassistische und stereotype Art Schwarze Menschen als dumme, kindliche, naive und ständig fröhliche Sklaven darstellten. Die Form der Unterhaltung war vor allem bei weißen IndustriearbeiterInnen beliebt, die das Leben für versklavte Schwarze auf den Plantagen kaum kannten. Vgl. Eric Lott, *Love & Theft: Blackface Minstrelsy and the American Working Class*, Oxford 1993, S. 5ff. Alexander Saxton zeigt auf, dass mit den Minstrelshows auch die Lynchmorde in den Großstädten zunahmen. Vgl. Alexander Saxton, *The Rise and Fall of the White Republic. Class Politics and Mass Culture in Nineteenth Century America*, London 1990. Blackface bzw. Ministrel Shows waren auch eine beliebte Unterhaltungsform in Europa. Vgl. Michael Pickering, *Blackface Minstrelsy in Britain*, New York 2008; Jonathan Wipplinger, "*The Racial Ruse: On Blackness and Blackface Comedy in fin-de-siècle Germany*", in: The German Quarterly 84 (2011) 4, S. 457–476.

vom Slutwalk ist eigentlich, dass Frauen selbst bestimmen dürfen, was sie tragen und dass keiner ein Recht hat, dies zu kommentieren und zu regulieren. Doch in ihrer imperial-feministischen Auffassung davon, wie eine vermeintlich emanzipierte und freie Frau zu sein hat, haben nicht alle Frauen das Recht auf ihren eigenen Körper. Ganz nach dem Motto: „Women, your bodies are your own – do with them what you will! Except you over there in the headscarf. You should be topless."[70] Diese rassistische Aktion auf dem Slutwalk 2012 in Berlin ist ein imperialer Akt der Vereinnahmung von Frauen of Color, da weiße Aktivistinnen sich breitwillig die vermeintlich unterdrückte Identität der muslimischen Frau einverleiben und symbolisch für sie handeln.

Die Aktion auf dem Slutwalk wurde von MuslimInnen in Deutschland kaum wahrgenommen und nicht kommentiert. Doch dafür kam es zu einer scharfen Kritik von Seiten Schwarzer Deutscher Aktivistinnen. Noah Sow sagte ein HipHop Konzert, das an diesem Abend hätte stattfinden sollen, ab und nutzte die Zeit für eine Podiumsdiskussion von Frauen of Color über Privilegien und Rassismus in der feministischen Szene.[71] Auch die Schwarze Schriftstellerin Sharon Dodua Otoo macht deutlich, dass Blackfacing eine rassistische Praxis ist, die von weißen Menschen nicht verwendet werden darf, um gegen muslimische Frauen zu hetzen. Sie solidarisiert sich mit muslimischen Frauen mit den Worten:

> „Die Verwendung des Schleiers als Schlachtfeld, auf dem Frauenrechte verteidigt werden sollen, ist nicht die Aufgabe von nicht-muslimischen Frauen. Ein solches Verhalten ist paternalistisch und perpetuiert den uninformierten und islamophoben Glauben, dass Women of Colour sich nicht freiwillig für Hijab, Niqab oder Burka entscheiden. Wir können für uns selbst sprechen."[72]

Die Diskurshoheit darüber, wer mitbestimmen darf, was Feminismus ist und was Feministinnen dürfen, wird am schärfsten am Körper von nicht-weißen Menschen ausgetragen. Letztendlich ist die Frage nicht, warum sprechen

---

70 Adewumni, *"The inconsistency of Femen's imperialist 'one size fits all' attitude"*, URL: http://www.newstatesman.com/bim-adewunmi/2013/04/inconsistency-femens-imperialist-one-size-fits-all-attitude (letzter Zugriff: 06.06.2017).

71 Vgl. Mädchenmannschaft, *„Stellungnahme aufgrund der Ermöglichung rassistischer Reproduktionen bei #MMwird5"*, 26.09.2012, URL: http://maedchenmannschaft.net/stellungnahme-aufgrund-der-ermoeglichung-rassistischer-reproduktionen-bei-mmwird5/ (letzter Zugriff: 06.06.2017).

72 Sharon Dodua Otoo, *„‚Some of Us are Brave' – Das Erbe Schwarzer Aktivistinnen in Deutschland"*, in: Missy Magazine 2013, URL: http://isdonline.de/some-of-us-are-brave-das-erbe-schwarzer-aktivistinnen-in-deutschland/ (letzter Zugriff: 06.06.2017).

muslimische Frauen nicht, sondern wie können Frauen, die Teil hegemonialer Diskurse sind, besser zuhören, um die Belange, Bedürfnisse und Kämpfe muslimischer Frauen zu verstehen. Dies scheint die erneuerte Diskussion zum Slutwalk und der Täter-Opfer-Umkehr nach der Kölner Silversternacht 2016 zu suggerieren. Anfang 2017 nahmen die Redakteurinnen der von Alice Schwarzer gegründeten Zeitschrift Emma wieder Bezug auf den Slutwalk 2012. Sie kritisierten die postkolonial-feministischen Positionen von Frauen of Color in Deutschland, die sich im deutschsprachigen Kontext in Blogs wie die Mädchenmannschaft oder der Zeitschrift Missy Magazine ein Gehör verschaffen, als ein Mundverbieten und Diskreditieren.[73] „An den Slutwalks werden Verwerfungslinien, die sich durch die Historie feministischer Kämpfe ziehen, sichtbar."[74] Dabei muss die Frage nach feministischer Gesellschaftskritik, die Schaffung von Bündnissen und feministischen Utopien von Frauen immer wieder gestellt und beantwortet werden. Denn ob neue feministische Bewegungen Früchte tragen werden, zeigt sich nur in der politischen und aktivistischen Praxis.

5 Fazit

Dieser Beitrag steht in einer langen Tradition des widerständigen Schreibens und Sprechens von Frauen of Color in der Wissenschaft. Dabei knüpft er an Auseinandersetzungen mit der epistemischen Gewalt von Kolonialität und Orientalismus an, um aufzuzeigen, dass die aktuellen Debatten und Diskurse zu muslimischen Frauen in einer jahrhundertlangen Geschichte der Kolonisation und Beherrschung des Anderen eingebettet sind. Es zeigt sich, dass wenn muslimische Frauen als Opfer von muslimisch-patriarchalen Männern verstanden werden, im dominanten Diskurs angenommen wird, dass diese Frauen nicht sprechen können. Es ist jedoch der hegemoniale Diskurs zwischen weißen westlichen RetterInnen und muslimisch-patriarchalen Positionen, der muslimische Frauen diskursiv zum Verstummen bringt. Theoretikerinnen wie Angela Davis, bell hooks, Chandra Mohanty und Gayatri Spivak verdeutlichen die Vereinnahmung von Feminismus als Konzept von weißen Frauen aus der euro-amerikanischen Mittelschicht und weisen darauf hin, dass gerade vermeintlich selbsterklärende Termini wie z.B. Frau, Arbeiterin, Muslima etc. kritisch

73 Vgl. Editorial, „*Berliner Szene: Die Hetzfeministinnen*", in: Emma Magazin 2017, URL: https://www.emma.de/artikel/berlin-die-hetzfeministinnen-333911 (letzter Zugriff: 06.12.2018).

74 Nadine Lantzsch, „*Slutwalk – Feminismus mit kurzer Laufzeit*", in: Analyse&Kritik: Zeitung für linke Debatte und Praxis 576 (2012), S. 20.

hinterfragt werden sollten. Denn die politische, ethnische, religiöse und schichtbezogene Heterogenität von Frauen erfordert eine Spezifizierung und adäquate Kontextualisierung ihrer Interessen und Kämpfe.

Postkolonial-feministische und intersektionale Kritik betont immer wieder, dass feministische Bündnisse und politische Solidaritäten nicht einfach angenommen werden können, sondern diskursiv, politisch und ökonomisch ausgehandelt werden müssen. Dies bedarf vor allem einer selbstkritischen Auseinandersetzung mit der eigenen Positionierung im herrschenden neo-kolonialen, neo-liberalen, rassistisch-sexistischen Machtgefüge. Gerade WissenschaftlerInnen, die den Anspruch haben, hegemoniale Machtstrukturen zu kritisieren, müssen ein besonderes Augenmerk darauf legen, inwiefern sie nicht selbst epistemische Gewalt ausüben, indem sie für und anstelle subalterner Gruppen sprechen, schreiben und forschen.

Literatur

Adewunmi, Bim, *„The inconsistency of Femen's imperialist 'one size fits all' attitude"*, New Stateman, 05.04.2013, URL: http://www.newstatesman.com/bim-adewunmi/2013/04/inconsistency-femens-imperialist-one-size-fits-all-attitude (letzter Zugriff: 06.06.2017).

Ahmed, Leila, *Women and Gender in Islam*, New Haven/London 1992.

Amos, Valerie/Parmar, Pratibha, *„Challenging Imperial Feminism"*, in: Feminist Review 17 (3/1984), S. 3–19.

Anderson, Janet, *„Rape Myths"*, in: Research and Advocacy Digest 9 (3/2007), S. 1–19.

Black Women's Blueprint, *„An Open Letter from Black Women to the Slutwalk"*, in: Gender and Society: Theorizing Rape through Time, Place and Relations 30 (1/2016), S. 9–13.

Beyazit, Yusuf, *Slutwalk*, Berlin 2012, URL: https://www.flickr.com/photos/sunsurfersfotostream/7995100983/ (letzter Zugriff: 26.05.2017).

Carr, Joetta, *„The Slutwalk Movement: A Study in Transnational Feminist Activism"*, in: Journal of Feminist Scholarship 4 (1/2013), S. 24–38.

Castro Varela, María do Mar/Dhawan, Nikita, *„Europa provinzialisieren? Ja, bitte! Aber wie?!"*, in: femina politica: Feministische Postkoloniale Theorie: Gender und (De-)Kolonisierungsprozesse (2/2009), S. 1–19.

Chakrabarty, Dipesh, *„Postcoloniality and the Artifice of History: Who Speaks for An Indian Past?"* in: Representations 37 (1992), S. 1–26.

Davis, Angela, *Women, Race, and Class*, New York 1983.

Davis, Angela, „*Racism, Birth Control and Reproductive Rights*“, in: Reina Lewis/Sara, Mills (Hg.), *Feminist Postcolonial Theory*, New York 2003, S. 353–367.

Davis, Susan, *Women Under Attack*, Boston 1988.

Editorial, „*Berliner Szene: Die Hetzfeministinnen*“, in: Emma Magazin 2017, URL: http://www.emma.de/artikel/berlin-die-hetzfeministinnen-333911 (letzter Zugriff: 06.06.2017).

Eggers, M. Maisha u.a. (Hg.), *Mythen, Masken und Subjekte: Kritische Weißseinforschung*, Münster ²2005.

El Tayeb, Fatima, *Undeutsch: Die Konstruktion des Anderen in der postmigrantischen Gesellschaft*, Bielefeld 2016.

Encyclopædia Britannica, „*Purdah*“, URL: https://www.britannica.com/topic/purdah (letzter Zugriff: 26.05.2017).

Esack, Farid, „*Deutsche Muslime sind nur Mitreisende*“, Qantara 2014, URL: https://de.qantara.de/inhalt/interview-mit-dem-islamischen-theologen-farid-esack-deutsche-muslime-sind-nur-mitreisende (letzter Zugriff: 26.05.2017).

Fanon, Frantz, *The Wretched of the Earth*, New York ²2004.

Grosfoguel, Ramón, „*A Decolonial Approach to Political-Economy: Transmodernity, Border Thinking and Global Coloniality*“, in: Kult 6 (2009), S. 10–38.

Ha, Kien Nigh, „‚*People of Color*‘ *als Diversity-Ansatz in der antirassistischen Selbstbenennungs- und Identitätspolitik*“, in: Heinrich Böll Stiftung Migration, Integration, Diversity (Hg.): *Ethnic Monitoring, Datenerhebung mit oder über Minderheiten?*, Berlin 2009, S. 51–55.

Ha, Kien Nigh, *Unrein und vermischt. Postkoloniale Grenzgänge durch die Kulturgeschichte der Hybridität und der kolonialen ‚Rassenbastarde‘*, Münster 2010.

Hallaq, Wael B., „*Re-Orienting Orientalism: Toward an Epistemology of Moral Responsibility*“, Yale Law School 2015, URL: https://law.yale.edu/yls-today/yale-law-school-videos/wael-hallaq-re-orienting-orientalism-toward-epistemology-moral-responsibility (letzter Zugriff: 29.05.2017).

hooks, bell, *Feminist theory: From margin to center*, Cambridge 1984.

hooks, bell, *Feminism is for everybody: Passionate Politics*, Cambridge 2000.

Lantzsch, Nadine, „*Slutwalk – Feminismus mit kurzer Laufzeit*“, in: Analyse&Kritik: Zeitung für linke Debatte und Praxis 576 (2012), S. 20–22.

Lott, Eric, *Love & Theft: Blackface Minstrelsy and the American Working Class*, Oxford 1993.

Mädchenmannschaft, „*Stellungnahme aufgrund der Ermöglichung rassistischer Reproduktionen bei #MMwird5*“, Mädchenmannschaft 2012, URL: http://maedchenmannschaft.net/stellungnahme-aufgrund-der-ermoeglichung-rassistischer-reproduktionen-bei-mmwird5/ (letzter Zugriff: 06.06.2017).

Mahmood, Saba, „*Feminist Theory, Embodiment, and the Docile Agent: Some Reflections on the Egyptian Islamic Revival*“, in: Cultural Anthropology 16 (2/2001), S. 202–236.

Mignolo, Walter, „*Towards a Decolonial Horizon of Pluriversality: A Dialogue with Walter Mignolo on and around The Idea of Latin America*“, Lucero 2006.

Mignolo, Walter, „*Coloniality and Modernity/Rationality*”, in: Cultural Studies 21 (2–3/2007), S. 155–167.

Mill, James, *History of British India*, London 1817.

Mohanty, Chandra, „*Under Western Eyes: Feminist Scholarship and Colonial Discourses*“, in: boundry2 (2/1984), S. 333–356.

Nandi, Miriam, „*Sprachgewalt, Unterdrückung und die Verwundbarkeit der postkolonialen Intellektuellen: Gayatri Chakravorty Spivak: ‚Can the Subaltern Speak‘ und ‚Critique of Postcolonial Reason‘*“, in: Julia Reuter/Alexandra Karentzos (Hg.), *Schlüsselwerke der Postcolonial Studies*, Wiesbaden 2012, S. 121–130.

Oguntoye, Kaharina/Opitz, May/Schulz, Dagmar (Hg.), *Farbe Bekennen*, Berlin 1986.

Otoo, Sharon Dodua, „*‘Some of Us are Brave’ – Das Erbe Schwarzer Aktivistinnen in Deutschland*“, Missy Magazine 2013, URL: http://isdonline.de/some-of-us-are-brave-das-erbe-schwarzer-aktivistinnen-in-deutschland/ (letzter Zugriff: 06.06.2017).

Petersen, Kirsten Holst, „*First things first: Problems of a feminist approach to African literature*“, in: Kunapipi 6 (3/1984), S. 35–47.

Pickering, Michael, *Blackface Minstrelsy in Britain*, New York 2008.

Rodriguez, Encarnacion Gutierrez, „*Repräsentation, Subalternität und postkoloniale Kritik*“, in: Hito Styerl/Encarnacion Gutierrez Rodriguez (Hg.), *Spricht die Subalterne deutsch? Migration und postkoloniale Kritik*, Münster [2]2012, S. 17–37.

Said, Edward, *Orientalism*, New York 1979.

Saxton, Alexander, *The Rise and Fall of the White Republic. Class Politics and Mass Culture in Nineteenth Century America*, London 1990.

Schäbler, Birgit, „*Riding the Turns: Edward Saids Buch Orientalism als Erfolgsgeschichte*“, in: Burkhard Schnepel/Gunnar Brands/Hanne Schönig (Hg.), *Orient – Orientalistik – Orientalismus: Geschichte und Aktualität einer Debatte*, Bielefeld 2011, S. 287–302.

Schmitz, Markus, „*Archäologien des okzidentalen Fremdwissens und kontrapunktische Komplettierungen–Edward W. Said: ‚Orientalism‘ und ‚Culture and Imperialism‘*“, Julia Reuter/Alexandra Karentzos (Hg.), *Schlüsselwerke der Postcolonial Studies*, Wiesbaden 2012, S. 109–120.

Shooman, Yasemin, „*…Weil ihre Kultur so ist*“*: Narrative des anti-muslimischen Rassismus*, Bielefeld 2014.

Spivak, Gayatri, „*Can the Subaltern Speak?*“, in: Cary Nelson/Lawrence Grossberg (Hg.), *Marxism and the Interpretation of Culture*, London 1988, S. 271–316.

Spivak, Gayatri, *A Critique of Postcolonial Reason: Toward a History of the Vanishing Present*, Cambridge 1999.

Truth, Sojourner, „*Ain't I a Woman?*“, Women's Convention, Akron 1851.

Walia, Harsha, „*Decolonizing together: Moving beyond a politics of solidarity toward a practice of decolonization*“, 01.01.2012, URL: https://briarpatchmagazine.com/articles/view/decolonizing-together (letzter Zugriff: 26.05.2017).

Walker, Alice, „*Womanist*“, in: Buddhist-Christian Studies 32 (1/2012), S. 45, URL: https://muse.jhu.edu/article/486705/pdf (letzter Zugriff: 28.07.2017).

Warne, Randi, „*Making the Gender-Critical Turn*“, in: Tim Jensen/Mikael Rothstein (Hg.), *Secular theories on religion: Current perspectives*, Kopenhagen 2000, S. 249–260.

Wayah, Ismahan, „*Muslimische Frauen im Spannungsfeld neo-kolonialer (Dis) Kontinuitäten*“, Islamiq 2017, URL: http://www.islamiq.de/2017/02/04/muslimische-frauen-im-spannungsfeld-neo-kolonialer-diskontinuitaeten/ (letzter Zugriff: 27.07.2017).

Wipplinger, Jonathan, „*The Racial Ruse: On Blackness and Blackface Comedy in fin-de-siècle Germany*“, in: The German Quarterly 84 (2011) 4, S. 457–476.

Wollstonecraft, Mary, *A Vindication of the Rights of Woman*, in: Peter Edes (Hg.), Boston 1999.

Women's Health Council (Hg.), *Female Genital Mutilation/Cutting. A Literature Review*, Dublin 2008.

Zed Press, „*About*“, URL: https://www.zedbooks.net/about/the-zed-collective/ (letzter Zugriff: 28.07.2017).

Gabriele Boos-Niazy

Der Geist des Grundgesetzes und die gesellschaftliche Praxis. Facetten struktureller Diskriminierung muslimischer Frauen, dargestellt an Praxisbeispielen. Kopftuchverbot und Diskriminierung von Frauen mit Kopftuch

Abstract The article deals with the discrepancies between the legal framework of freedom of belief and the possibilities of laying claims to this right in everyday life. The reasons for these discrepancies are a.o. lacking knowledge of rights-holders about their rights and unlawful behavior of individuals in positions of power.

1 Einleitung

Der nachfolgende Text befasst sich – beruhend auf der Beratungsarbeit des Aktionsbündnisses muslimischer Frauen e.V. (AmF) – mit den Diskrepanzen zwischen dem, was das Grundgesetz in Artikel 4 (Glaubens-, Gewissens- und Bekenntnisfreiheit) allen Bürgern und Bürgerinnen des Staates zusichert und dem, was im Alltag von diesen Rechten tatsächlich umgesetzt werden kann. Dass garantierte Rechte, gleich in welchem Bereich, nicht vollumfänglich in Anspruch genommen werden oder genommen werden können, kann unterschiedliche Gründe haben. Ein Grund liegt in den mangelnden Kenntnissen der Grundrechtsträger_innen bezüglich ihrer Rechte, ein anderer ist, dass Personen, die Machtpositionen bekleiden, diese Rechte entweder unwissentlich oder mit Absicht beschneiden.

Nicht erst das sogenannte Kopftuch-Urteil des Bundesverfassungsgerichts aus dem Jahr 2003,[1] sondern die gesamte politische und mediale Diskussion um

1 Der Vortrag, der dem Text zugrunde liegt, wurde vor dem neuen Beschluss des BVerfG zum Kopftuchverbot (Januar 2015) gehalten. Eine Analyse des Beschlusses, der ein pauschales Kopftuchverbot als verfassungswidrig definiert, findet sich unter: http://www.muslimische-frauen.de/2015/04/kurzanalyse-des-bundesverfassungsgerichts-beschlusses-zum-kopftuchverbot/ (letzter Zugriff: 15.03.2018). Nachdem etliche Bundesländer daraufhin das Kopftuchverbot im Schuldienst aufhoben, werden jetzt in mehreren Bundesländern Kopftuchverbote im Justizdienst in Gesetze gegossen.

„den Islam", insbesondere nach dem 11. September 2001, hatte einen massiven Einfluss darauf, dass eine deutliche Diskrepanz zwischen grundrechtlich garantierten Freiheiten im religiösen Bereich und dem, was die Gesellschaft als selbstverständlich zu gewähren bereit ist, entstand.

Zur Illustration dieser Diskrepanz werden im Folgenden einige grundsätzliche Aussagen aus dem BVerfG-Urteil von 2003 dargestellt, die dann in Bezug zu Beispielen aus der Beratungspraxis des AmF gesetzt werden. Daran lässt sich verdeutlichen, wie wenig grundgesetzliche Inhalte in die Denkweise einiger Akteure Eingang gefunden haben und zu welchen Problemen dies führt. Der BVerfG-Beschluss zum Kopftuch von 2015 wird nur kurz gestreift. Die grundsätzlichen Aussagen und Definitionen aus dem Urteil von 2003 zur staatlichen Neutralität, der negativen und positiven Religionsfreiheit, dem staatlichen Erziehungsauftrag und dem elterlichen Erziehungsrecht sind Teil ständiger Rechtsprechung (d.h. sie wurden nicht erst im Zusammenhang mit dem Kopftuch diskutiert bzw. definiert) und bilden auch die Grundlage des BVerfG-Beschlusses von 2015, sodass das Urteil von 2003 nach wie vor als Quelle dienen kann.

Die Praxisbeispiele stammen aus der Arbeit des Aktionsbündnisses muslimischer Frauen, das nun kurz vorgestellt wird.

2 Das Aktionsbündnis muslimischer Frauen in Deutschland e.V.

Das Aktionsbündnis muslimischer Frauen in Deutschland e.V. (AmF) ist eine bundesweite, verbands- und parteiunabhängige Vereinigung muslimischer Frauen unterschiedlicher Herkunft und religiöser Prägung. Ausschlaggebend für die Gründung des Vereins war die Erfahrung, dass muslimische Frauen eine bessere Vernetzung untereinander, eine stärkere Interessenvertretung in der Mehrheitsgesellschaft sowie innerhalb der muslimischen Community benötigen, um ihre Interessen deutlich zu machen und durchzusetzen. Ziel der AmF-Aktivitäten ist die Verbesserung der politischen und gesellschaftlichen Teilhabe muslimischer Frauen. Diese Frauen haben zunehmend höhere Bildungsabschlüsse und berufliche Qualifikationen erreicht, beteiligen sich am interkulturellen Dialog und sind in der muslimischen Community und in politischen oder zivilgesellschaftlichen Organisationen aktiv. Dennoch wird ihr Potenzial weder ausreichend zur Kenntnis genommen noch existiert ein allgemeines Bewusstsein darüber, dass die Grenzen, an die muslimische Frauen insbesondere beim Zugang zum Arbeitsmarkt stoßen, rechtlich betrachtet in der Regel auf einer Diskriminierung fußen. Hier benötigen beide Seiten Aufklärung.

2.1 Geschichte und Entwicklung

Formal gegründet wurde das AmF im Dezember 2009. Vorausgegangen waren mehrere Dialogtreffen einer kleinen Gruppe engagierter Musliminnen aus Verbänden und unabhängigen Frauenvereinen mit Vertretern des BMFSFJ und des BAMF sowie vier Klausurtagungen aktiver muslimischer Frauen aus dem ganzen Bundesgebiet in den Jahren 2006–2009. Bei den Klausurtagungen wurden grundlegende Fragen einer Interessenvertretung diskutiert und schließlich eine Vereinsgründung beschlossen und umgesetzt. Im Jahr 2010 wurde das AmF Mitglied im Deutschen Frauenrat und 2012 bei UN Women Nationales Komitee Deutschland e.V.

2.2 Selbstverständnis

Das AmF versteht sich als

- Vereinigung muslimischer Frauen unterschiedlicher nationaler und/oder ethnischer Herkunft und religiöser Facetten und Ausprägung,
- Zusammenschluss von Einzelpersonen mit Erfahrungshintergründen aus der muslimischen Verbands- und Vereinsarbeit als auch von Frauen ohne Vereinsanbindung und -erfahrung,
- partei- und verbandsunabhängige Interessenvertretung muslimischer Frauen bei gleichstellungs- und integrationspolitisch wichtigen Themen,
- Vereinigung mit Arbeitsschwerpunkt im gesellschaftspolitischen Bereich. Bei unserer Arbeit bezieht sich das AmF ausschließlich auf die geltende Rechtslage. Es beteiligt sich nicht an dezidiert theologischen Diskussionen.

2.3 Organisationsstruktur

Das AmF hat einen siebenköpfigen Vorstand. Die Mehrheit der über 470 Mitglieder lebt in NRW; größere Gruppen gibt es in Berlin und Hamburg. Etwa die Hälfte der Mitglieder hat einen Universitätsabschluss; weitere rund 20 % befinden sich noch im Studium oder einer Berufsausbildung. 2/3 der Mitglieder sind zwischen 20 und 40 Jahre alt. Das AmF finanziert sich ausschließlich durch Spenden und präsentiert sich und seine Aktivitäten über eine Web- und eine Facebook-Seite; die Mitglieder tauschen sich über eine eigene Plattform aus.

2.4 Tätigkeitsbereiche

Das AmF

- erstellt Stellungnahmen zu aktuellen Themen (z.B. Beschneidungsdebatte, „Burkini-Urteil“),
- analysiert Studien und Bücher, die sich inhaltlich mit Muslimen befassen,
- entwickelt Informationsblätter, in denen die Rechtslage insbesondere im Hinblick auf die Situation kopftuchtragender Frauen und Mädchen erläutert wird,
- vermittelt Referentinnen zu unterschiedlichen Themen (z.B. Dialog, Frauenfragen, Konflikte in der Schule, Kopftuchverbote, Einführung des islamischen Religionsunterrichts),
- ist Ansprechpartner für Journalisten, Schulen und Firmen bei spezifischen Fragen,
- unterhält Kontakte zu Wissenschaftlern und Wissenschaftlerinnen,
- schreibt gesellschaftliche Akteure an, die sich zum Thema muslimische Frauen öffentlich äußern. Dies insbesondere dann, wenn Informationsdefizite im rechtlichen Bereich zu einer Fehleinschätzung führen, die existierende Diskriminierungen festigen oder fördern,
- arbeitet in verschiedenen Arbeitsgruppen in unterschiedlichen Bundesländern mit,
- war durch eine der Vorsitzenden bei der DIK II im Plenum und in Arbeitsgruppen vertreten,
- erstellte auf Anfrage des Bundesverfassungsgerichts drei Stellungnahmen zu dort anhängigen Klagen gegen das Kopftuchverbot im Schuldienst in NRW, im KiTa-Bereich in Baden-Württemberg und im Rechtsreferendariat in Hessen,
- unterstützt Studierende bei wissenschaftlichen Arbeiten,
- berät und unterstützt von Diskriminierung Betroffene.

Das Aktionsbündnis muslimischer Frauen ist Mitglied im Deutschen Frauenrat und bei UN-Women Nationales Komitee Deutschland e.V..

Soweit der Exkurs zur Entstehung und den Arbeitsbereichen des AmF. Wenden wir uns jetzt der Diskrepanz zu, die zwischen den religiösen und weltanschaulichen Spielräumen, die das Grundgesetz garantiert und der gesellschaftlichen Wirklichkeit, der sich insbesondere kopftuchtragende Frauen gegenübersehen, herrscht.

3 Reichweite der Glaubens-, Gewissens- und Bekenntnisfreiheit

Bei der Beratungsarbeit lässt sich immer wieder feststellen, dass die Reichweite vieler Grundrechte – und insbesondere das Ausmaß der in Artikel 4 verankerten

Glaubens-, Gewissens- und Bekenntnisfreiheit – kaum bekannt ist. Da das geltende Recht jedoch der Rahmen ist, innerhalb dessen wir uns alle bewegen (müssen) und es die Basis bildet, auf der die vielfältigen Lebensentwürfe, die in Deutschland gelebt werden, überhaupt erst gleiche Berechtigung einfordern können, müssen wir uns zunächst mit einigen Grundrechten befassen.

Schauen wir uns zuerst Artikel 4 (Glaubens-, Gewissens- und Bekenntnisfreiheit) genauer an: Alle Definitionen und Zitate stammen aus dem so genannten Kopftuchurteil von 2003.[2]

Die Glaubensfreiheit (umgangssprachlich wird meist der Begriff „Religionsfreiheit" benutzt) ist ein umfassend zu verstehendes einheitliches Grundrecht. Es beinhaltet

- die innere Freiheit, zu glauben oder auch nicht,
- die äußere Freiheit, den Glauben zu bekunden und zu verbreiten,
- die Freiheit, sein gesamtes Verhalten nach seinem Glauben auszurichten,
- die Freiheit, der Glaubensüberzeugung gemäß zu handeln.

Das klingt zunächst lapidar, doch bei genauerer Betrachtung zeigt sich schnell der für viele unerwartet große Umfang dieses Rechts: Es bedeutet, dass jede Bürgerin und jeder Bürger nicht nur das Recht auf einen eigenen Glauben/eine eigene Weltanschauung hat, sondern auch das Recht, den eigenen Glauben/die Weltanschauung zu verbreiten und sein gesamtes Verhalten nach diesem Glauben/dieser Weltanschauung auszurichten. Ein Eingriff in das Grundrecht auf Glaubens-, Gewissens- und Bekenntnisfreiheit ist nur bei einer Kollision mit konkurrierenden Verfassungsrechten (also Rechten mit gleichem Gewicht) zu rechtfertigen und auch in einem solchen Fall muss ein schonender Ausgleich zwischen den konkurrierenden Rechten gesucht werden (praktische Konkordanz) – dazu später mehr.

In Bezug auf das Kopftuch hat das Bundesverfassungsgericht festgestellt,

- dass die allgemeine Religionsfreiheit das Recht zum Tragen eines Kopftuches impliziert und
- diese Freiheit nicht davon abhängt, ob andere (Staat oder Mehrheitsgesellschaft) dies nachvollziehen können oder als im Koran nicht vorgeschrieben interpretieren,

2 Bundesverfassungsgericht, „*Urteil vom 24.09.2003, 2 BvR 1436/02*", URL: http://www.bundesverfassungsgericht.de/entscheidungen/rs20030924_2bvr143602.html (letzter Zugriff: 13.04.2017).

- dass vielmehr das Selbstverständnis der Religionsgemeinschaft in Betracht gezogen werden muss und sich eine Verpflichtung zum Tragen eines Kopftuches als islamisch-religiös begründete Glaubensregel dem Schutzbereich des Art. 4 plausibel zuordnen lässt,
- dass das Kopftuch – anders als das christliche Kreuz – nicht aus sich heraus ein religiöses Symbol ist, sondern erst im Zusammenhang mit der Person, die es trägt und deren sonstigem Verhalten eine symbolische Wirkung entfalten kann (nicht zwangsläufig muss) und schließlich,
- dass angesichts der Vielfalt der Motive der Kopftuchträgerinnen das Kopftuch nicht auf ein Zeichen gesellschaftlicher Unterdrückung der Frau verkürzt werden darf.

Die politischen und gesellschaftlichen Diskussionen um den Islam sind geprägt von Schlagworten wie „Aufrechterhaltung der staatlichen Neutralität", „Deutschland ist ein säkularer Staat", „Religion ist Privatsache" und dem „Schutz der negativen Religionsfreiheit" durch die Verbannung alles Religiösen aus der Öffentlichkeit. Diese Grundsätze seien gefährdet, so wird häufig argumentiert, falls Frauen mit Kopftuch ungehinderten Zugang zu allen Bereichen der Gesellschaft und des Arbeitsmarktes, insbesondere des öffentlichen Dienstes, erhalten würden. Rein rechtlich gesehen liegen die Dinge jedoch anders, wie nachfolgend dargelegt wird.

3.1 Staatliche Neutralität

Das Bundesverfassungsgericht bezeichnet den Staat als die „Heimstatt aller Staatsbürger", was er tatsächlich nur sein kann, wenn er seiner Verpflichtung zu weltanschaulich-religiöser Neutralität nachkommt – ein Begriff, der inhaltlich von Nicht-Juristen häufig falsch interpretiert wird.

Tatsächlich ist die Vorstellung weit verbreitet, Neutralität sei erst dann erreicht, wenn sich bei einem Gegenüber eine religiöse oder weltanschauliche Zugehörigkeit nicht feststellen lässt, der Andere sozusagen ein unbeschriebenes Blatt ist und der Staat diese Art des Verhaltens fordert oder gar vorschreibt. Das ist jedoch aus grundgesetzlicher Sicht nicht der Fall, im Gegenteil: Staatliche Neutralität im Hinblick auf Religionen und Weltanschauungen ist dann gegeben, wenn die gesamte Bandbreite eines religiös oder weltanschaulich motivierten Verhaltens (das nicht gegen Gesetze verstößt) erlaubt ist, jemand also sowohl seine Zugehörigkeit zu einer Religion oder Weltanschauung als auch die Ablehnung einer solchen Zugehörigkeit sichtbar machen darf oder aber auch schlicht auf ein Statement verzichten kann, also keine Position beziehen muss.

(Im Gegensatz zu Staaten, in denen man per Gesetz einer Religionsgemeinschaft angehören muss.)

Das Bundesverfassungsgericht hatte in seinem Urteil von 2003 den Bundesländern freigestellt – unter Beachtung bestimmter Bedingungen, z.B. der Gleichbehandlung aller Religionen – ein gesetzliches Kopftuchverbot zu erlassen (oder eben auch nicht). Wäre das Bundesverfassungsgericht der Auffassung gewesen, dass das Kopftuch einer Lehrerin gegen die staatliche Neutralität verstoße, hätte es konsequenterweise angeordnet, dass alle Bundesländer ein Kopftuchverbot erlassen müssen. Keinesfalls hätte es den Bundesländern die Wahl lassen können, ob sie – je nach wechselnden politischen Mehrheiten – die Verpflichtung zur staatlichen Neutralität als Prinzip einhalten wollen oder nicht.

Staatliche Neutralität bedeutet nach der höchstrichterlichen Rechtsprechung:

- der Staat muss offen sein gegenüber der Vielfalt von Überzeugungen,
- er darf nicht bestimmte Bekenntnisse privilegieren und
- der Staat darf keine gezielte Beeinflussung in Richtung einer bestimmten politischen, ideologischen oder weltanschaulichen Richtung betreiben,
- er darf Andersgläubige nicht ausgrenzen,
- der Staat darf sich nicht „[...] durch von ihm ausgehende oder ihm zuzurechnende Maßnahmen ausdrücklich oder konkludent mit einem bestimmten Glauben oder einer bestimmten Weltanschauung identifizieren und dadurch den religiösen Frieden in einer Gesellschaft von sich aus gefährden."[3]
- „Auch verwehrt es der Grundsatz religiös-weltanschaulicher Neutralität dem Staat, Glauben und Lehre einer Religionsgemeinschaft als solche zu bewerten."[4]

Grundlage dieses Staatsverständnisses ist die Würde des Menschen, die freie Entfaltung der Persönlichkeit in Selbstbestimmung und die Eigenverantwortung.

3.2 Deutschland ist ein säkularer, kein laizistischer Staat

Der Unterschied zwischen den Konzepten Säkularismus und Laizismus ist manchmal nicht bekannt, wird in den politischen Diskussionen jedoch bisweilen auch wissentlich verschwiegen, insbesondere wenn es darum geht, die Rechte religiöser Minderheiten einzuschränken. Die zuvor beschriebene Verpflichtung zu religiös-weltanschaulicher Neutralität hindert den Staat jedoch nicht daran,

---

3 Ebd., Randnummer (Rn. 43).

4 Ebd.

mit Religions- oder Weltanschauungsgemeinschaften zusammenzuarbeiten und sie zu unterstützen, denn – so das Bundesverfassungsgericht –:

> „Die dem Staat gebotene religiös-weltanschauliche Neutralität ist [...] nicht als eine distanzierende im Sinne einer strikten Trennung von Staat und Kirche, sondern als eine offene und übergreifende, die Glaubensfreiheit für alle Bekenntnisse gleichermaßen fördernde Haltung zu verstehen."[5]

Ein laizistisches System, wie z.B. in Frankreich, zeichnet sich im Gegensatz dazu dadurch aus, dass es den Bürger „vor der Religion schützt", indem die öffentliche Sphäre möglichst frei von religiösen Einflüssen gehalten wird. Vor diesem Hintergrund hat der französische Staat das Tragen eines Kopftuches in Schulen und anderen öffentlichen Einrichtungen verboten, und er lässt weder einen Religionsunterricht in Schulen zu noch fördert er von Religionsgemeinschaften getragene Wohlfahrtseinrichtungen wie Kindergärten, Krankenhäuser usw. All diese Einrichtungen, die in Deutschland einen Großteil der Bedürfnisse der Bevölkerung abdecken und mit Steuergeldern finanziert werden - auch wenn sie in kirchlicher Trägerschaft sind – müssen in laizistischen Staaten ohne staatliche Unterstützung auskommen.

Neben fehlendem Wissen bezüglich der Unterschiede zwischen säkularem und laizistischem Staatswesen führt eine gewisse Geschichtsvergessenheit immer wieder zu Situationen, in denen Dialogteilnehmer aneinander vorbeireden. So wird für die Forderung, religiös motivierte Handlungen aus der öffentlichen Sphäre auf die eigenen vier Wände – allenfalls noch auf den Bereich von Gotteshäusern – zu beschränken, meist das Schlagwort: „Religion ist Privatsache" bemüht. Die Umsetzung dieser Auffassung geht mit einer Einschränkung der grundgesetzlich garantierten Religionsfreiheit einher. Tatsächlich stammt die Forderung, Religion als Privatsache zu betrachten, jedoch aus einer Zeit, in der das Individuum seine Religionszugehörigkeit nicht frei wählen konnte, sondern diese von der des jeweiligen Landesherrn abhängig war und damit aufgezwungen wurde. Die Freiheit, die eigene Religion als Folge einer privaten Entscheidung selbst zu wählen, ist das Ergebnis langer Kämpfe gegen eine jahrhundertelange Bevormundung. Faktisch bedeutet der Satz „Religion ist Privatsache" also das Gegenteil der heutzutage weit verbreiteten (Wunsch-)Vorstellung, dass Religion nur im Privaten, gewissermaßen im Verborgenen gelebt werden solle. Diese Forderung konterkariert neben der geschichtlichen auch die rechtliche Situation, wie die anfänglichen Erörterungen über die Reichweite des Artikels 4 GG hinreichend deutlich gemacht haben.

---

5 Ebd.

Im Zusammenhang mit den Versuchen, wahrnehmbar religiös motiviertes Handeln in private Nischen zu verdrängen, wird als „Notwehrargument“ häufig das „Recht auf negative Religionsfreiheit“ genannt.

Auch dieser Begriff wird häufig falsch interpretiert, nämlich in dem Sinne, den Anblick religiöser Symbole oder Handlungen deshalb verbieten zu können, weil sie einen Anders- bzw. Nichtgläubigen in seiner Glaubens- und Bekenntnisfreiheit einschränken könnten oder einschränken würden.

Tatsächlich beinhaltet nach ständiger Rechtsprechung des Bundesverfassungsgerichts die Glaubens- und Bekenntnisfreiheit jedoch nur

- die private Entscheidungsfreiheit darüber, welche religiösen Symbole man *selbst* anerkennt, verehrt oder ablehnt.

Sie beinhaltet nicht

- das Recht vom Anblick fremder Glaubensbekundungen, kultischer Handlungen und religiöser Symbole verschont zu bleiben.

Jeder kann also für sich selbst entscheiden, ob und welche religiösen Riten und Symbole er als sinnerfüllend definiert und annimmt, er kann diese Entscheidung aber nicht für andere treffen. Dementsprechend muss also jeder, der sich auf deutschem Boden befindet, den Anblick von muslimischen Frauen mit Kopftüchern, Sikhs mit Turbanen, Juden mit Kippot ebenso hinnehmen wie christliche Fronleichnamsprozessionen, Sankt-Martins-Umzüge und Glockengeläut.

3.3 Das Allgemeine Gleichbehandlungsgesetz (AGG)

Außer den grundgesetzlichen Regelungen spielt im Bereich der Diskriminierung aufgrund der Religion auch das Allgemeine Gleichbehandlungsgesetz (AGG) eine Rolle. Es basiert auf einer EU-Richtlinie, die in Deutschland erst 2006 umgesetzt wurde.

Das AGG hat zum Ziel, Benachteiligungen aufgrund bestimmter Merkmale (wie Geschlecht, Religionszugehörigkeit, Ethnie, sexueller Orientierung, Behinderung usw.) zu verhindern oder zu beseitigen. Es gilt sowohl im Zivil- als auch im Arbeitsrecht, allerdings mit einer Ausnahmenregelung für Religionsgemeinschaften, d.h. für Deutschland insbesondere die großen Kirchen, die im Wohlfahrtsbereich eine beachtliche Zahl von Mitarbeitern (ca. 1 Mio.) haben.

Nach den Richtlinien des AGG dürfen Arbeitgeber Ungleichbehandlungen nicht nur nicht zulassen, sondern müssen sie durch vorbeugende Maßnahmen auch verhindern – das wissen die wenigsten Arbeitgeber und Arbeitnehmer. Ausnahmen können zulässig sein, wenn eines der genannten Merkmale eine wesentliche und entscheidende berufliche Anforderung darstellt (z.B. kann jemand mit einer körperlichen Behinderung keine Diskriminierung geltend machen, wenn er bei einer Bewerbung als Sportlehrer abgelehnt wird).

4 Praxisbeispiele

Das Wissen über die zuvor kurz skizzierten rechtlichen Grundlagen ist weder bei denjenigen, die den Islam kritisch sehen, noch bei denjenigen, die ihm freundlich gegenüberstehen und nicht zuletzt bei den Muslim_innen selbst, ausreichend verbreitet. Während mit Blick auf die Verfassung deutlich wird, dass eine Einschränkung der Religionsfreiheit per Gesetz kaum möglich ist, plädieren lt. einer Untersuchung der Friedrich-Ebert-Stiftung (2010) 58,4% der Befragten einer repräsentativen Stichprobe für eine „erhebliche Einschränkung der Religionsausübung" für Muslime[6] – also ein „Grundgesetz light" für eine religiöse Minderheit. Diese Vorstellungen politisch und rechtlich umzusetzen, würde unter anderen Grundrechtsprinzipien auch die Pflicht des Staates zu religiöser und weltanschaulicher Neutralität verletzen. Die weite Verbreitung solcher Ansichten und den nur geringen Widerspruch, den sie vor allem von politischer Seite ernten, haben zu einer Erosion fundamentaler Werte beigetragen und strahlen auf den Alltag von Muslimen und Musliminnen aus. So zeigt eine Untersuchung zur Integration von Jugendlichen mit Migrationshintergrund in den Ausbildungsmarkt erschreckende Zahlen: Bei einer Befragung von Betrieben im Südschwarzwald erklärten über 30% der befragten Betriebe, sie seien nicht bereit, kopftuchtragende Musliminnen als Auszubildende einzustellen, über 10% würden generell keine Muslime einstellen.[7] Üblicherweise wird die Diskriminierungsbereitschaft nicht offen geäußert, daher kann davon ausgegangen werden, dass die tatsächliche Zahl der Betriebe, in denen solche Ausschlusskriterien greifen, noch deutlich höher liegt.

Nicht immer kann man davon ausgehen, dass die gesetzliche Lage wissentlich ignoriert wird. Doch diejenigen, die die Rechtslage kennen, können die politischen und medial geführten Diskurse als Ermunterung verstehen, sich nicht an

6 Vgl. Oliver Decker u.a., Die Mitte in der Krise. Rechtsextreme Einstellungen in Deutschland 2010, URL: http://library.fes.de/pdf-files/do/07504-20120321.pdf (letzter Zugriff: 13.04.2017).

7 Vgl. Albert Scherr/René Gründer, Toleriert und benachteiligt: Jugendliche mit Migrationshintergrund auf dem Ausbildungsmarkt im Landkreis Breisgau-Hochschwarzwald, 2011, URL: http://www.wi-jhw.de/tl_files/Bilder/WI-Bilder/PDFs/Forschungsprojekte/Scherr_Gruender_2011_Toleriert_und_-benachteiligt_final.pdf (letzter Zugriff: 13.04.2017).

geltendes Recht zu halten. Wenn die Thesen von Thilo Sarrazin gesellschaftsfähig sind und in etlichen Bundesländern über zehn Jahre ein Kopftuchverbot im Schuldienst und darüber hinaus bestand, in einigen noch besteht, darf es nicht verwundern, dass sich Arbeitgeber fragen, wieso *sie* eine Bewerberin mit Kopftuch einstellen sollten. Es ist auch kaum zu erwarten, dass sie sich in einem solchen politischen Umfeld schuldig fühlen, gegen das AGG zu verstoßen, wenn sie eine Bewerberin nur wegen ihres Kopftuches ablehnen.

In der Beratungsarbeit des Aktionsbündnisses zeigen sich die Auswirkungen der Diskussionen über „den Islam“ und die über zehn Jahre geltenden gesetzlichen Kopftuchverbote: Medial und politisch verbreitete Stereotypen wurden zu „Allgemeinwissen“ und prägen den Umgang; dies führte zu einem erodierten Rechtsverständnis maßgeblicher gesellschaftlicher Akteure und einfacher Bürger. Es zeigt sich einmal mehr, dass Gesetze allein Diskriminierung nicht effektiv verhindern können, sondern dass es Strukturen bedarf, die Diskriminierung weitgehend nicht zulassen. Wie an den folgenden Beispielen deutlich wird, ist hier noch viel zu tun.

4.1. Umsetzung eines nicht-existierenden Kopftuchverbots

Nach dem Kopftuchurteil 2003 erließen acht von sechzehn Bundesländern (allesamt „alte“ Bundesländer) mehr oder weniger weitreichende gesetzliche Kopftuchverbote. Zu den westlichen Bundesländern, die kein Verbotsgesetz (ein solches war zwingende Voraussetzung eines Kopftuchverbots) verabschiedeten, gehörten Hamburg und Rheinland-Pfalz.

Eine kopftuchtragende Bewerberin, die in Hamburg zu einem Vorstellungsgespräch eingeladen war, erhielt während ihrer Anreise einen Anruf des Schulleiters. Er teilte ihr mit, er habe sich ihre Bewerbungsunterlagen gerade jetzt erst genauer angeschaut und sehe, dass sie ein Kopftuch trage. Sie brauche sich nicht die Mühe zu machen, zum Vorstellungsgespräch zu kommen, denn er stelle keine Lehrerinnen mit Kopftuch ein. Die Bewerberin bat ihn um eine schriftliche Absage, die erteilt wurde. Darin teilte der Schulleiter seine ganz eigene Rechtsinterpretation des Leitsatzes „Kein Kopftuchverbot ohne entsprechendes Gesetz“ aus dem BVerfG-Urteil von 2003 mit. Er schrieb, in Hamburg gebe es tatsächlich keine eindeutige Regelung zum Verbot eines Kopftuches im Schuldienst. Die Schulen dürften daher diesbezüglich die Kriterien für die Einstellung selbst festlegen. Zudem, so argumentierte er weiter, forderten auch viele im Stadtteil lebende Menschen islamischen Glaubens, dass keine Lehrerin mit Kopftuch unterrichten dürfe.

In Rheinland-Pfalz wurde einer Lehrerin der Antritt einer schon vertraglich vereinbarten Stelle verwehrt. Beim Vorstellungsgespräch, das nach der Vertragsunterzeichnung, die per Post erfolgt war, stattfand, äußerte der Schulleiter mit keinem Wort Bedenken, sondern hieß die Lehrerin willkommen, um nach dem Gespräch umgehend die zuständige Personalstelle anzurufen und die Einstellung zu verweigern. Die Schülerschaft des Gymnasiums, die sich für die Einstellung der Lehrerin aussprach, wurde nicht gehört. Schließlich war die Lehrerin gezwungen, zwischen einer Klage und der Annahme einer ihr angebotenen Stelle in einer anderen Schulform, für die sie sich aus freien Stücken nicht beworben hätte, zu wählen.

Das bedeutet im Klartext: Die Schulleiter setzten sich – als Beamte – über die Rechtslage hinweg, führten als Argument für ihr Verhalten die „Empfindungen anderer Migranten" oder imaginierte potentielle Probleme an; Konsequenzen hatte ihr rechtswidriges Verhalten nicht.

4.2 Kein Kopftuchverbot im Referendariat

Aufgrund des staatlichen Ausbildungsmonopols war auch in den Ländern mit gesetzlichem Kopftuchverbot im Schuldienst das Referendariat von diesem Verbot ausgenommen – so das Gesetz.

In der Praxis wurden Referendarinnen dennoch häufig vom Ausbildungsseminar dazu aufgefordert, auf das Kopftuch während Praktika und Referendariat zu verzichten. Weigerten sie sich, wurde argumentiert, andere Referendarinnen seien bereit, das Tuch abzulegen. Nicht selten wurde seitens der Ausbildungsleitung behauptet, dass keine Schule bereit sei, eine kopftuchtragende Referendarin aufzunehmen, daher sei mit zeitlich nicht absehbaren Wartezeiten bis zum Ende der Ausbildung zu rechnen, falls das Kopftuch nicht abgelegt werde. Tatsächlich jedoch hat das Ausbildungsseminar eine Weisungsbefugnis gegenüber einer Ausbildungsschule und diese rechtlich gar nicht die Möglichkeit, eine Referendarin abzulehnen.

Das bedeutet im Klartext: Ein Beamter des Staates fordert eine ihm Unterstellte (für die er eigentlich eine Fürsorgepflicht hat) auf, auf ein Grundrecht zu verzichten und weigert sich, ihre legitimen Rechte gegen jemanden durchzusetzen, der sich nicht an die Rechtslage hält, indem er eine Referendarin mit Kopftuch ablehnt.

4.3 Keine Einschränkung der Religionsfreiheit von Schülerinnen und Schülern

Dass ein Kopftuchverbot für Schülerinnen rechtlich nicht zulässig ist, hat bereits die Deutsche Islamkonferenz 2009 festgestellt.[8] Dennoch gibt es immer wieder Versuche, über eine Schulordnung eine „kopftuchfreie" Schule durchzusetzen. Um neutral zu erscheinen, wird das Kopftuch in der Regel nicht erwähnt, sondern ein Trageverbot aller Kopfbedeckungen im Unterricht ausgesprochen.[9]

Auch das Fasten von Schülern wird von einigen Schulleitungen sehr kritisch gesehen. So schrieb eine Gesamtschule in NRW an die Eltern muslimischer Schülerinnen und Schüler:

> „Wir wissen, dass viele der muslimischen Arbeitnehmer auch von der Fastenpflicht befreit sind. Auch Ihre Kinder müssen in dieser Schule täglich bis zu 9 Stunden lernen und arbeiten. Deshalb sieht es die Schulleitung und das Lehrerkollegium als dringend notwendig an, dass Sie Ihre Kinder im Ramadan nicht fasten lassen."[10]

Zuvor wurden die „schwerwiegenden Probleme im Zusammenhang mit dem Ramadan" beschrieben: Häufiger auftretende Kreislaufprobleme, Schwächeanfälle, Nervenzusammenbrüche, Unterzuckerung, Kopfschmerzen, Konzentrationsschwächen, Leistungsabfall, massive Verschlechterung der Noten, Fehlen der mündlichen Mitarbeit, erhöhte Aggressivität, häufigere Unterrichtsstörungen und Streitigkeiten bis hin zu Prügeleien. Die Schulleitung schrieb, man mache sich große Sorgen um die Gesundheit und den schulischen Erfolg der Kinder und das Zusammenleben der unterschiedlichen Kulturen an der Schule. Auch wenn das Schreiben mit den besten Wünschen für eine gute Zeit im Ramadan und ein fröhliches „Şeker Bayramı" bzw. „ʿĪd ul-Fiṭr" endete, war nicht zu übersehen, dass zwischen den Zeilen Eltern, die ihre Kinder fasten lassen, unterstellt wurde, dass sie sich offensichtlich nicht ausreichend um ihre Kinder sorgen.

---

8 Vgl. Deutsche Islam Konferenz, Religiös begründete schulpraktische Fragen – Handreichung für Schule und Elternhaus, 25.06.2009, URL: http://www.bmi.bund.de/cae/servlet/contentblob/565956/publicationFile/31707/zwischen_resuemee_studie_muslim_leben_deutschland.pdf (letzter Zugriff: 13.04.2017).

9 Vgl. Bernd Dicks: „Wie Rektoren das Kopftuchverbot ausweiten wollen", SpiegelOnline, *16.10.2008*, URL: http://www.spiegel.de/lebenundlernen/schule/muslimische-schuelerinnen-wie-rektoren-das-kopftuchverbot-ausweiten-wollen-a-584023.html (letzter Zugriff: 13.04.2017).

10 Dem AmF vorliegendes Schreiben einer Gesamtschule in NRW an die Eltern der muslimischen Schülerschaft vom 14.09.2006.

Das bedeutet im Klartext: Eine Institution, die gemäß ihrem Bildungsauftrag nicht nur verpflichtet ist, junge Menschen „auf der Grundlage des Grundgesetzes“[11] zu erziehen, sondern Schülerinnen und Schüler darüber hinaus befähigen soll, „in religiösen und weltanschaulichen Fragen persönliche Entscheidungen zu treffen und Verständnis und Toleranz gegenüber den Entscheidungen anderer zu entwickeln“,[12] verstößt in eklatanter Weise gegen die eigenen Prinzipien. Wie soll sich in einem solchen Lernumfeld eine positive Identifikation mit der hiesigen Gesellschaft und diesem Rechtssystem entwickeln?

In den letzten Jahren, in denen der Ramadan zunehmend in den Sommer fiel, stand das Fasten von Schülerinnen und Schülern erneut im Fokus. Mittlerweile war jedoch aufgrund diverser Gerichtsentscheidungen, in denen es um die Religionsfreiheit ging, deutlich geworden, dass das Grundrecht auf Glaubensfreiheit nicht nur umfassend ist, sondern auch nicht einfach per Schulkonferenz eingeschränkt werden kann. Daher wurde der Ruf nach staatlichen Handreichungen lauter und in einigen Bundesländern wurden entsprechende Leitfäden verfasst.[13]

Dass staatliche Vorgaben nicht unbedingt notwendig sind, sondern Schulen vor Ort meist angemessene individuelle Lösungen zum Nutzen aller finden können, zeigt das Beispiel einer Schule aus dem Saarland. Dort heißt es, Schwindel und Unwohlsein tauchten unabhängig von der Religion bei SchülerInnen in der Pubertät häufiger auf. Man versuche, Rücksicht auf die Fastenden zu nehmen, stelle sie jedoch z.B. nicht generell vom Sportunterricht frei. Vielmehr traue man den Schülerinnen und Schülern zu, selbst eine Pause einzulegen, wenn sie überfordert sind. Dementsprechend liegen dem saarländischen Ministerium keine Meldungen über Gesundheitsprobleme von Schülern, die fasten, vor.

4.4 Kein Kopftuchverbot für Beamtinnen

Ende 2013 klagte eine junge Frau in NRW erfolgreich, weil ihr die Übernahme in das Beamtenverhältnis aufgrund ihres Kopftuches verweigert worden war.[14] Die Argumentation der staatlichen Seite für die Ablehnung lautete: Die Tatsache,

11 Schulgesetz NRW § 2, Stand 01.01.2011.

12 Ebd.

13 Vgl. Johann Osel, „Ramadan an der Schule. Nichts essen, nichts trinken, nichts lernen“, Süddeutsche Zeitung, 21.07.2014, URL: http://www.sueddeutsche.de/bildung/ramadan-an-der-schule-nichts-essen-nichts-trinken-nichts-lernen-1.2051961 (letzter Zugriff: 13.04.2017).

14 Vgl. JustizOnline, „Verwaltungsgericht Düsseldorf, 26 K 5907/12“, 08.11.2013, URL: http://www.justiz.nrw.de/nrwe/ovgs/vg_duesseldorf/j2013/26_K_5907_12_Urteil_20131108.html (letzter Zugriff: 13.04.2017).

dass die Klägerin das Kopftuch nicht absetzen wolle, interpretierte der Arbeitgeber als „[…] Hang […], private Interessen ohne schützenswerten Grund und ohne Rücksicht auf dienstliche Belange durchzusetzen.“[15] In der gerichtlichen Verhandlung erklärte ein Behördenvertreter die Verweigerung der Übernahme in das Beamtenverhältnis mit Kopftuch damit, schließlich gehe man auch nicht in Lederkleidung zur Arbeit, wenn man ein Fan von Rockmusik sei.

Das bedeutet im Klartext: Dem staatlichen Arbeitgeber war entweder nicht bekannt oder er hat ignoriert, dass a) das Tragen eines Kopftuches unter den Schutz des Artikel 4 GG fällt, b) die Einschränkung der Glaubensfreiheit nur möglich ist, wenn andere Grundrechte damit kollidieren (wovon hier nicht die Rede sein kann, da keine anderen Grundrechtsträger beeinträchtigt sind – siehe Punkt negative Religionsfreiheit) – und c) rechtlich gesehen ein fundamentaler Unterschied besteht zwischen einem aus religiöser Motivation heraus getragenem Kleidungsstück, das Grundrechtsschutz genießt und einem, das diesen Schutz nicht genießt (Lederbekleidung als Ausdruck der Begeisterung für Rockmusik). Da die Arbeitgeberseite (vertreten durch zwei Anwälte) auf eine Revision verzichtete, kann davon ausgegangen werden, dass eine Unkenntnis der Sachlage eher unwahrscheinlich war.

Seit Januar 2015 liegt auch hinsichtlich des Schuldienstes eine neue Entscheidung des Bundesverfassungsgerichts vor.[16] Danach ist ein pauschales Kopftuchverbot verfassungswidrig, ebenso wie die in einigen Bundesländern vorgesehene Privilegierung „christlicher und abendländischer Bildungs- und Kulturwerte oder Traditionen“.[17] Die Bundesländer, die ein gesetzliches Kopftuchverbot erlassen hatten, machen sich mit höchst unterschiedlicher Geschwindigkeit daran, den Vorgaben des Bundesverfassungsgerichts zu folgen. Bremen, Niedersachsen

---

15 Ebenda, Rn. 32.

16 Eine Kurzanalyse des Beschlusses findet sich unter: http://www.muslimische-frauen.de/2015/04/kurzanalyse-des-bundesverfassungsgerichtsbeschlusses-zum-kopftuchverbot/.

17 Die entsprechende, inzwischen gelöschte, Privilegierungsklausel im Schulgesetz NRW lautete (Fassung vom 01.01.2011): „§ 57 Abs. 4 SchulG NRW: […] Die Wahrnehmung des Erziehungsauftrags nach Artikel 7 und 12 Abs. 6 der Verfassung des Landes Nordrhein-Westfalen und die entsprechende Darstellung christlicher und abendländischer Bildungs- und Kulturwerte oder Traditionen widerspricht nicht dem Verhaltensgebot nach Satz 1.“ Das Verhaltensgebot in Satz 1 lautete: „Lehrerinnen und Lehrer dürfen in der Schule keine politischen, religiösen, weltanschaulichen oder ähnliche äußere Bekundungen abgeben, die geeignet sind, die Neutralität des Landes gegenüber Schülerinnen und Schülern sowie Eltern oder den politischen, religiösen oder weltanschaulichen Schulfrieden zu gefährden oder zu stören.“

und NRW reagierten umgehend, in den übrigen Bundesländern zieht sich der Prozess noch hin. Es zeichnet sich ab, dass es Bundesländer gibt, die erst nach einer drohenden oder faktischen Klage die Vorgaben des Bundesverfassungsgerichts umsetzen werden.

Die rund zehn Jahre geltenden gesetzlichen Kopftuchverbote hatten weit über den Schulbereich hinaus eine verheerende Wirkung, wie die folgenden drei Beispiele zeigen.

4.5 Erfolg auf dem Arbeitsmarkt durch Verzicht auf ein Grundrecht?

Die Arbeiterwohlfahrt bewarb 2013 ein mehrteiliges Berufsfindungs-Projekt für junge muslimische Frauen („Mit Kopftuch und Köpfchen in den Arbeitsmarkt"). Die durchführenden Sozialarbeiterinnen beschrieben u.a. zwei Intentionen des Projekts: Zum einen wolle man an die Arbeitgeber appellieren „[...] das Kopftuch nicht von vornherein als Hinderungsgrund anzusehen, eine qualifizierte Bewerberin einzustellen." Zum anderen solle das Symbol Kopftuch selbst auf den Prüfstand gestellt werden und die „[...] Teilnehmerinnen [sollten] überlegen, ob sie bereit sind, für den Beruf das Kopftuch zeitweise abzulegen."[18]

Das bedeutet im Klartext: Die geltende Rechtslage wird völlig auf den Kopf gestellt, denn die Nichteinstellung allein aufgrund des Kopftuches ist ein Verstoß gegen das Allgemeine Gleichbehandlungsgesetz, das Tragen des Kopftuches ist dagegen von der grundgesetzlichen Religionsfreiheit gedeckt. D.h., in diesem Seminar wird jungen Frauen suggeriert, Bittstellerinnen zu sein, die dankbar sein müssen, wenn ein Arbeitgeber bereit ist, ihre „Andersartigkeit" großmütig hinzunehmen.

Das Aktionsbündnis muslimischer Frauen richtete ein Schreiben an die AWO und schlug vor, die jungen Frauen im Rahmen eines Workshops oder mit Informationsmaterial über die Rechtslage zu informieren. Dies würde sie einerseits in die Lage versetzen, eine Diskriminierung zu erkennen und sich dagegen zu wehren und andererseits verhindern, dass jedes Scheitern auf eine Diskriminierung und nicht auf etwaige andere Gründe, wie eine nicht ausreichende Qualifikation, zurückgeführt wird. Dies wiederum würde verhindern, dass junge Frauen sich als Opfer unveränderlicher Umstände sehen. In ihrer Antwort wies die AWO darauf hin, das Projekt ziele nicht auf rechtliche Aufklärung sondern solle jungen Frauen, die ein Kopftuch tragen wollten, zeigen, dass diese Entscheidung

---

18 *„Mit Kopftuch und Köpfchen in den Beruf"*, URL: http://www.genios.de/presse-archiv/artikel/DECH/20130215/-mit-kopftuch-und-koepfchen-in-den-/2013122036755.html (letzter Zugriff: 06.12.2018).

Konsequenzen habe und sie sich damit auseinandersetzen müssten. Alle Laufbahnen im Staatsdienst seien nun mal nach gegenwärtig geltendem Recht (in Baden-Württemberg bestand 2013 ein Kopftuchverbot im Schuldienst und im Bereich der Kindertagesbetreuung) ausgeschlossen. Wörtlich hieß es in der Mail: „Auch dürfte es nicht sehr wahrscheinlich sein, als Stewardess oder Nachrichtensprecherin arbeiten zu können."[19] Als Verband sozialer Arbeit habe man die Aufgabe, diese gesellschaftliche Realität mit den jungen Frauen in ihrer Sprache und mit ihren Gedanken zu bearbeiten.

Empowerment sieht anders aus, und – so beantworteten wir das AWO-Schreiben – wenn jeder die gesellschaftliche Realität einfach tatenlos hinnähme, dann hätten Frauen heute wohl noch immer kein Wahlrecht und die Vergewaltigung in der Ehe wäre weiterhin straffrei. Die Notwendigkeit, die jungen Frauen durch Vermittlung der Rechtslage dazu zu befähigen, sich gegen Benachteiligungen zu wehren oder sich und die eigenen Leistungen realistischer einzuschätzen, wurde – obwohl das Projekt dem Empowerment dienen sollte – schlicht nicht gesehen.

Immer wieder berichten Frauen mit Kopftuch darüber, dass ihnen von Sachbearbeitern und Sachbearbeiterinnen der Bundesagentur für Arbeit mehr oder weniger deutlich geraten wird, das Kopftuch abzulegen, um bei der Stellensuche erfolgreich zu sein. Gerechtfertigt wird dieser Ratschlag damit, dass er lediglich der Wirklichkeit Rechnung trage; gleichzeitig wird deutlich, dass potentielle Arbeitgeber nicht damit rechnen müssen, auch nur darauf hingewiesen zu werden, dass sie gegen das AGG verstoßen, wenn sie eine Bewerberin aufgrund ihres Kopftuches ablehnen.

In einem von der Deutschlandstiftung Integration 2012 herausgegebenen Bewerbungsratgeber[20] wurde muslimischen Frauen – u.a. unter Berufung auf den Migrationsbeauftragten der Bundesagentur für Arbeit, Hasan Altun, – ebenfalls geraten, das Kopftuch abzunehmen, wenn sie auf Arbeits- oder Praktikumsplatzsuche sind.[21] Es hieß, für viele Arbeitgeber sei das Kopftuch ein Zeichen der Unterdrückung, sie trauten den Frauen keine eigenen Entscheidungen zu, sähen sie unter der Fuchtel der Familie und fürchteten, dass Mädchen zwangsverheiratet und ihre Ausbildung nicht beenden würden.

---

19 Zitat aus der Antwortmail des Leiters der Abteilung Migration und interkulturelle Öffnung AWO Bundesverband vom 11. April 2013.

20 Siehe Jasmin Hagmann/Christoph Hagmann, *Erfolgreich bewerben mit Migrationshintergrund*, o.O. 2012.

21 Vgl. Seite 32 des Bewerbungsratgebers unter der Rubrik: „Wie man Hürden überwindet und Vorurteile aushebelt".

Auf Bitte des Aktionsbündnisses schrieb die Antidiskriminierungsstelle des Bundes die Bundesagentur für Arbeit an. Die Bundesagentur teilte mit, die monierte Textpassage sei „in einem sehr missverständlichen Kontext“[22] wiedergegeben worden. Man habe seitens der Agentur die Autoren kontaktiert und bei einer Neuauflage um eine Korrektur gebeten. Darüber hinaus sei beabsichtigt, einen ergänzenden Beitrag von Herrn Altun auf der Internetseite zu veröffentlichen, auf der der Ratgeber beworben wird. Dies ist bis heute jedoch nicht geschehen und wiegt umso schwerer, da es bisher keine Neuauflage gibt. Die diskriminierenden Ratschläge sind demnach immer noch im Umlauf und tragen so zu einem defizitären Rechtsverständnis von Arbeitgebern und Bewerberinnen bei.[23]

Im November 2014 berichtete der NDR in einem Radiobeitrag über die Schwierigkeiten von kopftuchtragenden Frauen beim Zugang zum Arbeitsmarkt. Diese Situation wolle die Hamburger Sozialbehörde in Zusammenarbeit mit der Beratungsstelle BQM (Beratung, Qualifizierung, Migration) nun ändern. Wie das geschehen soll, wurde im Radiobeitrag beleuchtet.[24] Als Arbeitgeber kam der Geschäftsführer einer großen Drogeriemarktkette zu Wort; er beschäftigte schon seit zwei Jahren eine Frau mit Kopftuch.

Im gesamten Beitrag thematisierten weder die Mitarbeiterin der Sozialbehörde, noch die der Beratungsstelle, dass die Diskriminierung einer Bewerberin aufgrund des Kopftuches ein Verstoß gegen deutsches Recht ist. Die Mitarbeiterin der Beratungsstelle berichtete, dass Firmen häufig argumentierten, es sei Businesskleidung vorgeschrieben, daher könnten sie kopftuchtragende Frauen nicht einstellen, ihnen seien die Hände gebunden. Quittiert wird diese Aussage im Beitrag von der Amtsleiterin für Arbeit und Integration der Hamburger Sozialbehörde lediglich mit der Bemerkung, es sei ärgerlich, dass die Hansestadt dadurch wertvolles Potential verschenke. Statt Arbeitgeber auf die Rechtsordnung hinzuweisen, plant das Amt für Arbeit und Integration mit den Unternehmen ins Gespräch zu kommen, sodass in kleiner Runde Fragen rund um das Kopftuch diskutiert werden können, ohne „den moralischen Zeigefinger zu heben“. So sollen Unternehmen die Möglichkeit haben, sich mit kopftuchtragenden Frauen auszutauschen. Gleichzeitig nennt die Leiterin des Amtes auch

22 Mail der Antidiskriminierungsstelle des Bundes vom 11.02.2013, in der die Antwort der Bundesagentur für Arbeit mitgeteilt wurde.

23 Siehe dazu http://www.bewerben-mit-migrationshintergrund.de/.

24 NDR.de, „*Hamburg will mehr Frauen mit Kopftuch in Jobs bringen*“, URL: https://www.ndr.de/info/Hamburg-will-mehr-Frauen-mit-Kopftuch-in-Jobs-bringen,audio221810.html (letzter Zugriff: 08.11.2015).

die Grenze der angestrebten Öffnung des Arbeitsmarktes: in den uniformierten Berufen solle das Kopftuch tabu bleiben. Tatsächlich hatte Hamburg weder für den Schuldienst noch für andere Bereiche je ein gesetzliches Kopftuchverbot, womit eine solche Forderung keine rechtliche Basis hat.

Der Geschäftsführer des Drogeriemarktes zeigt sich im Radiobeitrag gönnerhaft und verständnisvoll: Seine Oma habe auch Kopftuch getragen, daran könne man sehen, dass es doch eine Entwicklung gebe und man erreiche mehr, wenn man toleranter mit dem Kopftuch umgehe. Auf die Frage der Moderatorin, ob man mit der Integration kopftuchtragender Frauen in den Arbeitsmarkt nicht eine konservative Auslegung des Koran unterstütze, folgt seitens der BMQ-Mitarbeiterin das halbherzige Argument, die Wahl der Kleidung sei Privatsache.

Jeder Versuch, kopftuchtragenden Frauen zu einem besseren Arbeitsmarktzugang zu verhelfen, ist natürlich zu begrüßen, aber die Art und Weise, wie und mit welchen Argumenten das geschieht, zeigt, dass die Rechtslage keine Rolle spielt. Das ist fatal, denn es schreibt die Position der Frauen als Bittstellerinnen, deren Aussehen man freundlicherweise hinnimmt (und von dem man hofft, es werde sich mit der Zeit ändern) fest und verhindert so eine Begegnung auf Augenhöhe. Die Frauen leben nicht im luftleeren Raum und sie bemerken sehr wohl, dass die Öffentlichkeit nicht müde wird, von den Menschen mit Migrationshintergrund die Einhaltung der deutschen Rechtsordnung zu fordern, während für sie selbst diese Regeln offensichtlich keine bindende Wirkung haben. Dieses Messen mit zweierlei Maß verhindert ein Heimischwerden. Doch gerade das ist notwendig, wenn auch kommende Generationen sich für die hiesige Rechtsordnung stark machen sollen.

4.6 Das Kopftuch als Spielball im politischen Machtkampf

Die Protokolle der Parlamentsdebatten vor der Verabschiedung der gesetzlichen Kopftuchverbote in verschiedenen Bundesländern geben einen ganz eigenen und erschreckenden Einblick in das Umfeld, in dem Politiker ohne den Bezug auf Fakten und mit mangelnden Sachkenntnissen über die Köpfe Betroffener hinweg Gesetze verabschieden, deren Auswirkungen nach integrationspolitischen Maßstäben bisher sehr erfolgreich verlaufende Lebensläufe zerstören.

Das Bundesverfassungsgericht hatte in seinem schon zitierten Urteil von 2003 festgestellt, dass das Tragen eines religiös motivierten Kopftuches unter den Schutz des Artikels 4 fällt. Dabei – so betonte das Gericht – komme es nicht darauf an, ob ein Betrachter der Meinung sei, das Gebot zum Tragen eines Kopftuches stehe nicht im Koran. Ausschlaggebend sei vielmehr die Auffassung der Religionsgemeinschaft und der einzelnen Gläubigen. Zudem wurde auf die

Vielfalt der Motivationen der Kopftuchträgerinnen hingewiesen und gemahnt, das Kopftuch dürfe nicht auf ein Zeichen der Unterdrückung reduziert werden. Soweit die Theorie.

Das BVerfG stellte zudem fest, dass ein Grundrechtseingriff, wie ein Kopftuchverbot es sei, nicht ohne gesetzliche Grundlage erfolgen kann. In der Folge wurden u.a. in NRW – nach dem Antritt einer CDU/FDP-Regierung – gesetzliche Kopftuchverbote auf den Weg gebracht. In den Plenarprotokollen der beiden Lesungen des Gesetzes im NRW-Landtag finden sich zahlreiche Beispiele dafür, dass die vorgenannten Vorgaben des Bundesverfassungsgerichts schlicht ignoriert, ja zum Teil pervertiert wurden.[25] Statt einer sachlichen Analyse (schließlich arbeiteten zu diesem Zeitpunkt nach eigenen Recherchen ca. 30 Lehrerinnen mit Kopftuch teilweise schon sehr lange im Schuldienst), dienten die negativ-dramatischen Lebensberichte einzelner Frauen (sogenannte Schleierliteratur[26]) als Belege für die Notwendigkeit eines Kopftuchverbots. Zitiert wurden Serap Çileli,[27] die aufgrund ihrer privaten Lebensgeschichte theatralisch forderte, die Tragödie unter dem Tuch dürfe nicht weitergehen; Seyran Ateş, die – als Anwältin (!) – das Tragen eines Kopftuches als Ausnutzung eines aufgrund der deutschen Geschichte zu großzügigen Toleranzbegriffs[28] sah; Necla Kelek mit den in ihrem Buch „Die fremde Braut" geschilderten Einzelschicksalen[29] bis hin zu Alice Schwarzer, die mit ihren aus den 70er Jahren stammenden Erinnerungen an eine Reise in den Iran in den Rang einer Islam- und Migrationsexpertin erhoben wurde und das Kopftuch als Symbol der Unterdrückung definiert.[30] Schließlich betrieben diejenigen Parlamentsmitglieder, die ein Verbot befürworteten, eigene Koranexegesen, deren Ergebnis natürlich zur eigenen Zielsetzung passte – ein klarer Verstoß gegen die religiöse und weltanschauliche Neutralitätspflicht des

25 Vgl. Landtag Nordrhein-Westfalen, „*Plenarprotokoll 14/12*", 09.11.2005, URL: http://www.landtag.nrw.de/portal/WWW/dokumentenarchiv/Dokument/MMP14-12.pdf?von=1016&bis=1031 (letzter Zugriff: 13.04.2017); „Plenarprotokoll der zweiten Lesung: Landtag 31.05.2006, Nordrhein-Westfalen 33 43 Plenarprotokoll 14/31", URL: http://www.landtag.nrw.de/portal/WWW/dokumentenarchiv/Dokument/MMP14-31.pdf?von=3343&bis=3359 (letzter Zugriff: 13.04.2017).

26 Zum Begriff „Schleierliteratur" vgl. Irmgard Pinn/Marlies Wehner, EuroPhantasien: Die islamische Frau aus westlicher Sicht, elektronische Fassung von 2010, URL: http://www.diss-duisburg.de/Internetbibliothek/Buecher/pinnwehner-europhantasien-1995.html (letzter Zugriff:13.04.2017).

27 Vgl. *Plenarprotokoll der 2. Lesung*, S. 3347.

28 Vgl. *Plenarprotokoll der 1. Lesung*, S. 1019.

29 Vgl. ebd., S. 1029.

30 Vgl. *Plenarprotokoll der 2. Lesung*, S. 3358.

Staates, der durch die Parlamentarier ja eigentlich vertreten werden soll. Um dies zu beschönigen, wurde ein Kunstgriff gewählt: Die theologische Frage (deren Beantwortung dem Parlament nicht zusteht) nach der Verpflichtung zum Tragen eines Kopftuches wurde mit Zitaten von Bassam Tibi, der weder über eine entsprechende Ausbildung verfügt noch für eine Religionsgemeinschaft sprechen kann, final negativ beantwortet.[31] Ziel dieser Taktik war es, das Tragen eines Kopftuches aus dem Schutzbereich des Artikels 4 GG zu lösen und es als politisches Zeichen zu definieren, das dann verboten werden kann.

Selten wurde so deutlich, dass Parlamentsabgeordnete sich nicht an verfassungsrechtliche Vorgaben gebunden fühlen, wenn sie ein bestimmtes Ziel verfolgen. Mit Verabschiedung des gesetzlichen Kopftuchverbots standen von heute auf morgen Dutzende bisher in der Schule erfolgreich tätige Lehrerinnen, Sozialarbeiterinnen und Sozialpädagoginnen mit Kopftuch sowie unzählige Lehramtsstudentinnen vor dem beruflichen Nichts. Erst zehn Jahre später erklärte das Bundesverfassungsgericht das Kopftuchverbot für verfassungswidrig – so, wie es etliche Gutachter schon während der Schaffung des Gesetzes bezeichnet hatten – und die zu diesem Zeitpunkt amtierende SPD/Grünen-Regierung in NRW hob es auf.

5 Gegenstrategien

Um erfolgreiche Gegenstrategien gegen berufliche Diskriminierung zu entwickeln, müssen Betroffene sich zunächst ihrer eigenen Position innerhalb der Gesellschaft bewusst sein. Kopftuchtragende Frauen sind eine Minderheit innerhalb einer Minderheit – ihr Schicksal bewegt die Gesellschaft nicht wirklich. Eine ähnliche Diskriminierung beim Zugang zum öffentlichen Dienst gab es schon einmal in der jüngeren deutschen Geschichte, und sie hatte zahlenmäßig gesehen wesentlich größere Ausmaße.[32] Im Jahr 1972 wurde unter dem Eindruck des RAF-Terrorismus von Bundeskanzler Willy Brandt und der Ministerpräsidentenkonferenz auf Vorschlag der Innenministerkonferenz der Beschluss über die „Grundsätze zur Frage der verfassungsfeindlichen Kräfte im öffentlichen Dienst"

31 *Plenarprotokoll der 1. Lesung*, S. 1018.

32 Vgl. Gabriele Boos-Niazy, „Déjà-vu" in: Hilal Sezgin (Hg.), Manifest der Vielen: Deutschland erfindet sich neu, Berlin 2011, URL: http://www.muslimische-frauen.de/wp-content/uploads/2011/02/Manifest-der-Vielen-Beitrag-Gabriele-Boos-Niazy.pdf (letzter Zugriff: 15.03.2018).

verabschiedet – besser bekannt als Extremistenbeschluss oder Radikalenerlass.[33] Er richtete sich zwar dem Buchstaben nach gegen die Beschäftigung von rechts- und linksradikalen Personen im öffentlichen Dienst, traf in der Praxis jedoch fast ausschließlich politisch weit links stehende Bewerber und Bewerberinnen sowie schon im Staatsdienst Tätige mit solchen politischen Auffassungen.[34] Der Radikalenerlass sah die standardmäßige Sicherheitsüberprüfung („Regelanfrage" beim Verfassungsschutz) jedes Bewerbers vor. Die „Gesinnungsschnüffelei" wurde breit und heftig diskutiert. Die von der SPD regierten Bundesländer setzten bereits ab 1979 die Regelung sukzessiv außer Kraft, in anderen Bundesländern galt sie länger (in Bayern bis 1991). Während der rund 20 Jahre seiner Gültigkeit wurden ca. 3,5 Millionen Personen überprüft. Es gab ca. 11.000 Gerichtsverfahren, 1.250 Bewerbern wurde der Zugang zum öffentlichen Dienst verweigert und ca. 260 Beamte bzw. Angestellte wurden entlassen. Ca. 80 % der Betroffenen waren Lehrer.[35] Internationale Gremien sahen diese Praxis als Verletzung der Menschenrechte, und der Europäische Gerichtshof für Menschenrechte verurteilte Deutschland in einem Fall zu Schadensersatz.[36] Auch wenn die Mehrheit der Politiker den Radikalenerlass später als Fehlentwicklung sah, wurde er nicht in allen Bundesländern formell abgeschafft. Noch im Jahr 2004 wurde einem politisch links stehenden Lehrer in Baden-Württemberg unter Hinweis auf diesen Erlass jahrelang der Zugang zum Schuldienst verwehrt. Erst nach einem Verfahren vor dem Verwaltungsgerichtshof im September 2007 wurde er schließlich in den Schuldienst übernommen.[37] Ausgedient hat der Radikalenerlass dennoch scheinbar noch immer nicht. Am 11. März 2018 berichtete die Süddeutsche über seine Anwendung gegen einen angehenden Referendar in Bayern.[38]

---

33 Landesregierung Nordrhein-Westfalen, *Ministerialblatt von NRW*, 1972, S. 342, URL: https://recht.nrw.de/lmi/owa/br_mbl_show_pdf?p_jahr=1972&p_nr=20 (letzter Zugriff: 14.04.2017).

34 Friedbert Mühldorfer, „Radikalenerlass", publiziert am 16.06.2014; in: Historisches Lexikon Bayerns, URL: https://www.historisches-lexikon-bayerns.de/Lexikon/Radikalenerlass#Das_Ende_des_Radikalenerlasses_im_Bund (letzter Zugriff: 14.04.2017).

35 Ebd.

36 Europäischer Gerichtshof für Menschenrechte, „Fall Vogt gegen Deutschland", 26.09.1996, URL: http://hudoc.echr.coe.int/eng#{%22itemid%22:[%22001-58012%22]} (letzter Zugriff: 14.04.2017).

37 Mühldorfer, *„Radikalenerlass"*.

38 Wetzel, Jakob: „Berufsverbot. Wenn dem Freistaat ein angehender Lehrer nicht gefällt", Süddeutsche Zeitung vom 11.03.2018. URL: http://www.sueddeutsche.de/muenchen/

In den Diskussionen, die wir heute führen müssen, geht es oft nur vordergründig um das Kopftuch. Im Hintergrund spielen andere Motive, die aber nicht offen benannt werden, eine wichtigere Rolle. Die Psychologin Birgit Rommelspacher hat sich in ihren zahlreichen Büchern damit auseinandergesetzt. Sie kommt zu dem Schluss, dass auf der gesellschaftlichen Ebene die Angst vor Machtverlust und auf der psychologischen Ebene die Aufrechterhaltung eines eigenen positiven Selbstbildes die treibenden Kräfte hinter der Kopftuchdiskussion sind.[39] Dr. Iman Attia, Professorin für Diversity Studies mit den Schwerpunkten Rassismus und Migration an der Alice Salomon Hochschule Berlin, sieht die Funktionen des antimuslimischen Rassismus in der Sicherung von Privilegien und der Revitalisierung einer nationalen, auf Ausschluss zielenden Identität.[40]

Betroffene sollten sich am Machbaren orientieren: Natürlich wäre es schön, wenn die Gesellschaft so tolerant wäre, dass jeder und jede nach der eigenen Façon leben könnte, ohne dass er oder sie als Bedrohung einer als homogen imaginierten Gesellschaft gesehen wird. Tatsächlich jedoch würde es die Situation vieler Betroffener schon positiv verändern, wenn die Inhalte des Grundgesetzes besser bekannt wären und sich alle daran orientieren würden.

Vor diesem Hintergrund sollte man abwägen, wofür es sich lohnt, die eigenen Kräfte einzusetzen: Ist die Teilnahme an einer weiteren Dialogveranstaltung, in der man erklärt, warum man ein Kopftuch trägt, wirklich sinnvoll? Oder ist eine Vernetzung mit nicht-muslimischen Gruppen, die sich gegen Diskriminierung engagieren, nicht ein sinnvollerer Einsatz von Lebenszeit?

Wichtig ist es auch, der Versuchung zu widerstehen, sich im Vergleich mit anderen Muslimen oder muslimischen Gruppen als „liberal", „modern", „aufgeklärt" zu definieren oder definieren zu lassen und so dem Schubladendenken Vorschub zu leisten. Vielmehr sollte auf die Vielfalt innerhalb des Islam hingewiesen werden und darauf, dass es keine der Kirche vergleichbare Hierarchie gibt und die Eigenverantwortung der einzelnen Gläubigen maßgeblich ist.

Alles, was im Rahmen des Gesetzes erlaubt ist, muss auch gelebt werden dürfen! Um diese Position wirkungsvoll zu vertreten, ist es sinnvoll, in Debatten

---

berufsverbot-wenn-dem-freistaat-ein-angehender-lehrer-nicht-gefaellt-1.3899762 (letzter Zugriff: 20.03.2018).

39 Vgl. Birgit Rommelspacher, „Islamkritik und antimuslimische Positionen am Beispiel von Necla Kelek und Seyran Ates", in: Thorsten Gerald Schneiders (Hg.) Islamfeindlichkeit – Wenn die Grenzen der Kritik verschwimmen, Wiesbaden 2009, S. 433–456.

40 Vgl. Iman Attia, „Privilegien sichern, nationale Identität revitalisieren", in: Journal für Psychologie 21 (2013) 1, URL: https://www.journal-fuer-psychologie.de/index.php/jfp/article/view/258/297 (letzter Zugriff: 14.04.2017).

weniger theologisch, sondern vielmehr rechtlich zu argumentieren. Das hiesige Recht, insbesondere das Grundgesetz, ist unsere gemeinsame Basis und es ist – wie der damalige Innenminister Wolfgang Schäuble zum Auftakt der ersten Deutschen Islamkonferenz mit Blick auf die Muslime sagte – nicht diskutierbar. Dieser Hinweis Schäubles ist heute noch so aktuell wie damals, doch es sind oft nicht „die Muslime", die diese Maxime mit Füßen treten. So ließ die SPD in Berlin ihre Mitglieder darüber abstimmen, ob der Beschluss des Bundesverfassungsgerichts vom Januar 2015, nach dem ein pauschales Kopftuchverbot verfassungswidrig ist, umgesetzt werden solle oder nicht. Eine im Hinblick auf das Wahlprogramm 2016 durchgeführte Mitgliederbefragung formulierte u.a. die Frage: „Soll die religiöse Neutralität in hoheitlichen Bereichen des Staates beibehalten werden, so dass zum Beispiel auch Lehrerinnen, Richterinnen und Polizistinnen weiterhin kein Kopftuch tragen dürfen?"[41] Die Mehrheit der Mitglieder votierte für die Beibehaltung des pauschalen Kopftuchverbotes im gesamten öffentlichen Dienst in Berlin, also dafür, das höchste deutsche Gericht zu ignorieren, denn nach §31 BVerfGG sind die Entscheidungen des BVerfG für die Verfassungsorgane des Bundes und der Länder sowie alle Gerichte und Behörden bindend. Besonders bedenklich stimmt, dass der damalige Vorsitzende der SPD in Berlin, Jan Stöß, Richter ist und insofern wissen muss, dass man über die Gewährung von Grundrechten nicht per Abstimmung entscheiden kann. Hinzu kommt, dass ein von der SPD selbst in Auftrag gegebenes Gutachten des wissenschaftlichen Dienstes des Abgeordnetenhauses von Berlin[42] zu dem Schluss kam, das Berliner Neutralitätsgesetz sei im Hinblick auf das Kopftuchverbot im Schuldienst verfassungswidrig.

Die Erfahrungen des Aktionsbündnisses haben gezeigt, dass Debatten weniger emotional und zielführender sind, wenn Diskriminierungen nicht vor dem Hintergrund der Religion und mit theologischen Argumenten diskutiert werden, die die Diskussionspartner nicht nachvollziehen können und ja auch nicht müssen. Erfolgreicher ist es, sich auf eine gemeinsame Basis zu beziehen und das ist der gesetzliche Rahmen, in dem wir uns bewegen und an den sich alle halten müssen. Dabei ist es nützlich, sich zu vergegenwärtigen, dass die eigene religiöse

41 Ulrich Zawatka-Gerlach, „Berliner SPD streitet um das Kopftuch", Tagesspiegel, 14.10.2015, URL: http://www.tagesspiegel.de/berlin/mitgliederbefragung-berliner-spd-streitet-um-das-kopftuch/12446120.html (letzter Zugriff: 27.03.2017).

42 Siehe Abgeordnetenhaus von Berlin, „Gutachten zu den Auswirkungen der Kopftuch-Entscheidung des Bundesverfassungsgerichts vom 27. Januar 2015 auf die Rechtslage im Land Berlin", URL: http://www.tagesspiegel.de/downloads/12753284/2/gutachten-zum-neutralitaetsgesetz.pdf (letzter Zugriff: 14.04.2017).

Motivation dem Gegenüber weder nachvollziehbar vermittelt werden muss noch die Gewährung der Religionsfreiheit vom Wohlwollen oder Verständnis der Gesprächspartner abhängig ist.

Neben einer besseren innermuslimischen Vernetzung ist die Zusammenarbeit mit gesellschaftlichen Gruppen, die sich ebenfalls für den Erhalt grundgesetzlich garantierter Rechte einsetzen, sinnvoll und befruchtend.

Manchmal ist es in Diskussionen auch hilfreich, den Spieß einmal umzudrehen und ein populistisch argumentierendes Gegenüber beim Wort zu nehmen: Gern wird über die Gewalterfahrung muslimischer Frauen gesprochen – die logische Konsequenz muss sein: Diese Frauen müssen wirtschaftlich unabhängig werden, damit sie sich vom familiären Joch befreien können. Und dies ist umso notwendiger für die Frauen, die als besonders unterdrückt gelten, also die Kopftuchträgerinnen. Daher ist die Unterbindung der Diskriminierung auf dem Arbeitsmarkt das Mittel der Wahl, die muslimische Frau nachhaltig zu befreien.

Schließlich kann auch ein Blick auf die Geschichte eine Diskussion in neue, produktivere Bahnen lenken. Ausgrenzungen und Überfremdungsängste sind ein immer wiederkehrendes Phänomen: Ging es zunächst um Ängste, die durch die Einwanderung katholischer Polen in Bergbaugebiete des vorwiegend evangelischen Ruhrgebietes Ende des 19. Jahrhunderts ausgelöst wurden, diskutierte man später über die Einwanderung italienischer, türkischer und marokkanischer Gastarbeiter und Russlanddeutscher, die im Verdacht stand, den Zusammenhalt in der (vermeintlich) homogenen Gesellschaft zu gefährden. Die Markierung des „Fremden, Anderen", der dann als Ursache für Probleme gilt, die meist sozialer Natur sind, ist kein neues Phänomen und erfüllte stets einen bestimmten Zweck.

Und zu guter Letzt: Der Abbau von Grundrechten mag zwar heute eine Gruppe treffen, zu der man selbst nicht gehört, aber schon morgen kann man selbst betroffen sein.

Bis solche Einsichten Früchte tragen, bleiben individuelle Strategien, die den Zugang zum Arbeitsmarkt verbessern und Diskriminierung bekämpfen. Dazu ist es für Betroffene notwendig, den Markt im Blick zu haben, die berufliche Selbstständigkeit als Möglichkeit in Betracht zu ziehen, die Kontakte zu Studienkollegen, zur Universität und zu Praktikumsstellen zu pflegen, sich Netzwerken anzuschließen, die eigenen Stärken gut zu kennen und den Mut zu haben, (berufliche) Diskriminierungen nicht klag- und tatenlos hinzunehmen. Im Rahmen der Beratungsarbeit des Aktionsbündnisses hat sich die Antidiskriminierungsstelle des Bundes als kompetenter Ansprechpartner gezeigt.[43] Auch wenn keine Klage beabsichtigt ist (die Frist ist mit zwei Monaten sehr kurz), so

43 Im Internet unter www.antidiskriminierungsstelle.de.

ist die Meldung einer Diskriminierung bei der Antidiskriminierungsstelle des Bundes sehr wichtig. Aus unserer Beratungsarbeit wissen wir, dass muslimische Frauen, die Diskriminierung erfahren, Strategien entwickeln, um sie zukünftig zu vermeiden. Sie wenden sich nur selten an Beschwerdestellen, weil ihnen entsprechende Informationen fehlen oder sie sich davon keine Änderung der Situation vorstellen können oder erhoffen. Wenn sie sich beschweren, streben sie eine Vermittlung an, keinen Rechtsstreit. Problematisch ist, dass sie dazu neigen, Diskriminierungserfahrungen persönlich zu nehmen und sie nicht als Resultat einer diskriminierenden Struktur erkennen. Das führt zu einem Vermeidungsverhalten und letztendlich zu einer Einschränkung der Bewegungsfreiheit. Der Mangel an Beschwerden wiederum vermittelt der Politik und der Öffentlichkeit den Eindruck, dass es keine Probleme gebe und führt dazu, dass diejenigen, die sich beschweren, als Menschen, die die „Opferkarte" spielen, diffamiert werden. Wir brauchen daher mehr mutige Menschen, die sich für ihre Rechte einsetzen und damit auch die Rechte aller anderen stärken.

Literatur

Abgeordnetenhaus von Berlin, „*Gutachten zu den Auswirkungen der Kopftuch-Entscheidung des Bundesverfassungsgerichts vom 27. Januar 2015 auf die Rechtslage im Land Berlin*", URL: http://www.tagesspiegel.de/downloads/12753284/2/gutachten-zum-neutralitaetsgesetz.pdf (letzter Zugriff: 14.04.2017).

Aktionsbündnis muslimischer Frauen e.V., „*Kurzanalyse des Bundesverfassungsgerichtsbeschlusses zum Kopftuchverbot*", 27.04.2015, URL: http://www.muslimische-frauen.de/2015/04/kurzanalyse-des-bundesverfassungsgerichtsbeschlusses-zum-kopftuchverbot/ (letzter Zugriff: 18.03.2018).

Attia, Iman, „*Privilegien sichern, nationale Identität revitalisieren*", in: Journal für Psychologie 21 (2013) 1, URL: https://www.journal-fuer-psychologie.de/index.php/jfp/article/view/258/297 (letzter Zugriff: 14.04.2017).

Boos-Niazy, Gabriele, „*Déjà-vu*" in: Hilal Sezgin (Hg.), Manifest der Vielen: Deutschland erfindet sich neu, Berlin 2011, URL: http://www.muslimische-frauen.de/wp-content/uploads/2011/02/Manifest-der-Vielen-Beitrag-Gabriele-Boos-Niazy.pdf (letzter Zugriff: 18.03.2018).

Bundesverfassungsgericht, „*Urteil vom 24. September 2003 – 2 BvR 1436/02*", 24.09.2003, URL: http://www.bundesverfassungsgericht.de/entscheidungen/rs20030924_2bvr143602.html (letzter Zugriff: 13.04.2017).

Decker, Oliver u.a., *Die Mitte in der Krise. Rechtsextreme Einstellungen in Deutschland 2010*, URL: http://library.fes.de/pdf-files/do/07504-20120321.pdf (letzter Zugriff: 13.04.2017).

Deutsche Islam Konferenz, *Religiös begründete schulpraktische Fragen – Handreichung für Schule und Elternhaus*, 25.06.2009, URL: http://www.bmi.bund.de/cae/servlet/contentblob/565956/publicationFile/31707/zwischen_resuemee_studie_muslim_leben_deutschland.pdf (letzter Zugriff: 13.04.2017).

Dicks, Bernd, *„Wie Rektoren das Kopftuchverbot ausweiten wollen"*, Spiegel Online, 16.10.2008, URL: http://www.spiegel.de/lebenundlernen/schule/muslimische-schuelerinnen-wie-rektoren-das-kopftuchverbot-ausweiten-wollen-a-584023.html (letzter Zugriff: 13.04.2017).

Echo Online, *„Mit Kopftuch und Köpfchen in den Beruf", URL:* http://www.genios.de/presse-archiv/artikel/DECH/20130215/-mit-kopftuch-und-koepfchen-in-den-/2013122036755.html (letzter Zugriff: 06.12.2018).

Europäischer Gerichtshof für Menschenrechte, *„Fall Vogt gegen Deutschland"*, 26.09.1996, Europäischer Gerichtshof für Menschenrechte, URL: http://hudoc.echr.coe.int/eng#{%22itemid%22:[%22001-58012%22]} (Letzter Zugriff: 14.04.2017).

Friedbert Mühldorfer, *„Radikalenerlass"*, publiziert am 16.06.2014; in: Historisches Lexikon Bayerns, URL: https://www.historisches-lexikon-bayerns.de/Lexikon/Radikalenerlass#Das_Ende_des_Radikalenerlasses_im_Bund (Letzter letzter Zugriff: 14.04.2017).

Hagmann, Jasmin/Hagmann, Christoph, *Erfolgreich bewerben mit Migrationshintergrund*, o.O. 2012.

Justiz-Online, *„Verwaltungsgericht Düsseldorf, 26 K 5907/12"*, 08.11.2013, URL: http://www.justiz.nrw.de/nrwe/ovgs/vg_duesseldorf/j2013/26_K_5907_12_Urteil_20131108.html (letzter Zugriff: 13.04.2017).

Landesregierung Nordrhein-Westfalen, *Ministerialblatt von NRW*, 1972, S. 342, URL: https://recht.nrw.de/lmi/owa/br_mbl_show_pdf?p_jahr=1972&p_nr=20 (Letzter letzter Zugriff am: 14.04.2017).

Landtag Nordrhein-Westfalen, *„Plenarprotokoll 14/12"*, 09.11.2005, URL: http://www.landtag.nrw.de/portal/WWW/dokumentenarchiv/Dokument/MMP14-12.pdf?von=1016&bis=1031 (letzter Zugriff: 13.04.2017).

Landtag Nordrhein-Westfalen, *„Plenarprotokoll 14/31"*, 31.05.2006, URL: http://www.landtag.nrw.de/portal/WWW/dokumentenarchiv/Dokument/MMP14-31.pdf?von=3343&bis=3359 (letzter Zugriff: 13.04.2017).

NDR.de, *„Hamburg will mehr Frauen mit Kopftuch in Jobs bringen"*, URL: https://www.ndr.de/info/Hamburg-will-mehr-Frauen-mit-Kopftuch-in-Jobs-bringen,audio221810.html (letzter Zugriff: 08.11.2015).

Osel, Johann, *„Ramadan an der Schule. Nichts essen, nichts trinken, nichts lernen"*, Süddeutsche Zeitung, 21.07.2014, URL: http://www.sueddeutsche.de/bildung/

ramadan-an-der-schule-nichts-essen-nichts-trinken-nichts-lernen-1.2051961 (letzter Zugriff: 13.04.2017).

Rommelspacher, Birgit, „*Islamkritik und antimuslimische Positionen am Beispiel von Necla Kelek und Seyran Ates*“, in: Thorsten Gerald Schneiders (Hg.) *Islamfeindlichkeit – Wenn die Grenzen der Kritik verschwimmen*, Wiesbaden 2009, S. 433–456.

Scherr, Albert/Gründer, René, *Toleriert und benachteiligt: Jugendliche mit Migrationshintergrund auf dem Ausbildungsmarkt im Landkreis Breisgau-Hochschwarzwald*, 2011, URL: http://www.wi-jhw.de/tl_files/Bilder/WI-Bilder/PDFs/Forschungsprojekte/Scherr_Gruender_2011_Toleriert_und_-benachteiligt_final.pdf (letzter Zugriff: 13.04.2017).

Wetzel, Jakob, „*Berufsverbot. Wenn dem Freistaat ein angehender Lehrer nicht gefällt.*“, Süddeutsche Zeitung, 11.03.2018, URL: http://www.sueddeutsche.de/muenchen/berufsverbot-wenn-dem-freistaat-ein-angehender-lehrer-nicht-gefaellt-1.3899762 (letzter Zugriff: 20.03.2018).

Zawatka-Gerlach, Ulrich, „*Berliner SPD streitet um das Kopftuch*“, Tagesspiegel, 14.10.2015, URL: http://www.tagesspiegel.de/berlin/mitgliederbefragung-berliner-spd-streitet-um-das-kopftuch/12446120.html (letzter Zugriff: 27.03.2017).

Melahat Kisi, Annett Abdel-Rahman und Kathrin Klausing

Zum Nutzen der Kategorie gender für die islamische Religionspädagogik

Abstract Since the implementation of Islamic religious instruction in public schools in Germany in 2012 there is a great need for research on Islamic education in schools. The purpose of this article is to show the importance of gender as a tool for research on Islamic education at public schools by pointing out the research on the role of gender in Christian religious education.

1 Einleitung

Seit der im Jahr 2012 begonnenen sukzessiven Einführung des ordentlichen islamischen Religionsunterrichts[1] in verschiedenen Bundesländern steht die sich zeitgleich neu etablierende islamische Religionspädagogik vor der Herausforderung, Grundfragen, Ansätze und Konzepte für die Theorie und die Praxis zu entwickeln und zu formulieren. Hierzu bedarf es der Grundlagenforschung in allen theologischen und pädagogischen Themenbereichen, zu denen islamische Quellenarbeit, Erkenntnisse zum muslimischen Gemeindeleben in Deutschland und den Herkunftsländern als auch Ergebnisse der Pädagogik, Entwicklungspsychologie und vor allem auch christlichen Religionspädagogik gehören.[2] Vor dem Hintergrund der Neukonstituierung der islamischen

---

1 Zu den Unterschieden zwischen den Modellversuchen wie Islamkunde und einem ordentlichen islamischen Religionsunterricht sowie der historischen Entwicklung siehe z.B. Michael Kiefer, „*Aktuelle Entwicklungen in den Ländern: Art und Umfang der bestehenden Angebote, Unterschiede, Perspektiven*", in: Deutsche Islamkonferenz (Hg.), *Islamischer Religionsunterricht in Deutschland. Perspektiven und Herausforderungen*, Nürnberg 2011, S. 60–71, URL: http://www.deutsche-islam-konferenz.de/DIK/DE/DIK/5ReligionsunterrichtSchule/Doku-IRU-Tagung-2011/Doku-IRU-Tagung-2011-node.html (letzter Zugriff: 19.12.2017) sowie Jörg Imran Schröter, *Die Einführung eines Islamischen Religionsunterrichts an öffentlichen Schulen in Baden-Württemberg*, Freiburg i.Br. 2015.

2 Bülent Uçar, „*Prinzipien einer islamischen Religionspädagogik*", in: Bülent Uçar (Hg.), *Islamische Religionspädagogik zwischen authentischer Selbstverortung und dialogischer Öffnung. Perspektiven aus der Wissenschaft und dem Schulalltag der Lehrkräfte*, Frankfurt am Main 2011, S. 118 ff.

Religionspädagogik soll in dem vorliegenden Beitrag die Frage nach der Bedeutsamkeit der Geschlechterkategorie als notwendiger integraler Bestandteil der islamischen Religionspädagogik diskutiert werden. Dies ist zum einen darauf zurückzuführen, dass Religion mit Geschlecht auf vielfältige Weise korreliert, da religiöse Traditionen, Begriffe, Anschauungen, Symbole und Rituale geschlechtsspezifische Prägungen beinhalten und somit im Zusammenspiel mit der Kultur das Ideal sowie das Selbstverständnis von Frauen und Männern beeinflussen.[3] Zum anderen ist für (religiöse) Bildungsprozesse eine Subjektorientierung signifikant, weshalb soziale und persönliche Bedingungen sowie Voraussetzungen der SchülerInnen für religiöses Lehren und Lernen berücksichtigt werden müssen, zu denen auch die geschlechtliche Selbstkategorisierung gehört.[4]

Infolgedessen wird im ersten Schritt die Geschlechterkategorie definiert, während im zweiten Schritt die christliche religionspädagogische Geschlechterforschung dargestellt wird. Abschließend wird im dritten Schritt thesenhaft die Rolle der Geschlechterkategorie für den islamischen Religionsunterricht diskutiert.

3 Birgit Heller, „*Religionen: Geschlecht und Religion – Revision des homo religiosus*“, in: Ruth Becker/Beate Kortendiek (Hg.), *Handbuch Frauen- und Geschlechterforschung. Theorie, Methoden, Empirie*, Wiesbaden 2010, S. 713.

4 Reinhold Boschki, *Einführung in die Religionspädagogik*, 2. Aufl., Darmstadt 2012, S. 91 f.; Elisabeth Naurath, „„*Schüler/in und Religionslehrer/in*“, in: Martin Rothgangel/Gottfried Adam/Rainer Lachmann (Hg.), *Religionspädagogisches Kompendium*, Göttingen 2012, S. 268.

2 Definition von Geschlecht[5]

Da das Verständnis von Geschlecht bzw. die impliziten Alltagstheorien[6] über Geschlechter die Wahrnehmung und Interpretation der Lebensrealitäten sowie das Handeln beeinflussen, ist die Definition von Geschlecht für die pädagogische Praxis, in der Wahrnehmung, Bewertung und Handeln eine bedeutsame

---

5 Die konzeptionelle Unterscheidung zwischen sex als biologisches bzw. körperliches Geschlecht und gender als soziales Geschlecht im konstruktivistischen Ansatz stellte eine Weichenstellung in der Geschlechterforschung dar. Mit dieser heuristischen Differenzierung sollten Geschlechterbilder nicht als biologisch festgelegte Realitäten betrachtet werden, sondern als gesellschaftlich wandelbare Konstruktionen verstanden werden. Allerdings wird diese Unterscheidung u.a. dahin gehend problematisiert, dass das biologische Geschlecht ebenfalls eine kulturelle Konstruktion darstelle. Bzgl. dieser Diskussion siehe z.B. Birgit Riegraf, *„Konstruktion von Geschlecht"*, in: Brigitte Aulenbacher/Michael Meuser/Birgit Riegraf (Hg.), *Soziologische Geschlechterforschung. Eine Einführung*, Wiesbaden 2010, S. 61 ff.; Birgit Sauer, *„Gender und Sex"*, in: Albert Scherr (Hg.), *Soziologische Basics. Eine Einführung für pädagogische und soziale Berufe*, Wiesbaden 2013, S. 76. Im vorliegenden Aufsatz werden Geschlecht und gender synonym verwendet, die als soziokulturelle Konstruktion von Geschlechtlichkeit verstanden werden, d.h. die „Gesamtheit von Vorstellungen, Erwartungen und Zuschreibungen, die im jeweiligen Kontext in Bezug auf Frauen und Männer existieren, […] [wird] gesellschaftlich hergestellt und damit auch als gesellschaftlich veränderbar begriffen. [Somit ist Gender] ein Produkt kontinuierlicher bewusster wie unbewusster Interaktionsarbeit, es ist sozial erlernt und kulturell konstruiert, historisch und kulturell wandelbar und somit aktiv gestaltbar. Gender beschreibt die Geschlechter auch in ihren sozialen Verhältnissen zu- und untereinander", Heike Kahlert, *„Gender Mainstreaming: ein Konzept für Geschlechtergerechtigkeit in der Schule?"*, in: Dorothea Krüger (Hg.), *Genderkompetenz und Schulwelten*, Wiesbaden 2011, S. 73.

6 Mit impliziten Alltagstheorien ist das alltagsweltliche Geschlechterwissen der Gesellschaftsmitglieder gemeint, welches nach Angelika Wetterer wissenssoziologisch eine Spielart des Geschlechterwissens darstellt. Dieses Alltagswissen besteht aus „plurale[m] und inkohärente[m] Erfahrungs- und Handlungswissen […], das neben diskursiven Wissenselementen einen breiten Fundus frageloser Selbstverständlichkeiten und Handlungsroutinen umfasst, zu dem vorreflexiv gewordene implizite Wissensbestände ebenso gehören wie inkorporierte Formen eines praktischen Wissens oder Könnens, das weniger im Kopf bewahrt ist als im Körper und scheinbar wie von selbst ‚geschieht'". Angelika Wetterer, *„Gleichstellungspolitik im Spannungsfeld unterschiedlicher Spielarten von Geschlechterwissen. Eine wissenssoziologische Rekonstruktion"*, in: Gender. Zeitschrift für Geschlecht, Kultur und Gesellschaft, 1 (2009) 2, S. 52. Vgl. auch Birgit Riegraf/Lina Vollmer, *„Professionalisierungsprozesse und Geschlechter-Wissen"*, in: C. Behnke u.a. (Hg.), *Wissen-Methode-Geschlecht: Erfassen des fraglos Gegebenen*, Wiesbaden 2014, S. 35.

Rolle einnehmen, von grundlegender Bedeutung.[7] Im Hinblick auf die Kategorie Geschlecht ist zu berücksichtigen, dass die Geschlechterforschung eine „heterogene und multiperspektivische Konstellation“[8] darstellt, die unterschiedliche Diskurse mit vielfältigen theoretischen Referenzrahmen, Positionen sowie Begrifflichkeiten umfasst.[9] Diese Vielfalt spiegelt sich ebenso in den theoretischen Grundlegungen, Methoden, politischen Strategien sowie der gesellschaftlichen Akzeptanz der Thematik wieder.[10]

In dem vorliegenden Aufsatz wird Geschlecht unter einer sozialkonstruktivistischen Perspektive[11] bestimmt, da „konstruktivistische Perspektiven […] sich neben den Arbeiten zu geschlechtsspezifischen Ungleichheiten in der Geschlechterforschung als zentrales Forschungsfeld“ etabliert haben und zu einem wichtigen Perspektivenwechsel im Rahmen der Geschlechterforschung geführt haben.[12] Die sozialkonstruktivistische Geschlechterforschung betrachtet Geschlecht nicht als eine biologische Kategorie, d.h. als ein naturgegebenes

---

7 Claudia Schneider, „*Genderkompetenz: Vom alltagsweltlichen Geschlechterwissen zur theoriegeleiteten Professionalität*“, in: Sven Ernstson/Christine Meyer (Hg.), *Praxis geschlechtersensibler und interkultureller Bildung*, Wiesbaden 2013, S. 24.

8 Paula-Irene Villa, „*Feministische- und Geschlechtertheorien*“, in: Georg Kneer/Markus Schroer (Hg.), *Handbuch Soziologische Theorien*, Wiesbaden 2009, S. 111.

9 Vgl. Mechthild Bereswill, „*Geschlecht*“, in: Nina Baur u.a. (Hg.), *Handbuch Soziologie*, Wiesbaden 2009, S. 98.

10 Gisela Matthiae, „*Von der Emanzipation über die Dekonstruktion zur Restauration und zurück. Genderdiskurse und Geschlechterverhältnisse*“, in: Annebelle Pithan u.a. (Hg.): *Gender – Religion – Bildung. Beiträge zu einer Religionspädagogik der Vielfalt*, Gütersloh 2009, S. 30.

11 Paula-Irene Villa macht auf die Interdisziplinarität und Heterogenität des sozialkonstruktivistischen Ansatzes aufmerksam „Unter dem Oberbegriff der Konstruktion versammeln sich dabei eine Reihe verschiedener theoretischer Zugriffe auf die soziale Wirklichkeit des Geschlechts, die in wiederum unterschiedlicher Weise auf „Spielarten des Konstruktivismus“ (Knorr-Cetina 1989) zurückgreifen. […] Auf der Baustelle des feministischen bzw. geschlechtertheoretischen (Sozial-)Konstruktivismus werden mannigfaltige Werkzeuge eingesetzt: Phänomenologie, Wissenssoziologie, Ethnomethodologie, Diskurstheorie, Systemtheorie. Die leitende Frage ist dabei im Allgemeinen, „wie soziale Ordnung als kollektiv produzierte zustande kommt und den Menschen dabei als objektiv erfahrbare Ordnung entgegen tritt“ (Knorr-Cetina 1989, S. 87, Herv. i.O.) und im Besonderen, wie Menschen sich wechselseitig und in zeithistorisch je spezifischen Konstellationen zu Männern und Frauen machen und welche systematischen Folgen auf allen sozialen Ebenen dies hat.“ Villa, „*Feministische- und Geschlechtertheorien*“, S. 119 f.

12 Riegraf, „*Konstruktion von Geschlecht*“, S. 61.

und körperlich bzw. biologisch begründetes System der Zweigeschlechtlichkeit, welches eine Wirklichkeit und Ordnung darstellt, die nicht weiter hinterfragt wird.[13] Mit der Annahme naturgegebener Geschlechtscharaktere geht zum einen die Vorstellung einer Geschlechterpolarität einher, die von entgegengesetzten Eigenschaften wie z.B. Vernunft vs. Gefühl ausgeht. Zum anderen korreliert die Ansicht einer naturbedingten Geschlechterhierarchie mit der Annahme naturgegebener Geschlechtscharaktere, die eine Höherwertigkeit männlicher Attribute konstatiert.[14]

Im Gegensatz dazu wird Geschlecht im sozialkonstruktivistischen Ansatz vielmehr als eine wandelbare historische und soziokulturelle Kategorie verstanden:

> „Geschlecht wird als durch und durch kulturell und historisch wandelbares Klassifikationssystem betrachtet, als eine sozial und gesellschaftlich folgenreiche Unterscheidung. Gesellschaftsmitglieder haben demnach ihr Geschlecht nicht durch die Geburt lebenslang und selbstverständlich erworben, sondern sie stellen Geschlechtlichkeit über voraussetzungsvolle Handlungen beständig her. Die Vorstellung von der Natur der Zweigeschlechtlichkeit strukturiert demnach die Alltagssituationen von Gesellschaftsmitgliedern in einem ganz grundlegenden Sinne und die Geschlechtsunterscheidungen werden über symbolische und institutionelle Arrangements abgesichert."[15]

Im Fokus des konstruktivistischen Ansatzes steht das ethnomethodologische Konzept des „doing gender"[16], welches die „alltägliche interaktive Herstellung und Bestätigung von Geschlecht" beschreibt.[17] Mit diesem Konzept wird

---

13 Ebd., S. 59 f.

14 Sauer, *„Gender und Sex"*, S. 75.

15 Riegraf, *„Konstruktion von Geschlecht"*, S. 59 f.

16 Das Konzept „doing gender" wurde im Rahmen von soziologischen Analysen zur Transsexualität 1987 von Candace West und Don H. Zimmerman entwickelt. Die AutorInnen grenzten sich mit diesem Konzept von der bis dahin bekannten „sex-gender-Unterscheidung" ab, die von einem inhärenten naturhaften Unterschied ausging und „gender" lediglich als eine kulturelle Ausprägung betrachtete, die diese natürlichen Unterschiede gesellschaftlich zum Ausdruck bringt. Im Gegensatz dazu gehen West und Zimmerman nicht vom Geschlecht als natürlichen Ausgangspunkt aus, von dem aus Unterschiede zwischen den Geschlechtern im Handeln und Erleben entstehen. Vielmehr setzen sie bei den Prozessen der Herstellung und Reproduktion von Geschlecht als Ausgangspunkt an. „Nicht ‚der Unterschied' konstituiert die Bedeutung, sondern die Bedeutung die Differenz". Regine Gildemeister, *„Doing Gender: Soziale Praktiken der Geschlechterunterscheidung"*, in: Ruth Becker/ Beate Kortendiek (Hg.), *Handbuch Frauen- und Geschlechterforschung. Theorie, Methoden, Empirie*, 3. erw. und durchges. Aufl., Wiesbaden 2010, S. 137.

17 Ebd.

in einem konstruktivistischen Sinn Geschlecht oder Geschlechtszugehörigkeit nicht als eine immanente Eigenschaft von Personen betrachtet. Vielmehr wird der Fokus auf die sozialen Prozesse gelegt, die zur Herstellung bzw. Reproduktion von Geschlecht beitragen.

> „Das Herstellen von Geschlecht (doing gender) umfasst eine gebündelte Vielfalt sozial gesteuerter Tätigkeiten auf der Ebene der Wahrnehmung, der Interaktion und der Alltagspolitik, welche bestimmte Handlungen mit der Bedeutung versehen, Ausdruck weiblicher oder männlicher ‚Natur' zu sein. Wenn wir das Geschlecht (gender) als eine Leistung ansehen, als ein erworbenes Merkmal des Handelns in sozialen Situationen, wendet sich unsere Aufmerksamkeit von Faktoren ab, die im Individuum verankert sind, und konzentriert sich auf interaktive und letztlich institutionelle Bereiche. In gewissem Sinne sind es die Individuen, die das Geschlecht hervorbringen. Aber es ist ein Tun, das in der sozialen Situation verankert ist und das in der virtuellen oder realen Gegenwart anderer vollzogen wird, von denen wir annehmen, dass sie sich daran orientieren. Wir betrachten das Geschlecht weniger als Eigenschaft von Individuen, sondern vielmehr als ein Element, das in sozialen Situationen entsteht: Es ist sowohl das Ergebnis wie auch die Rechtfertigung verschiedener sozialer Arrangements sowie ein Mittel, eine der grundlegenden Teilungen der Gesellschaft zu legitimieren."[18]

Die Tradierung von Geschlechternormen und geschlechterbezogenen Verhaltensmustern beginnt bereits frühzeitig in der Kindheit durch die soziale Umwelt wie Eltern, Familie, Bezugspersonen sowie FreundInnen.[19] Schließlich ist Geschlecht die erste soziale Kategorie,[20] die Kinder erlernen, mit der sie

---

18 Ebd.

19 Vgl. Maria Buchmayr, *„Vorwort"*, in: Maria Buchmayr (Hg.), *Geschlecht lernen. Gendersensible Didaktik und Pädagogik*, Innsbruck 2008, S. 7; Marita Kampshoff/Claudia Wiepcke, *„Einleitung: Zur Bedeutung der Geschlechterforschung in der Fachdidaktik"*, in: Marita Kampshoff/Claudia Wiepcke (Hg.), *Handbuch Geschlechterforschung und Fachdidaktik*, Wiesbaden 2012, S. 2.
In Bezug auf den Zusammenhang der kindlichen Entwicklung und der geschlechtlichen Selbstkategorisierung kann trotz einzelner Erkenntnisse abschließend festgehalten werden, dass es ein komplexes Zusammenspiel „vieler unterschiedlicher, individueller und gesellschaftlicher, politischer und sozialer, historischer und kultureller Faktoren" ist, das weder punktuell erfasst noch empirisch messbar ist. „Es ist also nach wie vor unklar, wie das Zusammenwirken von komplexen Einflüssen unterschiedlicher Ebenen verstanden werden kann". Annedore Prengel/ Barbara Rendtorff, *„Zur Einführung. Kinder und ihr Geschlecht – Vielschichtige Prozesse und punktuelle Erkenntnisse"*, in: Annedore Prengel/Barbara Rendtorff (Hg.), *Kinder und ihr Geschlecht*, Opladen u.a. 2008, S. 12 f.

20 Ursula Athenstaedt und Dorothee Alfermann definieren soziale Kategorisierung als einen kognitiven Prozess, in dem Personen bestimmten Gruppen zugeordnet werden,

ihre soziale Umwelt ordnen und im Zuge dieses Prozesses eine gender awareness entwickeln, d.h. eine „kognitive Bewusstwerdung der Existenz der sozialen Kategorie Geschlecht".[21] Demzufolge erlernen[22] alle Kinder bereits bis zum sechsten Lebensjahr[23] bestimmte Normen hinsichtlich der Kategorie Geschlecht, indem sie zum einen mit geschlechtlich codierten sozialen Erwartungen und Erziehungszielen konfrontiert werden und zum anderen in einer geschlechtlich codierten materiellen Lebenswelt aufwachsen, sodass sie die Normen durch Wiederholungen konkreter Handlungen einüben.[24] Mit der zunehmenden geschlechtlichen (Selbst-)Kategorisierung geht einher, dass Geschlechtsrollenstereotype aktiviert werden, d.h. „persönliche Überzeugungen und Erwartungen hinsichtlich der typischen Charakteristika von Männern und Frauen".[25] Als kognitive Schemata werden sie sozial geteilt und beeinflussen die Wahrnehmungen und das Verhalten.[26] Das Verständnis von der Entwicklung sowie Wirkung einer geschlechtlichen Selbstkategorisierung und Geschlechtsrollenstereotypen auf Bildungsprozesse ist insofern signifikant, da geschlechtsspezifische

---

die einzelne oder mehrere Charakteristika gemeinsam haben. Neben Geschlecht bilden das Alter und die ethnische Zugehörigkeit zentrale soziale Kategorien. Vgl. Ursula Athenstaedt/Dorothee Alfermann, *Geschlechterrollen und ihre Folgen. Eine sozialpsychologische Betrachtung*, Stuttgart 2011, S. 12.

21 Ebd., S. 13, 30.

22 In Anlehnung an Pierre Bourdieu ist von einem praktischen Lernbegriff auszugehen, in dem drei Arten von Lernen unterschieden werden. Ein unbewusstes Lernen durch Gewöhnung in Routinen und Ritualen; ein kognitives Lernen durch konkrete Regeln sowie ein praktisches Lernen, welches ein körperliches Lernen ist. Vgl. Anja Tervooren, *Im Spielraum von Geschlecht und Begehren. Ethnographie der ausgehenden Kindheit*, Weinheim und München 2006, S. 21.

23 Thomas Eckes zeigt auf, dass Kleinkinder in einem Alter bis zu sechs Monaten bereits fähig sind, kategoriale Unterscheidungen zwischen Geschlechtern wahrzunehmen, sodass bei Einjährigen schon die Grundlage für die Entwicklung von Stereotypen und für Prozesse der Stereotypisierung von Geschlechtern gegeben sind. Vgl. Thomas Eckes, *„Geschlechterstereotype: Von Rollen, Identitäten und Vorurteilen"*, in: Ruth Becker/Beate Kortendiek (Hg.): *Handbuch Frauen- und Geschlechterforschung. Theorie, Methoden, Empirie*, dritte Aufl., Wiesbaden 2010, S. 181.

24 Vgl. Tervooren, *Im Spielraum von Geschlecht und Begehren*, S. 23.

25 Eckes, *„Geschlechterstereotype: Von Rollen, Identitäten und Vorurteilen"*, S. 14.

26 Hinsichtlich der Geschlechterstereotype wird zwischen deskriptiven und präskriptiven Geschlechterstereotypen unterschieden. Während deskriptive Stereotype „die Meinungen darstellen, wie Frauen und Männer typischerweise sind", beschreiben präskriptive Geschlechterstereotype Meinungen „wie Frauen und Männer sein sollten". Athenstaedt/Alfermann, *Geschlechterrollen und ihre Folgen*, S. 14 f.

Leistungsunterschiede „in der Regel das Produkt aus psychologischen Prozessen (z. B. Selbstwirksamkeit einer Person), sozialen Faktoren (wie beispielsweise das Stereotype Threat) und biologischen Prozessen, wobei bis heute unklar ist, wie Sexualhormone die kognitive Leistung verändern können sollten" sind.[27] Die Stereotypenbedrohung (stereotype threat) bezeichnet die negativen Wirkungen von Stereotypen auf die Leistung von betroffenen Gruppenmitgliedern, die auf affektiver, motivationaler und kognitiver Ebene ausgelöst werden können, wenn „Personen ein Gefühl von Bedrohung erleben, wenn sie sich in einer Situation befinden, in der sie befürchten müssen, dass andere sie aufgrund von Stereotypen beurteilen bzw. dass sie durch ihr eigenes Verhalten die negativen Gruppenstereotype bestätigen".[28] In Bezug auf Geschlechtsrollenstereotype haben verschiedene Studien die Stereotypenbedrohung bei Frauen in naturwissenschaftlichen Fächern aufgezeigt.[29] Im Zusammenhang mit Geschlechtsrollenstereotypen ist zudem auf die Rolle der Fähigkeitsselbstkonzepte hinzuweisen. Denn „Menschen zeigen in Übereinstimmung mit Geschlechtsrollenstereotypen in solchen Bereichen besonders stark Fähigkeitsselbstkonzepte, die gemäß Geschlechtsrollenstereotypen zu ihrem biologischen Geschlecht passen und weniger stark Selbstkonzepte in Bereichen, die mit dem jeweils anderen Geschlecht in Verbindung gebracht werden."[30] Die Folgen der falsch eingeschätzten Fähigkeitsselbstkonzepte sind vielfältig. So zeigen z.B. verschiedene Studien, dass Schülerinnen im Vergleich zu Schülern häufiger unrealistische niedrige Fähigkeitsselbstkonzepte in mathematisch-naturwissenschaftlichen Fächern haben und sich generell bzgl. ihrer Fähigkeiten eher bescheidener einschätzen.[31]

3 Religionspädagogische Geschlechterforschung

Dass das Thema Geschlecht mittlerweile in der christlichen Religionspädagogik einen festen Platz einnimmt, kann man der religionspädagogischen Literatur

---

Geschlechterstereotype umfassen unterschiedliche Bereiche wie Emotionen, Rollenverhalten, Eigenschaften, Verhaltensweisen, körperliche Charakteristika, Berufe und Fähigkeiten. Vgl. ebd., S. 15 f.

27 Vgl. Steins, Gisela, „*Geschlechterforschung, Psychologie und ihre Didaktik*", in: Marita Kampshoff/Claudia Wiepcke, (Hg.), *Handbuch Geschlechterforschung und Fachdidaktik*, Wiesbaden 2012, S. 373.

28 Athenstaedt/Alfermann, *Geschlechterrollen und ihre Folgen*, S. 51.

29 Ebd.

30 Steins, „*Geschlechterforschung, Psychologie und ihre Didaktik*", S. 372.

31 Ebd., S. 375.

entnehmen.[32] So wird Geschlecht zunehmend in aktuellen Lehrbüchern und Grundlagenwerken katholischer und evangelischer Religionspädagogik als eine Dimension bzw. Perspektive für den Religionsunterricht aufgeführt.[33] So betont z.B. Elisabeth Naurath die Signifikanz der Geschlechterkategorie für die Handlungsfelder der Praktischen Theologie im Allgemeinen und verweist speziell auf die Zukunftsfähigkeit der christlichen Religionspädagogik, indem sie deutlich macht, dass eine Subjektorientierung eine Gender-Orientierung unmittelbar beinhaltet, da es keine geschlechtsneutrale Identitätsentwicklung gebe.[34] „Nur eine Religionspädagogik, die sowohl in der Theorie als auch Praxis den Parameter Geschlecht einbezieht, wird sich im Bildungsprozess als relevant behaupten."[35]

In den 1980er-Jahren etablierte sich Geschlecht als eigenständige religionspädagogische Forschungskategorie. Seitdem stehen die Hinterfragung der soziokulturellen weiblichen und männlichen Geschlechterrollen und die damit einhergehende Dekonstruktion der Festschreibung von Rollenstereotypen,[36] die Kritik androzentrischer Inhalte des Religionsunterrichts sowie die Sichtbarmachung von Frauen in der religiösen Tradition und Praxis und die Überwindung

---

32 Bereits seit den 80er-Jahren wird die Frage nach der Bedeutsamkeit der Genderkategorie im Religionsunterricht zunehmend in der katholischen und evangelischen Religionspädagogik diskutiert. Angefangen mit der feministischen Theologie und einzelnen engagierten Religionslehrerinnen entwickelte sich in den 90er-Jahren eine feministische Religionspädagogik. Für eine ausführliche Darstellung der Entwicklung der feministischen Religionspädagogik siehe u.a. Monika Jakobs, *„Religionspädagogische Entwicklungen zur Frauen- und Geschlechterforschung„*, in: Annebelle Pithan u.a. (Hg.), *Gender, Religion, Bildung. Beiträge zu einer Religionspädagogik der Vielfalt*. Gütersloh 2009, S. 47–72; Rita Burrichter, *„Perspektiven einer geschlechterbewussten Religionsdidaktik"*, in: Marita Kampshoff/Claudia Wiepcke (Hg.), *Handbuch Geschlechterforschung und Fachdidaktik*, Wiesbaden 2012, S. 245–257; Rita Burrichter, *„Feministische Theologie und theologische Frauenforschung im Kontext Fachdidaktik kath./ev. Religionslehre"*, in: Heidrun Hoppe/Marita Kampshoff/Elke Nyssen (Hg.), *Geschlechterperspektiven in der Fachdidaktik*, Weinheim und Basel 2001, S. 21–42.

33 Vgl. Christina Kalloch/Stephan Leimgruber/Ulrich Schwab (Hg.), *Lehrbuch der Religionsdidaktik. Für Studium und Praxis in ökumenischer Perspektive*, 2. Aufl., Freiburg im Breisgau 2010, S. 286–304; Boschki, *Einführung in die Religionspädagogik*, S. 93 f.; Naurath, *„Schüler/in und Religionslehrer/in"*, S. 265–276; Monika Jakobs, *„Feminismus, Geschlechtergerechtigkeit und Gender in der Religionspädagogik"*, in: Theo Web. Zeitschrift für Religionspädagogik 2 (2003) 2, S. 80. URL: http://theo-web.de/zeitschrift/ausgabe-2003-02/jakobs-monika_feminismus.pdf (letzter Zugriff: 19.12.2017).

34 Naurath, *„Schüler/in und Religionslehrer/in"*, S. 266.

35 Ebd., S. 268.

36 Vgl. Jakobs, *„Religionspädagogische Entwicklungen zur Frauen- und Geschlechterforschung"*, S. 49 f.

von Benachteiligungen aufgrund der Geschlechterzuschreibungen[37] im Zentrum des Interesses. So wurden z.B. im Rahmen der traditions- und kulturgeschichtlichen Vermittlung Impulse der theologischen Frauenforschung von der Religionsdidaktik aufgegriffen, sodass die Berücksichtigung von unbekannten biblischen Frauengestalten, weiblichen Heiligen und herausragenden Frauen der Kirchengeschichte in Lehrplänen, Schulbüchern und Unterrichtsmaterialien aufgenommen wurde.[38] Einen weiteren zentralen Forschungsbereich stellt die Beschäftigung mit der androzentrischen Tradition des Gottesbildes dar,[39] in dem überprüft wird, „ob und inwiefern die Kritik an einseitig männlich geprägten Gottesbildern, die als kritische Perspektive in einzelnen Themenbereichen der Grundlagen- und Lehrpläne durchaus aufgenommen wird, die gesamten theologischen und anthropologischen Lernbereiche des Religionsunterrichts auch tatsächlich durchzieht."[40] Dies wird u.a. im Hinblick auf den Zusammenhang zwischen dem Gottesbild und dem Selbst- bzw. Frauenbild in Bezug auf die religiöse Identität von Mädchen und Frauen betrachtet.[41]

Im Rahmen der religionspädagogischen Beschäftigung mit der Geschlechterkategorie geht es nach Monika Jakobs im Wesentlichen um folgende Fragen: „In welcher Weise wird Geschlecht religionspädagogisch wirksam? Wie wird Geschlechterdifferenz unter dem Blickwinkel religiösen Lernens konstruiert und wie wird sie wirksam? Welche anderen Differenzen überschneiden sich mit ihr oder stellen sie in Frage?"[42] Demzufolge kann man schlussfolgern, dass das Ziel eines genderbewussten Religionsunterrichts nicht „eine Assimilierung als

---

37 Vgl. Burrichter, „*Perspektiven einer geschlechterbewussten Religionsdidaktik*", S. 246.

38 Vgl. Burrichter, „*Feministische Theologie und theologische Frauenforschung*", S. 21. Hierbei ist jedoch wichtig, dass neben der quantitativen Steigerung der Frauenfiguren eine qualitative Dimension berücksichtigt wird. „Zu Fragen ist z.B. immer auch, welche biblische Frauengestalten überhaupt vorgestellt werden und wie diese männlichen Protagonisten zugeordnet sind, welche Sozialformen und Imaginationen des Weiblichen im Horizont der nicht gering zu schätzenden Autorität von Schrift und Tradition vermittelt werden", Burrichter, „*Perspektiven einer geschlechterbewussten Religionsdidaktik*", S. 246.

39 Ulrich Riegel, „*Höhere Macht und barmherziger Vater. Welchen Mehrwert bietet die Geschlechterperspektive bei jugendlichen Gottesbildern?*", in: Andrea Qualbring/ Annebelle Pithan/Mariele Wischer (Hg.), *Geschlechter bilden. Perspektiven für einen genderbewussten Religionsunterricht*, Gütersloh 2011, S. 179.

40 Burrichter, „*Feministische Theologie und theologische Frauenforschung*", S. 21 f.

41 Ebd.

42 Jakobs, „*Feminismus, Geschlechtergerechtigkeit und Gender in der Religionspädagogik*", S. 80.

Gleichmacherei der Geschlechter"[43] ist, sondern „Genderkonzepte und -erfahrungen zu thematisieren, zu reflektieren, zu stärken und zu irritieren."[44] Mit anderen Worten geht es darum, „Rollenzwänge abzubauen und [Kindern sowie] Jugendlichen ‚neuen Lebensraum' anzubieten, der eben nicht durch vorgegebene Lebensmodelle und damit auch Rollenzwänge geprägt ist."[45]

3.1 Genderbewusster und geschlechtergerechter Religionsunterricht

Trotz der mehr als 40-jährigen (religions-)pädagogischen Beschäftigung mit der Geschlechterkategorie ist zum einen festzustellen, dass es nach wie vor eine Kluft zwischen Theorie und Praxis gibt, sodass weiterhin große Defizite in der Umsetzung einer genderbewussten Religionspädagogik bestehen.[46] Zum anderen ist zu vermerken, dass es keine eindeutigen Konzepte bzw. „eine zusammenhängende Reflexion der Genderperspektiven"[47] für den Religionsunterricht gibt, sondern vielmehr unterschiedliche Forschungserträge, Diskurse und Methoden vorhanden sind.[48] Infolgedessen findet man in der (religions-)pädagogischen Geschlechterforschung verschiedene Begriffe wie

---

43 Naurath, *„Schüler/in und Religionslehrer/in"*, S. 268.

44 Annebelle Pithan, *„Wo steht die geschlechterbewusste Religionspädagogik?"*, in: Andrea Qualbring/Annebelle Pithan/Mariele Wischer (Hg.), *Geschlechter bilden. Perspektiven für einen genderbewussten Religionsunterricht*, Gütersloh 2011, S. 76.

45 Renate Hofmann, *„Genderfairer Religionsunterricht. Realität oder Utopie?"*, in: Schulfach Religion 24 (2005) 1–2, S. 74.

46 Neben den methodischen Defiziten in der Umsetzung macht Pithan auch auf inhaltliche Defizite aufmerksam wie z.B. die mangelnde kritische Männerforschung im Rahmen der Religionspädagogik. Vgl. Pithan, *„Wo steht die geschlechterbewusste Religionspädagogik?"* S. 70, 76. Des Weiteren weist Pithan auf Herausforderungen für eine genderbewusste Religionspädagogik hin und nennt Retraditionalisierungstendenzen bzgl. der Geschlechter in der Gesellschaft sowie Kirche und die Weiterentwicklung einer genderbewussten Religionspädagogik der Vielfalt, die den Ansatz der Intersektionalität integriert und verschiedene Differenzkategorien im Bildungsprozess mitberücksichtigt. Ebd., S. 71 ff.

47 Burrichter, *„Perspektiven einer geschlechterbewussten Religionsdidaktik"*, S. 252.

48 Als einen wissenschaftspolitischen Grund für die fehlenden Ausarbeitungen verweist Monika Jakobs darauf, dass es sich „wissenschaftspolitisch hinderlich [aus]wirkt [...], dass eine ‚Genderqualifikation' allein nicht als ausreichend angesehen wird oder sich als Karrierehindernis erweist und sich die ForscherInnen auch auf einem anderen Gebiet beweisen müssen. Dadurch erfahren interessante Fragestellungen und vielversprechende Pilotprojekte keine Fortführung." Jakobs, *„Religionspädagogische Entwicklungen zur Frauen- und Geschlechterforschung"*, S. 63.

z.B. Gender-Didaktik,[49] gleichstellungsorientierte Pädagogik,[50] geschlechtssensible Pädagogik,[51] geschlechterreflektierende Pädagogik,[52] die verwendet bzw. als Methoden und Ziele eingefordert werden. Als zentrale Ziele dieser Ansätze kann man vor allem die Sensibilisierung für die gesellschaftliche und soziokulturelle Konstruktion von Geschlecht und hierarchisch wirksamen Geschlechterverhältnissen nennen[53] sowie die mit der Sensibilisierung einhergehende „Erweiterung des Interessens-, Fähigkeits- und Bestätigungsspektrums von Buben und Mädchen jenseits stereotyper Geschlechterzuschreibungen."[54]

Vor diesem Hintergrund sollen die Perspektiven und Leitlinien[55] einer geschlechterbewussten und geschlechtergerechten Religionspädagogik nach Andrea Lehner-Hartmann[56] vorgestellt werden, in denen die bestehenden (religions-)pädagogischen Überlegungen zu Geschlecht und Religionsunterricht zusammengeführt werden.[57]

Nach Lehner-Hartmann beinhaltet der Begriff „genderbewusst" noch kein eindeutiges theoretisches Programm und wird vielmehr durch die jeweiligen theoretischen Grundannahmen inhaltlich bestimmt.[58] In ihrem Ansatz unterscheidet sie zwischen einer genderbewussten und geschlechtergerechten

---

49 Jutta Hartmann, *„Differenz, Kritik, Dekonstruktion – Impulse für eine mehrperspektivische Gender-Didaktik"*, in: Anita P. Mörth/Barbara Hey (Hg.), *Geschlecht und Didaktik*, 2. Aufl., Graz 2010, S. 13.

50 Claudia Schneider, *„Vom ‚heimlichen Lehrplan' zu genderfairen Unterrichtsmaterialien: über Eisberge, Haltungen, pädagogische Standards und good practice"*, in: Anita P. Mörth/Barbara Hey (Hg.), *Geschlecht und Didaktik*, 2. Aufl., Graz 2010, S. 24.

51 Ebd., S. 25.

52 Elisabeth Duschet, *„Geschlechterverhältnisse in Religionsbüchern für den evangelischen Religionsunterricht. Eine erziehungswissenschaftliche Analyse zur Grundschule"*, in: Schulfach Religion 24 (2005), S. 19.

53 Hartmann, *„Differenz, Kritik, Dekonstruktion"*, S. 13.

54 Duschet, *„Geschlechterverhältnisse in Religionsbüchern"*, S. 19.

55 Rita Burrichter konstatiert angesichts der fehlenden Konzepte für den Religionsunterricht, dass allenfalls „gendersensible Leitfragen für die Unterrichtspraxis formuliert werden [können], die zugleich anstehende Forschungsfragen sind." Burrichter, *„Perspektiven einer geschlechterbewussten Religionsdidaktik"*, S. 252.

56 Vgl. Andrea Lehner-Hartmann, *„Perspektiven und Leitlinien für einen genderbewussten Religionsunterricht"*, in: Andrea Qualbring/Annebelle Pithan/Mariele Wischer (Hg.), *Geschlechter bilden. Perspektiven für einen genderbewussten Religionsunterricht*, Gütersloh 2011, S. 79–91.

57 Burrichter, *„Perspektiven einer geschlechterbewussten Religionsdidaktik"*, S. 253.

58 Lehner-Hartmann führt hinsichtlich der unterschiedlichen theoretischen Grundannahmen zwei Beispiele auf. So kann eine differenztheoretische Perspektive dazu

Dimension. Während der Begriff „genderbewusst“ eine angestrebte Sensibilität für die Wirksamkeit von Geschlecht in allen Lebenswelten beschreibt, umschreibt der Begriff „geschlechtergerecht“ sowohl das Ziel als auch den Weg, um einen „barrierefreien Zugang zu Ressourcen und Möglichkeiten der Lebensgestaltung jenseits zweigeschlechtlicher Eingrenzungen zu eröffnen.“[59] Hierbei sind zum einen äußere Barrieren gemeint wie „Wahrnehmung und Zuschreibung und daraus resultierendes Verhalten und Handeln durch Andere“ sowie zum anderen innere Barrieren „wie Selbstbild, Zutrauen und Interesse.“[60] Zusammengefasst kann man sagen, dass sich ein genderbewusster und geschlechtergerechter (Religions-)Unterricht durch geschlechtsempathisches Wahrnehmen und geschlechtsdekonstruktives Arbeiten auszeichnet, wobei gender als Querschnittsaufgabe fungiert und nicht nur als ein zusätzliches Thema im alltäglichen Themenkanon behandelt wird.[61] Lehner-Hartmann versteht genderbewusstes Lehren im Religionsunterricht vorwiegend als experimentelles Lernen[62], welches „Missverständnisse, Brüche, Fragmentaritäten“ und sogar Scheitern umfasst, weshalb sie einen kontinuierlichen offensiven Umgang empfiehlt. Infolgedessen umschreibt sie geschlechtergerechtes Unterrichten als „Aufbruch in ein neues Land […], ohne genau zu wissen, wo man tatsächlich ankommt, weil die Intentionen der Lehrpersonen nicht mit deren Wirkungen bei den jeweiligen SchülerInnen zusammenfallen müssen und werden.“[63] Neben dem Verständnis von einem genderbewussten Religionsunterricht ist es Lehner-Hartmann zufolge ebenso wichtig, zu berücksichtigen, dass der Religionsunterricht durch unterschiedliche kontextuelle Faktoren beeinflusst wird, die wiederum einen geschlechtergerechten Unterricht prägen. Aus diesem Grund legt sie nahe, im Vorfeld die Bedeutung des Themas Geschlecht in der jeweiligen Schule durch folgende Fragen einzuordnen:

---

führen, dass „Differenzen herausgearbeitet, betont und unterschiedliche Wege für den Umgang mit Jungen und Mädchen in Religion beschritten werden.“ Lehner-Hartmann, *„Perspektiven und Leitlinien“*, S. 79. Während ein gleichheitsorientiertes Verständnis bedeuten kann, dass „Jungen und Mädchen gleiche Reaktionen für gleiches Verhalten erhalten.“ Ebd.

59 Ebd.

60 Ebd.

61 Ebd., S. 86.

62 Lehner-Hartmann macht darauf aufmerksam, dass ein experimentelles Lernen mit einem Bildungsverständnis einhergeht, welches nicht ausschließlich aus messbarem Erfolg und Überprüfbarkeit besteht. Ebd., S. 89.

63 Ebd.

„Wer will genderbewussten Religionsunterricht? Handelt es sich um ein Einzelanliegen einer Lehrperson, das von Kollegenschaft, Schulleitung und anderen mehr oder weniger unterstützt wird? Fordern ihn Schülerinnen und Eltern ein? Ist es eine sensibilisierte Fachaufsicht, die den Religionsunterricht damit an gesellschaftlichen Themen anschlussfähig halten möchte? Oder ist es vielleicht die Schulleitung, die gender als Schwerpunktthema für Schulentwicklungsprozesse vorgibt und die einzelnen Fächer herausfordert, sich dementsprechend zu positionieren? Wird gender als modisch und kurzlebig oder als Thema mit Nachhaltigkeit aufgefasst?“[64]

Hinsichtlich der Umsetzung eines genderbewussten Religionsunterrichts macht Lehner-Hartmann darauf aufmerksam, dass man verschiedene Ebenen berücksichtigen muss. Hierbei unterscheidet sie grob vier Ebenen, die sie als Perspektiven für einen genderbewussten Religionsunterricht aufzeigt. Mit diesem mehrdimensionalen Zugang wird der komplexen Tradierung der Geschlechternormen in der Schule Rechnung getragen. Schließlich ist die Schule ein Ort von enormer Bedeutung, an dem gesellschaftliche Normen und Werte tradiert und erworben werden,[65] zu denen auch Geschlechternormen gehören, die neben der Familie in der Schule als gesellschaftliche Sozialisationsinstanz[66] auf vielfältige Weise vermittelt und angeeignet werden.[67] In diesem Zusammenhang bringt das Konzept des „geheimen Lehrplans“ zum Ausdruck, dass geschlechtsrollenstereotype Vorstellungen, Haltungen, Erwartungen und Einstellungen neben den Unterrichtsinhalten im

64 Ebd., S. 80.

65 Monika Jäckle beschreibt die Schule als „institutionelle Verankerung der gesellschaftlichen Ordnung der Geschlechterbinarität, die sich über das Geschlechterdispositiv reproduziert.“ Monika Jäckle, *Schule M(m)acht Geschlechter. Eine Auseinandersetzung mit Schule und Geschlecht unter diskurstheoretischer Perspektive*, Wiesbaden 2009, S. 152.

66 Die Schule soll neben der Sozialisation noch weitere gesellschaftliche Funktionen erfüllen wie „Qualifikation, Allokation, Sozialisation und Bereitstellung einer Gruppe von Gleichaltrigen“. Demzufolge soll Schule im Sinne einer Sozialisationsfunktion „zur Entwicklung mündiger und sozial verantwortlicher Persönlichkeiten beitragen und gesellschaftlich wünschenswerte Wertorientierungen und Verhaltensbereitschaften vermitteln, was gemeinhin als „Erziehungsauftrag“ der Schule verstanden wird. Vgl. Karin Siebertz-Reckzeh/Hubert Hofmann *„Sozialisationsinstanz Schule. Zwischen Erziehungsauftrag und Wissensvermittlung“*, in: Martin K. W. Schweer (Hg.), *Lehrer-Schüler-Interaktion. Inhaltsfelder, Forschungsperspektiven und methodische Zugänge*, 3. aktual. und überarb. Aufl., Wiesbaden 2017, S. 6 f.

67 Aus diesem Grund geht es im Forschungsfeld „Gender und Schule“ vor allem um die „hierarchischen Geschlechterordnungen in der Schule“ und um die „Bedeutung der Schule für die Reproduktion und Infragestellung herrschender Geschlechterverhältnisse.“ Duschet, *„Geschlechterverhältnisse in Religionsbüchern“*, S. 18. In Bezug auf die historische und thematische Entwicklung im Rahmen der mehr als 30-jährigen Forschung zum Themenfeld Gender und Schule siehe z.B. Dorothea Krüger, *„Drei*

Zuge der vielfältigen sozialen, emotionalen und organisatorischen Erfahrungen in der Schule tradiert werden. „In Auseinandersetzung mit diesem geheimen Lehrplan entwickeln die Schülerinnen und Schüler Strategien und Verhaltensweisen, mit denen sie ihre Geschlechtszugehörigkeit situationsgerecht darstellen und bestätigen können."[68] Diese Mehrdimensionalität des Geschlechtererwerbs spiegelt sich in der pädagogischen Geschlechterforschung wieder, in der unterschiedliche Bereiche untersucht werden. Hierzu gehören die Analyse der Lehrinhalte, Unterrichtsmaterialien, Schulbücher, Curricula, des Interaktions- und Kommunikationsgeschehens im Unterricht und in der Schule, der Organisation von Schule und Unterricht sowie der Schule als Institution mit entsprechenden formalen Organisationsstrukturen und informelle Organisationskulturen.[69]

Lehner-Hartmann unterscheidet bzgl. ihrer geschlechterbewussten Religionspädagogik zwischen einer strukturellen, didaktischen, interaktiven sowie individuellen Ebene.

3.1.1 Strukturelle Ebene

Auf der strukturellen Ebene geht es allgemein um die Rolle der Geschlechterkategorie im Rahmen der Schule, die als eine geschlechtshierarchische Organisation analysiert wird. Diese Ebene ist insofern wichtig, da der Religionsunterricht „im Rahmen eines bestimmten Schulsystems und einer konkreten Schulform" stattfindet, die wiederum „in gesellschaftliche Entwicklungen und Diskursräume zu Religion und religiöser Bildung" eingebettet ist und in der Praxis zumeist von einzelnen engagierten Lehrpersonen, die durch Eigeninitiative das Thema Geschlecht in den Religionsunterricht versuchen einzubringen, vernachlässigt wird. Diese Vernachlässigung kann jedoch dazu führen, dass Widerstände und Schwierigkeiten nicht richtig eingeordnet werden können und somit zu Frust führen.[70] Auch Henrike Roisch macht auf die Bedeutsamkeit der strukturellen Ebene aufmerksam, indem sie aufzeigt, dass die Strukturen in Schulen einerseits

---

Jahrzehnte Forschung zu „Geschlecht und Schule". Eine Einleitung", in: Dorothea Krüger (Hg.), *Genderkompetenz und Schulwelten*, Wiesbaden 2011, S. 21–40; Hannelore Faulstich-Wieland/Marianne Horstkemper, „*Schule und Genderforschung*", in: Marita Kampshoff/Claudia Wiepcke (Hg.), *Handbuch Geschlechterforschung und Fachdidaktik*, Wiesbaden 2012, S. 25–38.

68 Duschet, „*Geschlechterverhältnisse in Religionsbüchern*", S. 18.

69 Schneider, „*Vom ‚heimlichen Lehrplan' zu genderfairen Unterrichtsmaterialien*", S. 25; siehe auch Stürzer, Monika, „Unterrichtsformen und die Interaktion der Geschlechter in der Schule", in: Monika Stürzer u.a. (Hg.), *Geschlechterverhältnisse in der Schule*, Opladen 2003.

70 Lehner-Hartmann, „*Perspektiven und Leitlinien*", S. 80.

durch spezifische Frauen- und Männerbilder geprägt sind und andererseits bestimmte Männer- und Frauenbilder durch die horizontale und vertikale Geschlechtersegregation[71] reproduziert werden.[72] So sind z.B. im Rahmen der vertikalen Geschlechtersegregation Leitungsfunktionen überwiegend von Männern besetzt,[73] während im Zusammenhang der horizontalen Geschlechtersegregation z.B. Frauen überwiegend in sprachlichen und künstlerischen Fächern vertreten sind und Männer in mathematisch-naturwissenschaftlichen Fächern präsent sind. Ferner besteht bei Frauen eine überdurchschnittlich hohe Teilzeitquote. Somit werden durch diese Formen der hierarchischen und funktionalen Arbeitsteilung Geschlechtsrollenstereotype reproduziert.[74]

Vor diesem Hintergrund empfiehlt Lehner-Hartmann folgende analytische Fragen hinsichtlich der horizontalen und vertikalen Geschlechtersegregation, um die Schule als Institution für die Praxis eines genderbewussten Religionsunterrichts reflektieren zu können:

> „Um welchen Schultyp mit welchen (Aus-)Bildungsschwerpunkten handelt es sich? Wie sieht die Geschlechterverteilung im Lehrkörper und in Bezug auf Funktionen und Aufgaben in der Schule aus? Welche Bedeutung hat gender in der Schule, vor allem bei Leitung und KollegInnen? Welchen Stellenwert hat Religion als Dimension schulischer Realität in Form der gelebten Religion von SchülerInnen und LehrerInnen sowie als Unterrichtsfach? Welche Sprache wird verwendet? Welche Fächer und Personen genießen hohes Ansehen, welches Verhalten gilt als erwünscht und was wird als Leistung angesehen?“[75]

---

71 Als horizontale Geschlechtersegregation betrachtet Roisch die Geschlechterverteilung im Hinblick auf die Art der Beschäftigung, d.h. Teilzeit, Vollzeit, stundenweise Beschäftigung, den Schultyp, die Unterrichtsfächer sowie die außer- und innerschulischen Funktionen. In Bezug auf die vertikale Geschlechtersegregation analysiert Roisch die Geschlechterverteilung vor allem in Bezug auf die Schulleitung. Henrike Roisch, *„Die horizontale und vertikale Geschlechterverteilung in der Schule“*, in: Monika Stürzer u.a. (Hg.), *Geschlechterverhältnisse in der Schule*, Opladen 2003, S. 22 f.

72 Ebd., S. 22.

73 Im Hinblick auf die Leitungsfunktionen weist Roisch darauf hin, dass es Unterschiede zwischen den alten und neuen Bundesländern gibt. Demzufolge ist in den alten Bundesländern der Männeranteil im Amt der Schulleitung sehr hoch, während in den neuen Bundesländern überwiegend ein ausgewogenes Geschlechterverhältnis zu beobachten ist. Zudem gibt es auch zwischen den Bundesländern vereinzelt Unterschiede. Darüber hinaus ist auch zu beobachten, dass Frauen in Leitungspositionen vornehmlich in Grund- und Hauptschulen vertreten sind. Vgl. ebd., S. 36 ff.

74 Vgl. Waltraud Cornelißen, *„Gendergerechte Ansätze in der Schule: Ein Schritt zu mehr Geschlechterdemokratie?“*, in: Dorothea Krüger (Hg.), *Genderkompetenz und Schulwelten*, Wiesbaden 2011, S. 90 f.

75 Lehner-Hartmann, *„Perspektiven und Leitlinien“*, S. 85.

3.1.2 Didaktische Ebene

Als zweite bedeutsame Ebene im Rahmen eines gendersensiblen Religionsunterrichts nennt Lehner-Hartmann die didaktische Ebene. Hinsichtlich einer geschlechtergerechten Fachdidaktik[76] ist allgemein zu berücksichtigen, dass es vielfältiger Herangehensweisen bedarf, die sowohl die Rolle der Geschlechterkonstruktionen für Bildungsprozesse bedenkt als auch die absichtsvolle Dekonstruktion miteinschließt. Will man die Kategorie Geschlecht als Querschnittsperspektive in eine spezifische Fachdidaktik integrieren, ist es erforderlich, verschiedene didaktische Faktoren, die in der Abbildung dargestellt sind, vor dem Hintergrund einer Geschlechterperspektive zu betrachten.[77]

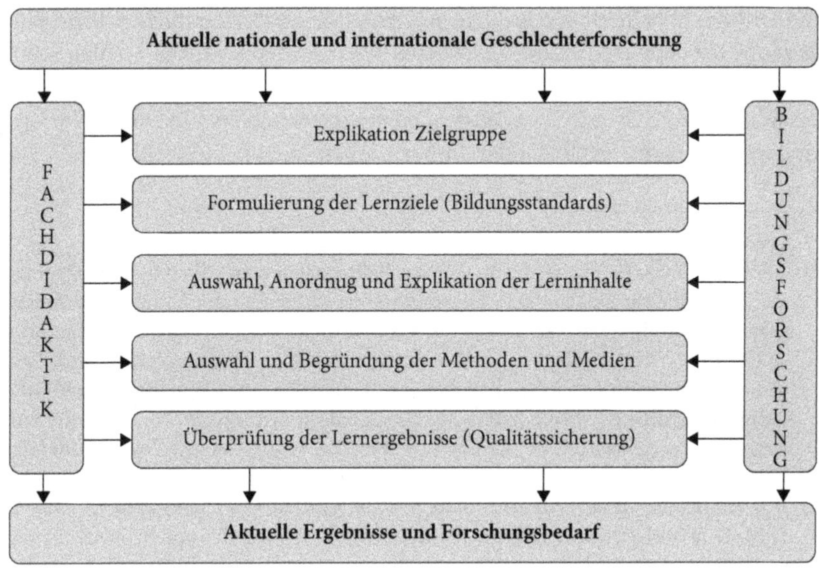

Abb. 1: Faktoren der Fachdidaktik (Kampshoff/Wiepcke 2012, S. 4)

---

76 Rainer Lachmann und Martin Rothgangel definieren Religionsdidaktik als ein Spektrum von Fragen hinsichtlich des Religionsunterrichts *„Religionsdidaktik ist die Theorie religiöser Bildung am Lernort Schule, wobei der wechselseitige Erschließungsprozess zwischen Schüler/innen und theologisch begründeten Inhalten sowie Ausdrucksformen anhand der Wozu-, Warum-, Was- und Wie-Frage reflektiert wird."*
Rainer Lachmann/Martin Rothgangel, *„Verständnis und Aufgaben religionsunterrichtlicher Fachdidaktik"*, in: Martin Rothgangel/Gottfried Adam/Rainer Lachmann (Hg.): *Religionspädagogisches Kompendium*, Göttingen 2012, S. 36.

77 Kampshoff/Wiepcke, *„Einleitung"*, S. 2 ff.

Auch Lehner-Hartmann stellt hinsichtlich einer geschlechterbewussten Didaktik folgende Fragen: „Welche Vorprägung [erfolgt] durch Lehrpläne und Unterrichtsmaterialien […]? Welche Themen und Inhalte [werden] ausgewählt? Und welche Resonanz sie bei Jungen und Mädchen hervorrufen. Welche Unterrichtsformen, -methoden und -medien werden gewählt?“[78]

In Anlehnung an die Abb. 1 sollen im Folgenden exemplarisch die Unterrichtsmaterialien sowie Methoden bzw. Inhalte vor dem Hintergrund einer geschlechterbewussten Religionspädagogik skizziert werden.

3.1.2.1 Unterrichtsmaterialien

Claudia Schneider stellt im Allgemeinen die Untersuchung von Schulbüchern[79] und Unterrichtsmaterialien im Rahmen der Analyse des heimlichen Lehrplans als zentral heraus. Denn Unterrichtsmaterialien sind wesentliche Medien schulischer Sozialisation und geben das als gesellschaftlich relevant erachtete Wissen weiter. Dadurch stellen sie Wirklichkeit dar, vermitteln Werte und Normen und transportieren explizit oder implizit Aussagen über Geschlechter.[80] Die

78 Lehner-Hartmann, *„Perspektiven und Leitlinien“*, S. 85.

79 Allerdings ist zu berücksichtigen, dass das Religionsbuch im „didaktischen Arrangement […] nur ein Element [ist]. Geschlechtergerechtigkeit erfordert ein Zusammenspiel von Schulkultur, Interaktion im Klassenzimmer, Unterrichtsmaterialien und -methoden. […] Allerdings kann ein – im Sinne der Geschlechtergerechtigkeit – gut gemachtes Religionsbuch allen Beteiligten wesentliche Anregungen für den Lehr- und Lernprozess geben.“ Ulrike Baumann, *„Mich mögen, wie ich bin … Geschlechterdifferenz im Religionsbuch“*, in: Annebelle Pithan u.a. (Hg.): *Gender, Religion, Bildung. Beiträge zu einer Religionspädagogik der Vielfalt*, Gütersloh 2009, S. 339.

80 Vgl. Schneider, *„Vom ‚heimlichen Lehrplan‘ zu genderfairen Unterrichtsmaterialien“*, S. 25. Hinsichtlich der Wirkung von Schulbüchern auf Schüler und Schülerinnen ist zu berücksichtigen, dass empirische Studien zur Wirksamkeit bisher fehlen und in der überwiegenden Forschung eine Wirkung bloß angenommen bzw. vorausgesetzt wird. Trotz des fehlenden empirischen Nachweises der Wirkung von Schulbüchern auf die geschlechterbezogene Sozialisation wird die Schulbuchforschung hinsichtlich der Geschlechterdarstellungen als wichtig erachtet, da ein Schulbuch „von staatlicher Autorität genehmigt oder sogar vorgeschrieben wird und in einer von der Öffentlichkeit getragenen Institution wie der Schule verwendet wird. Die sich im Schulbuch verdichteten (sic!) und staatlich sanktionierten Werte und Normen widerspiegeln gesellschaftliche Kräfte, welche intentional ausgerichtet sind, also den expliziten Auftrag haben, einen Einfluss auf die Kinder und Jugendlichen auszuüben.“ Ursula Stohler/Nicole Bodnar, *„Die Didaktik an der Grenze zur Genderforschung – Geschlechterstereotypen im Schulbuch Bonne Chance“*, in: Patrick Bühler/Thomas Bühler/Fritz Osterwalder (Hg.), *Grenzen der Didaktik*, Bern/Stuttgart/Wien 2010, S. 125 f.

Signifikanz der Schulbuchdarstellungen der Geschlechter spiegelt sich auch in dem Beschluss der Kultusministerkonferenz[81] vom 21.11.1986 wider, in dem herausgestellt wird, dass

> „die Darstellung von Männern und Frauen sowie Mädchen und Jungen in Schulbüchern dem Verfassungsgebot der Gleichberechtigung entsprechen muss. Es muss deutlich werden, dass die Aufgaben in Familie, Beruf und Gesellschaft, deren Erfüllung gleichermaßen in der Verantwortung von Männern und Frauen fällt, gleichwertig sind und dass sie zumeist in gleicher Weise von Frauen und Männern wahrgenommen werden können."[82]

In Bezug auf Religionsschulbücher, die Annebelle Pithan als „Visitenkarten des Religionsunterrichts" bezeichnet, kann festgehalten werden, dass sie „ausgewählte biblisch-theologische und gesellschaftliche Inhalte" umfassen, religionspädagogisch konzipiert sind und den Unterricht mit anderen Materialien bestimmen und sowohl Geschlechterkonstruktionen als auch -verhältnisse darstellen, weshalb sie darauf hinweist, dass die „Analyse von Religionsbüchern und Materialien für den Religionsunterricht [...] ein Schwerpunkt feministischer und genderbewusster Religionspädagogik [war und ist]"[83], da sie „exemplarisch Veränderungen, Beharrungstendenzen und Erfordernisse" deutlich macht.[84]

Im Zuge einzelner Religionsbuchanalysen wurden seit Ende der 80er-Jahre[85] Fehlstellen, Vereinseitigungen, unstatthafte Verallgemeinerungen, Trivialisierungen und Diskriminierungen im Hinblick auf Mädchen und Frauen aufgezeigt.[86] Im Verlauf dieser Untersuchungen wurde danach gefragt, welche (biblischen) Frauengestalten überhaupt gezeigt werden, wie sie den männlichen

---

81 Die Beschlüsse der Kultusministerkonferenz sind unter einer rechtlichen Perspektive als eine Form von Empfehlung zu verstehen. Entweder werden sie durch Verwaltungsvorschriften oder durch Einfügung in die Lehrpläne aufgenommen. Vgl. Lutz Rainer Reuter, *„Erziehungs- und Bildungsziele aus rechtlicher Sicht"*, in: Hans-Peter Füssel/Peter M. Roeder (Hg.), *Recht – Erziehung – Staat. Zur Genese einer Problemkonstellation und zur Programmatik ihrer zukünftigen Entwicklung*, in: Zeitschrift für Pädagogik, Beiheft 47, Weinheim Beltz 2003, S. 35.

82 Annette Hunze, *„Geschlechtertypisierung in Schulbüchern"*, in: Monika Stürzer u.a. (Hg.): *Geschlechterverhältnisse in der Schule*, Opladen 2003, S. 81.

83 In der religionspädagogischen Geschlechterforschung wurde zuerst die geschlechterkritische Schulbuchforschung sowie Schulbuchkritik durchgeführt. Vgl. Burrichter, *„Perspektiven einer geschlechterbewussten Religionsdidaktik"*, S. 246.

84 Pithan, *„Wo steht die geschlechterbewusste Religionspädagogik?"*, S. 63.

85 Feministische Schulbuchanalysen gab es bereits seit dem Ende der 60er-Jahre in anderen Schulfächern. Vgl. Hunze, *„Geschlechtertypisierung in Schulbüchern"*, S. 53.

86 Vgl. Burrichter, *„Perspektiven einer geschlechterbewussten Religionsdidaktik"*, S. 246.

Protagonisten zugeordnet und welche Sozialformen und Imaginationen des Weiblichen im Kontext von Schrift und Tradition wiedergegeben werden.[87] So ergaben Untersuchungen Anfang der 1990er-Jahre, dass

> „Frauen und Mädchen in Texten und Bildern kaum repräsentiert waren. Ihr Anteil lag weit unter dem von Männern und noch unter dem von Jungen. Die Geschlechterrollen waren stereotyp verteilt. Wenn Frauen vorkamen, wurden sie in traditionellen Rollen dargestellt, bevorzugt im Zusammenhang mit Diakonie und Nächstenliebe, etwa bei der Versorgung von Menschen mit Behinderungen und bei der Pflege von kranken und älteren Menschen. Gott wurde als männlich angenommen, weibliche oder geschlechtsneutrale Vorstellungen von Gott wurden nicht vermittelt. Biblische Geschichten galten als Wiedergabe menschlicher Erfahrungen, handelten aber von Männern: Noah, Abraham, Isaak, Mose, Jesus und dessen männlichen Jüngern. Aus der Kirchengeschichte wurden fast ausschließlich männliche Vorbilder geboten – zuweilen weibliche Heilige."[88]

Im Hinblick auf künftige Religionsbuchanalysen konstatiert Pithan, dass die in den 80er- und 90er-Jahren festgestellten Geschlechtsrollenstereotype nicht mehr in gegenwärtigen Religionsbüchern vorhanden sind, wobei sie dennoch die Notwendigkeit weiterer Schulbuchanalysen unterstreicht und darauf aufmerksam macht, „die Kriterien[89] der Analyse so weiterzuentwickeln, dass sie auf die veränderten Konzeptionen der Religionsbücher sowie auf den Stand der Geschlechterforschung bezogen sind."[90]

3.1.2.2 Bibeldidaktik

Ein weiterer didaktischer Bereich stellt die gendersensible Bibeldidaktik dar, die davon ausgeht, dass „Bibellesen ein Geschlecht hat", da zum einen biblische Texte von Frauen und Männern handeln und zum anderen die Rezeption der biblischen Texte durch Mädchen und Jungen vollzogen wird. Eine zentrale Annahme insofern ist, dass „die Geschlechterdimension bei jedem biblischen Text eine Rolle [spielt] und [...] dementsprechend in jedem Unterricht mit Bibel grundsätzlich sinnvoll und bildend zur Geltung gebracht werden [kann]."[91]

---

87 Ebd., S. 247.

88 Pithan, *„Wo steht die geschlechterbewusste Religionspädagogik?"*, S. 63.

89 Der erste Kriterienkatalog zur Erforschung von Geschlechterdarstellungen in Schulbüchern geht auf Dagmar Andres zurück, der wiederholt verändert wurde und bis heute elementar ist. Vgl. ebd.

90 Vgl. Pithan, *„Wo steht die geschlechterbewusste Religionspädagogik?"*, S. 64 f.

91 Mariele Wischer, *„Gendersensible Bibeldidaktik konkret. Schritte einer Unterrichtsvorbereitung zu ‚David und Goliat' (1 Sam 17) mit der ‚Genderbrille'"*, in: Andrea Qualbrink/Annebelle Pithan/Mariele Wischer (Hg.), *Geschlechter bilden. Perspektiven für einen genderbewussten Religionsunterricht*, Gütersloh 2011, S. 198.

Den Ausgangspunkt einer solchen Bibeldidaktik bildet eine genderbewusste Grundhaltung, die als eine hermeneutische Grundhaltung einen gendersensiblen Zugang sowohl zu den SchülerInnen als auch den biblischen Texten impliziert. Hiervon ausgehend lassen sich konkrete Umsetzungen für den Unterricht planen.[92]

3.1.2.3 Methoden

In der pädagogischen Geschlechterforschung gibt es in Bezug auf die Umsetzung eines geschlechterbewussten (Religions-)Unterrichts verschiedene Handlungsvorschläge, mit denen in erster Linie das Gemacht-Sein von Geschlecht, dessen Veränderbarkeit und Hinterfragung verdeutlicht werden soll.[93] Hierzu kann vor allem das Prinzip der Dramatisierung[94] gezählt werden. Dies kann nach Faulstich-Wieland u.a. im Zuge eines Dreischritts, welches die Phasen Dramatisierung, Reflexion sowie Entdramatisierung beinhaltet, realisiert werden.[95] Demzufolge muss in einem ersten Schritt die Dramatisierung erfolgen, indem Geschlechterdifferenzen hervorgehoben werden und alltägliche doing

---

92 Ebd.

93 Anita P. Mörth, *„Handlungsvorschläge für einen nicht-binären Umgang mit Geschlecht“*, in: Anita P. Mörth/ Barbara Hey (Hg.): *Geschlecht und Didaktik*, 2. Aufl., Graz 2010, S. 61.

94 In der pädagogischen Geschlechterforschung gibt es unterschiedliche Vorschläge, wie die konstruierte Kategorie Geschlecht thematisiert und dekonstruiert werden kann, um einen geschlechterbewussten Unterricht führen zu können. So schlagen z.B. Jürgen Budde und Angela Venth einen Dreischritt vor, der die Phasen „Dramatisierung der Differenz“, „Differenzierungen innerhalb der Geschlechtergruppen“ und „Entdramatisierung von Geschlecht im pädagogischen Alltag“ beinhaltet. Vgl. Jürgen Budde/Angela Venth, *Genderkompetenz für lebenslanges Lernen. Bildungsprozesse geschlechterorientiert gestalten*, Bielefeld 2010, S. 80 f. Katharina Debus hingegen fügt den Schritten Dramatisierung und Entdramatisierung die Nichtdramatisierung als eine weitere Ebene hinzu. Vgl. Katharina Debus, *„Dramatisierung, Entdramatisierung und Nicht-Dramatisierung in der geschlechterreflektierten Bildung. Oder: (Wie) Kann ich geschlechterreflektiert arbeiten, ohne geschlechtsbezogene Stereotype zu verstärken?“*, in: Dissens e.V. u.a. (Hg.), *Geschlechterreflektierte Arbeit mit Jungen an der Schule. Texte zu Pädagogik und Fortbildung rund um Jungen, Geschlecht und Bildung*, Berlin 2013, S. 151, URL: http://www.jungenarbeit-und-schule.de/material/abschlusspublikation/ (letzter Zugriff: 06.05.2017).

95 Vgl. Faulstich-Wieland, Hannelore/Willems, Katharina/Feltz, Nina, „Einleitung: Das Projekt GENUS“, in: Hannelore Faulstich-Wieland u.a. (Hg.), Genus – geschlechtergerechter naturwissenschaftlicher Unterricht in der Sekundarstufe I, Bad Heilbrunn 2008, S. 11 ff.; Kampshoff/Wiepcke, *„Einleitung“*, S. 1 f.

gender-Situationen gezeigt werden, um für die Kategorie Geschlecht und ihrer Wirkung sowie ihren Funktionen sensibilisieren zu können. In dem darauffolgenden zweiten Schritt ist eine Reflexion erforderlich, in der die Differenzen hinsichtlich ihrer Begründungen reflektiert werden. Hierbei sei es wichtig,

> „dass neben der Kenntnis von Unterschieden zwischen den Geschlechtern sowie eines möglichen Umgangs mit diesen Herausforderungen auch eine angemessene Gendertheorie erforderlich ist. Ohne eine solche Theorie besteht die Gefahr, dass eine Dichotomisierung der Geschlechter oder eine Reproduktion der Ungleichheiten erfolgen."[96]

Als letzter Schritt folgt die Entdramatisierung, d.h. der Blick wird auf andere Differenzen und Faktoren gerichtet, die für Bildungsprozesse bedeutsam sind, wie z.B. soziale Herkunft, Migrationshintergrund, Alter, Gesundheit, Leistungsheterogenität. Hiermit sollen zum einen die Geschlechterdifferenzen relativiert und zum anderen persönliche Kompetenzen und Defizite betrachtet werden, die von der Geschlechterkategorie und anderen Zuschreibungen unabhängig sind.[97] In Bezug auf die Umsetzung der einzelnen Schritte ist zu berücksichtigen, dass eine Balance zwischen Dramatisierung und Entdramatisierung von Geschlecht erforderlich ist.[98] Im Hinblick auf einen reflektierten Einsatz der Dramatisierung und Entdramatisierung im Religionsunterricht besteht allerdings die Notwendigkeit einer Diskussion innerhalb der Religionsdidaktik.[99]

Neben der Dramatisierung bzw. Entdramatisierung gehört zu den Methoden und Inhalten eines geschlechterbewussten (Religions-)Unterrichts die Sichtbarmachung von Identitätsalternativen, wenngleich die Bedeutung von gleichgeschlechtlichen positiven Modellen für die eigenen Erfolgserwartungen strittig ist.[100] Dennoch wird z.B. gefordert, dass Persönlichkeiten aufgezeigt werden, die historisch und gegenwärtig Geschlechtergrenzen und -stereotype überwunden haben wie z.B. die Führungsqualitäten der Prophetin Mirjam (Exodus 15) oder die theologischen Qualifikationen der Frau aus Samaria (Johannes 4, 1–42).[101]

---

96 Ebd., S. 2; Mörth, „*Handlungsvorschläge*", S. 66.

97 Kampshoff/Wiepcke, „*Einleitung*", S. 2.

98 Vgl. Annette Bartsch/ Juliette Wedl, „*Teaching Gender? Zum reflektierten Umgang mit Geschlecht im Schulunterricht und in der Lehramtsausbildung*", in: Annette Bartsch/ Juliette Wedl (Hg.), *Teaching Gender? Zum reflektieren Umgang mit Geschlecht im Schulunterricht und in der Lehramtsausbildung*, Bielefeld 2015, S. 19.

99 Vgl. Burrichter, „*Perspektiven einer geschlechterbewussten Religionsdidaktik*", S. 247.

100 Vgl. Steins, „*Geschlechterforschung, Psychologie und ihre Didaktik*", S. 375.

101 Vgl. Burrichter, „*Feministische Theologie und theologische Frauenforschung*", S. 23; Mörth, „*Handlungsvorschläge*", S. 68.

Des Weiteren sind das Reattributionstraining sowie das sokratische Gespräch weitere Methoden für einen geschlechterbewussten (Religions-)Unterricht. Ziel dieser Methoden ist zum einen die Hinführung zu einem realistischen Fähigkeitskonzept in einem bestimmten Bereich und zum anderen die Entwicklung eines globalen Selbstwertes, welcher nicht von einer bestimmten Fähigkeit abhängt. Während der sokratische Dialog auf die Überprüfung angenommener Vorstellungen abzielt, sollen die Schüler und Schülerinnen in einem Reattributionstraining eine realistischen Einschätzung ihrer eigenen schulischen Leistungen erlernen.[102]

Eine weitere Methode stellt das „Einüben ungewohnter Aufgaben“ dar, welches das Ziel hat, traditionelle Rollen zu überwinden, indem Schülerinnen und Schüler bestärkt werden, Aufgaben zu übernehmen, die den Geschlechtsrollenstereotypen widersprechen. So können z.B. Schülerinnen die Leitungsfunktionen in Kleingruppenarbeiten übernehmen, während Schüler die Schriftführungen ausführen. Hierbei ist es wichtig zu berücksichtigen, dass die ungewohnten Rollen besprochen und die Schüler und Schülerinnen konkret gefragt werden.[103]

Die aufgezeigten exemplarischen Methoden zeigen Möglichkeiten der individuellen unterrichtlichen Umsetzung auf. Da die bisherige Durchführung dieser Methoden im Religionsunterricht eher uneinheitlich und individuell verläuft, ist es für eine grundlegende systematische Veränderung erforderlich, dass eine dekonstruktive Thematisierung von Geschlecht bildungspolitisch auf allen didaktischen Ebenen implementiert wird.[104]

3.1.3 Ebene der Interaktionen

Lehner-Hartmann macht auf die Ebene der Interaktionen[105] aufmerksam, die insofern bedeutsam ist, da in einem sozial-konstruktivistischen Sinne

---

102 Vgl. Steins, „*Geschlechterforschung, Psychologie und ihre Didaktik*“, S. 375; Schneider, „*Vom ‚heimlichen Lehrplan‘ zu genderfairen Unterrichtsmaterialien*“, S. 26 f.

103 Ebd., S. 27.

104 Vgl. Mörth, „*Handlungsvorschläge*“, S. 69; Burrichter, „*Perspektiven einer geschlechterbewussten Religionsdidaktik*“, S. 251.

105 Monika Stürzer macht darauf aufmerksam, dass die empirische Basis in Bezug auf die Bedeutung und Funktionen von Interaktionen hinsichtlich der (Re-)Konstruktion von Geschlecht in der Schule weniger abgesichert ist als in anderen Forschungsbereichen im Rahmen der pädagogischen Geschlechterforschung. Dies führt sie darauf zurück, dass Interaktionsprozesse nicht anhand von Tests und Fragebögen erfasst werden können, sondern durch aufwändig inszenierte teilnehmende Beobachtungen dokumentiert werden. Hinzu kommt, dass diese Arbeiten eher qualitativ ausgerichtet sind und demzufolge wenige Fallzahlen analysieren. Hierdurch könnten

Geschlecht immer interaktiv und situativ hergestellt bzw. reproduziert wird. Aus diesem Grund gilt die Interaktion als eine eigenständige Analyseebene in der Geschlechterforschung, da in den Interaktionsprozessen basale Typisierungen und Klassifikationen vollzogen werden.[106] Im Rahmen der Schule spielen Interaktionen insofern eine bedeutsame Rolle, da Schule generell einen sozialen Erfahrungskontext bildet, „der das Denken, Fühlen und Handeln von Kindern und Jugendlichen beeinflusst"[107], und Lernen in sozialen Situationen stattfindet.[108]

Hinsichtlich der Interaktionen in der Schule konstatiert Stürzer:

> „Interaktionen in der Schule finden sowohl zwischen Lehrkräften und Schülerinnen/Schülern als auch unter den Schülern statt. In diesen Interaktionen wird – teils explizit, teils implizit – auch immer Geschlecht situativ konstruiert. In diese Konstruktionen fließen Einstellungen und Erwartungen – bis hin zu Stereotypen – der jeweiligen Interaktionsparteien ein. Sie finden in unterschiedlichen Interaktionsformen – z.B. Verhalten, Beurteilen, Aufmerksamkeit gewähren oder verweigern – ihren Ausdruck."[109]

Claudia Schneider ordnet die alltäglichen (Re-)Produktionen von Geschlecht durch Interaktionen zwischen LehrerInnen untereinander und mit SchülerInnen als eines der größten Erschwernisse ein, die eine Gleichberechtigung in Schulen behindern.[110] Die Interaktionsformen werden durch verschiedene Unterrichtsformen (z.B. Frontalunterricht, fragend-entwickelnder Unterricht) und Lernkonstellationen (z.B. Gruppenarbeit, Freiarbeit, Projektarbeit) beeinflusst und nehmen somit sowohl durch verbale als auch nonverbale Kommunikation Einfluss auf die Entfaltungen von Mädchen und Jungen.[111] Zudem haben viele Lehrpersonen selbst Geschlechterrollenstereotype und traditionelle Zuschreibungen, sodass z.B. Jungen als naturwissenschaftlich begabter eingeschätzt werden, während Mädchen als sprachlich talentierter betrachtet werden.[112] Hierbei

---

keine repräsentativen Aussagen getroffen werden, sondern Trends deutlich gemacht werden. Zudem verweist sie darauf, dass die Untersuchung der Interaktionsprozesse seit den 80er-Jahren abgenommen haben und neuere Studien erforderlich sind, um Entwicklungen zu überprüfen. Vgl. Stürzer, *„Unterrichtsformen und die Interaktion der Geschlechter in der Schule"*, S. 167 f.

106 Gildemeister, *„Doing Gender"*, S. 138.

107 Siebertz-Reckzeh/Hofmann, *„Sozialisationsinstanz Schule"*, S. 4.

108 Steins, *„Geschlechterforschung, Psychologie und ihre Didaktik"*, S. 374.

109 Stürzer, *„Unterrichtsformen und die Interaktion der Geschlechter in der Schule"*, S. 151.

110 Schneider, *„Vom ‚heimlichen Lehrplan' zu genderfairen Unterrichtsmaterialien"*, S. 26.

111 Stürzer, *„Unterrichtsformen und die Interaktion der Geschlechter in der Schule"*, S. 152.

112 Vgl. ebd., S. 158 ff.; Jürgen Budde/Barbara Scholand/Hannelore Faulstich-Wieland, *Geschlechtergerechtigkeit in der Schule. Eine Studie zu Chancen, Blockaden*

ist zu berücksichtigen, dass die Erwartungshaltungen bzw. Weiblichkeits- und Männlichkeitskonstruktionen der Lehrpersonen auch durch die soziale Zusammensetzung der SchülerInnenschaft und der damit zusammenhängenden Schulkultur beeinflusst werden.[113]

> „Die unterschiedlichen Erwartungshaltungen der LehrerInnen an den beiden Schulen sind getragen von der auf die soziale Herkunft bezogenen Wahrnehmung der Schülerinnen und dem mit der Herkunft der SchülerInnenschaft korrespondierenden Ruf der Schule bzw. ihrem Schulmythos. In dieser über eine spezifische Perspektivenfokussierung vermittelten Weise haben sozialstrukturelle Faktoren eine Wirkung auf Konstruktionen von Geschlecht, hier von schulbezogenen Weiblichkeitskonstruktionen. In einer Schule mit einem schlechten Ruf wird Mädchen ein Verhalten zugetraut, das dem gängigen Weiblichkeitsstereotyp widerspricht, während in einer Schule mit einem Exklusivitätsmythos insbesondere die Mädchen als Repräsentantinnen der Wohlanständigkeit und damit des guten Rufs der Schule gelten".[114]

Darüber hinaus wurde u.a. festgestellt, dass Jungen mehr Aufmerksamkeit erhielten als Mädchen, indem sie sowohl häufiger aufgerufen wurden als auch häufiger gelobt bzw. ermahnt wurden.[115]

Vor diesem Hintergrund richtet Lehner-Hartmann zunächst den Blick auf die Interaktionen zwischen Schülerinnen und Schülern und differenziert dabei zwischen den Inszenierungen als Mädchen und Jungen (doing gender) und als Schüler und Schülerinnen (doing student). In einem nächsten Schritt weist sie auf die Wahrnehmungen dieser Inszenierungen durch LehrerInnen und SchülerInnen hin und lenkt den Fokus auf die Gefühle, Bewertungen und Reaktionen, die durch solche Inszenierungen ausgelöst werden. Hierbei meint sie sowohl stereotype Inszenierungen als auch nichtstereotype Verhaltensweisen, die Irritationen

---

und Perspektiven einer gender-sensiblen Schulkultur, Weinheim und München 2008, S. 89 ff.

113 Vgl. Oktay Aktan/Cornelia Hippmann/Michael Meuser, *„Brave Mädchen"? Herstellung von Passfähigkeit weiblicherPeerkulturen durch Schülerinnen und Lehrkräfte"*, in: Gender. Zeitschrift für Geschlecht, Kultur und Gesellschaft 7 (2015) 1, S. 25 f., URL: http://nbn-resolving.de/urn:nbn:de:0168-ssoar-445052 (letzter Zugriff: 20.12.2017).

114 Ebd., S. 26. Die AutorInnen stellen im Rahmen des Fallvergleichs in ihrer Studie heraus, dass eine intersektionale Perspektive signifikant ist, um die Synergie unterschiedlicher Differenzkategorien hinsichtlich der (performativen) Konstruktion von Geschlecht erfassen zu können. Vgl. ebd., S. 25 f., vgl. z.B. auch die intersektionale Studie von Martina Weber, *Heterogenität im Schulalltag. Konstruktion ethnischer und geschlechtlicher Unterschiede*, Opladen 2003.

115 Vgl. Stürzer, *„Unterrichtsformen und die Interaktion der Geschlechter in der Schule"*, S. 160 f.

auslösen. Neben den Interaktionen zwischen den SchülerInnen spielen auch die Interaktionen zwischen den Lehrpersonen eine Rolle, in der Geschlechter konstruiert bzw. dekonstruiert werden.[116] Ziel eines geschlechterbewussten (Religions-)Unterrichts ist die Gestaltung sozialer Lehr-Lern-Situationen, die „die Zugehörigkeit zu der Kategorie Geschlecht irrelevant" machen.[117]

3.1.4 Individuelle Ebene

Als letzte Ebene nennt Lehner-Hartmann die individuelle Ebene, die den Fokus auf die Rolle der Lehrkräfte richtet, deren enorme Bedeutsamkeit[118] für eine geschlechtergerechte Bildung in der pädagogischen Geschlechterforschung hervorgehoben wird.[119] Die zentrale Rolle von Lehrkräften ist zum einen darauf zurückzuführen, dass Lehrpersonen neben der fachlichen Wissensvermittlung einen Erziehungsauftrag[120] haben und somit die gesellschaftliche Sozialisationsfunktion der Schule ausführen, indem sie „im Rahmen der Interaktion im Unterricht sowie im Schulleben die individuelle Entwicklung vor dem Hintergrund der unterschiedlichen Lebenslagen unterstützen, Werte und Normen vermitteln und Wertschätzung als grundlegende Haltung fördern" sowie alle Dimensionen der Diversität im Sinne einer „Schule der Vielfalt" berücksichtigen sollen.[121] Zum anderen ist die signifikante Rolle von (Religions-)Lehrkräften für eine geschlechtergerechte Bildung vor dem Hintergrund eines sozial-konstruktivistischen

---

116 Vgl. Lehner-Hartmann, „*Perspektiven und Leitlinien*", S. 85.

117 Vgl. Steins, „*Geschlechterforschung, Psychologie und ihre Didaktik*", S. 374.

118 So konstatiert z.B. Angelika Paseka, dass der Angelpunkt einer geschlechtssensiblen Pädagogik und Didaktik das Selbst der Lehrkräfte bildet und meint damit „das jeweils eigene Wissen, die eigene Bewusstheit um Geschlecht, was und wie dabei „gelernt" wurde und wird, die eigenen Einstellungen und Erklärungsmuster sowie das konkrete Handeln." Angelika Paseka, „*Geschlecht lernen rekonstruieren — dekonstruieren — konstruieren. Einige Anregungen für eine geschlechtssensible Pädagogik und Didaktik*", in: Teresa Schweiger/Tina Hascher (Hg.), *Geschlecht, Bildung und Kunst. Chancengleichheit in Unterricht und Schule*, Wiesbaden 2009, S. 15.

119 Vgl. z.B. Schweiger, Teresa/Hascher, Tina, „*Chancengleichheit in Unterricht und Schule - Perspektiven auf eine Herausforderung des 21. Jahrhunderts*", in: Teresa Schweiger/Tina Hascher, (Hg.), *Geschlecht, Bildung und Kunst. Chancengleichheit in Unterricht und Schule*, Wiesbaden 2009, S. 9.

120 Als weitere Themen des Erziehungsauftrags werden z.B. auch Demokratieerziehung, Menschenrechtsbildung, Bildung für nachhaltige Entwicklung und Gesundheitsförderung aufgeführt. Vgl. Siebertz-Reckzeh/Hofmann, „*Sozialisationsinstanz Schule*", S. 8 f.

121 Ebd.

Ansatzes damit zu erklären, dass sie in ihrer Unterrichtsgestaltung durch biografische Muster sowie theologische, pädagogische und gendertheoretische Wissensbestände und Annahmen im Hinblick auf die Themenauswahl, die Wahrnehmung und Beurteilung von Situationen und Personen die Interaktionen beeinflusst werden.[122] Aus diesem Grund konstatiert Gisela Steins, dass eine geschlechtergerechte Didaktik nur realisierbar ist, „wenn die Vorstellungen der Lehrkräfte über die Fähigkeiten der Geschlechter nicht an Klischees ausgerichtet sind, sondern an den realen Fähigkeiten der Lernenden. Diese sind aber nicht geschlechtsspezifisch verteilt."[123] Aufgrund der Wichtigkeit der eigenen Annahmen und Wissensbestände der Lehrkräfte für eine geschlechtergerechte Bildung stellt Marianne Horstkemper die Dringlichkeit heraus, dass Lehrkräfte sich sowohl mit ihren „eigenen Geschlechtsrollenvorstellungen" auseinandersetzen als auch „für die im Schulalltag weitgehend unterhalb der Bewusstseinsschwelle ablaufenden Prozesse von Ungleichbehandlung, Stereotypisierung und vordefinierten Wahrnehmungen" sensibilisiert werden sollen.[124] Dies ist insofern wichtig, da es für Lehrkräfte in Schulen kaum Möglichkeiten gibt, „die Geschlechterordnung in der Schule, ihr eigenes Geschlechtsrollenverständnis, ihre Interaktion mit Schülerinnen und Schülern und die Konstruktion von Männlichkeiten und Weiblichkeiten unter Schülern und Schülerinnen systematisch [zu] reflektieren" und geschlechtssensible Handlungsmuster einzuüben.[125] Infolgedessen wird in der pädagogischen Geschlechterforschung zunehmend

---

122 Vgl. Lehner-Hartmann, *„Perspektiven und Leitlinien"*, S. 83.

123 Vgl. Steins, *„Geschlechterforschung, Psychologie und ihre Didaktik"*, S. 374.

124 Vgl. Marianne Horstkemper, *„Geschlechtsrollenidentität und unterrichtliches Handeln"*, in: Martin K. W. Schweer (Hg.), *Lehrer-Schüler-Interaktion. Inhaltsfelder, Forschungsperspektiven und methodische Zugänge*, 3. aktual. und überarb. Auflage, Wiesbaden 2017, S. 479. Aufgrund der Notwendigkeit der Reflexions- und Handlungskompetenzen für eine geschlechtergerechte Bildung wird u.a. Vermittlung einer Genderkompetenz für (angehende) Lehrpersonen in der pädagogischen Geschlechterforschung diskutiert. Vgl. Schneider, *„Genderkompetenz"*, S. 35 f.; Elisabeth Grünewald-Huber, *„Ressource Genderkompetenz. Mit Professionalisierung von Lehrpersonen im Genderbereich zu mehr Bildungsqualität"*, in: Verona Eisenbraun/Siegfried Uhl (Hg.), *Geschlecht und Vielfalt in Schule und Lehrerbildung*, Münster/New York 2014, S. 191–205; Kahlert, *„Gender Mainstreaming"*, S. 80 ff.; Gerrit Kaschuba, *„Fort- und Weiterbildung – gender- und diversitätsbewusst!?"*, in: Verona Eisenbraun/ Siegfried Uhl (Hg.), *Geschlecht und Vielfalt in Schule und Lehrerbildung*, Münster/New York 2014, S. 209 ff.

125 Vgl. Cornelißen, *„Gendergerechte Ansätze in der Schule"*, S. 91.

eine Gender-Kompetenz[126] für Lehrkräfte als eine Schlüsselqualifikation und professionelle Handlungskompetenz gefordert, um einen geschlechtergerechten (Religions-)Unterricht durchführen zu können.[127] Demzufolge wird Genderkompetenz als eine professionelle Fähigkeit von Individuen definiert, „bei ihren Aufgaben Gender-Aspekte zu erkennen und sie gleichstellungsorientiert zu bearbeiten. Der Begriff umfasst Fach- und Sachkompetenz, Sozialkompetenz, Methodenkompetenz und personale Kompetenz."[128] Aus diesem Grund fordert u.a. Annebelle Pithan, dass „die Kenntnis unterschiedlicher Gendertheorien, die Reflexion eigener biografisch bedingter Genderkonzepte, die unterschiedlichen pädagogischen Konzepte sowie didaktisch-methodische Lernarrangements" in die Lehrerbildung integriert werden müssen.[129]

Lehner-Hartmann fordert eine selbstreflexive Analyse der ReligionslehrerInnen sowohl hinsichtlich ihrer Geschlechterinszenierungen (doing gender) als auch ihrer Inszenierungen als Religionslehrkräfte (doing religious teacher) in den Klassen, in der Schule und im Kollegium. Durch diese selbstreflexive Analyse wird beabsichtigt, dass Religionslehrkräfte sowohl die biografischen Muster in Bezug auf ihr Frau- bzw. Mannsein reflektieren als auch die Entwicklung als Religionslehrkräfte bedenken. Ausgehend von der identitätsbildenden Selbstanalyse sollen Religionslehrkräfte in einem nächsten Schritt einen genderbewussten Religionsunterricht bzgl. der Ziele und Gestaltung reflektieren. Hierbei merkt sie an, dass neben der selbstreflexiven Analyse die Fremdperspektive im Sinne einer Supervision erforderlich ist, da nicht alle wesentlichen Bereiche umfassend reflektiert werden können. Trotz der Grenzen und Einschränkungen unterstreicht sie die Bedeutung der selbstreflexiven Kompetenz, da sie die anderen drei Ebenen essenziell beeinflusst.[130]

---

126 Gender-Kompetenz wird unterschiedlich definiert, wenngleich wesentliche Ebenen herauskristallisiert werden können. Hierzu gehören die Ebenen „Wollen", „Wissen" und „Können". Häufig wird noch eine vierte Ebene des „Dürfens" hinzugefügt, die die Rahmenbedingungen in Institutionen bezeichnet, die die Implementierung der Gender-Kompetenz beschreibt. Vgl. Kaschuba, *„Fort- und Weiterbildung – gender- und diversitätsbewusst!?"*, S. 209 f.

127 Vgl. Sandra Winheller, *„Biografische Selbstreflexion und Genderkompetenz – Ein Seminarkonzept für die universitäre Lehramtsausbildung zum Umgang mit geschlechterbedingter Heterogenität in der Schule"*, in: Juliette Wedl/Annette Bartsch (Hg.), *Teaching Gender? Zum reflektierten Umgang mit Geschlecht im Schulunterricht und in der Lehramtsausbildung*, Bielefeld 2015, S. 496.

128 Kaschuba, *„Fort- und Weiterbildung – gender- und diversitätsbewusst!?"*, S. 209.

129 Pithan, *„Wo steht die geschlechterbewusste Religionspädagogik?"*, S. 76.

130 Vgl. Lehner-Hartmann, *„Perspektiven und Leitlinien"*, S. 85.

4 Überlegungen zur Rolle der Geschlechterkategorie im islamischen Religionsunterricht

Vor dem Hintergrund der skizzierten christlichen religionspädagogischen Geschlechterforschung soll im Folgenden abschließend die genderbewusste und geschlechtergerechte Religionspädagogik im Hinblick auf den islamischen Religionsunterricht thesenhaft reflektiert werden.

1. These: Die Geschlechterkategorie ist aufgrund der Subjekt-/SchülerInnenorientierung ein Prinzip der islamischen Religionspädagogik

In Anlehnung an Nauraths Ausführungen zur Signifikanz der Geschlechterkategorie für die Handlungsfelder der Praktischen Theologie im Allgemeinen sowie für die Zukunftsfähigkeit der christlichen Religionspädagogik im Speziellen kann für die islamische Religionspädagogik allgemein konstatiert werden, dass angesichts der Schüler- und Subjektorientierung im islamischen Religionsunterricht eine Gender-Orientierung ebenso unverzichtbar ist, da es keine geschlechtsneutrale Identitätsentwicklung gibt.[131] Muslimische Schülerinnen und Schüler erleben in ihren Handlungsräumen Familie und ggf. Moscheegemeinde sehr heterogene, auch im Kontrast zur Gesellschaft divergierende Stereotypisierungen männlicher und weiblicher Identitäten, mit denen sie sich (zusätzlich) auseinandersetzen müssen. Dies muss Eingang in wissenschaftliche Aufgabenstellungen einer islamischen Fachdidaktik finden.

2. These: Anknüpfungspunkte auf der didaktischen Ebene

In Anlehnung an Lehner-Hartmanns Modell bieten sich im Hinblick auf die didaktische Ebene verschiedene Anknüpfungspunkte für einen genderbewussten und geschlechtergerechten islamischen Religionsunterricht an. Grundlegend ist hier die konzeptionelle Verankerung in den entsprechenden Kerncurricula, die den Bildungsbeitrag und den Kompetenzerwerb der Schülerinnen und Schüler definieren. Des Weiteren ist es z.B. angesichts der „unterstützenden Wirkung“ von Schulbüchern in Bezug auf die Geschlechterstereotypisierung durch die Vermittlung einer gesellschaftlich akzeptierten Realität von weiblichen und männlichen Personen, des KMK-Beschlusses sowie des Sozialisations- und

131 Vgl. Naurath, „*Schüler/in und Religionslehrer/in*“, S. 266.

Bildungsauftrags der Schule[132] für den islamischen Religionsunterricht notwendig, islamische Religionsbücher im Hinblick auf Geschlechterdarstellungen zu analysieren, um Kinder und Jugendliche jenseits von Androzentrismus, Defizitbeschreibung und Stereotypisierung in ihren geschlechtlichen Selbstkategorisierungen umfassend zu unterstützen.[133] Eine solche „ausdifferenzierte Schulbuchforschung"[134] fehlt jedoch bisher. Da es weiterhin einen Mangel an Schulbüchern und Unterrichtsmaterialien im islamischen Religionsunterricht gibt, ist es ebenso wichtig, die Schwerpunktsetzung konzipierter Unterrichtseinheiten und das von den Lehrpersonen benutzte Zusatzmaterial zu analysieren, welches die Gefahr birgt, „ein Alltagswissen zu reproduzieren, welches von Stereotypen und nicht wissenschaftlich gesichertem, sondern populärwissenschaftlichem ‚Wissen' geprägt ist."[135] Hierbei spielt vor allem die Sichtbarmachung von Frauen in der religiösen Tradition und Praxis eine wichtige Rolle in der Überwindung von Geschlechterstereotypen, die in islamischen Religionsbüchern sowie Unterrichtsmaterialien konsequent umgesetzt werden kann.

Des Weiteren stellt die gendersensible Bibeldidaktik einen weiteren Bereich dar, der für den islamischen Religionsunterricht von Bedeutung sein kann, da der Koran als zentrale Quelle sowohl Frauen als auch Männer in verschiedenen Kontexten und Rollen erwähnt und die Korantexte von Schülerinnen und Schülern mit eigenen Genderkonzepten rezipiert werden. Hierzu bedarf es zum einen der Entwicklung einer (genderbewussten) Korandidaktik sowie zum anderen rezeptionsästhetischer Forschungen zur Rezeption des Korans durch Schüler und Schülerinnen.

---

132 Vgl. Franziska Moser/Bettina Hannover/Judith Becker, „*Subtile und direkte Mechanismen der sozialen Konstruktion von Geschlecht in Schulbüchern. Vorstellung eines Kategoriensystems zur Analyse der Geschlechter(un)gerechtigkeit von Texten und Bildern*", in: GENDER. Zeitschrift für Geschlecht, Kultur und Gesellschaft 3 (2013), S. 78; Marc Bühlmann, „*Geschlechterrollenstereotype in Lesebüchern. Eine quantitative Inhaltsanalyse von Schulbuchtexten aus drei Generationen von Schweizer Lesebüchern*", in: Swiss Journal of Sociology 35 (2009) 3, S. 593.

133 Vgl. Stohler/Bodnar, „*Die Didaktik an der Grenze zur Genderforschung*", S. 125.

134 Vgl. Kathrin Klausing/Erna Zonne, „*Islam, Gender, Unterricht*", in: Andrea Qualbring/Annebelle Pithan/Mariele Wischer (Hg.), *Geschlechter bilden. Perspektiven für einen genderbewussten Religionsunterricht*, Gütersloh 2011, S. 257. Zu diesem Themenkomplex gibt es einzelne Arbeiten wie z.B. Elif Medenis Aufsatz „Islamische Religionsbücher gendersensibel betrachtet" und die zu veröffentlichende Forschungsarbeit von Melahat Kisi zu Geschlechterdarstellungen in islamischen Religionsbüchern.

135 Bartsch/Wedl, „*Teaching Gender?*", S. 17.

3. These: Gendersensible Erziehung und Bildung in der LehrerInnenausbildung

Aufgrund der zentralen Rolle von Lehrkräften für die Tradierung von Geschlechternormen ist ebenso eine gendersensible Lehrerinnenausbildung für den islamischen Religionsunterricht notwendig, sodass eine genderbewusste und geschlechtergerechte Religionsdidaktik umgesetzt werden kann. In Anlehnung an Pithan gehört hierzu u.a. „die Kenntnis unterschiedlicher Gendertheorien, die Reflexion eigener biografisch bedingter Genderkonzepte, die unterschiedlichen pädagogischen Konzepte sowie didaktisch-methodische Lernarrangements."[136] Zu beachten ist hier, dass auch Lehrkräfte des Faches islamische Religion im Kontext einer gendergerechten Schulkultur Signalwirkung haben.

4. These: Notwendigkeit einer theologischen Frauen-/ Geschlechterforschung

Für die Etablierung einer genderbewussten und geschlechtergerechten islamischen Religionspädagogik bedarf es einer theologischen Frauen- bzw. Geschlechterforschung, die theologische Inhalte hervorbringt, die für die islamische Religionspädagogik fruchtbar gemacht werden können. Dies beinhaltet mindestens zwei Ansätze:

- Das Sichtbarmachen weiblicher historisch bedeutsamer Frauenbiographien – nun ist es in der Sekundärliteratur hinreichend bekannt und ausgewertet, dass Frauen in der islamischen Gelehrsamkeit, Mystik und Wissensproduktion eine tragende Rolle zugekommen ist. Die Aufgabe der Islamischen Theologie ist es, diesen Bestand zu Fragen der Kerncurricula, des Schulalltags und der Lebensrealität von SchülerInnen und Lehrpersonen in Bezug zu setzen.
- Das Formulieren einer geschlechtersensiblen Textdidaktik: hier kommt den außerkoranischen Narrativen, die Versen wie Q 9:71 oder Q 33:35 vorausgehen, eine immense Bedeutung zu. Sie geben uns theologisch wirkmächtigen Aufschluss darüber, welche Sensibilität in Bezug auf gegenderte Sprache in göttlicher und prophetischer Kommunikation normgebend in der islamischen Theologie ist. Auch dieses Material muss in Bezug gesetzt werden zur aktuellen Schulpraxis.

---

136 Pithan, *„Wo steht die geschlechterbewusste Religionspädagogik?"*, S. 76.

5 Fazit

> „Es zeigt sich, dass zwischen Theorie und Praxis eine erhebliche Lücke klafft. Die Umsetzung feministisch theologischer Inhalte sowie genderbewusster (Religions-)Pädagogik in den Schulkontexten erweist sich als schwierig – auch für diejenigen, die sich mit diesen Fragen beschäftigt haben."[137]

Ein genderbewusster und geschlechtergerechter islamischer Religionsunterricht ist für die Entwicklung der Identität der teilnehmenden Schülerinnen und Schüler ein nicht zu vernachlässigender Faktor. Geschlechtergerechtigkeit muss daher innerhalb einer noch zu etablierenden islamischen Fachdidaktik einen festen Platz einnehmen. Die Thesen verdeutlichen, dass es noch einen erheblichen Forschungsbedarf gibt, der nicht nur theoretische Grundlagen aufzeigt, sondern Theorie und Praxis miteinander verknüpft. Hierbei muss die Moscheepädagogik als ein Teilbereich islamischer Religionspädagogik mitgedacht werden, um mögliche Divergenzen zwischen beiden Lernräumen zu analysieren oder kleiner zu halten.

Ermutigende, zarte erste Schritte in die richtige Richtung weist das Kerncurriculum für das Fach islamische Religion der Sekundarstufe I Niedersachsen auf, welches – exemplarisch – die inhaltsbezogenen Kompetenzen „Die Schülerinnen und Schüler erörtern die Rolle bedeutender Frauen in den Prophetengeschichten." und „Die Schülerinnen und Schüler erörtern kulturelle sowie religiöse Prägungen von gesellschaftlichen und geschlechtsspezifischen Rollen vor dem Hintergrund beginnender religiöser Selbstbestimmung." einfordert.[138]

Literatur

Aktan, Oktay/Hippmann, Cornelia/Meuser, Michael, *„Brave Mädchen"? Herstellung von Passfähigkeit weiblicher Peerkulturen durch Schülerinnen und Lehrkräfte"* in: Gender. Zeitschrift für Geschlecht, Kultur und Gesellschaft 7 (2015) 1, S. 11–28. URL: http://nbn-resolving.de/urn:nbn:de:0168-ssoar-445052 (letzter Zugriff: 20.12.2017).

Arzt, Silvia/Jakobs, Monika/Knauth, Thorsten/Pithan, Annebelle, *„Gender und Religionspädagogik der Vielfalt. Einleitung"*, in: dies. (Hg.), *Gender, Religion, Bildung. Beiträge zu einer Religionspädagogik der Vielfalt*, Gütersloh 2009, S. 9–28.

137 Ebd.

138 Kerncurriculum für die Schulformen des Sekundarbereichs I Schuljahrgänge 5–10, *Islamische Religion*, Niedersächsisches Kultusministerium, Hannover 2014, S. 16.

Athenstaedt, Ursula/Alfermann, Dorothee, *Geschlechterrollen und ihre Folgen. Eine sozialpsychologische Betrachtung*, Stuttgart 2011.

Bartsch, Annette/Wedl, Juliette, „*Teaching Gender? Zum reflektierten Umgang mit Geschlecht im Schulunterricht und in der Lehramtsausbildung*", in: Annette Bartsch/Juliette Wedl (Hg.), *Teaching Gender? Zum reflektieren Umgang mit Geschlecht im Schulunterricht und in der Lehramtsausbildung*, Bielefeld 2015, S. 9–31.

Baumann, Ulrike, „*Mich mögen, wie ich bin … Geschlechterdifferenz im Religionsbuch*", in: Annebelle Pithan u.a. (Hg.), *Gender, Religion, Bildung. Beiträge zu einer Religionspädagogik der Vielfalt*, Gütersloh 2009, S. 327–340.

Bereswill, Mechthild, „*Geschlecht*", in: Nina Baur u.a. (Hg.), *Handbuch Soziologie*, Wiesbaden 2009, S. 97–116.

Boschki, Reinhold: *Einführung in die Religionspädagogik*, 2. Aufl., Darmstadt 2012.

Buchmayr, Maria, „*Vorwort*", in: Maria Buchmayr (Hg.), *Geschlecht lernen. Gendersensible Didaktik und Pädagogik*, Innsbruck 2008, S. 7–11.

Budde, Jürgen/Scholand, Barbara/Faulstich-Wieland, Hannelore, *Geschlechtergerechtigkeit in der Schule. Eine Studie zu Chancen, Blockaden und Perspektiven einer gender-sensiblen Schulkultur*, Weinheim und München 2008.

Budde, Jürgen/Venth, Angela, *Genderkompetenz für lebenslanges Lernen. Bildungsprozesse geschlechterorientiert gestalten*, Bielefeld 2010.

Bühlmann, Marc, „*Geschlechterrollenstereotype in Lesebüchern. Eine quantitative Inhaltsanalyse von Schulbuchtexten aus drei Generationen von Schweizer Lesebüchern*", in: Swiss Journal of Sociology 35 (2009) 3, S. 593–619.

Burrichter, Rita „*Feministische Theologie und theologische Frauenforschung im Kontext Fachdidaktik kath./ev. Religionslehre*", in: Heidrun Hoppe/Marita Kampshoff/Elke Nyssen (Hg.), *Geschlechterperspektiven in der Fachdidaktik*, Weinheim und Basel 2001, S. 21–42.

Burrichter, Rita, „*Perspektiven einer geschlechterbewussten Religionsdidaktik*", in: Marita Kampshoff/Claudia Wiepcke (Hg.), *Handbuch Geschlechterforschung und Fachdidaktik*, Wiesbaden 2012, S. 245–257.

Cornelißen, Waltraud, „*Gendergerechte Ansätze in der Schule: Ein Schritt zu mehr Geschlechterdemokratie?*", in: Dorothea Krüger (Hg.), *Genderkompetenz und Schulwelten*, Wiesbaden 2011, S. 87–108.

Debus, Katharina, „*Dramatisierung, Entdramatisierung und Nicht-Dramatisierung in der geschlechterreflektierten Bildung. Oder: (Wie) Kann ich geschlechterreflektiert arbeiten, ohne geschlechtsbezogene Stereotype zu verstärken?*", in: Dissens e.V. u.a. (Hg.), *Geschlechterreflektierte Arbeit mit Jungen an der Schule. Texte zu Pädagogik und Fortbildung rund um Jungen, Geschlecht und*

Bildung, Berlin 2013, S. 150–158, URL: http://www.jungenarbeit-und-schule.de/material/abschlusspublikation/ (letzter Zugriff: 06.05.2017).

Duschet, Elisabeth, „*Geschlechterverhältnisse in Religionsbüchern für den evangelischen Religionsunterricht. Eine erziehungswissenschaftliche Analyse zur Grundschule*", in: Schulfach Religion 24 (2005), S. 17–68.

Eckes, Thomas, „*Geschlechterstereotype: Von Rollen, Identitäten und Vorurteilen*", in: Ruth Becker/Beate Kortendiek (Hg.), *Handbuch Frauen- und Geschlechterforschung. Theorie, Methoden, Empirie*, 3. Aufl., Wiesbaden 2010, S. 178–189.

Faulstich-Wieland, Hannelore/Horstkemper, Marianne, „*Schule und Genderforschung*", in: Marita Kampshoff/Claudia Wiepcke (Hg.), *Handbuch Geschlechterforschung und Fachdidaktik*, Wiesbaden 2012, S. 25–38.

Faulstich-Wieland, Hannelore/Willems, Katharina/Feltz, Nina, „*Einleitung: Das Projekt GENUS*", in: Hannelore Faulstich-Wieland u.a. (Hg.), *Genus – geschlechtergerechter naturwissenschaftlicher Unterricht in der Sekundarstufe I*, Bad Heilbrunn 2008, S. 9–16.

Gildemeister, Regine, „*Doing Gender: Soziale Praktiken der Geschlechterunterscheidung*", in: Ruth Becker/Beate Kortendiek (Hg.), *Handbuch Frauen- und Geschlechterforschung. Theorie, Methoden, Empirie*, 3. erw. und durchges. Aufl., Wiesbaden 2010, S. 137–145.

Grünewald-Huber, Elisabeth, „*Ressource Genderkompetenz. Mit Professionalisierung von Lehrpersonen im Genderbereich zu mehr Bildungsqualität*", in: Verona Eisenbraun/Siegfried Uhl (Hg.): *Geschlecht und Vielfalt in Schule und Lehrerbildung*, Münster/New York 2014, S. 191–205.

Hartmann, Jutta, „*Differenz, Kritik, Dekonstruktion – Impulse für eine mehrperspektivische Gender-Didaktik*", in: Anita P. Mörth/Barbara Hey (Hg.), *Geschlecht und Didaktik*, 2. Aufl., Graz 2010, S. 13–21.

Heller, Birgit, „*Religionen: Geschlecht und Religion – Revision des homo religiosus*", in: Ruth Becker/Beate Kortendiek (Hg.), *Handbuch Frauen- und Geschlechterforschung. Theorie, Methoden, Empirie*, Wiesbaden 2010, S. 713–718.

Hofmann, Renate, „*Genderfairer Religionsunterricht. Realität oder Utopie?*", in: Schulfach Religion 24 (2005) 1–2, S. 69–79.

Horstkemper, Marianne, „*Geschlechtsrollenidentität und unterrichtliches Handeln*", in: Martin K. W. Schweer (Hg.), *Lehrer-Schüler-Interaktion. Inhaltsfelder, Forschungsperspektiven und methodische Zugänge*, 3. aktual. und überarb. Auflage, Wiesbaden 2017, S. 465–482.

Hunze, Annette, „*Geschlechtertypisierung in Schulbüchern*", in: Monika Stürzer u.a. (Hg.): *Geschlechterverhältnisse in der Schule*, Opladen 2003, S. 53–81.

Jäckle, Monika, *Schule M(m)acht Geschlechter. Eine Auseinandersetzung mit Schule und Geschlecht unter diskurstheoretischer Perspektive*, Wiesbaden 2009.

Jakobs, Monika, *„Feminismus, Geschlechtergerechtigkeit und Gender in der RP“*, in: Theo Web. Zeitschrift für Religionspädagogik 2 (2003) 2, S. 73–93. URL: http://theo-web.de/zeitschrift/ausgabe-2003-02/jakobs-monika_feminismus.pdf (letzter Zugriff: 19.12.2017).

Jakobs, Monika, *„Religionspädagogische Entwicklungen zur Frauen- und Geschlechterforschung“*, in: Annebelle Pithan u.a. (Hg.), *Gender, Religion, Bildung. Beiträge zu einer Religionspädagogik der Vielfalt.* Gütersloh 2009, S. 47–72.

Kahlert, Heike, *„Gender Mainstreaming: ein Konzept für Geschlechtergerechtigkeit in der Schule?“*, in: Dorothea Krüger (Hg.): *Genderkompetenz und Schulwelten*, Wiesbaden 2011, S. 69–86.

Kalloch, Christina/Leimgruber, Stephan/Schwab, Ulrich (Hg.), *Lehrbuch der Religionsdidaktik. Für Studium und Praxis in ökumenischer Perspektive*, 2. Aufl., Freiburg im Breisgau 2010.

Kampshoff, Marita/Wiepcke, Claudia, *„Einleitung: Zur Bedeutung der Geschlechterforschung in der Fachdidaktik“*, in: Marita Kampshoff/Claudia Wiepcke (Hg.), *Handbuch Geschlechterforschung und Fachdidaktik*, Wiesbaden 2012, S. 1–8.

Kaschuba, Gerrit, *„Fort- und Weiterbildung–gender- und diversitätsbewusst!?“*, in: Verona Eisenbraun/Siegfried Uhl (Hg.), *Geschlecht und Vielfalt in Schule und Lehrerbildung*, Münster/New York 2014, S. 207–221.

Kiefer, Michael, *„Aktuelle Entwicklungen in den Ländern: Art und Umfang der bestehenden Angebote, Unterschiede, Perspektiven“*, in: Deutsche Islamkonferenz (Hg.), *Islamischer Religionsunterricht in Deutschland. Perspektiven und Herausforderungen*, Nürnberg 2011, S. 60–71, URL: http://www.deutsche-islam-konferenz.de/DIK/DE/DIK/5ReligionsunterrichtSchule/Doku-IRU-Tagung-2011/Doku-IRU-Tagung-2011-node.html (letzter Zugriff: 19.12.2017)

Klausing, Kathrin/Zonne, Erna, *„Islam, Gender, Unterricht“*, in: Andrea Qualbring/Annebelle Pithan/Mariele Wischer (Hg.), *Geschlechter bilden. Perspektiven für einen genderbewussten Religionsunterricht*, Gütersloh 2011, S. 256–272.

Krüger, Dorothea, *„Drei Jahrzehnte Forschung zu „Geschlecht und Schule“. Eine Einleitung“*, in: Dorothea Krüger (Hg.), *Genderkompetenz und Schulwelten*, Wiesbaden 2011, S. 21–40.

Lachmann, Rainer/Rothgangel, Martin, *„Verständnis und Aufgaben religionsunterrichtlicher Fachdidaktik“*, in: Martin Rothgangel/Gottfried Adam/Rainer Lachmann (Hg.): *Religionspädagogisches Kompendium*, Göttingen 2012, S. 35–52.

Lehner-Hartmann, Andrea, *„Perspektiven und Leitlinien für einen genderbewussten Religionsunterricht“*, in: Andrea Qualbring/Annebelle Pithan/Mariele

Wischer (Hg.), *Geschlechter bilden. Perspektiven für einen genderbewussten Religionsunterricht*, Gütersloh 2011, S. 79–91.

Matthiae, Gisela, „*Von der Emanzipation über die Dekonstruktion zur Restauration und zurück. Genderdiskurse und Geschlechterverhältnisse*", in: Annebelle Pithan u.a. (Hg.): *Gender – Religion – Bildung. Beiträge zu einer Religionspädagogik der Vielfalt*, Gütersloh 2009, S. 30–46.

Medeni, Elif, „*Islamische Religionsbücher gendersensibel betrachtet. Die Stellung von Frauen und Mädchen in islamischen Religionsbüchern aus Deutschland und Österreich*", in: Jahrbuch für islamische Theologie und Religionspädagogik 1 (2012), S. 239–260.

Mörth, Anita P., „*Handlungsvorschläge für einen nicht-binären Umgang mit Geschlecht*", in: Mörth, Anita P./Hey, Barbara (Hrsg.): *Geschlecht und Didaktik*, 2. Aufl., Graz 2010, S. 61–70.

Moser, Franziska/Hannover, Bettina/Becker, Judith, „*Subtile und direkte Mechanismen der sozialen Geschlechter(un)gerechtigkeit von Texten und Bildern*", in: GENDER. Zeitschrift für Geschlecht, Kultur und Gesellschaft 3 (2013), S. 77–93.

Naurath, Elisabeth, „„*Schüler/in und Religionslehrer/in*", in: Martin Rothgangel/ Gottfried Adam/Rainer Lachmann (Hg.), *Religionspädagogisches Kompendium*, Göttingen 2012, S. 265–276.

Niedersächsisches Kultusministerium, *Kerncurriculum für die Schulformen des Sekundarbereichs I Schuljahrgänge 5 - 10, Islamische Religion*, Hannover 2014.

Paseka, Angelika „*Geschlecht lernen rekonstruieren — dekonstruieren — konstruieren. Einige Anregungen für eine geschlechtssensible Pädagogik und Didaktik*", in: Teresa Schweiger/Tina Hascher (Hg.), *Geschlecht, Bildung und Kunst. Chancengleichheit in Unterricht und Schule*, Wiesbaden 2009, S. 15–39.

Pithan, Annebelle, „*Wo steht die geschlechterbewusste Religionspädagogik?*", in: Andrea Qualbring/Annebelle Pithan/Mariele Wischer (Hg.), *Geschlechter bilden. Perspektiven für einen genderbewussten Religionsunterricht*, Gütersloh 2011, S. 62–78.

Prengel, Annedore/Rendtorff, Barbara, „*Zur Einführung. Kinder und ihr Geschlecht - Vielschichtige Prozesse und punktuelle Erkenntnisse*", in: Annedore Prengel/Barbara Rendtorff (Hg.), *Kinder und ihr Geschlecht*, Opladen u.a. 2008, S. 12–23.

Reuter, Lutz Rainer, „*Erziehungs- und Bildungsziele aus rechtlicher Sicht*", in: Hans-Peter Füssel/Peter M. Roeder (Hg.), *Recht - Erziehung - Staat. Zur Genese einer Problemkonstellation und zur Programmatik ihrer zukünftigen Entwicklung*, Zeitschrift für Pädagogik, Beiheft 47, Weinheim 2003, S. 28–48.

Riegel, Ulrich, „*Höhere Macht und barmherziger Vater. Welchen Mehrwert bietet die Geschlechterperspektive bei jugendlichen Gottesbildern?*“, in: Andrea Qualbring/Annebelle Pithan/Mariele Wischer (Hg.), *Geschlechter bilden. Perspektiven für einen genderbewussten Religionsunterricht*, Gütersloh 2011, S. 178–187.

Riegraf, Birgit, „*Konstruktion von Geschlecht*“, in: Brigitte Aulenbacher/Michael Meuser/Birgit Riegraf (Hg.), *Soziologische Geschlechterforschung. Eine Einführung*, Wiesbaden 2010, S. 59–77.

Riegraf, Birgit/Vollmer, Lina, „*Professionalisierungsprozesse und Geschlechter-Wissen*“, in: C. Behnke u.a. (Hg.), *Wissen-Methode-Geschlecht: Erfassen des fraglos Gegebenen*, Wiesbaden 2014, S. 33–47.

Roisch, Henrike, „*Die horizontale und vertikale Geschlechterverteilung in der Schule*“, in: Monika Stürzer u.a. (Hg.), *Geschlechterverhältnisse in der Schule*, Opladen 2003, S. 21–52.

Sauer, Birgit, „*Gender und Sex*“, in: Albert Scherr (Hg.), *Soziologische Basics. Eine Einführung für pädagogische und soziale Berufe*, Wiesbaden 2013, S. 75–81.

Schneider, Claudia, „*Vom ‚heimlichen Lehrplan‘ zu genderfairen Unterrichtsmaterialien: über Eisberge, Haltungen, pädagogische Standards und good practice*“, in: Anita P. Mörth/Barbara Hey (Hg.), *Geschlecht und Didaktik*, 2. Aufl., Graz 2010, S. 23–29.

Schneider, Claudia, „*Genderkompetenz: Vom alltagsweltlichen Geschlechterwissen zur theoriegeleiteten Professionalität*“, in: S. Ernstson/C. Meyer (Hg.), *Praxis geschlechtersensibler und interkultureller Bildung*, Wiesbaden 2013, S. 19–40.

Schröter, Jörg Imran, *Die Einführung eines Islamischen Religionsunterrichts an öffentlichen Schulen in Baden-Württemberg*, Freiburg i.Br. 2015.

Schweiger, Teresa/Hascher, Tina, „*Chancengleichheit in Unterricht und Schule – Perspektiven auf eine Herausforderung des 21. Jahrhunderts*“, in: Teresa Schweiger/Tina Hascher, (Hg.): *Geschlecht, Bildung und Kunst. Chancengleichheit in Unterricht und Schule*, Wiesbaden 2009, S. 7–13.

Siebertz-Reckzeh, Karin/Hofmann, Hubert, „*Sozialisationsinstanz Schule. Zwischen Erziehungsauftrag und Wissensvermittlung*“, in: Martin K. W. Schweer (Hg.), *Lehrer-Schüler-Interaktion. Inhaltsfelder, Forschungsperspektiven und methodische Zugänge*, 3. aktual. und überarb. Aufl., Wiesbaden 2017, S. 3–26.

Steins, Gisela, „*Geschlechterforschung, Psychologie und ihre Didaktik*“, in: Marita Kampshoff/Claudia Wiepcke, (Hg.), *Handbuch Geschlechterforschung und Fachdidaktik*, Wiesbaden 2012, S. 371–384.

Stohler, Ursula/Bodnar, Nicole, „*Die Didaktik an der Grenze zur Genderforschung – Geschlechterstereotypen im Schulbuch Bonne Chance*“ in: Patrick

Bühler/Thomas Bühler/Fritz Osterwalder (Hg.), *Grenzen der Didaktik*, Bern/Stuttgart/Wien 2010, S. 123–139.

Stürzer, Monika, „*Unterrichtsformen und die Interaktion der Geschlechter in der Schule*“, in: Monika Stürzer u.a. (Hg.), *Geschlechterverhältnisse in der Schule*, Opladen 2003, S. 151–170.

Tervooren, Anja, *Im Spielraum von Geschlecht und Begehren. Ethnographie der ausgehenden Kindheit*, Weinheim und München 2006.

Uçar, Bülent, „*Prinzipien einer islamischen Religionspädagogik*“, in: Bülent, Uçar (Hg.): *Islamische Religionspädagogik zwischen authentischer Selbstverortung und dialogischer Öffnung. Perspektiven aus der Wissenschaft und dem Schulalltag der Lehrkräfte*, Frankfurt am Main 2011, S. 117–124.

Villa, Paula-Irene, „*Feministische- und Geschlechtertheorien*“, in: Georg Kneer/Markus Schroer (Hg.), *Handbuch Soziologische Theorien*, Wiesbaden 2009, S. 111–132.

Weber, Martina, *Heterogenität im Schulalltag. Konstruktion ethnischer und geschlechtlicher Unterschiede*, Opladen 2003.

Wetterer, Angelika, „*Gleichstellungspolitik im Spannungsfeld unterschiedlicher Spielarten von Geschlechterwissen. Eine wissenssoziologische Rekonstruktion*“, in: Gender. Zeitschrift für Geschlecht, Kultur und Gesellschaft, 1 (2009) 2, S. 45–60.

Winheller, Sandra, „*Biografische Selbstreflexion und Genderkompetenz – Ein Seminarkonzept für die universitäre Lehramtsausbildung zum Umgang mit geschlechterbedingter Heterogenität in der Schule*“, in: Juliette Wedl/Annette Bartsch (Hg.), *Teaching Gender? Zum reflektierten Umgang mit Geschlecht im Schulunterricht und in der Lehramtsausbildung*, Bielefeld 2015, S. 461–487.

Wischer, Mariele, „*Gendersensible Bibeldidaktik konkret. Schritte einer Unterrichtsvorbereitung zu ‚David und Goliat‘ (1 Sam 17) mit der ‚Genderbrille‘*“, in: Andrea Qualbrink/Annebelle Pithan/Mariele Wischer (Hg.), *Geschlechter bilden. Perspektiven für einen genderbewussten Religionsunterricht*, Gütersloh 2011, S. 198–212.

II Frauen als Gelehrte: historische Perspektiven

Wolfgang Bauer

Aischa – Mutter der Gläubigen – ein frühes Beispiel für eine kritische und selbstbewusste Gelehrtenpersönlichkeit

Abstract Aisha – mother of the believers – is of special importance for the Islamic sciences not only because of her numerous narrations of the Sunna. This article illuminates the analytical, critical and self-confident personality of one of the most knowledgeable scholars of the first generation and an early role model for Muslim female commitment.

1 Einleitung

Die Frauen des Propheten Muḥammad (ﷺ)[1] werden im Koran als „Mütter der Gläubigen (*ummahāt al-muʾminīn*)“[2] geehrt und genießen im sunnitischen Islam generell besondere Achtung. Eine der bedeutendsten Prophetengattinen ist Aischa,[3] und zwar nicht nur deshalb, weil sie die spätere Lieblingsfrau des Propheten war, sondern wegen ihrer aktiven Rolle als Überlieferin und Gelehrte. Sie wird nicht nur als die gelehrteste Prophetengattin, sondern als die in religiösen Fragen verständigste Frau der islamischen Geschichte erachtet.[4] Dieser Beitrag möchte die analytische, kritische und selbstbewusste Gelehrtenpersönlichkeit Aischas beleuchten. Zu diesem Zweck werden überlieferte Aussagen ihrer Zeitgenossen über sie wiedergegeben sowie einige ihrer Methoden in der Interpretation von Koran und Sunna und der Ableitung von Rechtsurteilen aus diesen Quellen erläutert.[5]

1 Bei der Nennung des Propheten lautet die übliche Eulogie „Gottes Segen und Friede auf ihm“. Auf die Wiederholung im weiteren Text wird verzichtet.

2 „Der Prophet steht den Gläubigen näher als sie sich selbst, und seine Gattinnen sind ihre Mütter. […]“ Koran 33/6, Übersetzung nach: Bubenheim/Elyas, *Der edle Qurʾān und die Übersetzung seiner Bedeutungen in die deutsche Sprache*, Medina 2002.

3 Aufgrund der häufigen Namensnennung wird im Text für ʿĀʾiša die vereinfachte Umschrift Aischa verwendet.

4 Vgl. aḏ-Ḏahabī, Šams ad-Dīn, *Siyar aʿlām an-nubalāʾ*, Bd. 2, Beirut 1985, S. 135 ff.

5 Längere Passagen dieses Artikels gehen zurück auf: Wolfgang Bauer, *Aishas Grundlagen der Islamrechtsergründung und Textinterpretation*, Frankfurt am Main 2012.

2 Aischas Leben und Prägung

Aischa wurde in Mekka geboren. Über ihr Geburtsjahr und ihr späteres Heiratsalter ist man sich uneinig. Die wesentlichen Annahmen reichen von 17–6/605–616, wobei mehrheitlich von ihrer Geburt zwischen 8–7/614–615 ausgegangen wird.[6] Damals war es in Mekka noch gängige Praxis der finanziell gut situierten Familien, Säuglinge bis ins frühe Kindesalter in die Obhut einer Stillamme eines Beduinenstammes zu geben, um von deren reiner Sprache und edlem Charakter zu profitieren. So verbrachte Aischa ihre ersten Lebensjahre beim Stamm Banū Maḫzūm, worin auch der Grundstein für ihre vorzüglichen Sprachkenntnisse gesehen wird.[7] Ihre Eltern, Abū Bakr aṣ-Ṣiddīq und Umm Rūmān al-Kināniyya, beide vom Stamm der Qurayš, gehörten zu den ersten, die dem Propheten folgten, weshalb Aischa bereits als Muslimin aufwuchs.[8] Etwa ein Jahr vor der Auswanderung nach Medina wurde ihre Ehe mit dem Propheten vertraglich geschlossen, aber erst ungefähr drei Jahre später nahmen sie ihr tatsächliches Eheleben auf.[9] Den Berichten zufolge lebte sie nach ihrer Eheschließung sehr

---

6 Vgl. ʿAbdullāh Abū as-Saʿūd Badr, *Tafsīr umm al-muʾminīn ʿĀʾiša raḍiy Allāh ʿan-hā*, S. 15: (6. Jahr nach Gesandtschaft, d.h. 6 v.d.H./616.); ʿAbbās al-ʿAqqād, *aṣ-Ṣiddīqa bint aṣ-Ṣiddīq*, Kairo 1988, S. 32: (11–12 v.d.H/610–611); Ruqaiyya Waris Maqsood, *Hazrat A'isha Saddiqah (R.A.A.). A study of her age at the time of her marriage*, Birmingham 1996, S. 5, 24 (sie favorisiert: 16–17 v.d.H./605–606 = 4–5 Jahre vor der Gesandtschaft); Adnan Ibrahim, *Aischa bint Abū Bakr–Leben und Wirkung–mit spezieller Behandlung ihres Alters*, Mag. Diplomarbeit, Universität Wien, S. 54–57, 126.

Für mehr Details siehe die Studien zum Thema von Maqsood (S. 54–57) und Ibrahim, (S. 100–127); ʿĀʾiša Bint aš-Šāṭīʾ ʿAbd ar-Raḥmān, *Tarāǧum sayyidāt bayt an-nubuwwa*, Kairo 2002, S. 208 ff., 221; Saʿīd ad-Daḫīl, *Mawsūʿa umm al-muʾminīn ʿĀʾiša*, Beirut 1993, S. 34–37; al-ʿAqqād, *aṣ-Ṣiddīqa bint aṣ-ṣiddīq*, S. 49 f. (Bei klassischen muslimischen Quellen ist allgemein davon auszugehen, dass ihr Alter in den kürzeren Lunarjahren angegeben wird.) Al-ʿAqqād (S. 48) erwähnt, dass die Ungewissheit des Alters und das damit verbundene Geburts- und Todesjahr nichts Außergewöhnliches in der damaligen Zeit und Gesellschaft war. Dazu ist noch anzumerken, dass die fehlende Aufzeichnung und Datierung des Geburtsjahres im orientalischen Raum noch bis ins letzte Jahrhundert nichts Außergewöhnliches war. Häufig ist bei später bekannt gewordenen Gelehrten erst das Todesjahr aufgezeichnet worden. Vgl. Ibrahim, *Aischa bint Abū Bakr*, S. 122 ff.

7 Vgl. Zakaria Bashier, *Life of the Prophet in Makkah*, Markfield 2001, S. 51; ʿAbd ar-Raḥmān, *Tarǧum sayyidāt bayt an-nubuwwa*, S. 208.

8 ad-Daḫīl, *Mawsūʿa fiqh ʿĀʾiša*, S. 30; Badr ad-Dīn az-Zarkašī, *al-Iǧāba li-īrād mā istadrakat ʿĀʾiša ʿalā ṣ-ṣaḥāba*, Beirut 2000, S. 42.

9 Vgl. aḏ-Ḏahabī, *Siyar aʿlām an-nubalāʾ*, Bd. 2, S. 135, 139 ff.; Saʿūd al-Fanīsān, *Marwiyyāt umm al-muʾminīn ʿĀʾiša fī t-tafsīr*, Riad 1992, S. 9, 11 f.; Badr, *Tafsīr umm*

enthaltsam in ärmlichen Verhältnissen und war dennoch überaus großzügig Bedürftigen gegenüber. Trotz einzelner belastender Ereignisse und des unerfüllten Kinderwunsches wird sie in ihrer Ehe als sehr glücklich beschrieben. Obwohl das Teilen des Ehemanns für die Frauen des Propheten eine Herausforderung darstellte und auch zu zwischenmenschlichen Spannungen führte, schätzten sie einander.[10]

Als der Prophet im Jahre 10/632 starb, wurde Aischa von verschiedensten Menschen aufgesucht, die von ihrem Wissen profitieren wollten. Sie kannte sich hervorragend in der Islamrechtsprechung und Erbanteilbestimmung aus und konnte fundierte Antworten auf Fragen zu Koran und Sunna geben. Aber auch nicht-theologische Themen wie arabische Geschichte, Abstammungs- bzw. Ahnenforschung und die damalige Medizin gehörten zu ihren Interessensgebieten.[11] Sie verstand es auch, sich zu politischen Entwicklungen zu äußern und sich Gehör in einer weitgehend männerdominierten Gesellschaft zu verschaffen. In den Wirren nach der Ermordung des dritten Kalifen ʿUṯmān versuchte sie, im Konflikt zwischen den Heeren des vierten Kalifen ʿAlī und Muʿāwiya nach ihrem Ermessen zu schlichten. Nachdem dieser Konflikt jedoch zur bewaffneten Auseinandersetzung in der Kamelschlacht (36/656) eskalierte, machte sie sich Zeit ihres Lebens schwere Vorwürfe, darin verwickelt gewesen zu sein und sie nicht verhindert zu haben.[12]

Nach einem bewegten und intensiven Leben verschied Aischa am 17. Ramadan im Jahre 57/677 oder 58/678.[13] Das in der Nacht abgehaltene Totengebet

---

al-muʾminīn, S. 15; ad-Daḫīl, *Mawsūʿa fiqh ʿĀʾiša*, S. 37; az-Zarkašī, *al-Iǧāba*, S. 43 f.; ʿAbd al-Ḥamīd aṭ-Ṭahmāz, *as-Sayyida ʿĀʾiša umm al-muʾminīn wa ʿālima nisāʾ al-islām*, 5. Aufl., Damaskus 1994, S. 21, 27 f.

10 aḏ-Ḏahabī, *Siyar aʿlām an-nubalāʾ*, Bd. 2, S. 176 ff.; ʿAbd ar-Raḥmān, *Tarǧum sayyidāt bayt an-nubuwwa*, S. 224–230.

11 aḏ-Ḏahabī, *Siyar aʿlām an-nubalāʾ*, Bd. 2, S. 182 f., 185, 197.

12 az-Zarkašī, *al-Iǧāba*, S. 177 ff., 193; Aḥmad b. Ḥanbal, *Musnad al-Imām Aḥmad b. Ḥanbal*, Kairo o.J., Bd. 6, S. 52/al-Arnaʾūṭ: *isnād ṣaḥīḥ*; Muḥammad ibn Ḥibbān, *Ṣaḥīḥ Ibn Ḥibbān*, 18 Bde., Beirut 1993, Bd. 16, S. 26; vgl. ad-Daḫīl, *Mawsūʿa fiqh ʿĀʾiša*, S. 73 ff.

13 (57/677): Aḥmad b. Ḥanbal nach aḏ-Ḏahabī, *Siyar aʿlām an-nubalāʾ*, Bd. 2, S. 192 f.; az-Zarkašī, *al-Iǧāba*, S. 44; ʿAbd ar-Raḥmān, *Tarāǧum sayyidāt bayt an-nubuwwa*, S. 235, (58/678): aṭ-Ṭahmāz, *as-Sayyida ʿĀʾiša umm al-muʾminīn wa ʿālima nisāʾ al-islām*, S. 155; ad-Daḫīl, *Mawsūʿa fiqh ʿĀʾiša*, S. 88; al-ʿAqqād, *aṣ-Ṣiddīqa bint aṣ-Ṣiddīq*, S. 82. Maqsood (S. 5, 24) erachtet am wahrscheinlichsten das Jahr 52/672. Ihr Sterbealter wird allgemein zwischen 63 und annähernd 70 Jahren angenommen. Aḏ-Ḏahabī, *Siyar aʿlām an-nubalāʾ*, Bd. 2, S. 192 f.: (63 Jahre); az-Zarkashī, *al-Iǧāba*, S. 44: (65 Jahre); aṭ-Ṭahmāz, *as-Sayyida ʿĀʾiša umm al-muʾminīn wa ʿālima nisāʾ al-islām* S. 157: (66

wurde von Abū Hurayra geleitet und eine große Anzahl an Teilnehmern erwies ihr die letzte Ehre. Sie wurde ihrem Wunsch entsprechend auf dem Friedhof Baqīʿ in Medina an der Seite der anderen Prophetenfrauen beigesetzt.[14]

3 Aischas breites Wissensspektrum

Nach dem Ableben des Propheten Muḥammad gehörte Aischa zu den bedeutendsten Prophetengefährten, die ein fundiertes islamisches Wissen vorweisen konnten. Es wurde deutlich, dass sie zu einer aufmerksamen Expertin der Islamrechtsprechung, der Koranexegese sowie der Prophetenüberlieferungen herangereift war. Dies belegen die zahlreichen Berichte über Personen, die von ihr lernten oder sie um Rat fragten.[15]

Den Berichten zufolge lobten und schätzten zahlreiche Persönlichkeiten unter den Prophetengefährten und der Generation danach Aischas breites und authentisches Wissen, obwohl sie nicht immer konform mit deren Meinungen oder der des Kalifen war und dies auch offen bekundete.[16]

Von ihrem Vater Abū Bakr erbte sie ihr Interesse an der arabischen Geschichte, zu der die Ahnenforschung und Stammesbiografien zählten. Diese zu kennen war in der damaligen arabischen Welt eine hochgeschätzte Qualifikation und verschaffte ihr breites Ansehen. Auch in medizinischen Belangen wurde sie konsultiert, hatte sie doch die Erkrankung des Propheten miterlebt und sich um seine Heilung bemüht, sowie im Laufe seines Lebens die Grundlagen der prophetischen Medizin mit auf den Weg bekommen.[17] Auch ihr politisches Verständnis

---

Jahre); ad-Daḫīl, *Mawsūʿa fiqh ʿĀʾiša*, S. 88: (67 Jahre); al-ʿAqqād, *aṣ-Ṣiddīqa bint aṣ-Ṣiddīq*, S. 82: (annähernd 70 Jahre); vgl. Maqsood, *Hazrat A'ishah Saddiqah*, S. 5, 24: (sie favorisiert ebenfalls 67 Jahre).

14 Vgl. al-Fanīsān, *Marwiyyāt umm al-muʾminīn ʿĀʾiša fī t-tafsīr*, S. 17; aḏ-Ḏahabī, *Siyar aʿlām an-nubalāʾ*, Bd. 2, S. 192 f.; ʿAbd ar-Raḥmān, *Tarāǧum sayyidāt bayt an-nubuwwa*, S. 245; az-Zarkašī, *al-Iǧāba*, S. 44; aṭ-Ṭahmāz, *as-Sayyida ʿĀʾiša umm al-muʾminīn wa ʿālima nisāʾ al-islām*, S. 155 ff.

15 Vgl. aḏ-Ḏahabī, *Siyar aʿlām an-nubalāʾ*, Bd. 2, S. 136–139; ad-Daḫīl, *Mawsūʿa fiqh ʿĀʾiša*, S. 86; az-Zarkašī, *al-Iǧāba*, S. 44–48; aṭ-Ṭahmāz, *as-Sayyida ʿĀʾiša umm al-muʾminīn wa ʿālima nisāʾ al-islām*, S. 203–221.

16 Vgl. aḏ-Ḏahabī, *Siyar aʿlām an-nubalāʾ*, Bd. 2, S. 182–185, 191; az-Zarkašī, *al-Iǧāba*, S. 61–65; vgl. ad-Daḫīl, *Mawsūʿa fiqh ʿĀʾiša*, S. 33 f., 80 f.; aṭ-Ṭahmāz, *as-Sayyida ʿĀʾiša umm al-muʾminīn wa ʿālima nisāʾ al-islām*, S. 174 ff., 178–197.

17 Die prophetische Medizin ist eine religiös verankerte Form der Medizin, die auf prophetische Überlieferungen zurückgeführt wird und Behandlungselemente wie die Rezitation von Koranversen umfasst. In späterer Zeit wird sie stärker mit der auf der griechischen Medizin aufbauenden arabischen Medizin verbunden.

dürfte geschult und geprägt worden sein, als sie in Medina an der Seite des Propheten dessen politische Entscheidungen als Leiter der Gemeinschaft, Vertragspartner mit verschiedenen Stämmen und militärischer Befehlshaber erlebte. Das von ihrem Vater vermittelte Wissen um die Geschehnisse unter den arabischen Vorfahren sowie dessen politische Leitung der Muslime als erster Kalif dürften sie weiter politisch sensibilisiert haben.[18]

Folgende Berichte zeugen von ihrem, für die damaligen Verhältnisse sehr breiten, Wissensspektrum und der außerordentlichen Akzeptanz und Anerkennung, welche Aischa bereits unter ihren Zeitgenossen als Gelehrte genoss.

> „ʿUrwa [ein Neffe Aischas] hatte zu Aischa gesagt: ‚O meine liebe Mutter [du Mutter der Gläubigen], ich wundere mich nicht über dein [tiefgründiges] Verständnis; ich sage [mir, sie ist], die Frau des Gesandten Allahs – Allahs Segen und Friede auf ihm – und die Tochter des Abū Bakr. Und ich wundere mich nicht über dein Wissen über die Poesie und die [vergangenen] Tage der [arabischen] Menschen; ich sage [mir, sie ist], die Tochter von Abū Bakr, und er war [darin] der Wissendste der Menschen oder von den Wissendsten der Menschen. Aber ich wundere mich über dein Wissen über die Medizin, wie [ausführlich] es ist und von wo du es hast!?' Er sagte, [dass] sie darauf auf seine Schulter schlug und sagte: „ʿUrayya [Verkleinerungsform von ʿBakr], der Gesandte Allahs – Allahs Segen und Friede auf ihm – war doch gegen Ende seines Lebens krank geworden. Da kamen Delegationen der [medizinisch gebildeten] Araber aus jeder Richtung zu ihm angereist und beschrieben ihm die Heilrezepte und ich habe ihn damit behandelt. Und von daher [kenne ich die Medizin]."[19]

> „Abū Mūsā [al-Ašʿarī] sagte: ‚Wir, die Gefährten des Gesandten Allahs – Allahs Segen und Friede auf ihm –, hatten mit keinem Hadith je [Verständnis-]Schwierigkeiten, worauf wir Aischa [dazu] befragten, ohne dass wir bei Aischa darüber Wissen vorfanden.'"[20]

> „ʿAṭāʾ sagte: ‚Aischa war die mit dem besten [Rechts]verständnis unter den Leuten und die Wissendste unter den Leuten und im Allgemeinen, die mit der besten [stärksten/schlüssigsten] Meinung unter den Leuten.'"[21]

---

18 Vgl. ad-Daḫīl, *Mawsūʿa fiqh ʿĀʾiša*, S. 49 ff.

19 Ibn Ḥanbal, *Musnad*, Bd. 6, S. 67, Nr. 24425/von al-Arnaʾūṭ als *ṣaḥīḥ* bewertet. Die Übersetzungen der Hadithe und Berichte über Aischa stammen vom Autor dieses Beitrags und orientieren sich möglichst eng am Wortlaut.
Siehe zu „ʿUrayya" Aḥmad al-ʿAsqalānī Ibn Ḥağar, *Fatḥ al-Bārī šarḥ ṣaḥīḥ al-Buḫārī*, 13 Bde., Beirut (1960), (M2), Bd. 13, S. 155.

20 Abū ʿĪsā at-Tirmiḏī, *al-Ǧāmiʿ aṣ-ṣaḥīḥ sunan at-Tirmiḏī*, 15 Bde., Beirut o.J., Bd. 5, S. 705, Nr. 3883: als *ḥasan* bewertet/von Al-Albānī: als *ṣaḥīḥ* bewertet.

21 Muḥammad an-Naysābūrī al-Ḥākim, *al-Mustadrak ʿalā ṣ-ṣaḥīḥayn*, 4 Bde., Beirut 1990, Bd. 4, S. 15, Nr. 6748: als *ṣaḥīḥ* bewertet.

„Masrūq wurde gefragt: ‚Hat Aischa das Erbrecht beherrscht?' Er sagte: ‚Ja. Bei dem, in dessen Hand mein Leben ist, gewiss habe ich ja die Gelehrten [Großen] von den Gefährten Muḥammads – Allahs Segen und Friede auf ihm – sie nach dem Erbrecht fragen gesehen.'"[22]

4 Tiefgründiges Sprach- und Quellenverständnis des Islams

Wie bereits erwähnt, wurde Aischa als Säugling in die Obhut des Stammes Banū Maḫzūm gegeben, wo ihr sprachliches Talent besonders gefördert werden konnte.[23] Über ihre sprachlichen Fähigkeiten sagte al-Aḥnaf b. Qays:

> „Ich hörte die Ansprache von Abū Bakr aṣ-Ṣiddīq und ʿUmar ibn al-Ḫaṭṭāb und ʿUṯmān b. ʿAffān und ʿAlī b. Abī Ṭālib – möge Allah mit ihnen zufrieden sein – und der Kalifen, [nach]kommend bis zum heutigen Tag, so habe ich keine schwerwiegendere und keine bessere Rede aus dem Mund eines Geschöpfes gehört als aus dem Munde Aischas – möge Allah mit ihr zufrieden sein!'"[24] Ähnlich berichtete auch „Mūsā b. Ṭalḥa: ‚Ich habe niemanden besser (auch: reiner) in der Sprache gesehen als Aischa."[25]

Diese exzellenten Sprachkenntnisse bilden auch die Grundlage für Aischas tief gehendes Verständnis des Korans und der Prophetenworte sowie deren Deutung. Zusätzlich hatte sie seit ihrer frühesten Kindheit die Möglichkeit, das prophetische Koranverständnis zu erlernen: Zunächst durch ihren Vater Abū Bakr, der zu den engsten Vertrauten des Propheten zählte und dann in ihrer Ehe mit dem Propheten selbst. Dadurch wurde sie in die Lage versetzt, die Verhaltens- und Handlungsweisen des Propheten in allen Belangen besser zu analysieren und zu deuten.[26]

Ihre hohe Gedächtnisleistung, ihre kritische Aufmerksamkeit und das beharrliche Nachfragen bei Verständnisschwierigkeiten förderten ihr tiefgründiges Quellen- und Religionsverständnis.[27] Sie beherrschte den Koran auswendig und kannte eine große Anzahl von Überlieferungen. Aischa werden 2210 unterschiedliche Überlieferungen über den Propheten zugeschrieben.[28]

---

22 Al-Ḥākim, *al-Mustadrak ʿalā ṣ-ṣaḥīḥayn*, Bd. 4, S. 12, Nr. 6736: als *ṣaḥīḥ* bewertet.

23 ʿAbd ar-Raḥmān, *Tarāǧum sayyidāt bayt an-nubuwwa*, S. 208.

24 Al-Ḥākim, *al-Mustadrak ʿalā ṣ-ṣaḥīḥayn*, Bd. 4, S. 12, Nr. 6732: als *ṣaḥīḥ* bewertet

25 At-Tirmiḏī, *al-Ǧāmiʿ aṣ-ṣaḥīḥ*, Bd. 5, S. 705, Nr. 3884: als *ḥasan ġarīb* bewertet/von al-Albānī als *ṣaḥīḥ* bewertet; al-Ḥākim, *al-Mustadrak ʿalā ṣ-ṣaḥīḥayn*, Bd. 4, S. 12, Nr. 6735: als *ṣaḥīḥ* bewertet. Vgl. Ḏahabī, *Siyar aʿlām an-nubalāʾ*, Bd. 2, S. 191.

26 Vgl. ʿAbd ar-Raḥmān, *Tarāǧum sayyidāt bayt an-nubuwwa*, S. 208.

27 Vgl. aṭ-Ṭahmāz, *as-Sayyida ʿĀʾiša umm al-muʾminīn wa ʿālima nisāʾ al-islām*, S. 177 f.; ad-Daḫīl, *Mawsūʿa fiqh ʿĀʾiša*, S. 83 f.

28 Vgl. aḏ-Ḏahabī, *Siyar aʿlām an-nubalāʾ*, Bd. 2, S. 139; az-Zarkašī, *al-Iǧāba*, S. 44.

Die zwei folgenden Beispiele verdeutlichen die außerordentliche Aufmerksamkeit und Beharrlichkeit im Streben nach Verständnis des Korans und der Sunna. In der Sammlung von Aḥmad berichtet Aischa,

> „dass der Prophet Allahs – Allahs Segen und Friede auf ihm – saß und sein Oberschenkel sichtbar war, als Abū Bakr um Erlaubnis bat einzutreten. So gewährte er ihm Eintritt, ohne seinen Zustand zu ändern [seinen Oberschenkel zu bedecken]. Dann bat ʿUmar um Erlaubnis einzutreten, so gewährte er ihm Eintritt, ohne seinen Zustand zu ändern. Daraufhin kam ʿUṯmān und bat um Eintritt, woraufhin der Prophet – Allahs Segen und Friede auf ihm – seinen Oberschenkel bedeckte [und ihm dann Eintritt gewährte]. Als sie aufstanden [und gegangen waren], sagte ich: „O Gesandter Allahs, als Abū Bakr und ʿUmar um Einlass baten, gewährtest du ihnen [Eintritt], ohne deinen Zustand zu ändern. Als aber ʿUṯmān um Einlass bat, zogst du dein Gewand darüber." Er erwiderte: ‚O Aischa, bin ich nicht vor einem schamhaft, vor dem, bei Allah, die Engel schamhaft sind?' "[29]

Hierbei wird deutlich wie genau sie selbst Feinheiten im Verhalten des Propheten verfolgte und hinterfragte. Nur auf Grund dieser Aufmerksamkeit wurde uns dieses Detail der Prophetenpraxis überliefert, das im späteren Diskurs über die Frage nach dem Ausmaß der zu bedeckenden männlichen Aura für Diskussionsstoff und Differenzierungen sorgte. Ibn Abī Mulayka berichtete:

> „Aischa, die Frau des Propheten – Allahs Segen und Friede auf ihm –, hörte nichts, was sie nicht kannte [verstand], ohne dass sie ihn darüber konsultierte, bis sie es kannte [verstand]; und dass der Prophet – Allahs Segen und Friede auf ihm – sagte: ‚Der, mit dem abgerechnet wird (*ḥūsiba*), der wird bestraft.' Aischa sagte: ‚Da sagte ich: ‚Sagt denn nicht Allah, erhaben ist Er: 'der wird einer leichten Abrechnung unterzogen (*yuḥāsabu*) [Koran 84/8]?' " Sie sagte: ‚Da sagte er: ‚Dies ist aber gewiss die Vorführung [mit den Taten am Tag der Auferstehung vor Gott], wer jedoch über seine Abrechnung verhört wird, der geht zugrunde." "[30]

Diese Überlieferung verdeutlicht nicht bloß das Nachfragen bei auftauchender Unklarheit, sondern verweist auf einen analytischen Zugang Aischas zu den Quellen, der im Folgenden näher beleuchtet werden soll.

---

29 Aḥmad b. Ḥanbal, *Musnad*, Bd. 6, S. 62, Nr. 24375/von al-Arnaūṭ als *ṣaḥīḥ* bewertet.

30 Al-Buḫārī, *Ṣaḥīḥ al-Buḫārī*, Beirut, 1422h, Bd. 1, S. 32, Nr. 103; vgl. ad-Daḫīl, *Mawsūʿa fiqh ʿĀʾiša*, S. 83 ff.

5 Kritische, analytische und systematische Quellenbetrachtung und Argumentationsweise

In den späteren islamischen Wissenschaften haben sich systematische Konzepte der Hermeneutik islamischer Quelltexte und Islamrechtergründung etabliert, die sich vor allem in den *uṣūl al-fiqh* (islamische Quellen- und Methodenlehre) und ergänzenden methodischen Disziplinen bündeln. Der Quellenzugang der Prophetengefährten kann natürlich kein Produkt dieser später formulierten Theorien sein und auch der dazugehörige Fachjargon hat sich erst später in den Disziplinen etabliert. Dennoch erfolgt jeder Umgang und jedes Verständnis von Religionsquellen auf eine bestimmte Art und Weise. Diese muss nicht unbedingt auf bewussten methodischen Mustern oder einer stringenten Systematik beruhen. Es können aber Rückschlüsse auf die Art und Weise des jeweiligen Verständnisses und der jeweiligen Argumentation anhand von religiös relevanten Positionierungen in Kombination mit den ihnen zugrunde liegenden Argumenten aus Quellentexten gezogen werden. Bei einer mehrfachen Bestätigung der gleichen Vorgehensweise kann von einer stringenten Systematik in der Quellenbetrachtung und Islamrechtsergründung ausgegangen werden. Auch die theoretische Methodik Abū Ḥanīfas (gest. 150/767) in seinem Textverständnis und seiner Islamrechtsergründung wurde größtenteils nicht von ihm selbst theoretisch dargelegt. Vielmehr waren es erst spätere Gelehrtengenerationen seiner Tradition, die meist anhand seiner Argumentationen und Schlussfolgerungen methodische Regeln seines Verständnisses rekonstruierten und theoretisch formulierten.[31]

Anhand der Argumentationen früherer Gelehrter identifizierte Methoden können mit den Methoden später formulierter Theorien verglichen, Unterschiede und Parallelen aufgezeigt werden und eventuell den später etablierten Begriffen und Themen zugeordnet werden. Anhand der zahlreichen Überlieferungen von und über Aischa konnten über 130 mehr oder weniger deutliche, methodisch relevante Regeln in ihrer Argumentationsweise identifiziert werden.[32] Die folgenden Beispiele geben einen kleinen Einblick in Aischas methodische Zugänge.

Betrachten wir die oben angeführte Überlieferung genauer. Ibn Abī Mulayka berichtete:

31 Vgl. Muṣṭafa al-Ḫin, *Dirāsa tārīḫiyya li-l-fiqh wa uṣūlih*, Damaskus 1983, S. 201 ff.

32 Siehe Bauer, *Aishas Grundlagen der Islamrechtsergründung und Textinterpretation.*

„Aischa, die Ehegattin des Propheten – Allahs Segen und Friede auf ihm –, hörte nichts, was sie nicht kannte [verstand], ohne dass sie ihn darüber konsultierte, bis sie es kannte [verstand]; und dass der Prophet – Allahs Segen und Friede auf ihm – sagte: ‚Der, mit dem abgerechnet wird (*ḥūsiba*), der wird bestraft.' Aischa sagte: ‚Da sagte ich: ‚Sagt denn nicht Allah, erhaben ist Er: 'der wird einer leichten Abrechnung unterzogen (*yuḥāsabu*) [Koran 84/8]?" Sie sagte: ‚Da sagte er: ‚Dies ist aber gewiss die Vorführung [mit den Taten am Tag der Auferstehung vor Gott], wer jedoch über seine Abrechnung verhört wird, der geht zugrunde." "[33]

Die hier erwähnte Koranpassage lautet vollständig: „Was nun jemanden angeht, dem dann sein Buch in seine Rechte gegeben wird, der wird einer leichten Abrechnung unterzogen, und er wird erfreut zu seinen Angehörigen zurückkehren."[34]

Als Aischa das Prophetenwort vernahm, stellte sie dessen Inhalt sofort in Relation mit dem, was ihr an anderen Offenbarungsquellen zu dieser Thematik bekannt war, in diesem Fall ein Koranvers und nicht ein anderes Prophetenwort. Dieses Verfahren lässt auf folgende Regel in ihrem Textverständnis schließen: Einzelne Offenbarungsbelege (aus Koran und Sunna) dürfen nicht isoliert betrachtet werden, sondern müssen mit anderen Belegen zur Thematik abgeglichen und in Bezug gesetzt werden.

Arabische Begriffe können in ihrer eigentlichen Bedeutung verwendet werden, wie etwa *asad* (Löwe) linguistisch das bekannte Tier beschreibt. Viele Begriffe können aber auch in einem übertragenen Sinn gebraucht werden, wie im Fall von *asad* zur Beschreibung einer „tapferen, mutigen oder starken Person". Die erste Verwendung im eigentlichen Sinn bezeichnet man in der arabischen Sprachwissenschaft und auch in der *uṣūl*-Wissenschaft als *ḥaqīqa*, die Verwendung im übertragenen, uneigentlichen Sinn als *maǧāz*.[35] Im vorliegenden Fall ist die eigentliche Bedeutung von „Abrechnung" im islamischen Kontext die Befragung oder das Verhör im Jenseits über das irdische Wirken. Wird damit aber die bloße Vorführung mit den Taten vor Gott ohne das zur Rechenschaft ziehen gemeint, so ist das eine „Abrechnung" im uneigentlichen Sinn.

Die Prophetenaussage ergab in Aischas Verständnis einen scheinbaren Widerspruch zur Aussage im Koran ("der wird einer leichten Abrechnung unterzogen"), welche sie auch im sprachlichen Sinn der Abrechnung verstand, weshalb sie den Propheten nach erklärender Auflösung fragte. Dies zeigt, dass Aischa

33 al-Buḫārī, *Ṣaḥīḥ al-Buḫārī*, Bd. 1, S. 32, Nr. 103; vgl. ad-Daḫīl, *Mawsūʿa fiqh ʿĀʾiša*, S. 83 ff.

34 Koran 84/7–9.

35 Siehe Bauer Wolfgang, *Bausteine des Fiqh*, Frankfurt am Main 2012, S. 121–124.

davon ausgeht, dass ein Text zunächst im eigentlichen Sinn seines Ausdrucks zu verstehen ist.

Aus ihrer Annahme der Prophetenerklärung im übertragenen Sinn ist zu schließen, dass sie die Auslegung im übertragenen Sinn im Allgemeinen für möglich hält und im Falle eines maßgeblichen Belegs wie der Sunna diese auch als bestimmt sieht. Die Annahme der Prophetenaussage zeigt sich darin, dass sie nicht weiter nachfragt. Als weitere methodische Regel die von Aischa angewandt wurde, kann daher folgende benannt werden: Ein Ausdruck wird grundsätzlich in seinem eigentlichen Sinn (*ḥaqīqa*) im Kontext der Ansprache verwendet und verstanden und wird nur dann im übertragenen/uneigentlichen Sinn (*maǧāz*) ausgelegt, wenn ein maßgeblicher Beleg dies verlangt.

Vertiefen wir den Blick weiter auf den scheinbaren Widerspruch, der Aischa zu ihrer Anmerkung bewegte. Der scheinbare Widerspruch ergibt sich nicht nur aufgrund der Erwähnung des gleichen Begriffs „Abrechnung" mit verschiedenen Folgen, einmal Strafe, das andere Mal Barmherzigkeit. Im Koran ist die „leichte (barmherzige) Abrechnung" für eine Person bestimmt, welche ihr Buch der Taten am Tag der Abrechnung in ihre Rechte bekommt. Wäre die im Prophetenwort erwähnte „Abrechnung" durch den Zusatz „schwere Abrechnung" eingeschränkt, oder auf Personen eingeschränkt, welche ihr Buch der Taten in ihre Linke bekommen, so würde sich auch kein scheinbarer Widerspruch ergeben, denn jeder der beiden Texte würde einen spezifischen, unterschiedlichen Fall behandeln.

Jedoch ist der Ausdruck im Prophetenwort umfassend (ʿāmm) formuliert.[36] Der umfassende ʿāmm-Ausdruck „Der [wer] (mit dem abgerechnet wird)" in Form des Relativpronomens (ism mawṣūl) umfasst im Verständnis Aischas offenbar jeden, auf den zutrifft, dass mit ihm abgerechnet wird und somit auch den, der einer „leichten Abrechnung" unterzogen wird und dem sein Buch in die Rechte gegeben wird.

Der gegenüber dem vorherigen spezifizierte bzw. spezifischere (maḫṣūṣ/ aḫaṣṣ), eingeschränkt umfassende Ausdruck (ʿāmm muqayyad), „dem [wem] (sein Buch in seine Rechte gegeben wird, [erfährt eine leichte Abrechnung])", ist umfassend in einer eingeschränkteren Personengruppe (diejenigen, welche ihr Buch in die Rechte bekommen), welche aber in der allgemeineren ersten Gruppe sprachlich inkludiert ist.

Scheinbarer Widerspruch kann sich nur zwischen wahrscheinlich sicheren (*ẓannī*) Belegen verwirklichen d.h. zwischen nicht definitiv sicheren Belegen auf

36 Zum Thema Umfassendheit von Ausdrucksweisen siehe auch ebd., S. 138–161.

Grund von schwächerer Sicherheit entweder seitens der Authentizität (*ṯubūt*) oder der fehlenden Eindeutigkeit und schwächeren Deutlichkeit der Ausdrucksweise (*dalāla*) oder beidem.[37]

Würde Aischa einen der beiden Belege als definitiv klar in einer Bedeutung (qaṭʿī ad-dalāla) und ohne Interpretationsmöglichkeit erachten, würde sich kein scheinbarer Widerspruch zeigen, da der definitiv sichere Beleg maßgeblich ist. Im Hinblick auf die Authentizität des Wahrgenommenen ist für Aischa sowohl das überlieferte Prophetenwort als auch der Koranvers definitiv authentisch (qaṭʿī aṯ-ṯubūt), da sie es direkt vom Propheten gehört hatte und er ihre Wahrnehmung nach ihrer Frage auch nicht falsifizierte.

Für sie ist offenbar die Wahrscheinlichkeit einer Spezifizierung (Einschränkung) eines *ʿāmm*-Ausdrucks gleich oder ähnlich hoch wie die Auslegung eines Ausdrucks in einer übertragenen Bedeutung (*maǧāz*). Der *ʿāmm*-Ausdruck in der Prophetenaussage könnte dahin gehend spezifiziert gemeint sein, dass er auf die „schwere Abrechnung" beschränkt ist oder auf Personen, welche ihr Buch der Taten am Tag der Abrechnung in ihre Linke bekommen, und würde somit der im Vers erwähnten „leichten (barmherzigen) Abrechnung" für eine Person, welche ihr Buch der Taten in ihre Rechte bekommt, nicht widersprechen, da jede Aussage einen unterschiedlichen Fall behandeln würde.

Der Ausdruck „Abrechnung" im Koran kann aber auch in einem übertragenen Sinn (wie hier als bloße „Vorführung") gemeint sein und somit ebenfalls zwei unterschiedliche Dinge behandeln. Beides stellt eine Form von Auslegung (*taʾwīl*) eines vordergründig klaren Ausdrucks (*ẓāhir*) in einem möglichen, nicht vordergründigen Sinn (*maʿnā muḥtamal*) dar.[38] Beides wäre an und für sich auch zulässig um die scheinbare Widersprüchlichkeit aufzulösen und stellt eine Form von *ǧamʿ* (Zusammenführen) bzw. *tawfīq* (In-Einklang-Bringen) beider Belege dar. Da jedoch für Aischa die Möglichkeit der gewissen Aufklärung des scheinbaren Widerspruchs durch die Möglichkeit der Befragung des Propheten bestand, konsultierte sie ihn diesbezüglich. Wie bereits erwähnt, wird hier als gültige Auslegung die vom Propheten explizite Erläuterung im uneigentlichen Sinn (*maǧāz*) festgelegt und von Aischa widerspruchslos angenommen.

Somit lassen sich zwei weitere Regeln in Aischas Textverständnis begründen: (a) Scheinbare Widersprüchlichkeit kann sich zwischen umfassenden *ʿāmm*-Ausdrücken in definitiv authentischer Sunna (Prophetenwort) und eingeschränkten Ausdrücken im Koran verwirklichen. (b) Scheinbare

37 Zum Thema Widersprüchlichkeit zwischen Belegen siehe auch ebd., S. 169–172.

38 Siehe dazu ebd., S. 133–136.

Widersprüchlichkeit kann durch begründete Auslegung im übertragenen Sinn (*maǧāz*) aufgelöst werden.

6 Sinnsuchendes Textverständnis mit Achtung der Offenbarungsautorität

In anderen Überlieferungen zeigt sich, dass Aischa grundsätzlich Offenbartes in Form von Koranversen oder Worten und Verhaltensweisen des Propheten, wie auch die Offenbarungsreihenfolge sinnsuchend deutet. Dennoch gibt sie klaren Prophetenanordnungen den Vorzug vor rationalen Schlussfolgerungen. Aischa sagt in einer Überlieferung:

> „[…] Gewiss kam als erstes was davon herabkam, eine Sure von den *mufaṣṣal* [kurze Suren ab Sure 50], in ihnen ist die Erwähnung des Paradieses und des Feuers. Erst als die Menschen sich im Islam einstellten [stabilisierten], kam das Erlaubte und Verbotene herabgesandt. Und wenn als erste Sache herabgekommen wäre: ‚Trinkt keinen Wein!', dann hätten sie ja gesagt: ‚Wir lassen den Wein niemals!' Und wenn herabgekommen wäre: ‚Begeht keine Unzucht!', dann hätten sie ja gesagt: ‚Wir lassen die Unzucht niemals!' […]"[39]

Hier begründet Aischa offenbar gemäß der Vernunft den Sinn der Offenbarungsanordnung. In einer anderen Überlieferung sagte Aischa:

> „Aflaḥ, der Bruder von Abū al-Quʿays, bat bei mir um Einlasserlaubnis nachdem die Bedeckungspflicht herabgesandt worden war. Da sagte ich: ‚Ich gestatte ihm nicht Einlass, bis ich den Propheten – Allahs Segen und Friede auf ihm – um Erlaubnis frage, denn gewiss ist nicht sein Bruder Abū l-Quʿays derjenige, der mich stillte, sondern seine Frau Umm al-Quʿays stillte mich.' Da kam der Prophet – Allahs Segen und Friede auf ihm – zu mir herein, so sagte ich zu ihm: ‚O Gesandter Allahs, gewiss hat Aflaḥ, der Bruder von Abū l-Quʿays, bei mir um Einlasserlaubnis gebeten, so habe ich abgelehnt, dass ich ihm gestatte, bis ich dich um Erlaubnis frage.' Da sagte der Prophet – Allahs Segen und Friede auf ihm: ‚Und was hat dich daran gehindert, dass du deinem Onkel Einlass gestattest?' Ich sagte: ‚O Gesandter Allahs, gewiss der Mann ist nicht derjenige, der mich stillte, sondern die Frau von Abū l-Quʿays stillte mich.' Da sagte er: ‚Gestatte ihm Eintritt, denn er ist gewiss dein Onkel.' […]"[40]

ʿUrwa, welcher Aischas Aussage überlieferte, sagte: „Deswegen hat Aischa gesagt: ‚Verbietet durch Stillen was ihr durch die leibliche Abstammung

---

39 al-Buḫārī, *Ṣaḥīḥ al-Buḫārī*, Bd. 6, S. 185, Nr. 4993.

40 „Das nutzt dir [wörtl.: Deine rechte Hand wurde staubig.]", vgl. Muḥammad Ibn Manṣūr, *Lisān al-ʿarab*, 15 Bde., Beirut o.J.

verbietet.'"[41] Gemäß dem Sinn Aischas letzter Aussage überliefert sie auch eine Aussage des Propheten.[42]

Aus dem Koran (Koran 4/23)[43] ist ersichtlich, dass durch das Stillen ein spezielles Verwandtschaftsverhältnis hergestellt wird, welches wie die leibliche Abstammung Bestimmungen islamrechtlicher Nahverwandtschaft nach sich zieht. Aischa geht offensichtlich zunächst davon aus, dass die Gültigkeit dieser Milchverwandtschaft und der damit verbundenen Gebote von der Nährung durch die Milchmutter als ausschlaggebender Wirkungsursache (*ʿilla*) abhängig ist, und man dadurch etwas von ihr in sich trägt, wie dies auch bei den Milchgeschwistern der Fall ist. Im Gegensatz zum leiblichen Vater trägt man jedoch offensichtlich nichts vom Milchvater und dessen Familie in sich. Die Ursache für ein gewisses Verwandtschaftsverhältnis würde im Falle des Milchvaters nicht bestehen, weshalb auch gemäß Aischas Schlussfolgerung die speziellen Bestimmungen der Nahverwandtschaft nicht bestehen dürften. Gleichzeitig erachtet sie ihre Bewertung des „Milchvaters" auf Grundlage der verstandenen Wirkungsursache (*ʿilla*) nicht als definitiv gesichert, weshalb sie den Propheten als Offenbarungsquelle dazu befragt, um eine definitiv gesicherte Antwort darauf zu bekommen. Die Antwort, die von ihren Überlegungen abweicht, nimmt sie dann auch als maßgebliche Offenbarungsbestimmung an.

Obwohl Aischa Gebote allgemein sinnsuchend versteht, zeigt sich aus der folgenden Überlieferung, dass sie Gebote im Bereich der rituellen Gottesdienste (*ʿibādāt*) grundsätzlich nur durch Offenbarungsbelege festgelegt (*tawqīfī*) sieht und nicht durch rationale Schlussfolgerungen.

> „Muʿāḏa sagte: ‚Ich fragte Aischa und sagte: ‚Was ist mit der Menstruierenden, [dass] sie das Fasten nachholt und nicht das Gebet?' Da sagte sie: ‚Bist du [etwa] eine Ḥarūriyya[44] [von den Ḫawāriǧ, welche übermäßig skeptisch gegenüber der Prophetenpraxis waren]?' Ich sagte: ‚Ich bin keine Ḥarūriyya, aber ich frage [nur].' Sie sagte: ‚Dies war uns geschehen, so wurde uns das Nachholen des Fastens angeordnet, und uns wurde nicht das Nachholen des Gebets angeordnet.'"[45]

41 al-Buḫārī, *Ṣaḥīḥ al-Buḫārī*, Bd. 6, S. 120, Nr. 4796.

42 Vgl. Ebd., Bd. 9, S. 125, Nr. 2452.

43 „Verboten (zu heiraten) sind euch [...] eure Nährmütter, die euch gestillt haben, eure Milchschwestern [...]" (Koran 4/23).

44 Die Ḫawāriǧ wurden so auch so genannt, da sie sich das erste Mal zu ihrer Abspaltung von ʿAlī in der Ortschaft Ḥarūrāʾ bei Kufa trafen. Siehe Ibn Manṣūr, *Lisān al-ʿarab*, Bd. 4, S. 177.

45 Muslim, Ibn al-Ḥaǧǧāǧ al-Qušayrī, *Ṣaḥīḥ Muslim*, Beirut, 1991, Bd. 1, S. 265, Nr. 335.

Gemäß einer bloß rationalen Überlegung könnte aus der Pflicht zum Nachfasten der versäumten Fastentage während der Menstruation geschlossen werden, dass auch die versäumten Gebete nachzuholen sind. Jedoch wird in den Offenbarungsquellen offensichtlich nur die gottesdienstliche Handlung des Nachholens des Fastens, nicht aber des Gebets vorgeschrieben. Aus Aischas Argumentation zeigt sich, dass sie als maßgebliche Quelle in rituellen gottesdienstlichen Handlungen (*ʿibādāt*) nur die Offenbarungsquellen erachtet: Sie geht nicht auf die auf rationaler Überlegung basierende Argumentation ein und beschränkt ihre Gegenargumentation darauf, dass das eine ohne das andere angeordnet wurde. Dass mit der hier beschriebenen Anordnung in religiösen Fragen nur Koran oder Prophetenwort gemeint sein kann, ist klar. Obwohl Aischa mit der Prophetenbilligung ihrer Praxis als spezifischen Beleg dafür argumentieren könnte, beschränkt sie sich hier auf das Erwähnte.

7 Inhaltliche und überlieferungstechnische Überlieferungskritik

Aus mehreren Überlieferungen ist ersichtlich, dass Aischa mit Aussagen und Überlieferungen einzelner Personen als auch mit der Bewertung von Personen sehr sorgsam umgeht. Sie ist sich der Möglichkeit von Fehlern bewusst, beleuchtet den Inhalt von Überlieferungen kritisch und gleicht ihn mit ihren vorhandenen Informationen ab. In Kombination ihrer Äußerungen in diesem Zusammenhang lässt sich aus der anschließenden Begebenheit eine weitere methodische Regel im Umgang mit Überlieferungsquellen erkennen:[46] Die Annahme einer *āḥād*-Überlieferung (Überlieferung von Einzelpersonen) von jemandem vertrauenswürdigen (*ṯiqa*), erwiesenermaßen genauen (*ḍābiṭ*) selbst bei außergewöhnlichem Inhalt, solange ihr kein stärkerer Beleg widerspricht. Ein Beispiel ist ihr Umgang mit einem Bericht ihres Neffen ʿ sel:

> „ʿAbdullāh b. ʿAmr kam pilgernd bei uns vorbei, und ich hörte ihn sagen: ‚Ich hörte den Propheten – Allahs Segen und Friede auf ihm – sagen: ‚Wahrlich, Allah nimmt das Wissen, nachdem Er es euch gegeben hat, nicht auf einmal hinweg, aber er nimmt es hinweg von euch mit dem Nehmen der Gelehrten mit[samt] ihrem Wissen. So bleiben unwissende Menschen, welche nach Islamrechtsauskunft gefragt werden, und so geben sie die Islamrechtsgutachten (*fatwā*) mit ihrer [bloßen] Meinung, so leiten sie fehl und gehen fehl." So erzählte ich das Aischa, der Ehegattin des Propheten – Allahs Segen und Friede auf ihm. Dann pilgerte ʿ mit ihr b. ʿAmr danach [ein Jahr später], da sagte sie: ‚O Sohn

46 Siehe Bauer, *Aishas Grundlagen der Islamrechtsergründung und Textinterpretation*, S. 82–87.

> meiner Schwester, brich auf zu ʿAbdullāh und vergewissere dich für mich über das, was du mir erzählt hast!ʿ So kam ich zu ihm und fragte ihn. Da erzählte er es mir, entsprechend wie er mir erzählt hatte. So ging ich zu Aischa und benachrichtigte sie, worauf sie erstaunt war und sagte: ‚Bei Allah, ʿAbdullāh b. ʿAmr hat es sich ja gewiss gemerkt!' "[47]

In einer weiteren Überlieferung dieses Ereignisses sagt ʿUrwa:

> „Und als ich Aischa [das erste Mal] davon erzählte, hielt sie dies für ungeheuerlich [weit hergeholt] und bestritt es. Sie sagte: ‚Hat er dir erzählt, dass er den Propheten – Allahs Segen und Friede auf ihm – das sagen gehört hat?' [...] so erzählte er es mir [ein Jahr später], entsprechend wie er es mir das erste Mal erzählt hatte. [...] Als ich sie dann darüber benachrichtigte sagte sie: ‚Ich erachte ihn nicht anders als dass er gewiss die Wahrheit gesprochen hat. Ich sehe, dass er nichts hinzugefügt und nichts weggelassen hat.' "[48]

Aus dieser Überlieferung ist ersichtlich, dass, sofern die Verlässlichkeit der Überlieferungsgenauigkeit (*ḍabṭ*) und die Vertrauenswürdigkeit durch religiöse Integrität (*ʿadāla*) gegeben ist, die Überlieferung auch von einer einzelnen Person verlässlich und anzunehmen ist, selbst wenn der Inhalt als außergewöhnlich erachtet wird. Der Ausdruck ihres Erstaunens über die erste Überlieferung bezieht sich offensichtlich auf den außergewöhnlichen Inhalt dieses Prophetenausspruchs und nicht auf die Verlässlichkeit der Überlieferungsgenauigkeit von ʿAbdullāh. Sonst müsste sie auch über ihre eigene Verlässlichkeit und die ihres Neffens erstaunt sein, welche sie aber vorauszusetzen scheint, indem sie sie unkommentiert lässt.

Dennoch weist ihr Bestreiten der außergewöhnlichen Überlieferung vor ihrer Vergewisserung über die Verlässlichkeit des Überlieferers darauf hin, dass sie Irrtum in der Überlieferung grundsätzlich als möglich und bei außergewöhnlichem Inhalt sogar als naheliegend erachtet, wenn die Verlässlichkeit der Überlieferungsgenauigkeit des Überlieferers nicht noch weiter verifiziert ist. Bei vergewisserter Genauigkeit eines Überlieferers zweifelt sie dessen Überlieferung nicht mehr an, da sie offensichtlich bereits in die erste Überlieferung ihres Neffen volles Vertrauen hat, sowie in ihr eigenes Erinnerungsvermögen an die Überlieferung vom Vorjahr.

8 Selbstsichere Behauptung in ihrer Gesellschaft

Allgemein zeigt sich durch Aischas Verhalten in vielen Überlieferungen ein selbstbewusstes Muster der Artikulation bei Unverständnis, widersprechenden

47 al-Buḫārī, *Ṣaḥīḥ al-Buḫārī*, Bd. 9, S. 100, Nr. 7307.

48 Muslim, Bd. 4, S. 2059, Nr. 2673.

Ansichten oder Unmut, egal vor welcher Person. Auch Aischa selbst war sich über ihr fundiertes Wissen im Klaren, was sicherlich maßgeblich zu ihrer Selbstsicherheit beitrug, ebenso wie die Anerkennung ihres Wissens seitens der Prophetengefährten.

Mehrere Faktoren stärkten wahrscheinlich ihre grundsätzliche Selbstsicherheit und Courage: Sie wurde in eine wohlhabende und über die Grenzen Mekkas bekannte und geschätzte Familie von angesehener Abstammung und Stellung geboren.[49] Das Ansehen von Aischas Vater steigerte sich noch unter den Muslimen durch seine enge Freundschaft und Vertrautheit mit dem Propheten, welcher ihn beispielsweise als seinen einzigen Begleiter bei der Auswanderung nach Medina auswählte. Die besondere Position von Abū Bakr wirkte sich wahrscheinlich auch auf ein gesteigertes Selbstbewusstsein und die Selbstsicherheit seiner Tochter aus, welche sich mit ihrer besonderen Position als Ehefrau des Propheten noch gefestigt haben dürfte.[50]

Ihre grundsätzliche Bereitschaft, Meinungsdifferenzen und Kritik zu äußern, zeigt sich in verschiedenen Überlieferungen: So kritisiert sie teilweise Prophetengefährten und bezichtigt sie unabsichtlicher Fehler in der Wahrnehmung oder Erinnerung einzelner Überlieferungen. Selbst dem zweiten Kalifen ʿUmar, welcher für seine Härte bekannt war, widersprach sie und falsifizierte seine Überlieferung und die seines Sohnes ʿAbdullāh über die Bestrafung des Verstorbenen durch das Wehklagen seiner Angehörigen beim Begräbnis mit ihren Worten: „Wahrlich, Ihr berichtet mir gewiss nicht von zwei Lügnern und nicht der Lüge Bezichtigten, aber der Gehörsinn macht Fehler." Ihre Wortwahl bei Kritik ist oft unverblümt und manchmal sogar etwas schroff. Beispielsweise entgegnet sie auf den Bericht über die Anordnung von ʿ welcher b. ʿAmr bezüglich der Frauen, bei der rituellen Ganzwaschung (*ġusl*) ihre Zöpfe aufzutrennen,

> „Verwunderung über diesen Ibn ʿAmr, er ordnet den Frauen an, wenn sie *ġusl* vollziehen, dass sie ihre Zöpfe auftrennen! Ordnet er ihnen nicht gleich an, dass sie ihre Köpfe scheren? Gewiss habe ich mit dem Gesandten Allahs (sas) *ġusl* vollzogen aus einem Gefäß und ich habe nicht mehr gemacht, als dass ich drei Füllungen über mich gegossen habe!"[51]

Weiter äußert sie sich gegen ein Urteil von Marwān b. al-Ḥakam, des damaligen Stadthalters von Medina, und fordert ihn zur Korrektur auf:

49 Vgl. ad-Daḫīl, *Mawsūʿa fiqh ʿĀʾiša*, S. 28.
50 Vgl. ebd., S. 48 f.
51 Ebd., Bd. 2, S. 219, Nr. 498.

„Yaḥyā b. Saʿīd b. al-ʿĀṣ schied Bint ʿAbd ar-Raḥmān b. al-Ḥakam und ʿAbd ar-Raḥmān veranlasste sie auszuziehen [vom Hause ihres Ehemannes][52]. Da sandte Aischa, die Mutter der Gläubigen, zu Marwān b. al-Ḥakam, und er war [zu dieser Zeit] Stadthalter von Medina: ‚Fürchte Allah und bringe sie zurück zu ihrem Haus!' […]"[53]

9 Resümee

Selbstbewusst, überzeugend, kritisch, analytisch und für damalige Verhältnisse im höchsten Maße gebildet, konnte Aischa den damaligen wissenschaftlichen, sozialen und politischen Diskurs mitgestalten und die damalige Gesellschaft und Wissenstradition mit ihrem Einsatz prägen.

Im Laufe der Geschichte nahmen in unterschiedlichen muslimischen Kulturkreisen Frauen oft eine Rolle im Hintergrund ein. Aber auch heute sind muslimische Frauen selten in leitenden und tragenden Positionen des öffentlichen, politischen, akademischen, wissenschaftlichen und religiösen Lebens zu finden. Obwohl es grammatikalisch eine „Muftiya" gibt, ist im Wortgebrauch nur der Mufti präsent. Es gibt keinen theologischen Grund, der Frauen daran hindert, diese und andere tragende öffentliche Positionen in ihrer Gesellschaft einzunehmen. Im Gegenteil, Aischa ist das Paradebeispiel für die gebildete, tiefgründig denkende, religiöse und starke Frau, die sich in ihre Gesellschaft aktiv und selbstbewusst einbringt. In diesen Eigenschaften ist sie nicht nur Vorbild für Frauen.

Literatur

ʿAbd ar-Raḥmān, ʿĀʾiša Bint aš-Šāṭīʾ, *Tarāǧum sayyidāt bayt an-nubuwwa*, Kairo 2002.

al-ʿAqqād, ʿAbbās, *Aṣ-Ṣiddīqa bint aṣ-ṣiddīq*, 12. Aufl., Kairo 1988.

Badr, ʿAbdullāh Abū as-Saʿūd, *Tafsīr umm al-muʾminīn ʿĀʾiša raḍiya Allāh ʿanhā*, Riad 1996.

Bashier, Zakaria, *Life of the Prophet in Makkah*, Nachdruck der revidierten Auflage 1991, Markfield 2002.

Bauer, Wolfgang Johann, *Aishas Grundlagen der Islamrechtsergründung und Textinterpretation*, Frankfurt am Main 2012.

Bauer, Wolfgang Johann, *Bausteine des Fiqh*, Frankfurt am Main 2012.

52 Während der Wartezeit (*ʿidda*) nach der Scheidung verbleibt im Normalfall die Frau bei ihrem Mann, bis mit ihrem Ablauf die Ehe endgültig getrennt ist.

53 Al-Buḫārī, *Ṣaḥīḥ al-Buḫārī*, Bd. 7, S. 57, Nr. 5321.

Bubenheim, ʿAbdullāh as-Sāmit Frank/Elyas, Nadeem, *Der edle Qurʾān und die Übersetzung seiner Bedeutungen in die deutsche Sprache*, Medina 1422 (2002).

al-Buḫārī, Muḥammad b. Ismāʿīl, *Ṣaḥīḥ al-Buḫārī*, 9 Bde., Beirut 1422h, in Software: al-Maktaba aš-šāmila, Vers. 3.64, 2017.

aḏ-Ḏahabī, Šams ad-Dīn, *Siyar aʿlām an-nubalāʾ*, 23 Bde., 3. Aufl., Beirut 1985, in Software: al-Maktaba aš-šāmila, Vers. 2, 2006.

ad-Daḫīl, Saʿīd, *Mawsūʿa fiqh ʿĀʾiša*, 2. Aufl., Beirut 1993.

al-Fanīsān, Saʿūd, *Marwiyyāt umm al-muʾminīn ʿĀʾiša fī t-tafsīr*, Riad 1992.

al-Ḥākim, Muḥammad an-Naysābūrī, *al-Mustadrak ʿalā ṣ-ṣaḥīḥayn*, mit Bewertungen der Überlieferungen durch Šams ad-Dīn aḏ-Ḏahabī in *Taʿlīqāt aḏ-Ḏahabī fī t-talḫīṣ*, 4 Bde., Beirut 1990, in Software: al-Maktaba aš-šāmila, Vers. 1, 2005.

al-Ḫin, Muṣṭafa, *Dirāsa tārīḫiyya li-l-fiqh wa uṣūlih*, Damaskus 1983.

Ibn Ḥağar, Aḥmad al-ʿAsqalānī, *Fatḥ al-Bārī – šarḥ ṣaḥīḥ al-Buḫārī*, 13 Bde., Beirut 1960, in Software: al-Maktaba aš-šāmila, Vers. 1, 2005.

Ibn Ḥanbal, Aḥmad, *Musnad al-Imām Aḥmad b. Ḥanbal*, mit Bewertungen der Überlieferungen durch Šuʿayb al-ʾArnaʾūṭ. 6 Bde., Kairo o.J., in Software: al-Maktaba aš-šāmila (URL: http://shamela.ws/), Vers. 1, 2005.

Ibn Ḥibbān, Muḥammad, *Ṣaḥīḥ Ibn Ḥibbān bi-tartīb Ibn Balbān*, mit Bewertungen der Überlieferungen durch Šuʿayb al-Arnaʾūṭ, 18 Bde, 2. Aufl., Beirut 1993, in Software: al-Maktaba aš-šāmila, Vers. 1, 2005.

Ibn Manṣūr, Muḥammad, *Lisān al-ʿarab*, 15 Bde, Beirut o.J., in Software: al-Maktaba aš-šāmila, Vers. 2, 2006.

Ibrahim, Adnan, *Aischa bint Abū Bakr – Leben und Wirkung – mit spezieller Behandlung ihres Alters*, Mag. Diplomarbeit, Universität Wien, 2009.

Maqsood, Ruqaiyya Waris, *Hazrat A'ishah Saddiqah (R.A.A.). A study of her age at the time of her marriage*, Birmingham 1996.

Muslim, Ibn al-Ḥağğāğ al-Qušayrī, *Ṣaḥīḥ Muslim*, Beirut 1991, in Software: al-Maktaba aš-šāmila, Vers. 3.64, 2017.

Ṭahmāz, ʿAbd al-Ḥamīd, *as-Sayyida ʿĀʾiša umm al-muʾminīn wa ʿālima nisāʾ al-islām*, 5. Aufl., Damaskus 1994.

at-Tirmiḏī, Abū ʿĪsā, *al-Ğāmiʿ aṣ-ṣaḥīḥ sunan at-Tirmiḏī*, mit Bewertungen der Überlieferungen durch Nāṣir ad-Dīn al-Albānī, 5 Bde., Beirut o.J., in Software: al-Maktaba aš-šāmila, Vers. 1, 2005.

az-Zarkašī, Badr ad-Dīn, *al-Iğāba li-īrād mā istadrakaṯ ʿĀʾiša ʿalā ṣ-ṣaḥāba*, 4. Aufl., Beirut 2000.

Doris Decker

Frauen als Lehrerinnen? Modalitäten und Termini der Wissensvermittlung als Indikatoren für Lehrfunktionen von Frauen zu Beginn des Islams

Abstract The analysis of the oldest sources on early Islam shows that women played an important role in the formation of the Islamic educational system. However, they can hardly be regarded as „teachers" in the sense that they provided teaching in a systematised and regular fashion.

1 Einleitung

1.1 Vorüberlegungen und Fragestellung

Frauen spielen im islamischen Bildungs- und Lehrsystem seit der Entstehung des Islams wichtige Rollen, die je nach Region und Zeit variieren. Über die Jahrhunderte hinweg leisteten sie als Studentinnen und Lehrerinnen einen wesentlichen Beitrag zur Konsolidierung und Tradierung des Islams. Auch heute unterrichten muslimische Frauen, die in religiösen Bereichen eine anerkannte Ausbildung absolviert haben, andere Frauen in religiösen Themen, leiten Gebete und predigen.[1] Von diesen gelehrten Frauen orientieren sich viele an den ersten Musliminnen, die sie als Vorbilder betrachten. Denn bereits zur Zeit des Propheten Muḥammad (ca. 570–632)[2] waren Frauen wichtige Akteurinnen in der Vermittlung religiösen Wissens[3], wie es

1 Vgl. Suad Joseph (Hg.), *Encyclopedia of Women & Islamic Cultures. Practices, Interpretations, and Representations*, Vol. 5, Leiden, Bosten 2007; Bärbel Beinhauer-Köhler, *„Muslimische Frauen in Moscheen – zwischen Tradition und Innovation"*, in: Forschung Frankfurt. Religion in der Gesellschaft 1 (2008), S. 52–56.

2 Geburts- und Sterbedaten sowie Angaben zur Vita oder Verwandtschaftsverhältnisse werden nicht zu jeder im Aufsatz genannten Person angegeben, da diese nicht immer bekannt oder relevant sind.

3 Unter „religiösem Wissen" wird Wissen über den Koran und die Aussprüche und Taten des Propheten Muḥammad verstanden. Zu diesem Verständnis siehe Doris Decker, *Frauen als Trägerinnen religiösen Wissens. Konzeptionen von Frauenbildern in frühislamischen Überlieferungen bis zum 9. Jahrhundert*, Stuttgart 2013, S. 42–76.

Forschungsarbeiten[4] untersucht und nachgewiesen haben. Die Überlieferungen, die sich auf den Beginn des Islams im frühen 1./7. Jahrhundert beziehen, beschreiben die ersten Musliminnen als äußerst religiös gebildet. Es liegen unzählige Berichte darüber vor, wie sich Frauen religiöses Wissen aneigneten und an andere weitervermittelten. Überdies wird beschrieben, wie sie auf praktischer Ebene mit dem rezipierten Wissen umgingen, es auf hohem intellektuellen Niveau reflektierten, diskutierten und argumentativ anwandten.[5]

Doch bedeutet das, dass Frauen bereits zu Beginn des Islams[6] als Lehrerinnen fungiert haben? Auf den ersten Blick scheint es so, denn die Frauen werden als religiös gebildete Personen beschrieben, die anderen ihre Kenntnisse und Fähigkeiten vermittelten.[7] Die Begriffe „Lehrerin" oder „Lehre" müssen jedoch differenziert betrachtet werden, da sie Unterschiedliches bedeuten können. Versteht man „Lehre" im Sinne von „Unterweisung", geht es um die Vermittlung von Kenntnissen und Fertigkeiten: Durch „Weisen", das durch Führen, Lenken und Zeigen erfolgt, wird jemand wissend und könnend gemacht. Nach diesem Verständnis werden die Frauen zu Beginn des Islams deutlich als Lehrerinnen beschrieben. Ebenso angemessen ist es in diesem Kontext, die Frauen als „Gelehrtinnen" zu bezeichnen, da sie besondere Kenntnisse erworben haben und damit Expertinnen für etwas waren. „Lehre" kann jedoch auch im Sinne von „Unterricht" verstanden werden, was eine planmäßige, regelmäßige Unterweisung Lernender durch Lehrende beinhaltet. Ein Lehrender wird hierbei als Ausbilder verstanden, der seine erworbenen Kenntnisse und Fähigkeiten auf einem bestimmten Gebiet gezielt weitervermittelt und eine andere Person ausbildet. Die Frage, ob Frauen der ersten Generation im Islam[8] als Lehrerinnen im

---

4 Siehe Decker, *Frauen als Trägerinnen religiösen Wissens*; Mohammad Akram Nadwi, Al-Muḥaddithāt: The Women Scholars in Islam, Oxford, London 2007; Ruth Roded, Women in Islamic Biographical Collections: From Ibn Sa'd to Who's Who, London 1994.

5 Dazu insbesondere Decker, *Frauen als Trägerinnen religiösen Wissens.*

6 Mit „Frauen zu Beginn des Islams" sind Frauen der ersten Generation im Islam gemeint, die den Propheten gekannt haben und direkt von ihm religiöses Wissen erlangen und weitervermitteln konnten.

7 Ausführlich dazu Decker, *Frauen als Trägerinnen religiösen Wissens.*

8 Für Frauen ab der zweiten Generation des Islams nach dem Tod des Propheten belegen Akram Nadwi und Roded, dass Frauen im islamischen Bildungs- und Lehrsystem bis in die Gegenwart in der Funktion von Lehrerinnen unterrichtetet haben, siehe Nadwi, *Al-Muḥaddithāt*; Roded, *Women in Islamic biographical collections.*

Sinne dieser zweiten Definition beschrieben werden, steht im Fokus des Aufsatzes.[9] Lassen sich Hinweise finden, dass Frauen ihr religiöses Wissen anderen regelmäßig und systematisch gelehrt haben? Finden sich bestimmte arabische Termini, mit denen Frauen als „Lehrerinnen" bezeichnet werden?

Um diese Fragen zu beantworten, wird das Quellenmaterial in zweifacher Hinsicht untersucht: Erstens werden die Modalitäten der Wissensvermittlung analysiert, um von diesen Darstellungen ableiten zu können, ob es sich um „Unterricht" handelt. Es wird also der Frage nachgegangen, ob die Wissensvermittlungen als regelmäßig und systematisch stattfindend beschrieben werden. Formulierungen wie „und sie lehrte die Gruppe jeden Nachmittag Koranverse" würden auf eine regelmäßige Lehrtätigkeit hinweisen und den Frauen eine Lehrfunktion im Sinne der zweiten Definition zuweisen. Zweitens werden die arabischen Termini der Texte in den Fokus gerückt, um mögliche Begriffe im semantischen Feld „Lehre" ausfindig zu machen. Werden Frauen als Lehrerinnen (arab. *muʿallimāt* oder arab. *šayḫāt*, dt. „religiöse Lehrerinnen") bezeichnet oder ihre Tätigkeiten mit dem Verb „lehren" (arab. *ʿallama*, II. Stamm von *ʿalima*) beschrieben? Die Modalitäten der Wissensvermittlungen und die arabischen Termini werden damit als Indikatoren für mögliche Lehrfunktionen von Frauen betrachtet.

Das ausgewählte Quellenmaterial besteht aus den ältesten Texten, die über den Beginn des Islams im frühen 7. Jahrhundert auf der Arabischen Halbinsel in den Regionen Mekka und Medina berichten. Die Texte selbst werden aufgrund der Lebensdaten der ihnen zugeschriebenen Kompilatoren in das 2./8., 3./9. und frühe 4./10. Jahrhundert datiert. Der Rückblick auf das frühe 1./7. Jahrhundert wird also – einfach ausgedrückt – über Texte aus dem 2./8. bis frühen 4./10. Jahrhundert vermittelt, die somit selbst aus ihrer Zeit einen Blick in die Vergangenheit werfen. Die folgenden Kompilationen wurden herangezogen: die *Sīra*[10] von Ibn Isḥāq (84–150/704–768), vorliegend in der Redaktion von Ibn Hišām (gest.

---

9 Bereits in meiner Dissertation „Frauen als Trägerinnen religiösen Wissens" konnte ich zeigen, dass Frauen zu Beginn des Islams von den Überlieferungen als Vermittlerinnen religiösen Wissens beschrieben werden. Darüber hinaus habe ich argumentiert, dass ihnen eine autoritative Lehrfunktion anerkannt wurde, wobei der analytische Fokus dabei nicht auf dem Begriff „Lehre", sondern auf dem Begriff „Autorität" lag. Da mir immer wieder die Frage gestellt wird, ob Frauen im Frühislam als Lehrerinnen fungiert haben, möchte ich mich dem Thema mit dem vorliegenden Aufsatz nochmals widmen, indem ich auf Erkenntnisse meiner Dissertation zurückgreife, diese jedoch differenziert weiterdenke; siehe Decker, *Frauen als Trägerinnen religiösen Wissens.*

10 Ibn Hišām, *Sīra*: *Kitāb Sīra Rasūl Allāh. Das Leben Muhammad's nach Muhammad Ibn Ishāk bearbeitet von Abd el-Malik Ibn Hischām*, hg. von Ferdinand Wüstenfeld, 2 Bde., Göttingen 1858–1860.

219/834), das *Kitāb al-Maġāzī*[11] von al-Wāqidī (129–207/747–823), der achte Band der *Ṭabaqāt*[12] von Ibn Saʿd (167–230/784–845), die Hadith-Sammlung *aṣ-Ṣaḥīḥ*[13] von al-Buḫārī (194–256/810–870) und die Bände des *Taʾrīḫ*[14] von aṭ-Ṭabarī (224–310/839–923), die sich auf die Lebenszeit des Propheten Muḥammad beziehen. Bei der Analyse dieser Texte geht es nicht um eine historische Rekonstruktion frühislamischer Zeit oder die Frage nach der Authentizität der Texte, sondern es geht um die Rekonstruktion der Darstellungen von Frauen, folglich um die Aussagen[15] der Texte: Es wird gefragt, was die Texte über die Vermittlung religiösen Wissens durch Frauen berichten, wie sie die Art und Weise des Wissenstransfers darstellen und welche Begriffe sie für die Beschreibungen der Frauen und ihrer Tätigkeiten in diesem Kontext verwenden.

Berichte darüber, dass Frauen religiöses Wissen vermittelt haben, liegen hundertfach vor. So z.B. in kurzen Aussagen wie „ʿĀʾiša berichtete, der Prophet sagte […]" In solchen Überlieferungen berichten Frauen etwas aus dem Koran oder über die Aussagen und Taten des Propheten Muḥammad ohne größeren erklärenden Kontext. Es bleibt unbekannt, warum, wo, wann und wie sich die Interaktion zwischen der fragenden und der antwortenden Person ergeben hat. Da keine Rückschlüsse auf die Modalitäten der Wissensvermittlungen geschlossen werden können, bleibt unklar, ob „Lehre" im Sinne eines regelmäßigen und systematischen Unterrichts stattgefunden hat. Deshalb werden im Folgenden Berichte in den Mittelpunkt der Betrachtung gerückt, in denen sich Interaktionen ergaben, innerhalb derer ein Wissenstransfer beschrieben und in einen erzählerischen Kontext gesetzt wird. Durch Berichte, in denen Frauen konkret aufgesucht und nach ihrem Wissen befragt werden, dürfte ein aussagekräftigeres

---

11 Al-Wāqidī, *Kitāb al-Maġāzī: The Kitāb al-Maghāzī of al-Wāqidī*, ed. von Marsden Jones, 3 Bde., London 1966.

12 Ibn Saʿd, *Ṭabaqāt: Ibn Saʿd, Biographien Muhammeds, seiner Gefährten und der späteren Träger des Islams bis zum Jahre 230 der Flucht*, Bd. VIII. *Biographien der Frauen*, hg. von Carl Brockelmann, Leiden 1904.

13 Al-Buḫārī, *Ṣaḥīḥ: Recueil des Traditions Mahométanes par Abou Abdallah Mohammed ibn Ismaīl el-Bokhāri*, hg. von M. Ludolf Krehl, 4 Bde., Leyden 1862–1908.

14 Aṭ-Ṭabarī, *Taʾrīḫ: Annales quos scripsit Abu Djafar Mohammed ibn Djarir at-Tabari* ed. von M. J. de Goeje, Leiden 1964.

15 Das hier zugrundeliegende theoretisch-methodische Konzept ist das der *intentio operis* von Eco, siehe Umberto Eco, *Die Grenzen der Interpretation*, München [3]2004. Zur methodischen Vorgehensweise siehe auch Marco Schöller, *Methode und Wahrheit in der Islamwissenschaft*, Wiesbaden 2000.

Bild von Frauen als Wissensvermittlerinnen und damit als Lehrerinnen im Sinne der zweiten Definition von „Lehre" entstehen.

1.2 Das frühislamische Bildungs- und Lehrsystem

Das eigentliche islamische Bildungs- und Lehrsystem entwickelte sich ab der zweiten Hälfte des 1./7. Jahrhunderts mit der Ausdifferenzierung der Juristen[16], Koranexegeten[17], Kontroverstheologen[18] und Traditionsgelehrten[19] aus den Koranrezitatoren[20], wie die Leute mit religiösen Kenntnissen allgemein genannt wurden. Diese einzelnen, sich mit der Zeit ausbildenden Wissenschaften verwalteten in diversen Formen das religiöse Wissen und leisteten auf unterschiedliche Art und Weise ihren Beitrag zur Verbreitung und Konsolidierung des Islams. Lokale Schultraditionen bildeten sich vom 1./7. zum 2./8. Jahrhundert hin auf der Basis von Korankommentaren[21]. In diesen frühen Kommentaren findet sich allerdings noch keine gezielte Koranexegese, da islamische Theologien zu so früher Zeit noch nicht definiert waren – nur indirekt sind theologische Ansätze erkennbar. Auch die Predigten waren zu dieser Zeit stereotyp ausgerichtet und enthielten vielmehr Ermahnungen, anstatt dass sie signifikante theologische Vorstellungen vermittelten; der Prediger[22] war Redner, nicht Theologe.[23]

---

16 Arab. *fuqahāʾ*, Pl. von *faqīh* „in Recht und Theologie wohlbewandert, Doctor juris et theologiae; Gelehrter; Lehrer" (Adolf Wahrmund, *Handwörterbuch der neu-arabischen und deutschen Sprache*, 2 Bde., Beirut ³1985; im Folgenden kurz „Wahrmund"); „Rechtsgelehrter (und Theologe), Kenner des Fiqh" (Hans Wehr, *Arabisches Wörterbuch für die Schriftsprache der Gegenwart*, Wiesbaden 1952; im Folgenden kurz „Wehr").

17 Arab. *mufassirūn*, Pl. von *mufassir* „Kommentator" (Wahrmund).

18 Arab. *mutakallimūn*, Pl. von *mutakallim* „Sprecher" (Wahrmund); „muslimischer Theologe, Scholastiker" (Wehr). Mit *mutakallimūn* sind die Personen gemeint, die eine Art von Streitgesprächen, den *kalām*, praktiziert haben. Zur Geschichte des Begriffs siehe Josef van Ess, *Theologie und Gesellschaft im 2. und 3. Jahrhundert Hidschra. Eine Geschichte des religiösen Denkens im frühen Islam*, Bd. 1–4, Berlin, New York 1991–1997, hier Bd. 1, S. 50 f.

19 Arab. *muḥaddiṯūn*, Pl. von *muḥaddiṯ* „Überlieferer, Traditionarier, Vertreter der Wissenschaft des Ḥadīṯ" (Wehr); keine Angaben bei Wahrmund.

20 Arab. *qurrāʾ*, Pl. von *qāriʾ* „Leser; Koranleser" (Wahrmund); „Rezitator, Vorleser (bes. des Korans); Leser" (Wehr).

21 Wie z.B. von Muǧāhid (gest. 103/722), Ḥasan al-Baṣrī (gest. 109/728), Qatāda (gest. 116/) oder al-Kalbī (gest. 145/763).

22 Arab. *ḫaṭīb* „Prediger; Vorbeter" (Wahrmund); „Redner, Sprecher; Vortragender; Prediger" (Wehr).

23 Vgl. van Ess, *Theologie und Gesellschaft*, Bd. 1, S. 46 f.

Die ältesten Modalitäten der (religiösen) Wissensvermittlung im Islam werden in den Kapiteln *al-ʿilm*[24] der Hadith-Sammlungen beschrieben. Der Prophet wird z.B. in al-Buḫārīs *aṣ-Ṣaḥīḥ*, im *Kitāb al-ʿilm* (dt. „Buch des Wissens") als in der Moschee sitzend beschrieben, kreisförmig von Zuhörern umgeben, die er belehrte, indem er seine Worte dreimal wiederholte, bis sie von allen verstanden wurden. Sich diese Form der Wissensvermittlung zum Vorbild nehmend, organisierte sich der frühislamische Lehrbetrieb. Theologen unterrichteten ihre Schüler in Moscheen oder an anderen Örtlichkeiten, z.B. im eigenen Wohnhaus. Die Schüler verstanden sich als Anhänger eines bestimmten Meisters, dessen Lehrzirkel sie angehörten. Noch in der Zeit der frühen theologischen Bemühungen waren diese Lehrzirkel Bestandteile einer größeren informellen Organisation, die aber bereits Gehilfen und Mitarbeiter aufwies.[25] Mit der Zeit wurden für den Lehrbetrieb Schulen (sogenannte Madrasas[26]) eingerichtet. Die Entstehung dieser organisierten Lehranstalten fällt in das 5./11. Jahrhundert.[27]

In seiner frühen Phase lief der Lehrbetrieb ungeregelt und ohne Lehrpläne ab, niemand war gezwungen, zu lernen oder zu unterrichten. Die Lerngruppen, die in Sitzungen zusammenkamen, wurden nach Alter und Erfahrungsgrad zusammengesetzt und bestimmten den Lernstoff nach ihrer Interessenlage. Auch von zusammenkommenden Frauengruppen und weiblichen Gelehrten wird berichtet. Im sich formierenden islamischen Wissenschaftsbetrieb spielten Frauen als Trägerinnen religiösen Wissens keinesfalls eine unbedeutende Rolle.[28]

Die sich im Verlauf der Zeit herausbildenden Schulen standen untereinander in Konkurrenz, führten Streitgespräche und warfen sich nicht selten vor, nicht bewusst über Wissen nachzudenken, sondern es bloß unreflektiert zu sammeln.[29] Nagel konstatiert, dass die islamische Geschichte eigentlich „die Geschichte der Gelehrten, der Bewahrer und Erklärer des durch den Propheten

---

24 Arab. *ʿilm* „Wissen, Wissenschaft; Gelehrsamkeit; Mitteilung; Theorie; Kunst" (Wahrmund); „Wissen, Kenntnis; Kunde; Erkenntnis; Wissenschaft" (Wehr).

25 Vgl. van Ess, *Theologie und Gesellschaft*, Bd. 4, S. 718.

26 Der arab. Pl. lautet *madāris*, Sg. *madrasa* „höhere Lehranstalt, Akademie" (Wahrmund).

27 Vgl. Tilman Nagel, *Das islamische Recht. Eine Einführung*, Dransfeld 2001, S. 147.

28 Vgl. Albrecht Noth, „*Früher Islam*", in: Heinz Halm (Hg.), *Geschichte der Arabischen Welt*, München [4]2001, S. 11–100, hier S. 51; Nadwi, *Al-Muḥaddithāt*; Roded, *Women in Islamic biographical collections*.

29 Vgl. van Ess, *Theologie und Gesellschaft*, Bd. 4, S. 720–729.

vermittelten Wissens“[30] ist. Auf diesem geistesgeschichtlichen Hintergrund wird die Frage nach der Darstellung der Frauen umso interessanter: Gestehen die Überlieferer und Kompilatoren in ihren Werken den Frauen zu Beginn des Islams bestimmte Rollen und Funktionen in der Wissensvermittlung - wie die von Lehrerinnen - zu, wie sie sie Jahrzehnte und Jahrhunderte später selbst praktizierten?

2 Modalitäten und Termini der Wissensvermittlung

2.1 Einleitende Termini

Bei einer hier als erstes zu betrachtenden Darstellungsmöglichkeit der Modalität von Wissensvermittlungen leiten die Termini *saʾala* („fragen“) oder *qāla* („sagen“) plus einer sich anschließenden Frage[31] die Vermittlung religiösen Wissens ein. In den Überlieferungen heißt es z.B.: „ʿUrwa ibn az-Zubayr[32] berichtete mir, dass er ʿĀʾiša[33] nach der Rede Gottes […] fragte“[34] (*aḫbaranī ʿUrwa ibn az-Zubayr annahu saʾala ʿĀʾiša ʿan qawli llāh…*), „Ich (ʿAlqama[35]) sagte zu ʿĀʾiša: (*Interrogativpronomen*) […]“[36] (*qultu li-ʿĀʾiša hal…*), „dann fragte ich (Ismāʿīl) meine Großmutter (Umm ʿAṭīya) nach seiner (Gottes) Rede […]“[37]

30 Nagel, *Das islamische Recht*, S. 150.

31 Die Frage wird gestellt mit einem einleitenden Vokativ, einem den Fragesatz einleitenden Partikel oder einem Interrogativpronomen. Das Verb *qāla*, das tausendfach in den Überlieferungen verwendet wird, leitet aber nur einen Wissenstransfer ein, wenn der Kontext eine konkrete Frage und eine entsprechende Antwort bereithält.

32 ʿUrwa ibn az-Zubayr (12/13–93/94/634/635–712/713) war der Sohn von ʿĀʾišas Schwester Asmāʾ und deren Mann, Zubayr ibn ʿAwwām. (Vgl. G. H. A. Juynboll, *Encyclopedia of Canonical Ḥadīth*, Leiden, Boston 2007.)

33 ʿĀʾiša (613/614–678), die Tochter von Abū Bakr, wurde als Kind mit Muḥammad verheiratet, blieb aber noch einige Jahre bei ihren Eltern wohnen. Nach der Hiǧra, der Flucht von Mekka nach Medina, bekam sie 623 eine eigene Wohnung neben der Moschee in Medina und Muḥammad vollzog erst dann die Ehe mit ihr. (Vgl. Nabia Abbott, *Aishah - the beloved of Mohammed*, Chicago/Illinois 1942, S. 4ff.)

34 Al-Buḫārī, *aṣ-Ṣaḥīḥ*, 47,7; zu weiteren, nach dieser Form gestalteten Überlieferungen, siehe Ibn Saʿd, *Ṭabaqāt*, Bd. VIII, S. 3, 122, 360; al-Buḫārī, *aṣ-Ṣaḥīḥ*, 5,25; 19,7; 19,10; 19,15; 65,108,1; 67,1; 81,18; aṭ-Ṭabarī, *Taʾrīḫ*, Series III, S. 2533.

35 ʿAlqama ibn Qays starb um 61/681.

36 Al-Buḫārī, *aṣ-Ṣaḥīḥ*, 30,64; zu weiteren, nach dieser Form gestalteten Überlieferungen, siehe Ibn Saʿd, *Ṭabaqāt*, Bd. VIII, S. 350, 356; al-Buḫārī, *aṣ-Ṣaḥīḥ*, 6,20; 59,7; 65,53,1; 65,53,3; 70,27; aṭ-Ṭabarī, *Taʾrīḫ*, Series I, S. 1499.

37 Ibn Saʿd, *Ṭabaqāt*, Bd. VIII, S. 3.

(*fa-saʾaltu ǧiddatī ʿan qawlihi…*) oder „ʿAbdallāh ibn Rāfiʿ sagte: ‚Ich fragte Umm Salama[38] nach diesem Koranvers […]'"[39] (*ʿAbdallāh ibn Rāfiʿ qāla saʾaltu Umm Salama ʿan hāḏihī l-āya…*).

Die Befragte gibt für gewöhnlich Auskunft, womit sich aber der Inhalt und die Aussage der Überlieferung bereits erschöpfen. Die durch *saʾala* und *qāla* eingeleiteten Überlieferungsformen konzipieren Frauen zwar eindeutig als Vermittlerinnen religiösen Wissens, jedoch kann davon nicht abgeleitet werden, dass sie als Lehrerinnen im Sinne der zweiten Definition von „Lehre" fungierten. Das Frage-Antwort-Schema liefert keine Hinweise darauf, ob der Wissenstransfer regelmäßig oder systematisch stattfand bzw. ob mit den Überlieferungen Segmente von Unterrichtsstunden geschildert werden, in denen eine Frau von Lernenden Fragen gestellt bekam. Auch die Häufigkeit der Überlieferungen mit den Termini *saʾala* und *qāla* hilft bei der Einschätzung nicht weiter – das Personenspektrum der Befragten liegt bei weniger als einem halben Dutzend Frauen,[40] das der Fragenden gering über einem Dutzend Frauen und Männer, selten wird von einem Kollektiv an Personen als Fragestellende gesprochen.[41]

Eine Überlieferung bei aṭ-Ṭabarī weist eine Besonderheit auf: ʿĀʾiša wird von Āmina bint ʿAbdallāh nach ihrem Verständnis des Koranverses 2:285 gefragt (*annahā saʾalat ʿĀʾišaʿan hāḏihī al-āya…*). ʿĀʾiša antwortet, dass niemand sie nach diesem Vers befragt habe, nachdem sie sich selbst beim Propheten danach erkundigt hatte (*fa-qālat mā saʾalanī ʿanhā aḥad munḏu saʾaltu rasūla llāh*). Sie erklärte ihr den Vers, indem sie zitierte, was der Prophet selbst darüber zu ihr gesagt hatte.[42] Zwar entbehrt auch diese Überlieferung den nötigen Kontext, um durch die Modalität der Wissensvermittlung auf ʿĀʾišas Lehrfunktion

38 Umm Salama Hind bint Abī Umayya ibn al-Muġīra (gest. 59/679 oder 60/680) war eine der Ehefrauen des Propheten. Er heiratete sie 4/626, als sie 29 Jahre alt war. Sie war die Witwe seines Vetters Abū Salama, der nach der Schlacht von Uḥud starb, und Schwester eines der führenden Männer Mekkas aus der einflussreichen Sippe Maḫzūm. (Vgl. Doris Decker, „Weibliche Politik im Frühislam am Beispiel von Muḥammads Frau Umm Salama", in: Marburg Journal of Religion 19 (2017) No. 1; Ruth Roded, „*Umm Salama*", in: EI², Bd. 10, Leiden 2000, S. 856; Karen Armstrong, *Muhammad. Religionsstifter und Staatsmann*, München 1993, S. 268.)

39 Ibn Saʿd, *Ṭabaqāt*, Bd. VIII, S. 122.

40 Ich zähle ʿĀʾiša, Umm Salama und Umm ʿAṭīya, siehe Decker, *Frauen als Trägerinnen religiösen Wissens*, S. 320.

41 Die Aufzählungen erheben allerdings nicht den Anspruch, quantitativ exakte Daten zu vermitteln. Mit den Angaben werden lediglich durch approximativ genaue Werte Tendenzen vorgegeben.

42 Vgl. aṭ-Ṭabarī, *Taʾrīḫ*, Series III, S. 2533 f.

rückzuschließen, doch lässt die Überlieferung gerade aufgrund ihrer Feststellung, zu diesem Vers noch nicht befragt worden zu sein, darauf schließen, dass sie häufig zum Koran befragt wurde, so dass es auffällig war und extra hervorgehoben wurde, wenn es Verse gab, zu denen sie noch nicht befragt wurde.[43]

Anhand solcher Überlieferungen ist zwar offensichtlich, dass Frauen Fragen gestellt bekamen und dass sie geantwortet und ihr Wissen weitervermittelt haben, doch bleibt aufgrund des fehlenden Kontexts und der geringen Informationen über die Modalitäten der Wissensvermittlung unklar, wann und wo die Begebenheiten stattfanden und vor allem warum und wie sie stattfanden. Im Folgenden werden Überlieferungen betrachtet, die einen breiteren Kontext aufweisen, der mehr Aufschluss darüber gibt.

2.2 Spontane und informelle Vermittlung religiösen Wissens

Als spontan und informell lässt sich die Art und Weise der Wissensvermittlung in Überlieferungen beschreiben, die einen umfangreicheren erzählerischen Kontext als die bisher genannten aufweisen: Von ʿĀʾišas Schwester Asmāʾ (gest. 73/693) erfahren wir z.B., dass sie sich mit ihrem Diener ʿAbdallāh auf dem Hadsch (*ḥağğ*)[44] befand, als dieser sich nach dem Ablauf der Pilgerriten erkundigte. ʿAbdallāh hatte Asmāʾ bei der Verrichtung der Riten beobachtet und da er den Ablauf in der von ihr durchgeführten Reihenfolge nicht kannte, fragte er sie, ob sie nicht etwas falsch bzw. in der falschen Reihenfolge ausgeführt habe. Sie erklärte ihm daraufhin, dass es der Prophet so erlaubt habe.[45] Die Belehrung ʿAbdallāhs fand unmittelbar nach der Durchführung der Pilgerpraxis statt, nachdem dieser seine Unkenntnis über den beobachteten Ablauf geäußert hat. Da die an Asmāʾ gestellte Frage auf das davor stattgefundene Ereignis rekurriert, wird damit ʿAbdallāhs Intention, eine Frage zu stellen, offensichtlich.

43 Die ausgewählten Beispiele sollen nicht den Eindruck vermitteln, ʿĀʾiša sei die einzige Frau, der Fragen zum Koran oder zum Propheten gestellt wurden, jedoch taucht sie als Ansprechpartnerin öfter auf als jede andere Frau. Da der Fokus hier aber nicht auf den Personen selbst, sondern den Modalitäten der Wissensvermittlung und der arabischen Termini liegt, wird von einer Aufzählung der Personen abgesehen. Siehe dazu Decker, *Frauen als Trägerinnen religiösen Wissens*.

44 Hadsch ist die Bezeichnung für das vorislamische und zu Muḥammads Lebzeiten islamisierte Pilgerfahrtsritual. Für die Musliminnen und Muslime bezeichnet es die Wallfahrt nach Mekka sowie alle dazugehörigen Rituale, die sich auf die Umgebung Mekkas ausdehnen.

45 Vgl. al-Buḫārī, *aṣ- Ṣaḥīḥ*, 25, 98.

Bei Ibn Saʿd findet sich eine ähnliche Überlieferung. Maryam bint Ṭāriq überlieferte, dass sie während des Hadsch zu ʿĀʾiša ging, als diese mitten unter einigen Anṣār[46]-Frauen pilgerte. Dann hätten die Frauen begonnen, ʿĀʾiša nach etwas zu fragen: „da begannen sie, ihr Fragen zu stellen nach […]"[47](*fa-ǧaʿalna yasʾalnahā ʿan…*). In dieser Überlieferung weicht allerdings der erzählerische Kontext (der gemeinsame Hadsch) vom Sachverhalt der artikulierten Fragen – thematisch ging es darum, dass die Gläubigen nicht berauscht sein dürfen – ab, weshalb sich die Intention für die Fragen nicht aus dem Kontext erschließen lässt wie in der vorherigen Überlieferung. Es bleibt offen, ob es einen konkreten Anlass gab, der die Frauen dazu motiviert haben könnte, jene Fragen zu stellen. Der Hadsch scheint dennoch den Frauen eine günstige Gelegenheit geboten zu haben, Fragen zu religiösen Sachverhalten zu stellen (hier an ʿĀʾiša).[48]

In einer weiteren Überlieferung fragt eine Frau den Propheten Muḥammad, wie sie sich von der Menstruation reinigen soll.[49] Sie fragte mehrmals nach, da sie seine Anweisungen zur Reinigung wohl nicht verstand. ʿĀʾiša, bei der Befragung anwesend, unterbrach Muḥammads erfolglosen Versuch, der Frau die Reinigung mit Worten zu erklären, zog sie zu sich heran und unterwies sie selbst: „Da ich wusste, was der Prophet meinte, zog ich sie zu mir und unterwies sie (*ʿallamtuhā*)"[50] (*fa-ʿaraftu l-laḏī yurīdu rasūlu llah ṣallā llāhu ʿalayhi wa-salam fa-ǧaḏabtuhā ilayya fa-ʿallamtuhā*). Das Verb *ʿalima*[51] im II. Stamm (*ʿallama*, „lehren") lässt vermuten, dass ʿĀʾiša der Frau die Waschung zeigte, sie also praktisch unterwies. Mit dieser Überlieferung liegt ebenfalls die Beschreibung einer aus einer vorhergehenden Situation resultierenden Unterweisung vor. Unbekannt bleibt allerdings die Motivation der Frau, nach

46 Als Anṣār wurden die in Medina ansässigen Personen bezeichnet, die Muḥammad bei sich aufgenommen und unterstützt hatten. Arab. *anṣār*, Pl. von *nāṣir* „Helfer, Beistand; Gott" (Wahrmund).

47 Ibn Saʿd, *Ṭabaqāt*, Bd. VIII, S. 359.

48 Siehe z.B. Ibn Saʿd, *Ṭabaqāt*, Bd. VIII, S. 358.

49 Vgl. al-Buḫārī, *aṣ-Ṣaḥīḥ*, 96,24. Ausgedrückt mit *ġasala* im I. Stamm (Passiv) *kayfa yuġtasalu minhu* „wie wird man von ihr [der Periode] rein?"; arab. *ġasala* „waschen; rein waschen, von Schmutz" (Wahrmund).

50 Al-Buḫārī, *aṣ-Ṣaḥīḥ*, 96,24.

51 Arab. *ʿallama* (*ʿalima* II.) „einen etwas kennen lehren, ihn etwas lehren; lehren, Lehrer sein; einen in Kenntnis setzen, ihm mitteilen" (Wahrmund). Im II. Stamm bildet *ʿallama* „wissend machen" ein Transitiv zu *ʿalima* „wissen". (Vgl. Wolfdietrich Fischer, *Grammatik des klassischen Arabisch*, Wiesbaden ²1987, § 164.)

der Reinigung von der Menstruation zu fragen; dahingegen erklärt sich ʿĀʾišas Reaktion der (praktischen) Unterweisung im erfolglosen Erklärungsversuch des Propheten.

Die Modalitäten der Wissensvermittlungen in den genannten Überlieferungen entstehen spontan und sind informell sowie kontextbezogen und -motiviert. Die folgenden Überlieferungen belegen durch ihren erzählerischen Kontext eine intendierte Unterweisung.

2.3 Intendierte Wissensvermittlung

In einer ersten Überlieferung wird von drei Männern, Ibn ʿAbbās[52], al-Miswar ibn Maḫrama[53] und ʿAbd ar-Raḥmān ibn Azhar, berichtet, dass sie Kurayb, den Diener von Ibn ʿAbbās, zunächst zu ʿĀʾiša und dann zu Umm Salama schickten, damit sich dieser nach der Gebetspraxis des Propheten erkundigen konnte:

> „Es ist von Kurayb überliefert, dass ihn Ibn ʿAbbās, al-Miswar ibn Maḫrama und ʿAbd ar-Raḥmān ibn Azhar zu ʿĀʾiša schickten, und zwar sagten sie: ‚Sag in unserem Namen, dass wir sie grüßen und frag sie nach den beiden Rakʿas[54] nach dem ʿAṣr-Gebet[55]. Und sag zu ihr: ‚Wahrlich, uns wurde berichtet, dass du die beiden [Rakʿas] betest, aber uns wurde auch schon berichtet, dass der Prophet die beiden [Rakʿas] verboten hat.' […] Kurayb sagte: ‚Da ging ich zu ʿĀʾiša und berichtete ihr, weswegen sie mich geschickt hatten. Da sagte sie: ‚Frag Umm Salama.' Dann kehrte ich zu ihnen zurück.'"[56]

Daraufhin schickten ihn die Männer zu Umm Salama, die ihm mitteilte, dass sie es zwar den Propheten habe verbieten hören, doch ihn dann selbst sah, wie er die beiden Rakʿas betete, als er beim ʿAṣr-Gebet war. Aufgrund dieser Unklarheit schickte sie ihre Dienerin zu Muḥammad, die sich danach erkundigen sollte. Hiermit liegt eine intendierte Wissensvermittlung vor, da die Männer aufgrund von Unklarheiten über die Gebetspraxis des Propheten dessen Frauen aufsuchten, um sich Klarheit darüber zu verschaffen. Damit halten die Männer die Frauen des Propheten für kompetent in religiösen Fragen. Auch Umm Salama berichtet

52 Ibn ʿAbbās (2 v.d.H.-67/68/620–687/688) war Muḥammads Cousin und galt als großer Hadith-Kenner.

53 Al-Miswar ibn Maḫrama war der Sohn von Maḫrama ibn Nawfal, einem Gefährten des Propheten.

54 Arab. *rakʿa* „einmalige Niederwerfung oder Verbeugung beim Gebet" (Wahrmund).

55 Mit dem ʿAṣr-Gebet ist das Gebet am Nachmittag gemeint.

56 Al-Buḫārī, *aṣ-Ṣaḥīḥ*, 22,8.

davon, dass sie Muḥammads Aussagen und Handlungen als sich widersprechend erachtet hatte, weswegen sie ihre Dienerin zu ihm geschickt hat, die sich danach erkundigte.

Andere Überlieferungen berichten in ähnlicher Form von einer intendierten Unterweisung. Ebenfalls in der Hadith-Sammlung von al-Buḫārī wird erzählt, dass eine Gruppe von drei Männern eines Stamms die Ehefrauen des Propheten aufsuchten, um sich nach den frommen Werken (*ʿibāda*[57]) des Propheten zu erkundigen, die sie nach den Erklärungen der Frauen mit ihrem eigenen Verhalten verglichen.[58] In Hadith 30,22 berichtet Abū Bakr ibn ʿAbd ar-Raḥmān,[59] dass er mit seinem Vater ʿĀʾiša und Umm Salama besuchte (*qāla kuntu anā wa-abī ḥattā daḫalnā ʿalā ʿĀʾiša wa-Umm Salama*). Dabei sei seinem Vater von den beiden Frauen erzählt worden, dass Muḥammad, wenn er morgens im Zustand der sexuellen Unreinheit aufwachte, sich wusch und fastete.[60] Im Gegensatz zur erstgenannten Überlieferung wird hier lediglich davon berichtet, dass die Männer die Prophetenfrauen besuchten und etwas erzählt bekamen; weder wird der Grund für den Besuch mitgeteilt, noch werden konkrete Fragen durch die auftretenden Personen gestellt.

Auch über ʿĀʾiša wird berichtet, dass sie von zwei Männern, Abū Salama und ihrem Bruder, aufgesucht und dabei von ihrem Bruder nach der Ganzkörperwaschung (*ġusl*[61]) des Propheten gefragt wurde. Sie ließ sich daraufhin ein Gefäß bringen, mit dessen Hilfe sie sich vor den beiden Männern wusch. Sie schüttete sich Wasser über ihren Kopf, während – wie

---

57 Arab. *ʿibāda* „Anbetung Gottes; frommes Werk; Gehorsam" (Wahrmund); „Anbetung, Verehrung; Andachtfeier, Gottesdienst (chr.); gottesdienstliche Handlungen, religiöse Pflichten" (Wehr).

58 Vgl. al-Buḫārī, *aṣ-Ṣaḥīḥ*, 67,1.

59 Abū Bakr ibn ʿAbd ar-Raḥmān (gest. 92/711) kam aus dem Stamm der Maḫzūmiten, wie Umm Salama. In der Sīra tradiert durch Yūnus ibn Bukayr werden ebenfalls Unterhaltungen zwischen Umm Salama und Abū Bakr ibn ʿAbd ar-Raḥmān erwähnt. Da Umm Salama erst um 59/679 oder 60/680 starb, dürfte Abū Bakr sie – je nachdem wie alt er wurde – als Kind oder Jugendlicher kennengelernt haben. (Vgl. Tilman Nagel, *Mohammed. Leben und Legende*, München 2008, S. 209; Armstrong, *Muhammad*, S. 268; Roded, „*Umm Salama*", S. 856.)

60 Vgl. al-Buḫārī, *aṣ-Ṣaḥīḥ*, 30,22. Wie es sich ergeben hatte, dass die Frauen über den unreinen Zustand des Propheten berichten, wird nicht erläutert.

61 Arab. *ġusl* „das Waschen; Abwaschung" (Wahrmund); „Waschung; große rituelle Waschung" (Wehr). Mit *ġusl* wird die rituelle Ganzkörperwaschung vor dem Gebet bezeichnet, die vollzogen wird, wenn sich der Gläubige z.B. sexuell verunreinigt hat.

beschrieben – zwischen ihr und den beiden Männern ein „Vorhang“[62] (*ḥiǧāb*[63]) war.[64] Hier muss es sich allerdings um einen transparenten Vorhang gehandelt haben, da ansonsten die Unterweisung in der rituellen Waschung – ohne die Möglichkeit der Beobachtung – erfolglos geblieben wäre. Zumindest die Silhouette ʿĀʾišas müssten die Männer gesehen haben, um dem Ritual folgen zu können. Warum sich ʿĀʾišas Bruder nach der Ganzkörperwaschung des Propheten erkundigt und was er in Erfahrung bringen wollte, bleibt unklar, im Gegensatz zu der Intention der drei Männer im ersten Beispiel. Dennoch scheinen die beiden ʿĀʾiša explizit aufgesucht zu haben, um sich danach zu erkundigen. Für die Frau des Propheten war die Frage ihres Bruders jedenfalls ausschlaggebend dafür, den Männern unverzüglich die Waschung praktisch vorzuführen und das Exempel sogar am eigenen Leib zu exerzieren.

Es finden sich auch Überlieferungen, die davon berichten, dass sich ganze Personengruppen um die Prophetenfrau ʿĀʾiša geschart haben. Al-Aswad erzählt z.B., dass sie sich nach dem Tod des Propheten bei ʿĀʾiša befanden und sich gemeinsam an seine letzten Tage erinnerten.[65] Eine spezifische Personenangabe wird nicht gegeben, nur al-Aswad als Berichtender und ʿĀʾiša als konsultierte Frau werden namentlich genannt. Die Überlieferung bezeugt jedoch, dass sich die Gruppe gemeinsam an den Propheten erinnerte und dafür bei der Lieblingsfrau des Propheten zusammenkam.

Die besondere Rolle ʿĀʾišas in den Überlieferungen als Wissensvermittlerin fällt bereits in der häufigen Nennung ihres Namens in den hier aufgelisteten Beispielen auf. Die Überlieferungen selbst suggerieren das nicht nur durch hunderte Überlieferungen zu ihrer Personen, sondern auch in Berichten wie die über einen Iraker, der ʿĀʾiša aufsuchte, um sich über den Koran zu erkundigen.

---

62 Auch Khoury übersetzt im Koran in Vers 33:53, der sich auf die Verhaltenskonventionen von Männern gegenüber den Prophetenfrauen bezieht, *ḥiǧāb* mit „Vorhang“: „Und wenn ihr sie um einen Gegenstand bittet, so bittet sie von hinter einem Vorhang.“ (Koran 33:53 [dt./arab.]: *Der Koran. Arabisch-Deutsch*. Übersetzt und kommentiert von Adel Theodor Khoury, Gütersloh 2004.)

63 Arab. *ḥiǧāb* „Scheidewand; Schleier; Vorhang; Scham, Bescheidenheit; Amulett“ (Wahrmund); „Hülle; Vorhang; Frauenschleier; Schirm, Scheidewand“ (Wehr); arab. *ḥaǧaba* (I.) „verdecken, verschleiern, den Blicken entziehen; durch Dazwischentreten trennen *bayna*; abschließen, umzäumen, umwallen; [nicht mehr gebräuchlich] (statt *ḥaǧama*) schröpfen“ (Wahrmund); „verhüllen, abschließen, abschirmen; entziehen; nicht wahrnehmbar machen; verhehlen“ (Wehr).

64 Vgl. al-Buḫārī, *aṣ-Ṣaḥīḥ*, 5,3.

65 Vgl. ebd., 10,39.

In Hadith 66,6 wird berichtet, dass der Iraker ʿĀʾiša aufforderte, ihm ihr „Koranexemplar“ (*al-muṣḥaf*[66]) zu zeigen. Als sie ihn nach dem Grund für sein Begehren fragte, erklärte er ihr, dass er den Koran auf der Grundlage ihrer Ausgabe verfassen wollte, da er vernommen hatte, dass der Koran zitiert würde, ohne dass man sich an eine bestimmte Fassung und somit Abfolge halten würde. Zwar äußerte ʿĀʾiša ihre Verwunderung darüber, warum es notwendig sei, eine Reihenfolge einzuhalten, doch erläuterte sie ihm anschließend, welche Sure als erstes offenbart wurde und welche daraufhin folgten:

> „Jedoch wurden davon als erstes die Suren des *mufaṣṣil*[67] offenbart, worin von Paradies und Höllenfeuer berichtet wird. Und als dann die Menschen zum Islam zurückkehrten, wurde das Erlaubte und Verbotene offenbart. Wäre als erstes ‚Trinkt keinen Wein!‘ offenbart worden, hätten sie gesagt: ‚Wir werden niemals vom Wein[-trinken] ablassen!‘ Und wäre offenbart worden: ‚Treibt keine Unzucht!‘, hätten sie gesagt ‚Wir hören niemals auf, Unzucht zu treiben!‘ So wurde, während ich ein junges Mädchen war, Muḥammad in Mekka offenbart: ‚Nein, die Stunde ist ihre Verabredungszeit. Und die Stunde ist noch unheilvoller und bitterer.‘[68] Und die Suren Baqara und an-Nisāʾ wurden nur offenbart, wenn ich bei ihm war.“[69]

Nach diesen Erklärungen nahm sie ihren *muṣḥaf* zur Hand und diktierte dem Iraker die Verse der Suren. Das Besondere an der Überlieferung ist, dass ʿĀʾiša als religiöse Autorität dargestellt wird, die bis in irakische Gebiete hinein bekannt war, womit sich ihr Bekanntheitsgrad geographisch weit über die mekkanische und medinensische Region erstreckte. Ihr fundiertes Wissen über den Koran war sogar einem Mann aus dem Irak bekannt, der sie aufsuchte, weil er sie für eine normative Instanz und Autorität in religiösen Fragen hielt, von der er eine direkte und zuverlässige Unterweisung erwartete. Damit liegt auch mit diesem Beispiel eine intendierte Wissensvermittlung vor.

Die verschiedenen Personen erwarteten von den Frauen – Umm Salama, ʿĀʾiša und die Ehefrauen des Propheten im Kollektiv genannt – Auskünfte über die Gebetspraxis, die frommen Werke und die Waschung des Propheten sowie über die Abfolge der Koranverse und erhalten diese. Den Frauen wird damit eine Lehrfunktion zugesprochen, die zwar intendiert in Anspruch genommen wurde, aber noch nicht auf eine regelmäßig stattfindende Unterweisung hindeutet.

66 Arab. *muṣḥaf* „gebundenes Buch (bes. heiliges) oder Heft; Band; Seite, Blatt; *al-muṣḥaf* der Koran“ (Wahrmund).

67 Arab. *mufaṣṣil* „der letzte Koranabschnitt mit den kleinen Suren“.

68 Koran 54:46 [dt./arab.], übers. von Khoury.

69 Al-Buḫārī, *aṣ-Ṣaḥīḥ*, 66,6.

2.4 Regelmäßige und systematische Wissensvermittlung?

Einige Überlieferungen, die sich fast ausschließlich in der Sammlung von Ibn Saʿd befinden, enthalten Hinweise auf regelmäßig und systematisch stattfindende Unterweisungen. Die von Ibn Saʿd genannten Frauen werden eingereiht in eine Gruppe von Frauen, die zwar nicht vom Propheten, aber von seinen Ehefrauen und anderen Personen berichtet haben. Es wird geschildert, wie bestimmte Personen ʿĀʾiša besuchten und von ihr etwas vermittelt bekamen. Termini und Syntax weisen darauf hin, dass die Frauen ʿĀʾiša nicht einmalig aufsuchten, um bestimmte Fragen zu stellen und geklärt zu bekommen, sondern sich eine Zeit lang oder öfter bei ihr aufhielten und ihr zuhörten. Dass sich Frauen generell untereinander besuchten und weitererzählten, was sie bei diesen Besuchen in Erfahrung bringen konnten, wird häufig berichtet. Es finden sich z.B. dutzende Erzählungen darüber, dass Frauen die Ehefrauen des Propheten oder andere Frauen der Gemeinschaft besuchten. Details über diese Zusammenkünfte gibt es aber wenige, so dass die Modalitäten der Wissensvermittlungen i.d.R. nicht beschrieben werden – im Folgenden einige Ausnahmen:

Von ʿAmra bint Qays wird z.B. berichtet, dass sie zu ʿĀʾiša kam, ihr Fragen stellte, von ihr etwas erklärt bekam bzw. ihr zuhörte und von ihr überlieferte (was sie von ihr erfahren hat) (*daḫalat*[70] *ʿalā ʿĀʾiša wa-saʾalathā wa-samiʿat*[71] *minhā wa-rawat ʿanha*).[72] Vieles in der Überlieferung bleibt unklar. Hinsichtlich des Ausdrucks *wa-saʾalathā* wissen wir nicht, ob es sich um eine Frage oder mehrere Fragen handelte und wonach sie sich erkundigt hat.[73] Auch wissen wir nicht, was sie von ʿĀʾiša erklärt bekam bzw. hörte (*samiʿat minhā*), doch das

---

70 Arab. *daḫala* (I.) „eintreten; durch die Türe (*min*) eintreten; plötzlich bei einem (*ʿalā* oder *ilā*) eintreten; die Frau besuchen und beschlafen *ʿalā* oder *bi*, mit einer die Ehe vollziehen; usw." (Wahrmund). „u.a. eintreten (*ʿalā* bei, zu j-m), kommen (*ʿalā* zu j-m hinein); vorsprechen (*ʿalā* bei j-m)" (Wehr).

71 Arab. *samiʿa* (I.) „hören, vernehmen; das Ohr hinhalten und auf eine Sache horchen *fī*; Rat hören und annehmen; auf einen hören, ihm gehorchen *li*, *ilā*, *ʿan* oder *min*; von einem (*min* oder *ʿalā*) ein Werk erklären hören" (Wahrmund); „hören (jemanden, etwas; *bi* von etwas; *min* etwas von jemandem; *ilā* oder *li* auf; *min* auf jemanden); sprechen hören (*bi* von); Gehör geben, lauschen, sein Ohr leihen (*ilā* oder *li* jemandem, einer Sache)" (Wehr).

72 Vgl. Ibn Saʿd, *Ṭabaqāt*, Bd. VIII, S. 359 f.

73 Lediglich eine konkrete Frage von ʿAmra wird im weiteren Verlauf der Erzählung genannt. Sie besuchte eines Tages ʿĀʾiša und fragte sie nach der Flucht vor der Pest. ʿĀʾiša antwortete, der Prophet habe gesagt, die Flucht vor der Pest sei wie die Flucht vor dem Kampfe. (Vgl. Ibn Saʿd, *Ṭabaqāt*, Bd. VIII, S. 360.)

Verb *samiʿat* weist eine Besonderheit auf: Aufgrund seiner Verbindung mit der Präposition *min* kann es „von einem ein Werk erklären hören" bedeuten. Somit könnte es sein, dass ʿĀʾiša ʿAmra den Koran lehrte oder von den Aussprüchen und Taten des Propheten berichtete. Ein Indiz dafür, dass es sich bei den geschilderten Handlungen um häufiger stattfindende Begebenheiten gehandelt haben dürfte, liegt mit der Verknüpfung der Satzteile mit *wa-*[74] „und" vor. Denn die Verknüpfung *wa-* meint keine aufeinander folgende bzw. sich aufeinander beziehende Tätigkeiten, die auf einen einmaligen Besuch hinweisen (dann wäre es die Verknüpfung *fa-*[75]), sondern benennt Interaktionen, die sich generell zwischen den beiden Frauen abgespielt haben. Da Ibn Saʿd von ʿAmra berichtet, dass sie eine Frau aus Basra war,[76] könnte sich diese Begebenheit zugetragen haben, als sich ʿĀʾiša im Jahr 35/656 während einer Schlacht in Basra aufgehalten hat. Um dieser Spur nachzugehen, müssten allerdings weitere Quellen hinzugezogen werden.[77]

Andere Überlieferungen bei Ibn Saʿd weisen ähnliche Termini und eine ähnliche Syntax auf. Über eine Frau namens Diqra Umm ʿAbd ar-Raḥmān wird berichtet, dass sie ʿĀʾiša begegnete (*laqiyat*[78] ʿĀʾiša), von ihr (etwas) erklärt bekam bzw. ihr zuhörte (*wa-samiʿat minhā*) und von ihr überlieferte.[79] Da ebenfalls jeglicher erklärender Kontext fehlt, kann auch hier *samiʿat minhā* nicht eindeutig übersetzt werden. Solche stereotypen Formulierungen weisen aber darauf hin, dass für die Leser und Leserinnen frühislamischer Jahrhunderte mehr Details unnötig waren, um zu verstehen, dass ʿĀʾiša religiöses Wissen vermittelt hat. Offen bleibt auch, wo sich die beiden Frauen trafen. Da die mit *laqiyat* und *samiʿat* beginnenden Satzteile mit *wa-* verbunden sind, liegt damit ebenfalls keine Handlungsabfolge vor – beide Vorgänge haben sich ereignet, sind aber nicht direkt aufeinander zu beziehen.

---

74 *Wa-* verknüpft gleichwertige Sätze und Satzteile. (Vgl. Fischer § 328a).

75 *Fa-* kennzeichnet oft eine Aussage als Folge einer vorhergehenden Aussage oder gibt eine Reihenfolge an. (Vgl. Fischer § 329.)

76 Vgl. Ibn Saʿd, *Ṭabaqāt*, Bd. VIII, S. 359 f.

77 Davon dass ʿĀʾiša während ihrer Zeit in Basra Frauen, von denen sie aufgesucht und befragt worden sein soll, gelehrt habe, berichtet Akram Nadwi, nennt dafür jedoch keine Quellenangaben. (Vgl. Nadwi, *Al-Muḥaddithāt*, S. 103 f., 177.)

78 Arab. *laqiya* (I.) „einem begegnen, ihn finden, treffen, erblicken, überhaupt finden (auch Sachen)" (Wahrmund); „begegnen, treffen, antreffen; zusammentreffen; stoßen; finden" (Wehr).

79 Vgl. Ibn Saʿd: *Ṭabaqāt*, Bd. VIII, S. 360.

Über Umm Ismāʿīl bint Abī Ḫālid und ihre Schwester Sukayna wird berichtet, dass sie zu ʿĀʾiša kamen (*daḫalatā ʿalā ʿĀʾiša*) und von ihr (etwas) erklärt bekamen bzw. ihr zuhörten (*wa-samiʿatā minhā).*[80] Daran schließt sich eine Überlieferung an, in der berichtet wird, dass Umm Ismāʿīl und ihre Tochter nach dem ʿĪd al-Aḍḥā zu ʿĀʾiša kamen (*daḫalatā ʿalā ʿĀʾiša*), als diese von einer Frau nach der richtigen Bekleidung beim Pilgern gefragt wurde.[81] Durch die direkte Abfolge der beiden Überlieferungspassagen erscheint es so, als seien die beiden Frauen öfter bei ʿĀʾiša eingekehrt, und dass diese nicht nur ihnen, sondern auch anderen Frauen Fragen beantwortete. *Samiʿatā* kann hier ebenso wenig exakter gedeutet werden, wie in den anderen Überlieferungen.

Auch über ʿĀliya bint Ayfaʿ ibn Šarāḥīl wird erzählt, dass sie zu ʿĀʾiša kam, sie fragte und von ihr (etwas) erklärt bekam bzw. ihr zuhörte (*daḫalatā ʿalā ʿĀʾiša wa-saʾalathā wa-samiʿat minhā).*[82] Außerdem wird berichtet, dass ʿĀliya und Umm Maḥabba zu ʿĀʾiša gegangen sind, während sie den Hadsch machten. Die beiden Frauen grüßten ʿĀʾiša, stellten ihr Fragen und hörten (etwas) von ihr bzw. hörten ihr zu (*fa-sallamatā ʿalayhā wa-saʾalatāhā wa-samiʿatā minhā*).[83]

Innerhalb dieser Gruppe von Frauen wird von Ibn Saʿd auch ʿAmra bint ʿAbd ar-Raḥmān genannt, die bei ihrer Tante ʿĀʾiša aufwuchs, deren „Schützling" sie war.[84] Sie überlieferte viel von ʿĀʾiša und Umm Salama (*wa-rawat ʿAmra ʿan ʿĀʾiša wa-Umm Salama*). Ibn Saʿd nennt ʿAmra in diesem Zusammenhang eine Gelehrte (*wa-kānat ʿālima*; arab. *ʿālima*, dt. „Gelehrte").[85] Akram Nadwi bezeichnet sie unter Einbezug anderer Quellen wie Mālik ibn Anasʼ *Muwaṭṭā* als Juristin (*faqīha*, fem. Form von *faqīh*).[86]

Die Überlieferungen von Ibn Saʿd weisen Interaktionen von Frauen auf, die einen belehrenden Charakter haben. Zwar finden sich nur wenige Hinweise, dass die geschilderten Konsultationen aus dem Bedürfnis nach Unterweisung resultierten, doch lassen Termini und Syntax darauf schließen, dass solche Zusammenkünfte öfter, also mit einer gewissen Regelmäßigkeit stattfanden und dabei die Gelegenheit zur Wissensvermittlung genutzt wurde. Damit verdichten sich

80 Vgl. ebd., S. 363.
81 Vgl. ebd., S. 363.
82 Vgl. ebd., S. 357.
83 Vgl. ebd., S. 358.
84 Vgl. Juynboll, *Encyclopedia of Canonical Ḥadīth*, S. 73, 382; Nadwi, *Al-Muḥaddithāt*, S. 248.
85 Vgl. Ibn Saʿd, *Ṭabaqāt*, Bd. VIII, S. 353.
86 Vgl. Nadwi, *Al-Muḥaddithāt*, S. 279, 283.

die Hinweise, dass zumindest ʿĀʾiša regelmäßig gelehrt hat und im Sinne der zweiten Definition von Lehre als Lehrerin bezeichnet werden kann.

Stark auf eine regelmäßig stattfindende Unterweisung weist eine andere Überlieferung bei Ibn Saʿd hin, in der Usāma ibn Zayd erzählt, dass ihm seine Mutter berichtete: „Ich sah Umm al-Ḥasan, als sie den Frauen vortrug (*taquṣṣu*[87] *ʿalā n-nisāʾ*).“[88] Eine zusätzliche Erklärung dieser Handlung wird nicht gegeben. Das Verb *qaṣṣa/yaquṣṣu* meint zwar i.d.R., dass jemand etwas erzählt bzw. eine Rede hält, bezieht man aber die semantische Entwicklung des Begriffs in frühislamischer Zeit mit ein, kann Umm al-Ḥasan eine gelehrte Frau gewesen sein, die einer Gruppe von Frauen den Koran lehrte und vom Propheten berichtete. Der *qāṣṣ*[89] (das Substantiv von *qaṣṣa/yaquṣṣu*) gilt zwar ursprünglich als „Geschichtenerzähler“ bzw. „professioneller Sagenerzähler“[90], doch ersetzte er manchmal in den ersten Jahrhunderten nach Muḥammads Tod den *qāriʾ*, las den Koran vor, erläuterte die vorgetragenen Passagen und schmückte sie mit Geschichten aus. Es kam auch vor, dass der *qāṣṣ* in dieser Funktion in einer Moschee angestellt war.[91] In umayyadischer Zeit entwickelten sich die *quṣṣās* sogar zeitweise zu einer Art Klerus und der Kalif ʿAbd al-Malik (reg. 65–85/685–705) setzte sie offiziell in Moscheen ein.[92] In Anbetracht der semantischen Begriffsentwicklung könnte Umm al-Ḥasan mit dem Verb *qaṣṣa* als solch eine Gelehrte bzw. Lehrerin, die in erzählerischer Form vorgetragene Verse erklärte oder vom Propheten berichtete, angesehen worden sein. Das spräche für eine regelmäßige und systematische Unterweisung. Da bekannt ist, dass Umm al-Ḥasan, die eigentlich Ḫayra hieß, in den Diensten von Umm Salama stand und die Mutter des

---

87 Arab. *qaṣṣa* (I.) „einem (*ʿalā*) etwas mitteilen, erzählen; eine Rede halten, vortragen (Gelehrter); „*qaṣṣa ʿalayhi l-ḫabar* and *al-ḥadīṯ* and *ar-ruʾyā*, he related to him the piece of news, or information, and the tradition, or story, and the dream, in its proper manner; or he made it known [to him]; he related the tradition, or story, in its proper manner; as though he followed its traces, in pursuit, and related it accordingly; he pursued, or sought after, the particulars of the news, or information, gradually, and deliberately“ (Edward William Lane, *An Arabic-English Lexicon*, 8 Bde., Beirut 1968).

88 Ibn Saʿd, *Ṭabaqāt*, Bd. VIII, S. 350.

89 Arab. *qāṣṣ* „Erzähler“ (Wahrmund).

90 Tor Andrae, *Die Person Muhammeds in Lehre und Glauben seiner Gemeinde*, Stockholm 1918, S. 26.

91 Vgl. W. Montgomery Watt und Alford T. Welch, *Der Islam I. Mohammed und die Frühzeit – Islamisches Recht – Religiöses Leben*, Stuttgart u.a. 1980, S. 295.

92 Vgl. van Ess, *Theologie und Gesellschaft*, Bd. 1, S. 12, Bd. 4, S. 721.

berühmten Koranlehrers und Predigers Ḥasan al-Baṣrī, der 21/642 in Medina geboren wurde und 109/728 in Basra starb, war, erhärtet sich diese Annahme.[93]

Abschließend wird eine Überlieferung erwähnt, die auf eine systematische Unterweisung hindeutet. Ibn Saʿd überliefert, dass Umm Sulaym[94] ihren Sohn Anas[95] das Glaubensbekenntnis lehrte. Das dies umschreibende Verb, *laqina* im II. Stamm[96], bedeutet: jmd. etwas beibringen, unterrichtete, jemandem etwas begreiflich machen, jemandem etwas Wort für Wort lehren. Die Unterrichtungsmethode wird in dieser Überlieferung näher beschrieben, indem es heißt, dass sie ihn anwies, zu wiederholen, was sie ihm vorsagte. Ihr Sohn lernte also das Glaubensbekenntnis, indem ihm dies von seiner Mutter vorgesprochen wurde und er es ihr nachsprach: „Sie fing an, Anas zu lehren und wies ihn an: ‚Sag: Es gibt keinen Gott außer Gott! Sag: Ich bezeuge, dass Muḥammad der Gesandte Gottes ist'"[97] (*fa-ǧaʿalat tulaqqinu Anas wa-tušīru ilayhi qul lā ilāha illā llāhu qul ašhadu anna Muḥammad rasūlu llāh*). In dieser Überlieferung wird Umm Sulaym als eine Frau dargestellt, die ihren Sohn wichtige Glaubensinhalte – hier am Beispiel des Glaubensbekenntnisses – lehrte und damit eine Erziehungsaufgabe ausübte.[98]

---

93 Zu Ḥasan al-Baṣrī siehe W. Montgomery Watt/Michael Marmura, *Der Islam II. Politische Entwicklungen und theologische Konzepte*, Stuttgart u.a. 1985, S. 67–72.

94 Umm Sulaym bint Milḥān war eine Gefährtin des Propheten, die ca. 29/650 starb. Ibn Saʿd ordnet Umm Sulaym den Frauen aus Medina zu, sie soll zum Stamm der Ḫazraǧ gehört haben. Dazu finden sich allerdings widersprüchliche Angaben. (Vgl. Ibn Saʿd, *Ṭabaqāt*, Bd. VIII, S. 311.)

95 Von Anas ibn Mālik wird berichtet, dass er ein Diener Muḥammads war, der nach dessen Tod engen Kontakt zu den vier ersten Kalifen hatte und zahlreiche Hadithe überlieferte. Angeblich soll er im Jahr 93/712 (im Alter von 103 Mondjahren) in Basra gestorben und der letzte der Prophetengefährten gewesen sein. (Vgl. Juynboll, *Encyclopedia of Canonical Ḥadīth*, S. 131.)

96 Arab. *laqqana* (*laqina* II.) „einem eine Sache begreiflich machen, ihn unterrichten; einem etwas beibringen, insinuieren, ihn inspirieren; diktieren" (Wahrmund).

97 Ibn Saʿd, *Ṭabaqāt*, Bd. VIII, S. 311.

98 Ihr Mann Mālik ibn an-Naḍir beschwerte sich darüber, da er der Meinung war, das würde den Sohn verderben. Mit hoher Wahrscheinlichkeit ist die Überlieferung aber eine spätere Konstruktion. Da es über Umm Sulayms ersten Mann Mālik heißt, dass er starb, bevor sein Sohn entwöhnt war, und Anas während der Hiǧra ca. 10 Jahre alt war, muss Mālik bereits in mekkanischer Zeit gestorben sein. Für so eine frühe Zeit ist es unwahrscheinlich, dass die Mutter ihren Sohn das Glaubensbekenntnis gelehrt hat, vielmehr werden es Inhalte aus den Predigten Muḥammads gewesen sein. Von dem klassischen Glaubensbekenntnis, wie es heute gebraucht wird – zur Konversion

3 Fazit

Frauen werden hinsichtlich der Vermittlung religiösen Wissens zu Beginn des Islams als äußerst aktiv beschrieben. In hunderten Überlieferungen heißt es ohne erklärenden Kontext, dass eine Frau etwas berichtet z.B. über den Koran oder die Worte und Taten des Propheten. In dieser Hinsicht ist es keine Frage, dass Frauen hundertfach religiöses Wissen tradiert und wichtige Rollen im religiösen Bildungsbereich gespielt haben. Jedoch stand im Mittelpunkt der Untersuchung die Frage, ob in den Überlieferungen Modalitäten von Wissensvermittlung geschildert oder Termini genannt werden, durch die Frauen als regelmäßig und systematisch unterrichtende Lehrerinnen beschrieben werden. Hier bieten die betrachteten Überlieferungen wenige Anhaltspunkte.

Mit den eine Wissensvermittlung einleitenden Termini *saʾala* und *qāla* finden sich zahlreiche Überlieferungen, in denen Frauen aufgesucht und nach ihrem religiösen Wissen befragt werden. Das rigide Frage-Antwort-Schema – i.d.R. ohne größeren erzählerischen Kontext – liefert aber keine Informationen über Ort und Zeit des Geschehensablaufs, die Intention des Fragenden oder darüber, ob die Vermittlung im Rahmen einer regelmäßigen und systematischen Unterweisung stattfand. Obwohl nur sehr wenige verschiedene Frauen als Adressatinnen konkreter Fragen aufgezählt werden, konzipieren die Überlieferer dennoch explizit das Bild von Frauen, die nach ihren Kenntnissen befragt werden und diese weitervermitteln. Die Interaktionen in den Überlieferungen weisen durch einen entsprechenden breiteren Geschehenskontext einen spontanen und informellen Wissenstransfer auf. Es wird berichtet, wie bestimmte Situationen motivieren, Fragen zu konkreten Sachverhalten zu stellen – also eingebunden in einen situativen Kontext und bezogen auf diesen. Auch hier werden Frauen deutlich als Vermittlerinnen religiösen Wissens vorgestellt, aber nicht als Lehrerinnen im Sinne der zweiten Definition. Neben einer spontanen und informellen Wissensvermittlung in bestimmten Situationen werden auch einige wenige intendierte Vermittlungen beschrieben, in denen Personen Frauen gezielt konsultieren, um sie nach deren Kenntnissen zu befragen. Die intendierten

oder beim Gebet – kann hier nicht die Rede sein. Nach der Darstellung der Überlieferung lehrte die Mutter ihren Sohn zumindest wichtige Glaubensinhalte. Da allerdings nicht bekannt ist, ob Umm Sulaym Muslimin wurde, bevor Muḥammad nach Medina flüchtete, bleibt es auch fraglich, ob sie in mekkanischer Zeit überhaupt Muḥammads Predigten gehört und von ihm gelernt haben kann. (Vgl. Gertrude H. Stern, "*The first women converts in early Islam*", in: *Islamic Culture* 13 (1939) 3, S. 290–305, hier S. 295; Watt/Welch, *Der Islam I*, S. 91 f.)

Konsultationen deuten zumindest auf eine systematische Inanspruchnahme der religiösen Kenntnisse von Frauen hin.

Während Darstellungen, in denen von einem spontanen und informellen, auch intendierten Wissenstransfer die Rede ist, dominieren, finden sich kaum Hinweise auf eine regelmäßig stattfindende Unterweisung durch Frauen – hierfür stehen die wenigen (stereotypen) Formulierungen *daḫalat ʿalā ʿĀʾiša wa-saʾalathā wa-samiʿat minhā* sowie die beschriebene Tätigkeit von Umm al-Ḥasan *taquṣṣu ʿalā n-nisāʾ*. Die Überlieferung über Umm Sulaym und ihren Sohn weist darauf hin, dass es bestimmte Methoden der Wissensvermittlung gab wie das Wiederholen von Aussagen. Begriffe, die deutlicher eine regelmäßige und systematische Unterweisung implizieren würden, wie „Lehrerin", „Schüler", „lehren" oder „unterrichten", finden sich kaum. Dies implizieren höchstens die wenigen Verben wie *samiʿat minhā*, der Ausdruck *fa-ǧaʿalat tulaqqinu Anas* und das Verb *ʿallama* in Bezug auf ʿĀʾiša. Sätze wie „und sie lehrte die Gruppe jeden Nachmittag Koranverse" lassen sich nicht finden.

Was die möglichen Unterweisungsformen anbelangt, dominieren klar theoretische Unterweisungen auf einer abstrakten, intellektuellen Ebene, während sich nur wenige Stellen finden, in denen Frauen ihr Wissen auf einer Handlungsebene vermitteln – wie in der Überlieferung, in der ʿĀʾiša die Waschung vor zwei Männern vollzieht. Eine praktisch durchgeführte Wissensvermittlung wie in diesem Fall ist – und das ist bemerkenswert – auf die Prophetenfrau ʿĀʾiša beschränkt und diese Überlieferungen finden sich nur bei Ibn Saʿd und al-Buḫārī. Überhaupt kann als auffälliges Ergebnis festgehalten werden, dass sich die betrachteten Überlieferungen vorwiegend auf die Kompilationen von Ibn Saʿd und al-Buḫārī verteilen, also auf Sammlungen, die im 3./9. Jahrhundert erstellt wurden. Dennoch macht dies deutlich, dass sich Bilder von gelehrten und lehrenden Frauen bis zum 3./9. Jahrhundert unter den Kompilatoren durchgesetzt haben. Aus der Tatsache, dass solche Bilder von Frauen – wie die vorgestellten – in den Sammlungen bis zum 3./9. Jahrhundert vorhanden sind, kann gefolgert werden, dass es für die Überlieferer selbstverständlich war, dass Frauen religiös gebildet waren, sich religiöses Wissen aneigneten und vermittelten bzw. lehrende Tätigkeiten ausübten, ihr rezipiertes Wissen auf hohem intellektuellen Niveau reflektierten, diskutierten und argumentativ anwandten – was ersichtlich wird, wenn es um die Umgangsweise der Frauen mit erworbenem Wissen geht. Überdies kristallisiert sich deutlich heraus, dass die Überlieferer Frauen – und nicht nur die Prophetenfrauen – in der Rolle religiöser Autoritäten präsentieren.

In all den Darstellungen der ältesten Dokumente über die Frühzeit des Islams werden Frauen konkret in die Formierung eines religiösen Bildungssystems eingebunden, das sie aktiv mitgestalten. Sie treten auf als selbstständige Subjekte, die maßgeblich an einer Wissensproduktion, -verwaltung und -reproduktion beteiligt waren. Damit liefern uns die vorgestellten Überlieferungen Einblicke in die Beiträge, die Frauen zur Konservierung religiösen Wissens und somit zum Entstehen eines islamischen Bildungs- und Lehrsystems leisteten, das noch in seinen Anfängen bestand. Während im Sinne der ersten Definition von „Lehre" dutzende Frauen dargestellt werden, die ihr religiöses Wissen vermitteln, kommen hinsichtlich der zweiten Definition von „Lehre" als regelmäßiger und systematischer Unterricht lediglich ʿĀʾiša und Umm al-Ḥasan in Frage. Häufig werden die Quellen dennoch so ausgelegt, dass bereits Musliminnen der ersten Generation als Lehrerinnen fungierten; doch Termini und Syntax des betrachteten Quellenmaterials können das kaum belegen. Zukünftige Arbeiten könnten zur Überprüfung und Erweiterung der bisher gewonnen Erkenntnisse zusätzliche Quellen wie die *Muwaṭṭaʾ* von Mālik ibn Anas, *al-Musnad* von Ibn Ḥanbal, das *Kitāb al-Futūḥ* von Balāḏurī u.a. hinzuziehen. Vorab kann jedoch festgehalten werden, dass die wenigen Hinweise auf Lehrerinnen, die regelmäßig und systematisch gelehrt haben, schlichtweg darin begründet sein dürften, dass es ein solches Unterrichtsformat zu Beginn des Islams noch nicht gab.

Literatur

Abbott, Nabia, *Aishah – the beloved of Mohammed*, Chicago/Illinois 1942.

Andrae, Tor, *Die Person Muhammeds in Lehre und Glauben seiner Gemeinde*, Stockholm 1918.

Armstrong, Karen, *Muhammad. Religionsstifter und Staatsmann*, München 1993.

Beinhauer-Köhler, Bärbel, *„Muslimische Frauen in Moscheen – zwischen Tradition und Innovation"*, in: Forschung Frankfurt. Religion in der Gesellschaft 1 (2008), S. 52–56.

Al-Buḫārī, Muḥammad b. Ismāʿīl, *aṣ-Ṣaḥīḥ: Recueil des Traditions Mahométanes par Abou Abdallah Mohammed ibn Ismaîl el-Bokhâri*, 4 Bde., Leyden 1862–1908.

Decker, Doris, *Frauen als Trägerinnen religiösen Wissens. Konzeptionen von Frauenbildern in frühislamischen Überlieferungen bis zum 9. Jahrhundert*, Stuttgart 2013.

Decker, Doris, *„Weibliche Politik im Frühislam am Beispiel von Muḥammads Frau Umm Salama"*, in: Marburg Journal of Religion 19 (2017) No. 1.

Eco, Umberto, *Die Grenzen der Interpretation*, München [3]2004.

Fischer, Wolfdietrich, *Grammatik des klassischen Arabisch*, Wiesbaden [2]1987.

Ibn Hišām, Abū Muḥammad Abd al-Malik, *Sīra: Kitāb Sīra Rasūl Allāh. Das Leben Muhammad's nach Muhammad Ibn Ishāk bearbeitet von Abd el-Malik Ibn Hischām*, hg. von Ferdinand Wüstenfeld, 2 Bde., Göttingen 1858–1860.

Joseph, Suad (Hg.), *Encyclopedia of Women & Islamic Cultures. Practices, Interpretations, and Representations*, Bd. 5, Leiden, Boston 2007.

Juynboll, G. H. A., *Encyclopedia of Canonical Ḥadīth*, Leiden, Boston 2007.

Khoury, Adel Theodor, *Der Koran. Arabisch-Deutsch*, Gütersloh 2004.

Lane, Edward William, *An Arabic-English Lexicon*, 8 Bde., Beirut 1968.

Nadwi, Mohammad Akram, *Al-Muḥaddithāt: The Women Scholars in Islam*, Oxford/London 2007.

Nagel, Tilman, *Das islamische Recht. Eine Einführung*, Dransfeld 2001.

Nagel, Tilman, *Mohammed. Leben und Legende*, München 2008.

Noth, Albrecht, „*Früher Islam*", in: Heinz Halm (Hg.), *Geschichte der Arabischen Welt*, München [4]2001.

Ibn Saʿd, Muḥammad b. Manīʿ al-Baṣrī, *Ṭabaqāt: Ibn Saʿd, Biographien Muhammeds, seiner Gefährten und der späteren Träger des Islams bis zum Jahre 230 der Flucht*, Bd. VIII. *Biographien der Frauen*, hg. von Carl Brockelmann, Leiden 1904.

Roded, Ruth, „*Umm Salama*", in: EI[2], Bd. 10, Leiden 2000.

Roded, Ruth, *Women in Islamic Biographical Collections: From Ibn Sa'd to Who's Who*, London 1994.

Schöller, Marco, *Methode und Wahrheit in der Islamwissenschaft*, Wiesbaden 2000.

Stern, Gertrude H., "*The first women converts in early Islam*", in: Islamic Culture 13 (1939) 3, S. 290–305.

Aṭ-Ṭabarī, Abū Ǧaʿfar Muḥammad b. Ǧarīr, *Taʾrīḫ: Annales quos scripsit Abu Djafar Mohammed ibn Djarir at-Tabari*, Leiden 1964.

van Ess, Josef, *Theologie und Gesellschaft im 2. und 3. Jahrhundert Hidschra. Eine Geschichte des religiösen Denkens im frühen Islam*, Bde. 1–4, Berlin, New York 1991–1997.

Wahrmund, Adolf, *Handwörterbuch der neu-arabischen und deutschen Sprache*, 2 Bde., Beirut [3]1985.

Al-Wāqidī, *Kitāb al-Maġāzī: The Kitāb al-Maghāzī of al-Wāqidī*, hg. von Marsden Jones, 3 Bde., London 1966.

Watt, W. Montgomery/Alford T. Welch, *Der Islam I. Mohammed und die Frühzeit - Islamisches Recht - Religiöses Leben*, Stuttgart u.a. 1980.

Watt, W. Montgomery/Michael Marmura, *Der Islam II. Politische Entwicklungen und theologische Konzepte*, Stuttgart u.a. 1985.

Wehr, Hans, *Arabisches Wörterbuch für die Schriftsprache der Gegenwart*, Wiesbaden 1952.

Asma Sayeed

Religiöse Bildung muslimischer Frauen im frühen und klassischen Islam

Abstract This article explores the main trajectories of contemporary scholarship on women and religious learning in early and classical Islam. It focuses on women's transmission of *ḥadīth* and reviews the main points of Sunnī legal discourse on the permissibility of educating women.*

1 Einleitung

Im ausgehenden 19. Jahrhundert verfasste Šams al-Ḥaqq al-ʿAẓīmabādī, ein bedeutender sunnitischer Gelehrter, ein kurzes Traktat mit dem Titel „*ʿUqūd al-ǧumān fī ǧawāz taʿlīm al-kitāba li-n-niswān*" [Kette der Perlen über die Zulässigkeit, Frauen das Schreiben zu lehren] in Erwiderung auf Anfragen, ob es zulässig sei, Frauen das Schreiben zu lehren.[1] Al-ʿAẓīmabādī verfolgte dabei einen zweigleisigen Ansatz: zum einen argumentiert er rechtlich für diejenigen, die sich mit der Methodik des Islamischen Rechts befassen, zum anderen verweist er auf historische Fälle für diejenigen, die Kraft aus Beispielen der Geschichte schöpfen. Die Struktur von al-ʿAẓīmabādīs rhetorischem Traktat beinhaltet die wichtigsten Ansätze der gegenwärtigen Forschung zum Thema der Bildung muslimischer Frauen im frühen und klassischen Islam (d.h. ungefähr vom späten 1./7. bis ins 10./16. Jahrhundert) und bietet daher eine gelungene Einführung für diesen Überblick über die einschlägigen Forschungsarbeiten.

---

* Der hier übersetzte Artikel *Muslim Women's Religious Education in Early and Classical Islam* erschien in: Religion Compass, 5 (2011), Heft 3, S. 94–103.

1 Vgl. Muḥammad Šams-al-Ḥaqq al-ʿAẓīmabādī, *Uqūd al-ǧumān fī ǧawāz taʿlīm al-kitāba li-n-niswān*, Damaskus 1961. Shams al-Ḥaqq al-ʿAẓīmabādī (1857–1911) gehörte zu den bekanntesten Hadithgelehrten des indischen Subkontinents. Ursprünglich aus ʿAẓīmabād stammend (das heutige Patna, das in der Provinz Bihar im Nordwesten Indiens liegt), reiste er in Städte wie Lucknow und Delhi, um von führenden Hadithgelehrten zu lernen. Er wurde vor allem für seinen Kommentar *ʿAwn al-Maʿbūd: Šarḥ Sunan Abī Dāwūd* bekannt, verfasste aber auch andere Werke im Arabischen, Persischen und auf Urdu im Bereich der Hadithauslegung und -biografie sowie Abhandlungen zur Förderung der korrekten Durchführung muslimischer Rituale wie dem gemeinschaftlichen Freitagsgebet.

Wissenschaftliche Arbeiten, die die Bildung muslimischer Frauen in der Vormoderne untersuchen, lassen sich generell in zwei Kategorien einordnen.[2] Manche Studien berufen sich auf den Koran und das beispielhafte Leben Muḥammads und seiner Gefährten, um die Rechtmäßigkeit sowie den Wunsch, Frauen zu unterrichten, zu begründen. Die Mehrheit dieser Werke entstand innerhalb der muslimischen Tradition, beschäftigt sich mit dem Zugang zu und den Rechten auf Bildung von Frauen in der Gegenwart. Vielfach sind sie auf Arabisch verfasst, womit sie denen unzugänglich werden, die diese Sprache nicht beherrschen.[3] Die zweite Gruppe umfasst sozialgeschichtliche Werke, aus denen einzelne, nicht zusammenhängende Belege aus Quellen, wie beispielsweise Chroniken und biografische Lexika, extrahiert werden, um Aspekte der Beteiligung von Frauen im Bereich der religiösen Bildung zu rekonstruieren. Studien, die von westlichen Autoren verfasst wurden, neigen dazu, sich vordergründig mit der Sozialgeschichte auseinanderzusetzen und weniger den Rechtsdiskurs, der sich auf die Bildungsleistungen der Frauen auswirkt, abzubilden. In diesem Artikel, der in seinem Aufbau al-ʿAẓīmabādīs Traktat folgt, werde ich zuerst einen Überblick über den klassischen sunnitischen Rechtsdiskurs zum Thema Bildung von Frauen geben und dann die Erkenntnisse aus den Werken, die die historischen Hintergründe zur Bildung muslimischer Frauen beschreiben, zusammenfassen. In der zweiten Hälfte des Artikels werde ich mich mit den thematischen Schwerpunkten in der Laufbahn einer weiblichen Gelehrten aus dem 12. Jahrhundert befassen. Ich bediene mich ihrer Biografie, um eine Typologie der religiösen Bildung muslimischer Frauen darzustellen, vor allem in Bezug auf die Hadithüberlieferung (Aussprüche, die dem Propheten Muḥammad zugeschrieben werden und dazu verwendet werden, islamisches Recht, islamische Überzeugungen und islamische Rituale abzuleiten). Ich werde in diesem Rahmen auch frühere

---

2 Dieser Aufsatz verschafft nur einen Überblick über Themen im Zusammenhang mit der religiösen Bildung von Frauen im frühen und klassischen sunnitischen Islam. Die Literatur zur Bildung muslimischer Frauen vom frühen modernen Zeitalter an bis in die Gegenwart fällt ergiebiger aus und behandelt das Thema auch aus der Perspektive einer Reihe anderer Disziplinen.

3 Vgl. z.B. M. al-Sālūs, *Al-Ḥuqūq al-taʿlīmiyya li-l-marʾa fī l-Islām min wāqiʿ al-Qurʾān wa-s-sunna*, Kairo 2003; Ḥ. Ḥasan, *Uṣūl al-tarbiyya al-marʾa al-muslima al-muʿāṣira*, Beirut 2001; M. al-Ḥāzmī, *Tarbiyya al-marʾa ʿinda Ibn al-Ǧawzī*, Riyādh 2006. Auch wenn al-Ḥāzmīs Werk sich mit den Sichtweisen Ibn al-Ǧawzīs (gest. 2000) einem klassischen muslimischen Rechtsgelehrten, beschäftigt, liegt sein Fokus darauf, diese Ansichten auf die gegenwärtige Situation anzuwenden.

Forschungsarbeiten untersuchen und Vorschläge zu Fragestellungen für zukünftige Studien unterbreiten.

2 Der sunnitische Rechtsdiskurs

Al-ʿAẓīmabādīs zentrale Frage, ob es zulässig sei, Frauen das Schreiben zu lehren, steht im Missklang zu unserem modernen Empfinden, denn es besteht ein nahezu universelles Einverständnis über das grundlegende, unabdingbare Menschenrecht auf Bildung. Aber gerade diese Dissonanz betont die Aussagekraft seines Traktats. Obgleich al-ʿAẓīmabādī selbst seinen Text im ausgehenden 19. Jahrhundert verfasste, stützt sich sein Ansatz auf die Methodologie der klassischen sunnitischen Rechtsgelehrten. Auf diese Weise trägt sein Traktat dazu bei, darüber aufzuklären, wie muslimische Rechtsgelehrte in Zeitaltern, die dem Aufkommen des Feminismus und des säkularen humanistischen Diskurses vordatiert sind, für das Recht der Frau auf Zugang zu Bildung plädierten, indem sie strikt die islamische Rechtsmethodologie befolgten. Solche Diskurse einer näheren Betrachtung zu unterziehen, ist unerlässlich angesichts der Bemühungen extremistischer muslimischer Gruppierungen, wie die der Taliban aus Afghanistan, den Zugang der Frauen zu Bildung einzuschränken und dies mit ihrer eigenen Rechtsauslegung zu begründen. Der Mangel an Studien seitens westlicher Autoren, die sich mit dem muslimischen Rechtsdiskurs befassen, der die Bildung von Frauen befürwortet, erscheint besonders unglücklich vor dem Hintergrund des unverhältnismäßigen Interesses der Medien an extremistisch orientierten Gruppierungen, die das Recht der Frauen auf Bildung einschränken oder es ihnen gleich gänzlich versagen.[4] Dieses Ungleichgewicht führt letztendlich dazu, den schädlichen Irrglauben, dass das islamische Recht den Frauen durchweg den Zugang zur Bildung verbiete, zu stärken.

Angesichts dieses Desiderates erscheint es sinnvoll, die Methodologie sunnitischer Rechtsgelehrter in Bezug auf ihren Standpunkt zur Bildung von Frauen zusammenzufassen. Um zu erfassen, ob es zulässig sei, dass Frauen sich um Bildung bemühen, welche Disziplinen sie studieren sollen sowie welche Art des Umgangs angemessen sei für Studierende und Lehrende, ließen sich muslimische

---

4 Zwei englische Studien, die Aspekte des frühen und klassischen Rechtsdiskurses zum Thema der Hadithüberlieferung von Frauen untersuchen, sind Mohammad Fadel, „*Two Women, One Man: Knowledge, Power, and Gender in Medieval Sunni Legal Thought*", in: International Journal of Middle East Studies 29 (1997) 2, S. 185–204 und Asma Sayeed, „*Gender and Legal Authority: An Examination of Early Juristic Opposition to Women's Ḥadīth Transmission*", in: Islamic Law and Society 16 (2009) 2, S. 115–150.

Gelehrte wie al-ʿAẓīmabādī von einer Reihe von Faktoren leiten. Dazu zählten Koranverse und Hadithe, das beispielhafte Leben der frühen Generationen von Männern und Frauen, die sich in ihrem Bestreben religiöses Wissen zu erlangen miteinander austauschten sowie verschiedene lokale Traditionen und Bräuche.

Koranverse, die sich mit der Aneignung von Wissen befassen, beziehen sich nicht auf ein bestimmtes Geschlecht. Mehrere Koranverse drücken unmissverständlich eine Präferenz für diejenigen aus, die nach Wissen streben und über Wissen verfügen. Dazu zählen so häufig zitierte Verse wie: „‚Herr, mehre mein Wissen!' "[5] (Koran 20/114); „[…] so erhöht Gott die unter euch, die glauben und denen Wissen gegeben ist, um Ränge" (Koran 58/11); „Sag: ‚Gleichen einander, die wissen und die nicht wissen?' " (Koran 39/9). Ein weiterer Koranvers (9/22) verfügt, dass die muslimische Gemeinde Vorkehrungen zu treffen hat für den Fall, dass ihre Soldaten in den Kampf ziehen, um sicherzustellen, dass eine Gruppe von Gelehrten zurückbleibt, die das Wissen der Gemeinschaft erhält und bewahrt.

Angesehene Exegeten haben das koranische Konzept des Wissens so verstanden, dass es eine Reihe von Disziplinen der religiösen Wissensgebiete umfasst, wie beispielsweise das Studium des Korans und seiner Auslegungen, Kenntnisse der religiösen Pflichten und Kenntnisse von den Handlungen des Propheten Muḥammad (*sunna*).[6] Die Exegeten haben die Anwendbarkeit dieser Verse nicht nur auf Männer beschränkt, und es besteht eine implizite Übereinkunft darüber, dass der Koran Männer und Frauen dazu verpflichtet, nach Wissen zu streben. Für Disziplinen, die üblicherweise den säkularen Fachrichtungen zugerechnet werden, wie die Astronomie, Medizin, Biologie, Literatur und die Künste, haben einige klassische Gelehrte dafür plädiert, dass in jeder Gemeinde einige ausgewählte Personen Kenntnisse in diesen Fächern erlangen zum Wohle und für die Weiterentwicklung aller aufgrund der Vorteile, die solches Wissen verspricht. Anders als das religiöse Wissen, das von jedem Einzelnen in dem Maße erworben werden muss, das als notwendig erachtet wird, um ihre oder seine muslimischen Verpflichtungen tagtäglich erfüllen zu können, gibt es keine Mindestanforderung an das säkulare Wissen, das jede Person zu erwerben hat.[7] Vielmehr wird das Streben nach säkularem Wissen als gemeinschaftliche

---

5 *Der Koran. Übersetzt und eingeleitet von Hans Zirker*, Darmstadt 2007. Die Übersetzungen der Koranzitate in diesem Artikel folgen diesem Band.

6 Einen zeitgenössischen Überblick zu diesem Thema, der sich auf den klassischen Rechtsdiskurs beruft, findet sich bei A. Zaydān, *al-Mufaṣṣal fī aḥkām al-marʾa waʾl-bayt muslim*, Beirut 1994, Bd. 4, S. 228–258.

7 Vgl. ebd., Bd. 4, S. 234–236.

Verpflichtung (*farḍ kifāya*) wahrgenommen; für die Interessen der gesamten muslimischen Gemeinde genügt es, wenn nur einige wenige Gelehrte sich mit diesen Disziplinen befassen.

Im Gegensatz zur Geschlechterneutralität, die die Koranverse in Bezug zur Bildung einnehmen, steht die Hadithliteratur ambivalent zur Frage, ob Frauen nach Wissen streben dürfen, wie sie dies vollziehen sollen und welche Richtlinien ihr Verhalten als Studentinnen und Lehrerinnen bestimmen sollen. Diese geschlechtsspezifischen Vorschläge haben mitunter Überlieferungen überschattet, die nicht auf Grundlage des Geschlechts unterscheiden, und haben denen Munition geliefert, die versucht haben, den Zugang der Frauen zu Bildung einzuschränken oder zu untersagen. So fokussiert sich al-ʿAẓīmabādī bei seiner Beurteilung des Verbotes, Frauen das Schreiben zu lehren, auf zwei Berichte, die Muḥammad zugeschrieben werden. Einer besagt: „Gebt ihnen (den Frauen) keine[n Zugang zu] Räume[n], und lehrt sie nicht, wie man schreibt, sondern lehrt sie stattdessen das Spinnen und die *Sūrat al-Nūr*".[8] Ein anderer besagt: „Lehret euren Frauen nicht das Schreiben, und lasst sie nicht in den oberen Kammern verweilen. Der beste Zeitvertreib für die Frauen ist die Spinnerei, und der beste Zeitvertreib für die Männer ist das Reisen".[9]

Al-ʿAẓīmabādī widmet beinahe die Hälfte seines Traktats dem Anliegen, die Gültigkeit dieser Berichte zu widerlegen, indem er auf die muslimische Wissenschaft der Hadithkritik zurückgreift. Die Tatsache, dass einige der Erzähler dieser Berichte von angesehenen Hadithgelehrten der früheren Generationen abgelehnt wurden, lege nahe, dass auch die Erzählungen selbst abgelehnt werden sollten. Für al-ʿAẓīmabādī liegt das gültige Beispiel einer anderen Überlieferung zugrunde, in dem der Prophet Muḥammad erwähnt, dass Šifāʾ bint ʿAbd Allāh, eine seiner weiblichen Gefährtinnen, seiner Frau Ḥafṣa das Schreiben beigebracht habe. Daraus schließt al-ʿAẓīmabādī, dass wenn Muḥammad daran lag, seine Frau diese Fertigkeit erlernen zu lassen, dies mit Sicherheit auch anderen muslimischen Frauen empfohlen werden müsse.[10] In seinem Traktat weist al-ʿAẓīmabādī auch andere möglicherweise auftretende Bedenken ab, wie

8 Vgl. al-ʿAẓīmabādī, *Uqūd al-ǧumān fī ǧawāz taʿlīm al-kitāba li-n-niswān*, S. 4.

9 Vgl. ebd., S. 7. Vgl. auch Khaled Abou el-Fadl, *Speaking in God's Name*, Oxford 2001, Kapitel 7 für seine Untersuchung zu den Ursprüngen von Hadithen, die die Freiheiten der Frauen abwerten oder einschränken, und seine Sichtweise auf die Verwendung dieser Hadithe, um islamisches Recht und islamische Normen von ihnen abzuleiten. Siehe insbesondere Fußnote 91 über die Schwäche der Berichte, die es nicht erlauben, Frauen das Lesen oder Schreiben beizubringen.

10 Vgl. al-ʿAẓīmabādī, *Uqūd al-ǧumān*, S. 12–13.

beispielsweise die folgenden: Was wenn diese Regelung nur für die Ehefrauen Muḥammads galt? Wenn man die Verderbtheit betrachtet, die nach Muḥammads Lebzeiten auftrat, und wenn man die Möglichkeit in Betracht nimmt, dass Verderbtheit (*fitna*) daraus entstehen könnte, dass Frauen des Schreibens kundig würden, wäre es dennoch zulässig?[11]

Den Rahmen weiterführend, der durch al-ʿAẓīmabādīs Diskussion vorgegeben wird, erscheint es sinnvoll, die Hadithliteratur zu diesem Thema in folgende Kategorien einzuteilen: (a) Berichte, die sich unmittelbar mit dem Thema der Bildung von Frauen befassen, und (b) Berichte, die sich mit eng verwandten Themen beschäftigen, wie den häuslichen Pflichten einer Frau und ihrem Verhalten in der Öffentlichkeit, die ihrerseits Auswirkungen haben könnten auf die Frage, ob es zulässig sei, Frauen zu unterrichten oder nicht.

Berichte, die das Streben der Frauen nach Bildung befürworten, sei es durch explizite Ermutigung oder durch das beispielhafte Verhalten von weiblichen Gefährtinnen, die von anderen Mitgliedern der frühen muslimischen Gemeinde unterrichtet wurden oder diese selbst unterrichteten, überwiegen gegenüber den Traditionen, die ihre Missbilligung des Lernens der Frauen zum Ausdruck bringen. Zu einigen der häufiger zitierten Überlieferungen dieser Kategorie zählen folgende:

- Für jeden Muslim ist es eine Pflicht, nach Wissen zu streben.[12]
- Ein Bericht, der ʿĀʾiša bint Abī Bakr zugeschrieben wird, die zu den Ehefrauen des Propheten zählt und eine Leitfigur der frühen muslimischen Gemeinde darstellt, besagt: „Die besten der Frauen sind die Frauen von Anṣār; Scham hinderte sie nicht daran, sich Kenntnisse ihrer Religion anzueignen.[13]
- Abū Saʿīd al-Ḫudarī berichtete, dass [eine Gruppe von] Frauen zum Propheten sagte: „Die Männer haben uns überflügelt und überwältigt [hinsichtlich ihres Bestrebens, von dir Wissen zu erlangen]. Nimm dir einen Tag Zeit, den du uns widmest. Also versprach der Prophet ihnen einen Tag, an dem er sich mit ihnen treffen würde und zu ihnen [über die Religion] predigen würde […]".[14]

11 Vgl. ebd., S. 19–22.

12 Vgl. ʿAbdullāh Muḥammad b. Yazīd Ibn Māǧa (gest. 273/887), *Sunan*, Kairo 1994, Bd. 1, S. 81, Fußnote 224.

13 Muḥammad b. Ismāʿīl al-Buḫārī (gest. 256/870), *Ṣaḥīḥ*, Beirut 1987, Bd. 1, S. 127 in *Kitāb al-ʿIlm*, Hadith 127.

14 Vgl. ebd., Bd. 1, S. 114–115 in *Kitāb al-ʿIlm*, Hadith 99.

- Überliefert von Šifāʾ bint ʿAbd Allāh, die sagte: „Der Botschafter von Gott, Friede und Segen seien auf ihm, kam zu mir, als ich bei Ḥafṣa (eine der Ehefrauen des Propheten) weilte. Er sagte zu mir: ‚Warum lehrst du sie nicht (d.h. Ḥafṣa) dieses Bittgebet, so wie du ihr auch das Schreiben lehrtest?' "[15]

Im Gegensatz zu diesen gut dokumentierten und authentifizierten Berichten, die das Lernen von Frauen unterstützen, lehnen einige wenige Berichte es explizit ab, Frauen Wissen zu vermitteln. Die zwei oben diskutierten Beispiele, die von al-ʿAẓīmabādī zitiert und angezweifelt wurden, stellen die wesentlichen Varianten eines Berichts dar, der behauptet, dass es nicht zulässig sei, Frauen das Schreiben zu lehren.

Auch wenn Berichte, die explizit die Bildung von Frauen verbieten, nicht den Kriterien für authentische Hadithe entsprechen, vermögen andere Berichte, die die Bewegungsfreiheit von Frauen in der Öffentlichkeit und den Umgang zwischen Männern und Frauen regeln sowie ihre häuslichen Pflichten definieren, die praktische Umsetzung der Bildung für Frauen erschweren. So schränken beispielsweise mehrere Berichte das Reisen und den Aufenthalt von Frauen außerhalb des Hauses ein, wenn sie nicht von einem Mann aus der *maḥram* Kategorie begleitet werden, wie es im Koranvers 33/4 definiert wird. Dieser Vers bestimmt die folgenden männlichen Verwandten als *maḥram*: Ehemänner, Väter, Väter der Ehemänner, Söhne, Söhne der Ehemänner, Brüder, Söhne der Brüder und Schwestern, Sklaven, männliche Begleitpersonen, die keine sexuelle Begierde wecken, oder Kinder, die noch nicht zur Geschlechtsreife gelangt sind.[16] Solche Berichte lassen Fragen darüber aufkommen, ob Frauen ohne Begleitung ihre Häuser verlassen dürfen, um an Unterrichtsstunden teilzunehmen, vor allem in Gesellschaft männlicher Lehrer und Studenten. Im gleichen Zug schränken mehrere Berichte den Umgang von Frauen mit Männern, die nicht der *maḥram* Kategorie zugehören, ein und behindern damit den Austausch, an dem Frauen mit männlichen Lehrern und Studenten teilnehmen könnten, selbst wenn dieser Austausch gänzlich der Ausbildung diente.[17] Schließlich existieren Berichte, die das Zuhause einer Frau als ihren primären Aktions- und Aufgabenbereich

---

15 Sulaymān b. al-Ašʿaṯ as-Siǧistānī Abū Dāwūd (gest. 275/889), *Sunan*, Beirut o. J., Bd. 4, S. 10, #3887. Vgl. auch ʿAbd al-Ḥalīm Abū Šuqqa, *Taḥrīr al-marʾa fī ʿaṣr ar-riṣāla*, Kairo 1999, Bd. 2, S. 41–45 für weitere solche Beispiele von Überlieferungen Muḥammads, die das Lernen von Frauen unterstützen.

16 Koran 33/4.

17 Beispiele für solche Berichte finden sich bei Zaydān, *al-Mufaṣṣal fī aḥkām al-marʾa waʾl-bayt muslim*, Bd. 4, S. 35–37.

ausweisen, die darauf schließen lassen könnten, dass das Streben nach Bildung gegenüber solchen Verpflichtungen sekundär zu bleiben hat.[18]

Der dogmatische Diskurs gibt jedoch aufgrund seines präskriptiven Wesens nur einen Ausschnitt auf die Bildung von Frauen wieder. Während die Rechtsliteratur den Aktionsradius der Frauen einzuschränken scheint, lassen umfangreiche historische Belege für die Errungenschaften von Frauen als Gelehrte des Korans, der Hadith, des Rechts sowie eher säkularer Fächer wenig Zweifel daran, dass sich Frauen eine Vielfalt von Bildungsmöglichkeiten zunutze machten. In der Tat liefert al-ʿAẓīmabādī ein durchschlagendes Argument für die Bildung von Frauen, indem er weit und außerhalb des Rechtsdiskurses ausholt, um Beispiele von Frauen zu zitieren, denen nicht nur das Lesen und das Schreiben gelehrt wurde, sondern die auch bedeutende Lehrerinnen des Hadith waren.

3 Eine Sozialgeschichte der Bildung muslimischer Frauen im klassischen Islam: Ein Überblick über bisherige Forschungsarbeiten und offene Fragestellungen für zukünftige Forschungsarbeiten

Während wissenschaftliche Arbeiten, die in einem mehrheitlich muslimischen Umfeld verfasst wurden, dazu neigen, sich speziell der Rechtsanalyse zu widmen, haben Wissenschaftler – sowohl muslimische als auch nichtmuslimische –, die vorwiegend in westlichen Ländern beheimatet sind, dazu beigetragen, die Sozialgeschichte der Teilhabe von Frauen an Bildung zu vervollständigen. Ignaz Goldziher (gest. 1921) gehörte zu den ersten Wissenschaftlern, der die Aufmerksamkeit auf das Phänomen der Hadithüberlieferinnen lenkte, deren Namen regelmäßig in den Überlieferungsketten sowohl von einzelnen Berichten als auch von Hadithsammlungen auftauchten, die im klassischen Zeitalter weite Verbreitung fanden.[19] Allerdings verschafft der kurze Anhang zu diesem Thema in seinen „Muslim Studies" nur einen allgemeinen Überblick. Mehrere aktuellere und tiefer gehende Arbeiten haben verschiedene Quellen untersucht, einschließlich biografischer Lexika, Chroniken, Hadithsammlungen, Stiftungsdokumente und Sammlungen von *fatāwa* (Rechtsgutachten), und dabei interessante Fragen hinsichtlich des Umfangs und der historischen Relevanz der Hadithüberlieferung von Frauen aufgeworfen. Dazu gehört Ruth Rodeds Kapitel

18 Vgl. ebd., S. 31–34 für eine Zusammenfassung des sunnitischen Diskurses zu diesem Thema sowie Beispiele für relevante Koranverse und Hadith.

19 Vgl. Ignaz Goldziher, *Muslim Studies*, übers. v. C.R. Barber/S.M. Stern, Chicago 1968, Bd. 2, S. 366–368.

über Hadithüberlieferinnen in ihrer Untersuchung von Frauen in muslimischen biografischen Sammlungen;[20] Jonathan Berkeys Kapitel zur religiösen Bildung der mamlukischen Frauen mit einem Fokus auf ihren Beitrag zur Hadithüberlieferung;[21] meine eigene Studie über das Leben zweier damaszenischer *muḥaddiṯāt* (weibliche Hadithgelehrte);[22] Richard Bulliets Untersuchung über die Frauen in der biografischen Literatur des prämongolischen Zeitalters;[23] Omaima Abou-Bakrs Artikel zur weiblichen Hadithüberlieferung, wie sie in zwei mamlukischen biografischen Lexika dargestellt werden.[24] Zusätzlich zu diesen Kapiteln oder Artikeln bieten Muhammad Akram Nadwis Monografie „Muhaddithat: Women Scholars of Islam" und meine Dissertation „Shifting Fortunes: Women and Ḥadīth Transmission in Islamic History"[25] eine ausführlichere Betrachtung der Beteiligung von Frauen an der Hadithüberlieferung, die sich über die ganze Zeitspanne der muslimischen Geschichte erstreckt.[26]

Der verbleibende Teil dieses Artikels wird sich mit der Biografie von Šuhda al-Kātiba, eine Gelehrte aus Bagdad (gest. 573/1178), befassen und diese Fallstudie dazu verwenden, neue Fragen für zukünftige Forschungsarbeiten aufzuwerfen.

Šuhda al-Kātiba ist ein herausragendes Beispiel für eine weibliche Wissenschaftlerin, deren Studium eine ganze Bandbreite von Disziplinen umfasste, einschließlich der Hadithwissenschaft, der Rechtswissenschaft, der Theologie, der Poesie und der Kalligrafie. Al-Samʿānī (gest. 561/1166), ihr zeitgenössischer Biograph, lobte sie mit den folgenden Worten (seine Biografie über Šuhda folgt der ihres Vaters, Abū Naṣr Aḥmad b. al Farağ al-Dīnwarī):

> „Was seine Tochter Šuhda bint al-Ibrī angeht, so ist sie diejenige mit der schönen Handschrift. Sie hatte eine enge Beziehung mit Amīr al-Muʾminīn al-Muqtafī li-ʾAmr Allāh.

---

20 Vgl. Ruth Roded, *Women in Islamic Biographical Collections*, Boulder 1994, S. 63–89.

21 Jonathan Berkey, *„Women and Islamic Education in the Mamluk Period"*, in: Nikki Keddie/ Beth Baron (Hg.), *Women in Middle Eastern History*, New Haven (CT) 1991, S. 143–157.

22 Vgl. Sayeed, *„Women and Ḥadīth Transmission: Two Case Studies from Mamluk Damascus"*, in: Studia Islamica 95 (2002), S. 71–94.

23 Vgl. Richard Bulliet, *„Women and the Urban Religious Elite in the Pre-Mongol Period"*, in: Guity Nashat/Lois Beck (Hg.), *Women in Iran from the Rise of Islam to 1800*, Urbana (IL) 2003, S. 68–79.

24 Vgl. O. Abou-Bakr, *„Teaching the Words of the Prophet: Women Instructors of the Ḥadīth (Fourteenth and Fifteenth Centuries)"*, in: Hawwa 1 (2003) 3, S. 306–328.

25 Die Dissertation ist im Jahr 2013 unter dem Titel *Women and the Transmission of Religious Knowledge in Islam* erschienen.

26 Vgl. Muhammad Akram Nadwi, Muhaddithat, Oxford 2007; Sayeed, Shifting Fortunes, unveröff. Diss., Princeton University 2005.

> Sie wurde als *„al-kātiba"* [die Schreiberin] bezeichnet. Sie hörte [Hadith] von ihrem Vater, Abū ʿAbd Allāh al-Ḥusayn b. Aḥmad b. Ṭalḥa al-Naʿālī und anderen. Ich schrieb (mit ihrer Erlaubnis) einige Blätter [wahrscheinlich diktierte sie ihm Hadithe] in ihrem Zuhause [, welches sich] in räumlicher Nähe zur Freitagsmoschee [befand]."

Wenn man dieses lose biografische Detail mit Erkenntnissen aus einer Reihe von historischen Quellen verbindet, ergibt sich das Bild einer Frau, die während der Seldschukenzeit aktiv war und deren Einfluss fühlbar war in Gelehrtenzirkeln, die von Chorasan bis nach Andalusien reichten, in der Zeit des 5./11. und 6./12. Jahrhunderts. Šuhda sticht auch durch die Regelmäßigkeit hervor, mit der sie in klassischen Quellen zitiert wird, ein Umstand, auf den Nāǧī Maʿrūf, ihr gegenwärtiger Biograf, hinweist, der ihr eine arabische Monografie widmete, in der er ihr Leben nachbildete.[27] Šuhdas Werdegang, im seldschukischen Bagdad verspricht angesichts des bereits existierenden Forschungsschwerpunktes auf die Beteiligung von Frauen an der Hadithüberlieferung in der Mamlukenzeit für zukünftige Forschungsarbeiten besonders aufschlussreiche Einsichten bereitzuhalten.[28] Des Weiteren war Šuhda eine von mehreren bedeutenden weiblichen Gelehrten der Seldschukenzeit. Die Betrachtung ihres Werdegangs hilft uns zu verstehen, wie die Beteiligung von Frauen, die als religiöse Gelehrte aktiv waren, über Raum und Zeit hinweg variiert haben mag.

Wenn wir die Lebenswege von den verschiedenen weiblichen Gelehrten wie z.B. Šuhda studieren, können wir ihnen mehrere thematische Aspekte entnehmen, die für die religiöse Bildung von Frauen relevant erscheinen. Die Wichtigkeit der Verwandtschaftsnetzwerke ist ein solches Thema, das wiederholt in den Biografien der weiblichen Hadithüberlieferinnen auftritt. So trugen Šuhdas Familienbeziehungen ganz entscheidend zu ihren ersten Errungenschaften bei. Ihr Vater, Abū Naṣr Aḥmad b. al Faraǧ al-Ibrī al-Dināwarī (gest. 505/1112) war selbst ein bedeutender Hadithüberlieferer, der Kontakte zu den führenden *ʿulamāʾ* [Gelehrten] in Bagdad pflegte, wie beispielsweise Abū Yaʿlā b. al-Farāʾ (gest. 458/1066), eine hanbalitische Führungsfigur und Autor von *„Kitāb al-Muʿtamad"*, und al-Ḫaṭīb al-Baġdādī (gest. 463/1071), der berühmte schafiitische Hadithgelehrte und Historiker, der *„Tārīḫ Baġdād"* verfasste. Aḥmad b. al Faraǧ widmete der Erziehung seiner Tochter von ihrer frühen Kindheit an besondere Aufmerksamkeit. Er lehrte ihr Hadith und die Überlieferungen, die

---

27 Vgl. Nāǧī Maʿrūf, *Musnidat al-ʿIrāq*, Amman 1996.

28 Zu ihnen gehören Hoda Lutfi, *„al-Sakhāwī's Kitāb al-Nisāʾ as a Source for the Social and Economic History of Muslim Women During the Fifteenth Century, A.D."*, in: Muslim World 71 (1981), S. 104–124; Berkey, *„Women and Islamic Education in the Mamluk Period"*; O. Abou-Bakr, *„Teaching the Words of the Prophet"*.

er selbst von verschiedenen Gelehrten gelernt hatte, und nahm sie mit zu den Zusammenkünften der angesehensten Gelehrten, was zu ihrer beeindruckenden Vita beitrug, die den Grundstein zu ihrem späteren Erfolg im Leben legen sollte. Zukünftige Studien könnten darauf abzielen, die Erkenntnisse über die Verwandtschaftsnetze der Frauen in eine Historiografie der Gelehrtenschicht (*ʿulamāʾ*) im Islam zu integrieren. Des Weiteren wäre es sicherlich aufschlussreich zu untersuchen, inwieweit sich die Beteiligung der Frauen auf theologische, rechtliche und sogar ästhetische Tendenzen der Netzwerke auswirkte, in denen sie aktiv waren.

Ein weiteres erwähnenswertes wie charakteristisches Merkmal der klassischen muslimischen Hadithunterweisung war die Praxis, noch sehr junge Kinder zu betagten Lehrern mitzunehmen, um eine Erlaubnis für das Überliefern der Werke, die diese Lehrer übermittelten, zu erhalten.[29] Diese Sitte diente dem wichtigen Zweck, kurze Überlieferungsketten zum Propheten Muḥammad oder zum Autoren eines bestimmten Werkes zu bewahren, wodurch eine Art von zeitlicher Nähe zur ursprünglichen Quelle erhalten blieb. Zu diesem Zweck nahm Šuhdas Vater sie mit zu einer Reihe von bedeutenden Gelehrten in Bagdad, um diesen zuzuhören, noch bevor sie das Alter von zehn Jahren erreicht hatte. So gab sie beispielsweise ausführlich die Überlieferungen von Tirād b. Muḥammad al-Zaynabī (gest. 491/1098) wieder, einem hanafitischen Gelehrten, dessen Zusammenkünfte, die er zum Diktieren von Hadith einberief, sehr hohes Ansehen unter den Gelehrten von Bagdad genossen. Abū Bakr Muḥammad b. Aḥmad al-Šāšī (gest. 507/1114), ein führender schafiitischer Gelehrter und Professor an der Niẓamiyya Madrasa in Bagdad, war ein weiterer ihrer renommierten Lehrer. Šuhda wurde früh in ihrem Leben die Bevollmächtigung erteilt, Bücher oder Hadithsammlungen von ungefähr 30 anderen Gelehrten zu übertragen, zusätzlich zu den zwei bereits genannten Lehrern.[30] Die Altersstruktur in der Hadithunterweisung wurde zuerst von Bulliet allgemein herausgearbeitet (1983),[31] später habe ich die Auswirkungen dieser Praxis auf die Beteiligung von Frauen beurteilt (2002).[32] Diese Arbeiten weisen darauf hin, dass dieses System dabei half, kurze Überlieferungsketten aufrechtzuerhalten, und zerstreute Bedenken, was den Kontakt zwischen Männern und Frauen im heiratsfähigen Alter betraf, da das hier beschriebene Lernen und Lehren zwischen männlichen

29 Vgl. Bulliet, „*Age Structure of Medieval Islamic Education*", in: Studia Islamica 57 (1983), S. 105–117.

30 Vgl. Maʿrūf, *Musnidat al-ʿIrāq, S. xy*.

31 Vgl. Bulliet, „*Age Structure of Medieval Islamic Education*".

32 Vgl. Sayeed, „*Women and Ḥadīth Transmission*".

und weiblichen Lehrenden und Studierenden stattfand, als die Frau entweder noch ein sehr junges Mädchen oder bereits eine betagte Frau war, die das gebärfähige Alter überschritten hatte. Zukünftige Forschungsarbeiten sollten jedoch auch noch Einblick gewähren in die dazwischenliegenden Jahre, d.h. wie Frauen ihre Bildung in der Zeit, in der sie in etwa zwischen 12 und 60 Jahre alt waren fortsetzen konnten. Um solche Fragen beantworten zu können, ist es notwendig, die ganze Bandbreite der historischen Quellen genauer in Augenschein zu nehmen, um aus ihnen Erkenntnisse zu gewinnen, die vor allem mit der Bildung von Frauen und mit Geschlechterbeziehungen in Verbindung stehen. So könnten sich beispielsweise Handbücher zur Hadithüberlieferung, die Angaben zu den Umgangsformen für Studierende enthalten, als nützlich erweisen, um die Bildungswege von Frauen zu erschließen für die Zeiten, die nicht durch biografische Einträge abgedeckt werden, die sich diesen Frauen widmen.

Ein drittes Thema, das mit den Biografien der Frauen verknüpft ist, stellt das Wesen der Bildungsnetzwerke dar, in denen sie als Studentinnen und Lehrerinnen agierten. So fällt im Fall von Šuhda die Liste ihrer Studierenden sowohl umfassend als auch vielfältig aus. Ihr Name taucht regelmäßig in den Biografien der Gelehrten des 6./12. Jahrhunderts auf, die in Bagdad lebten oder dorthin zum Zwecke des Studiums reisten. Maʿrūf sammelte die Namen von 168 Studierenden (162 männliche und 6 weibliche), die in biografischen Sammlungen, Chroniken sowie den *asānīd* (Sg. *isnād,* Überliefererketten) einiger Werke, die seit den ersten Jahrhunderten der muslimischen Geschichte überliefert wurden, Erwähnung fanden.[33] Zwei ihrer versiertesten Studierenden waren Ibn al-Ǧawzī, der hanbalitische Rechtsgelehrte und Historiker, der Werke verfasste wie „*al-Muntaẓam*" (ein monumentales Werk der Politikgeschichte) und „*Ṣifat al-Ṣafwa*" (ein biografisches Werk über bedeutende Sufis), und Ibn Qudāma, ein weiterer hanbalitischer Rechtsgelehrter, der vor allem für sein umfangreiches Rechtswerk „*al-Muġnī*" Bekanntheit erlangte. Die Herkunft einiger ihrer Studierenden lässt darauf schließen, dass sich ihr Ruf weit über Bagdad hinaus verbreitet hatte. So kamen beispielsweise Ibn Qudāma sowie andere Mitglieder seines weitläufigen Stammes aus Damaskus auf ihren Reisen zu ihr nach Bagdad, um von ihr Hadith zu hören. Das kollektive Porträt der Lehrer Šuhdas gibt schließlich Aufschluss über das Ausmaß der Anziehungskraft, die das Gebiet der Hadithüberlieferung auf weite Teile der Gesellschaft ausübte, und über ihre Funktion als einigende kulturelle Kraft in klassischen muslimischen Gemeinschaften. Obwohl einige Arbeiten die Bedeutung dieser Netzwerke für

33 Vgl. ebd., S. 59.

die Bildungsgeschichte betont haben, verbleiben noch viele offene Fragen für zukünftige Forschungsarbeiten, um den Beitrag dieser Netzwerke auf die Ausformung der sunnitischen traditionsorientierten Orthodoxie zu klären. Diese Fragestellung im Hinblick auf die Rolle der Frau zu untersuchen, kann unser Verständnis darüber erweitern, wie Männer und Frauen zur sozialen Konstruktion von Orthodoxie beigetragen haben.

Neben dem Einblick, den sie in die Beteiligung von Frauen an den Netzwerken der ʿulamāʾ im Bagdad des 5./11. und 6./12. Jahrhunderts gewährt, bietet Šuhdas wissenschaftliche Laufbahn wertvolle Erkenntnisse darüber, welchen Einfluss institutionelle und nicht-institutionelle Bildung im Leben von weiblichen Religionsgelehrten hatte. Als Kind besuchte Šuhda vermutlich die Zusammenkünfte, die in einigen der zahlreichen Bildungseinrichtungen in Bagdad stattfanden, wie in Moscheen, ribāṭāt (Sg. ribāṭ) und madāris (Sg. madrasa). Doch gibt es kaum Hinweise darauf, dass sie jemals an irgendeiner dieser Institutionen eine offizielle Lehrtätigkeit ausübte. Vielmehr hielt sie ihren Unterricht bei ihr zu Hause ab. Möglicherweise berief sie auch Zusammenkünfte in Moscheen oder ribāṭāt ein, ohne dass ihr tatsächlich ein offizieller Lehrauftrag erteilt worden war. Ibn Sallāms (gest. 223/838) „al-Amwāl" wurde ihr beispielsweise an ihrem Wohnsitz in Bagdad im Jahre 563/1168 vorgelesen, als sie bereits über 80 Jahre alt war.[34] Trotz der eingeschränkten offiziellen Rolle, die Šuhda an Bildungsinstitutionen einnahm, beeinflusste der schnell voranschreitende Wachstum der Bildungsinstitutionen durch die Investitionen, die die herrschende seldschukische Dynastie sowie die lokale politische und intellektuelle Elite aufwendeten, ihre wissenschaftliche Laufbahn auf positive Art und Weise. Lehrer, die von den Einrichtungen Geld erhielten, unterrichteten auch einzelne Studierende, wie im Falle von Šuhdas Unterweisung durch al-Šāšī, wie oben bereits erwähnt wurde. Des Weiteren zogen die Investitionen in Einrichtungen, die in städtischen Gegenden wie Bagdad angesiedelt waren, den Besuch von Gelehrten aus den entlegensten Ecken der muslimischen Welt an. Hinzu kommt, dass eine Reihe von Frauen in der islamischen Geschichte für ihre gemeinnützigen Investitionen in den Bau von Moscheen, madāris und andere Stätten der religiösen Unterweisung bekannt waren.[35] Umherziehende Studierende kamen angereist, um

34 Vgl. ʿAbū ʿUbayd al-Qāsim Ibn Sallām, *Kitāb al-Amwāl*, Kairo 1975.

35 Es existieren mehrere Artikel zu diesem Thema, wie beispielsweise Gabriel Baer, „*Women and Waqf: An Analysis of the Istanbul Tahrir of 1546*", in: Journal of Asian and African Studies 17 (1983), S. 9–27; U. Haarmann, „*Mamluk Endowment Deeds as a Source for the History of Education in Late Medieval Egypt*", in: al-Abhath 28 (1980), S. 31–47; Stephen Humphreys, „*Women as Patrons of Religious Architecture*

mit den Lehrern zu studieren, die an diese Einrichtungen für eine Lehrtätigkeit berufen worden waren, gleichzeitig bemühten sie sich um die Erlaubnis, auch Werke anderer Gelehrten, die in der Gegend ansässig waren, überliefern zu dürfen. Solche Migrationsbewegungen erweiterten Šuhdas Netzwerk an Lehrenden und Studierenden. Das Aufzeichnen dieser geografischen Bewegungen und das Rekonstruieren der physischen Umstände, die die Bildung von Frauen umgaben, kann einen wesentlichen Beitrag zu unserem Verständnis der muslimischen Bildungsgeschichte in ihren institutionellen und nicht-institutionellen Formen leisten.

Die Werke, die Šuhda lernte und wiedergab, bieten eine weitere Möglichkeit, Einblick zu gewinnen in die faszinierende und spezialisierte Rolle, die Frauen als Hadithgelehrte im klassischen Islam einnahmen. In den allermeisten Fällen handelte es sich um Werke, die den Traditionalismus fortführten. Im Fall des Islams verweist der Begriff „Traditionalismus" auf ein interpretatives Modell, das sich auf den Koran, den Hadith (der die Handlungen des Propheten repräsentiert) und die frommen ersten Generationen (*al-salaf*) als primäre Quellen der religiösen Orientierung berufen.[36] Aufgrund ihrer Verankerung in den textlichen Quellen und dem goldenen Zeitalter des Propheten, neigen Traditionalisten dazu, rationalistische Theologie und rationalistisches Recht zu meiden. Stattdessen sehen sie in der Hadithüberlieferung das wichtigste Mittel, um die Verbundenheit mit dem goldenen Zeitalter zu bewahren und um angesichts der Herausforderungen, die sich den muslimischen Gemeinschaften

---

in Ayyubid Damascus", in: Muqarnas 11 (1994), S. 35–54; Carl F. Petry, „*A Paradox of Patronage*", in: Muslim World 73 (1983), S. 182–207; Petry, „*Class Solidarity versus Gender Gain: Women as Custodians of Property in Later Medieval Egypt*", in: N. Keddie/B. Baron (Hg.), *Women in Middle Eastern History*, New Haven (CT) 1991, S. 122–142; Mary Ann Fay, „*Women and Waqf: Toward a Reconsideration of Women's Place in the Mamluk Household*", in: International Journal of Middle East Studies 29 (1997), S. 33–51; Randi Deguilhem, „*Consciousness of Self: Muslim Women as Creator and Manager of Waqf Foundations in Late Ottoman Damascus*", in: Amira El-Azhary Sonbol (Hg.), *Beyond the Exotic: Women's Histories in Islamic Societies*, New York 2005, S. 102–115.

36 Mehrere Studien haben sich mit der Bedeutung des Traditionalismus im Islam befasst. Zu diesen gehören William Graham, „*Traditionalism in Islam: An Essay in Interpretation*", in: Journal of Interdisciplinary History 23 (1993) 3, S. 495–522; Johann Fueck, „*The Role of Traditionalism in Islam*", in: Merlin Swartz (Hg.), *Studies on Islam*, New York 1981, S. 99–122. Vgl. auch Scott Lucas, *Constructive Critics, Ḥadīth Literature, and the Articulation of Sunnī Islam*, Leiden 2004 für seine ausführliche Studie zur Entwicklung des sunnitischen Islam und dessen Betonung des Traditionalismus.

stellen, Orientierung zu bieten. Zu Šuhdas Lebzeiten beinhalten solche Herausforderungen auch militärische Konflikte, wie etwa die Kreuzzüge (1095–1291), Naturkatastrophen sowie innermuslimische Angelegenheiten, etwa den zunehmenden Einfluss schiitischer Lehren und die Rivalitäten zwischen den *maḏhāhib* (Sg. *maḏhab*, Rechtsschule). In diesem Umfeld gab Šuhda eine Zusammenstellung von Überlieferungen wieder, die asketische Frömmigkeit fördern und Gläubige dabei unterstützen sollten, einen ethischen Lebenswandel zu führen sowie Geduld und Stärke angesichts göttlicher Prüfungen zu zeigen. Ihr Name taucht immer wieder in den Überlieferungsketten von Werken, wie *„al-Faraǧ baʿda al-šidda“* (Erleichterung nach der Prüfung), *„Kitāb šukr li-llāh“* (Buch über die Dankbarkeit Gott gegenüber) und *„Kitāb ḏamm al-muskir“* (Buch über das Tadeln des Trinkens) auf. Šuhda überlieferte auch Bücher des sunnitischen Rechts, wie beispielsweise *„Muwaṭṭāʾ“* von Mālik b. Anas (gest. 180/796) und *„Kitāb al-amwāl“* von Abū ʿUbayd al-Qāsim b. Sallām, einem umfangreichen Werk, das sich dem *fiqh* bezüglich verschiedener finanzieller Angelegenheiten widmet.[37] Eine Untersuchung der Werke, die Frauen überlieferten, würde einen großen Beitrag dazu leisten, unser Verständnis des Kanons traditionalistischer Orthodoxie zu vertiefen, einem Gebiet, das von der Wissenschaft bislang vernachlässigt wurde sowohl im Hinblick auf die Geschichte der Frauen als auch hinsichtlich der intellektuellen und theologischen Geschichte der Muslime.

Abschließend ist es unerlässlich anzumerken, dass sich Šuhdas Fertigkeiten nicht nur auf die Hadithüberlieferung beschränkten. Ihr Spitzname *„al-kātiba“* spielt auf ihren Ruf als eine der größten Kalligraphen von Bagdad an. Šuhda war eine Meisterin der bekannten Schule, die von Ibn al-Bawwāb (gest. 412/1022) ins Leben gerufen worden war, einem führenden Kalligraphen der Buyidenzeit, dessen mit Buchmalerei versehene Kopie des Korans viel Aufmerksamkeit erfuhr. Obendrein stellte sie eine Verbindung (erst als Studentin, dann als Lehrerin) zwischen Ibn al-Bawwāb und Yāqūt al-Mustaʿṣimī (gest. 698/1299) her, einem Kalligraphen, dessen Talente ihm den Titel *„qiblat al-kuttāb“* einbrachte.[38] Šuhdas Leistungen auf diesem Gebiet machen darauf aufmerksam, dass sich Frauen auch in Bereichen außerhalb der Hadithüberlieferung hervortaten. Im Allgemeinen zielen Untersuchungen zu Frauen und Bildung im klassischen Islam darauf ab, das Feld des Hadith zu beleuchten aufgrund der Fülle an Quellenmaterial, die

37 Šuhdas Name kommt im *isnād* dieses Werkes vor und geht zurück zu Abū ʿUbayd, was darauf hindeutet, dass ihre Übertragung dieses Werkes als höchst zuverlässig galt aus Sicht ihrer Zeitgenossen und späteren Gelehrten, die von ihrer Kopie abschrieben. Vgl. den *isnād* in Ibn al-Sallām, *Kitāb al-Amwāl*, S. 10.

38 Wörtl.: „Zielpunkt der Schreiber“ (Anm. der Hgg.)

für derartige Forschungszwecke vorhanden ist. Es existieren eine Handvoll von Forschungsarbeiten, wie die von Cornell (1999)[39], Homerin (2003)[40] und Sajdi (2000)[41], die die Beiträge von Frauen auf dem Gebiet der Mystik und dem der Poesie untersucht haben. Der signifikante Nachweis der Beteiligung von Frauen in Bereichen, wie der islamischen Kunst (vor allem der Kalligrafie), der Rechtswissenschaft, der Mystik und der Poesie, lädt zu weiteren ausführlichen Untersuchungen ein.

Werden Šuhdas Errungenschaften in Verbindung mit dem Diskurs über die Rechtmäßigkeit, Frauen das Schreiben zu lehren, und mit ihrem Zugang zu Bildung im Allgemeinen untersucht, offenbart sich, dass die Gesetzesvorschriften der klassischen muslimischen Gelehrten keinen durchweg limitierenden Einfluss auf die Bildung von Frauen nahmen. Auch wenn es die Absicht der Rechtsliteratur war, den Aktionsradius der Frau zu regulieren, zeigen historische Studien, dass von der Zeit Muḥammads an zahlreiche Frauen zu einem hohen Status im Bereich der religiösen Bildung gelangen konnten. Dieser Artikel zielte darauf ab, die Themen der Forschungsarbeiten auf dem Gebiet der Bildung muslimischer Frauen im klassischen Islam zusammenzufassen und mehrere Richtungen für zukünftige Forschungsarbeiten innerhalb des Fachgebietes der Islamischen Studien auszuweisen. Zudem ist es unabdingbar, dass Wissenschaftler, die zur Bildung muslimischer Frauen forschen, ihren Untersuchungshorizont dahin gehend zu erweitern, dass dieser auch vergleichende Forschungen jenseits der eigenen religiösen Tradition miteinbezieht. Wir können die Kontexte, in denen muslimische Frauen ihre Leistungen vollbringen, nur dann vollständig anerkennen, wenn wir auch die Bildung von Frauen in anderen Religionen, wie dem Judentum, Christentum, Hinduismus und Buddhismus, betrachten. Obgleich solche Forschungsarbeiten eine Herausforderung darstellen aufgrund ihrer ungleichen geografischen Verortungen sowie der unterschiedlichen politischen, linguistischen und kulturellen Geschichte dieser Traditionen, so sind sie nichtsdestotrotz notwendig, wenn wir die Erfahrungen muslimischer Frauen in den breiteren Kontext der Geschlechter- und Bildungsgeschichte verorten wollen.

(Übersetzung: Corinna Küster)

39 Rkia Elaroui Cornell, *Early Sufi Women*, Louisville (KY) 1999.

40 Emil Homerin, „*Living Love: The Mystical Writings of ʿĀʾisha al-Bāʿūniyah*“, in: Mamlūk Studies Review 7 (2003), S. 211–234.

41 Dana Sajdi, „*Trespassing the Male Domain: The Qasida of Layla al-Akhyaliyyah*“, in: Journal of Arabic Literature 31 (2000) 2, S. 121–146.

Literatur

Abou-Bakr, Omaima, „*Teaching the Words of the Prophet: Women Instructors of the Ḥadīth (Fourteenth and Fifteenth Centuries)*“, in: Hawwa 1 (2003) 3, S. 306–328.

Abou el-Fadl, Khaled, *Speaking in God's Name*, Oxford 2001.

Abū Dāwūd, Sulaymān b. *al-Aš'aṯ as-Siǧistānī.*, Kitāb as-*Sunan*, Beirut o. J.

Abū Šuqqa, 'Abd al-Ḥalīm, *Taḥrīr al-mar'a fī 'aṣr ar-riṣāla*, Kairo 1999.

al-'Aẓīmabādī, Muḥammad Šams-al-Ḥaqq, *'Uqūd al-ǧumān fī ǧawāz ta'līm al-kitāba li-n-niswān*, Damaskus 1961.

Baer, Gabriel., „*Women and Waqf: An Analysis of the Istanbul Tahrir of 1546*“, in: Journal of Asian and African Studies 17 (1983), S. 9–27.

Berkey, Jonathan, „*Women and Islamic Education in the Mamluk Period*“, in: Nikki Keddie/Beth Baron (Hg.), *Women in Middle Eastern History*, New Haven (CT) 1991, S. 143–157.

al-Buḫārī, Muḥammad b. Ismā'īl, *Ṣaḥīḥ al-Buḫārī*, Beirut 1987.

Bulliet, Richard, „*Age Structure of Medieval Islamic Education*“, in: Studia Islamica 57 (1983), S. 105–117.

Bulliet, Richard, „*Women and the Urban Religious Elite in the Pre-Mongol Period*“, in: Guity Nashat/Lois Beck (Hg.), *Women in Iran from the Rise of Islam to* 1800, Urbana (IL) 2003, S. 68–79.

Cornell, Rkia Elaroui, *Early Sufi Women*, Louisville (KY) 1999.

Deguilhem, Randi, „*Consciousness of Self: Muslim Women as Creator and Manager of Waqf Foundations in Late Ottoman Damascus*“, in: Amira El-Azhary, Sonbol (Hg.), *Beyond the Exotic: Women's Histories in Islamic Societies*, New York 2005, S. 102–115.

Fadel, Mohammad, „*Two Women, One Man: Knowledge, Power, and Gender in Medieval Sunni Legal Thought*“, in: International Journal of Middle East Studies 29 (1997) 2, S. 185–204.

Fay, Mary Ann, „*Women and Waqf: Toward a Reconsideration of Women's Place in the Mamluk Household*“, in: International Journal of Middle East Studies 29 (1997), S. 33–51.

Fueck, Johann, „*The Role of Traditionalism in Islam*“, in: Merlin L. Swartz (Hg.), *Studies on Islam*, New York 1981, S. 99–122.

Goldziher, Ignaz, *Muslim Studies*, übers. v. C.R. Barber/S.M. Stern, Chicago 1968.

Graham, William, „*Traditionalism in Islam: An Essay in Interpretation*“, in: Journal of Interdisciplinary History 23 (1993) 3, S. 495–522.

Haarmann, Ulrich, „*Mamluk Endowment Deeds as a Source for the History of Education in Late Medieval Egypt*“, in: al-Abhath 28 (1980), S. 31–47.

Ḥasan, Ḥ., *Uṣūl al-tarbiyya al-marʾa al-muslima al-muʿāṣira*, Beirut 2001.

al-Ḥāzmī, M., *Tarbiyya al-marʾa ʿinda Ibn al- Ǧawzī*, Riyādh 2006.

Homerin, Emil, „*Living Love: The Mystical Writings of ʿĀʾisha al-Bāʿūniyah*“, in: Mamlūk Studies Review 7 (2003), S. 211–234.

Humphreys, Stephen, „*Women as Patrons of Religious Architecture in Ayyubid Damascus*“, in: Muqarnas 11 (1994), S. 35–54.

Ibn Sallām, ʿAbū ʿUbayd al-Qāsim., *Kitāb al-Amwāl*, Kairo 1975.

Ibn Māǧa, ʿAbdullāh Muḥammad b. Yazīd, *Sunan*, Kairo 1994.

Lucas, Scott, *Constructive Critics, Ḥadīth Literature, and the Articulation of Sunnī Islam*, Leiden 2004.

Lutfi, Hoda, „*al-Sakhāwī's Kitāb al-Nisāʾ as a Source for the Social and Economic History of Muslim Women During the Fifteenth Century, A.D.*“, in: Muslim World 71 (1981), S. 104–124.

Maʿrūf, Nāǧī, *Musnidat al-ʿIrāq*, Amman 1996.

Nadwi, Muhammad Akram, *Muhaddithat*, Oxford 2007.

Petry, Carl F., „*A Paradox of Patronage*“, in: Muslim World 73 (1983), S. 182–207.

Petry, Carl F., „*Class Solidarity versus Gender Gain: Women as Custodians of Property in Later Medieval Egypt*“, in: N. Keddie/B. Baron (Hg.), *Women in Middle Eastern History*, New Haven (CT) 1991, S. 122–142.

Roded, Ruth, *Women in Islamic Biographical Collections*, Boulder 1994.

Sajdi, Dana, „*Trespassing the Male Domain: The Qasida of Layla al-Akhyaliyyah*“, in: Journal of Arabic Literature 31 (2000) 2, S. 121–146.

as-Sālūs, M(Vorname), *Al-Ḥuqūq at-taʿlīmiyya lil-marʾa fī l-Islām min wāqiʿ al-Qurʾān wa l-sunna*, Kairo 2003.

Sayeed, Asma, „*Women and Ḥadīth Transmission: Two Case Studies from Mamluk Damascus*“, in: Studia Islamica 95 (2002), S. 71–94.

Sayeed, Asma, *Shifting Fortunes*, unveröff. Diss., Department of Near Eastern Studies, Princeton University 2005.

Sayeed, Asma, „*Gender and Legal Authority: An Examination of Early Juristic Opposition to Women's Ḥadīth Transmission*“, in: Islamic Law and Society 16 (2009) 2, S. 115–150.

Šuhda al-Kātiba, *al-ʿUmda min Fawāʾid waʾl-Āṯār al-Ṣiḥaḥ waʾl-Ġarāʾib fī Mašyaḫat Šuhda*, hg. v. R. ʿAbd al-Muṭṭalib, Kairo 1994.

Zaydān, ʿAbd al-Karīm, *al-Mufaṣṣal fī Aḥkām al-Marʾa waʿl-Bayt Muslim*, Beirut 1994.

Hidayet Aydar und Mehmet Atalay

Weibliche Koranexegeten in der Geschichte des Islams

Abstract The article focuses on the female scholars who came up with a work of Quranic exegesis throughout the history of Islam. The question whether Ziyb an-Nisāʾ can be regarded as the first female exegete of the Quran is discussed and exegetes like Nosrat Beygom Amīn, ʿĀʾiša ʿAbdurraḥmān and Zaynab al-Ġazālī are presented.*

1 Einführung

Durch die Geschichte hinweg ist die Anzahl der Frauen im Bereich wissenschaftlicher Untersuchungen im Vergleich zu Männern sehr gering. Mit anderen Worten: Männer haben in dieser Hinsicht ganz eindeutig die Oberhand. Dies ist ebenfalls in den Islamwissenschaften der Fall. Zweifellos gab es verschiedene Gründe wie soziale, wirtschaftliche und politische, die Frauen nicht nur daran hinderten, sich wissenschaftlicher Untersuchungen zu widmen, sondern durch die ihnen auch eine Allgemeinbildung in hohem Maße verwehrt blieb. Andererseits muss ebenso berücksichtigt werden, dass es die schriftlichen Werke von Autorinnen möglicherweise nicht in die historischen Aufzeichnungen, wie beispielsweise die Biografiewerke (*kutub al-tarāǧim* oder *ṭabaqāt*), geschafft haben.[1] In jedem Fall ist aber bekannt, dass Frauen durch die islamische Geschichte hinweg wissenschaftliche Untersuchungen unternommen und Bücher auf dem Gebiet der islamischen Wissenschaften, insbesondere im Bereich des Hadith,[2] verfasst haben.[3] Im Hinblick auf die wissenschaftliche Auseinandersetzung

* Der hier übersetzte und gekürzte Artikel „Female Scholars of Quranic Exegesis in the History of Islam" erschien im Journal of Theology Faculty of Bülent Ecevit University 1 (2014) No. 2, S. 1–34.

1 Vgl. Muḥammad Ḫayr Ramaḍān Yūsuf, *al-Muʾallifāt min an-nisāʾ wa muʾallifātuhunna fi t-tārīḫ al-islāmī*, Beirut 2000, S. 13–15; ʿAffāf ʿAbdulġafūr Ḥamīd, „*Min ǧuhūd al-marʾati fi tafsīr al-Qurʾān al-karīm fi l-asr al-hadīṯ*", in: Maǧalla kulliyyat aš-šarīʿa wa d-dirāsat al-islāmiyya 25 (2007), S. 171.

2 Siehe Ḥamīd, „*Ǧuhūd al-marʾati fi fi našr al-hadīṯi wa ulūmihī*", in: *Maǧallatu ǧāmiʿat umm al-qurā li ʿulūm aš-šarīʿat wa l-luġat al-ʿarabiyya wa ādābihā* 19 (2007) 42, S. 232–260; Muḥammad b. ʿAzūz, *Ṣafaḥāt mušriqa min ʿināyat al-marʾa bi ṣaḥīḥ al-imām al-Buḫārī riwayatan wa tadrīsan*, o.O. 2002, S. 22–330.

3 Siehe Yūsuf, *al-Muʾallifāt min an-nisāʾ*, S. 23–113.

auf dem Gebiet der Koranexegese werden im Folgenden einige Arbeiten aufgeführt, die entweder von Frauen verfasst oder diesen zugeschrieben wurden. Offensichtlich sind diese Arbeiten sehr rar. Abgesehen von ʿĀʾiša werden in den biografischen Werken, die sich mit Autoren aus islamischen Disziplinen und insbesondere aus dem Bereich der Koranexegese befassen, keine weiteren Frauen erwähnt.[4]

Daher lässt sich behaupten, dass bis vor relativ kurzer Zeit noch alle verfügbaren *tafsīr*-Werke von Männern verfasst wurden. Trotz allem haben auch Frauen unlängst begonnen, Korankommentare zu schreiben. Die Unternehmungen und Bestrebungen von Frauen, Bücher auf dem Gebiet der Koranexegese sowie in anderen islamischen Disziplinen zu verfassen, sind in den vergangenen Jahrzehnten also allmählich gestiegen. Darüber hinaus lässt sich prognostizieren, dass religiöse Bildung und entsprechende Studiengänge automatisch zu einem Anstieg schriftlicher Werke auf dem Gebiet der Koranexegese führen werden.

Tatsächlich waren Frauen durch die Geschichte des Islams hinweg genauso wie Männer dazu angehalten, sich mit der Auslegung des Korans auseinander zu setzen. Dies liegt darin begründet, dass sowohl Männer als auch Frauen im Koran angesprochen werden und sich die meisten Gebote an Männer wie Frauen richten. Was die wesentlichen Grundsätze des islamischen Glaubens und die Rituale betrifft, so existieren keine Unterschiede zwischen Mann und Frau. Dennoch besteht die Tatsache, dass sich einige Aspekte im Koran nur auf Männer beziehen, während andere Verse inhaltlich ausschließlich an Frauen gerichtet sind. Themen wie Menstruation, Wochenbett und Mutterschaft sind dabei primär als Beispiele für frauenbezogene Themen im Koran zu nennen. Aspekte wie Ehe, Scheidung und Erbe wiederum beziehen sowohl auf Männer als auch auf Frauen. Im Hinblick auf die Zielgruppe ist der Koran daher im Grunde „ein Buch für Männer und Frauen".

Da der Koran überwiegend von Männern ausgelegt wurde, dominiert die männliche Perspektive in der breiten Mehrheit der Übersetzungen und Interpretationen. Aus demselben Grund haben Frauen zudem über die Thematiken im Koran, die sie im Besonderen betreffen, aus männlicher Sicht erfahren. Einige weibliche Korangelehrte haben diese männliche Sichtweise jedoch auf gewisse Weise infrage gestellt. Im restlichen Abschnitt dieses Artikels sollen nun die

4 Siehe Ḥamīd, „Min ǧuhūd al-marʾa al-mubaṣṣir li nūr al-Qurʾān awwalu ǧahdin kāmilin fi t-tafsīr li l-marʾati ḥadīṯan" in: al-Muʾtamar al-Qurʾānī ad-duwalī as-sanawī muqaddas f l-mihwar aṯ-ṯānī, Kuala Lumpur 2013, S. 2.

Korankommentatorinnen beleuchtet werden, wobei besonderes Augenmerk auf die weibliche Perspektive innerhalb ihrer *tafsīr*-Werke gelegt wird.

2 Die erste weibliche Figur in der Koranexegese: ʿĀʾiša (gest. 58/677) und ihr „*Tafsīr umm al-muʾminīn ʿĀʾiša*"

In der Zeit des Propheten Muḥammads waren sowohl Männer als auch Frauen daran interessiert, den Koran gänzlich zu verstehen. In diesem Zusammenhang sticht ʿĀʾiša nicht nur als wichtigste weibliche Figur in der Koranexegese hervor, sondern wird auch als erste *mufassira* in der Geschichte des Islams betrachtet.[5] ʿĀʾiša war die Tochter Abū Bakrs, des wichtigsten engen Freundes des Propheten. Sie wurde im frühen Alter mit dem Propheten in Mekka verlobt, wonach sie ihn nach kurzer Zeit, als die Muslime von Mekka nach Medina auswanderten, heiratete.[6] Da sie sehr intelligent und bewandert war, unterrichtete sie die Muslime über Themen, die sie direkt vom Propheten erfuhr. Das, was Muslime über das Familienleben des Propheten wissen, stammt fast immer von ʿĀʾiša.[7] Als Ehefrau des Propheten erlebte ʿĀʾiša mit, wie ein wesentlicher Teil der Verse auf ihn hinab gesandt wurde. Sie soll Folgendes gesagt haben: „Jeder einzelne Vers der Suren *al-Baqara* und *an-Nisāʾ* [im Koran] wurden in meiner Anwesenheit auf den Propheten hinabgesandt."[8] Das heißt, es wurden bisweilen Verse auf den Propheten hinab gesandt, während ʿĀʾiša mit im Raum war, wodurch sie die Herabsendung der Offenbarung miterlebte sowie in welchem Kontext diese geschah. Sie kannte sich sehr gut in der arabischen Sprache sowie Poesie aus, und war auch auf dem Gebiet der Abstammungsverhältnisse sehr bewandert. Vor allem aber hatte sie immer die Möglichkeit, direkt vom Propheten zu lernen und ihn zu befragen. Zweifellos konnte sie sich durch all diese Qualitäten eine wichtige Position in der Geschichte der Koranexegese verschaffen.[9]

---

5 Vgl. İsmail Cerrahoğlu, Tefsir Tarihi, Ankara 1988, Bd. 1, S. 90.

6 Vgl. Umayma Muḥammad ʿAlī, Zawǧat ar-rasūl ummahāt al-muʾminīn. ʿIffa-šaraf-ṭahāra, Kairo o.J., S. 27–30.

7 Vgl. Serpil Başar, Erken Dönemde (Hicri I. Asır) Kadınların Kur'an Yorumuna Katkıları, Dissertation, vorgelegt an der Dokuz Eylül Universität Sosyal Bilimler Enstitüsü, Izmir 2010, S. 172; Abdullah Kahraman, „Kadın Fakihlerin Öncüsü: Hz. Aişe", in: Diyanet İlmi Dergi XLV (2009) 2, S. 79–80.

8 Vgl. Ḥamīd, *Min ǧuhūd al-marʾa fī t-tafsīr al-Qurʾān al-karīm fī l-ʿaṣr al-ḥadīṯ*, S. 171–172.

9 Vgl. ebd, S. 172–175.

In diesem Zusammenhang sollte erwähnt werden, dass es Überlieferungen und Interpretationen zu bestimmten Koranversen von ihr gibt.[10] Diese Überlieferungen und Interpretationen sind natürlich nicht von ʿĀʾiša selbst niedergeschrieben worden. Tatsächlich haben in der Zeit ʿĀʾišas auch die renommierten Koranexegeten unter den engen Gefährten des Propheten Muḥammads, wie ʿAbdullāh b. ʿAbbās, ʿAbdullāh b. Masʿūd und Ubayy b. Kaʿb, ihre Interpretationen nicht persönlich niedergeschrieben. Was diese ebenso wie ʿĀʾiša in dieser Hinsicht jedoch taten, war, einige Koranverse auszulegen und diese Auslegungen dann den Menschen um sie herum mündlich mitzuteilen. Diese Interpretationen wurden an die folgenden Generationen überliefert, wonach sie schließlich in die schriftlichen Korankommentare aufgenommen wurden. Anhand dieser Überlieferungen und Interpretationen erfahren wir über ihre Fachkenntnisse auf dem Gebiet der Koranexegese.

Heutzutage versuchen einige Wissenschaftler die Überlieferungen und Interpretationen, die ʿĀʾiša zugeschrieben werden, aus den traditionsbasierten *tafsīr*-Werken zu sammeln, um ihre Fachkenntnisse in der Koranexegese zu beleuchten. All diese Überlieferungen und Interpretationen wurden beispielsweise von Dr. ʿAbdullāh Abū as-Suʿūd Badr[11] in einer Doktorarbeit gesammelt, die unter dem Titel *„Tafsīr umm al-muʾminīn ʿĀʾiša"* veröffentlicht wurde. Darüber hinaus wurde ein solcher Versuch vom Gelehrten Dr. Suʿūd b. ʿAbdillāh al-Funaysān unternommen, der ebenfalls ein Buch unter dem Titel *„Marwiyya umm al-muʾminīn ʿĀʾiša fi t-tafsīr"* zu diesem Thema veröffentlichte.[12]

Es war uns nicht möglich, weitere weibliche Gelehrte mit *tafsīr*-Überlieferungen aus der Zeit der engen Gefährten des Propheten Muḥammads ausfindig zu machen. Selbstverständlich existieren auch von den anderen Ehefrauen des Propheten *tafsīr*-Überlieferungen, die zum Teil als eine Art Koranauslegung betrachtet werden können. Diese Überlieferungen haben jedoch nicht eine solche Qualität, die es zuließe, diese Frauen als Koranexegetinnen zu betrachten.

Zu späterer Zeit gab es Frauen, die für ihre Koranrezitation bekannt waren und die sich umfangreich mit Koran und Hadith befassten. Ebenso waren Frauen

---

10 Bzgl. der Interpretationen von ʿĀʾiša im *tafsīr* von aṭ-Ṭabarī siehe Sevgi Tütün, *„Taberi Tefsir'inde Hz. Aişe'nin Rivayetleri ve Tefsir Metodu"* in: İSTEM: İslâm San'at, Tarih, Edebiyat ve Mûsikîsi Dergisi VIII (2010) 16, S. 99–111.

11 Siehe ʿAbdullāh Abū as-Suʿūd Badr, *Tafsīr as-sayyida ʿĀʾiša umm al-muʾminīn raḍiyallāhu ʿanha*, Doktorarbeit, vorgelegt am Kulliya at-tarbiya Ǧāmiʿa al-Qāhira, Kairo 1981.

12 Siehe Suʿūd b. Abdillāh al-Funaysān, *Marwiyya umm al-mu'minīn ʿĀʾiša fi t-tafsīr*, Riad 1413/1992.

für ihre kalligrafischen Fähigkeiten diesbezüglich bekannt. Bei der Recherche in *tafsīr*-Werken, Biografien, Kompendien usw. war es uns jedoch nicht möglich, renommierte Korankommentatorinnen zu finden. Dies muss natürlich nicht zwingend bedeuten, dass es keine gab. Die folgende Schlussfolgerung scheint jedoch ohnehin zwangsläufig zu sein: Es gab keine bzw. nur einige wenige ohne jeglichen Bekanntheitsgrad. Es lässt sich behaupten, dass dies bis heute der Fall war. Heutzutage gibt es jedoch Frauen, die *tafsīr*-Werke verfassen. Inzwischen legen die Autorinnen, genauso wie die männlichen Koranexegeten, den Koran entsprechend ihres Ausbildungsgrads aus. Im übrigen Teil dieses Artikels soll auf diese Frauen und ihre *tafsīr*-Werke eingegangen werden.

3 Ziyb an-Nisāʾ Begüm Hindiyya (gest. 1113/1702) und ihr „*Ziyb at-tafāsīr*"

Ziyb an-Nisāʾ, Tochter des großen Timuridenkönigs von Indien, Schah Sultan Alemgir al-Hindī, wurde 1048/1658 geboren.[13] Ihre Mutter, Dilres Bānū Šāhūr Han, stammte aus der Safawiden-Dynastie.[14] Ziyb, die schon in frühen Jahren eine Ausbildung genoss, trug den gesamten Koran unter der Leitung von Maryam Umm ʿInāyatullāh al-Kašmīrī vor, erlernte die Kunst der Kalligrafie und studierte sämtliche Bücher, die Bestandteil des regulären Lehrplans der damaligen Religionsschule, der Madrasa, waren. Darüber hinaus bildete sie sich im Bereich der Poesie aus und eignete sich literarisches Wissen an.[15] Viele Menschen lernten bei Ziyb, die auch Poetin war, und Arabisch sowie Persisch sprach.[16] Ziyb an-Nisāʾ blieb unverheiratet und widmete ihr ganzes Leben dem Lernen und Lehren.[17] Sie starb 1113/1702 in Delhi, Indien.[18]

13 Vgl. ʿAbdulḥayy b. Faḫraddīn al-Ḥusaynī, *al-Iʿlām biman fī tārīḫ al-hind min al-aʿlām (Nuzhat al-ḫawātir wa bahǧat al-masāmiʿ wa n-nawāzir)*, o.O. 1420/1999, Bd. VI, S. 724; Ismāʿīl al-Baġdādī, *Hadiyyat al-ʿārifīn: Asmā al-muʾallifīn wa asrār al-muṣannifīn*, Istanbul 1951, Bd. I, S. 375; Ādil Nuwayhiḍ, „*Muqaddima*", in: *Muʿǧam al-mufassirīn min ṣadr al-islām hattā al-ʿaṣr al-ḥāḍir*, Beirut 1403/1983, Bd. I, S. 197; Mawlāna Muḥammad Ṭāyir, *Nayl as-sāirīn fī ṭabaqāt al-mufassirīn*, Pakistan 1421/2000, S. 380.

14 Vgl. al-Ḥusaynī, *al-Iʿlām biman fī tārīḫ al-hind min al-aʿlām*, Bd. VI, S. 724.

15 Vgl. ebd.; Ṭāyir, *Nayl as-sāirīn fī tabaqāt al-mufassirīn*, S. 380.

16 Vgl. al-Ḥusaynī, *al-Iʿlām biman fī tārīḫ al-hind min al-aʿlām*, Bd. VI, S. 724; Yūsuf, *al-Muʾallifāt min an-nisāʾ*, S. 43.

17 Vgl. al-Ḥusaynī, *al-Iʿlām biman fī tārīḫ al-hind min al-aʿlām*, Bd. VI, S. 724; Ṭāyir, *Nayl as-sāirīn fī tabaqāt al-mufassirīn*, S. 380–381.

18 Vgl. al-Ḥusaynī, *al-Iʿlām biman fī tārīḫ al-hind min al-aʿlām*, Bd. VI, S. 724; al-Baġdādī, *Hadiyyat al-ʿārifīn*, Bd. I, S. 375.

Nach Auffassung des klassischen Gelehrten Ṣafī ad-Dīn al-Ardabīlī al-Kašmīrī lautet der Titel des *tafsīr* von Ziyb, die auch andere Bücher verfasst hat, „*Ziyb at-tafāsīr fī tafsīr al-Qurʾān*".[19] Laut al-Kašmīrī sei ihr *tafsīr* in Wirklichkeit die ins Persische übersetzte Version des *tafsīr* ar-Rāzīs.[20] Darüber hinaus legt al-Kašmīrī dar, dass er selbst den *tafsīr* ar-Rāzīs ins Persische übersetzt. habe und das Werk Ziyb nur zugeschrieben wurde, da er die gesamte Übersetzung auf ihren Wunsch hin erstellt habe.[21] Unter Berücksichtigung dieser Information war man daher der Ansicht, dass Ziyb faktisch nicht als Koranexegetin angesehen werden könne.[22]

Muḥammad as-Sālik Muḥammad Fāl, der den *tafsīr* von Ziyb untersuchte, ist jedoch der Auffassung, dass dieser keine Übersetzung des *tafsīr* ar-Rāzīs sei, sondern ein eigenständiger Korankommentar, in welchem ausschließlich von den früheren Versionen Gebrauch gemacht wurde. Darüber hinaus zeigt Muḥammad Fâl auf, dass Ziybs *tafsīr* ein treffendes Beispiel für ihre Fähigkeit, mit der Koranexegese umzugehen, war.[23] Unter Berücksichtigung dieser Einschätzung sticht dieser *tafsīr* möglicherweise als der erste von einer Frau verfasste schriftliche Korankommentar hervor. Es ließ sich nicht feststellen, ob dieser *tafsīr* veröffentlicht wurde. Er liegt unter Umständen noch als Manuskript vor.

Dabei sollte erwähnt werden, dass ein Buch in persischer Sprache mit dem Titel „Tafsīr Zeyb at-tafāsīr az safī bin velī Qazvīnī be nām- Zeyb an-Nisāʾ doḫter ureng Ziyb" existiert, in dem dieser tafsīr von Rasūl Ǧaʿfaryān untersucht wurde.

---

19 Vgl. Rasūl Ǧaʿfaryān, „Tafsīru Zeyb at-tafāsīr az safī bin velī Qazvīnī be nām- Zeyb an-Nisāʾ doḫter ureng Ziyb", in: Fasılname Pey–am Baharistān, Teheran 1989, S. 494–499.

20 Vgl. al-Ḥusaynī, *al-Iʿlām biman fī tārīḫ al-hind min al-aʿlām*, Bd. VI, S. 724; al-Baġdādī, *Hadiyyat al-ʿārifīn*, Bd. I, S. 375; Nuwayhiḍ, *Muʿǧam al-mufassirīn*, Bd. I, S. 197; Ǧaʿfaryān, „*Tafsīr Zeyb at-tafāsīr*", S. 494–499; Muḥammad Fāl, „*al-Marʾa wa t-tafsīr: al-Hāḍir wa l-ġāib*".

21 Vgl. al-Ḥusaynī, *al-Iʿlām biman fī tārīḫ al-hind min al-aʿlām*, Bd. VI, S. 724; Abdulhamid Birışık, *Hind Altkıtası Düşünce ve Tefsir Ekolleri*, Istanbul 2001, S. 47.

22 Vgl. „*al-mufassira al-Hindiyya Beygom. Hal hiya awwalu man fassara al-Qurʾān min an-nisāʾ*", URL: http://www.tafsir.net/vb/tafsir6056/ (letzter Zugriff: 06.02.2013).

23 Vgl. al-Baġdādī, *Hadiyyat al-ʿārifīn*, Bd. I, S. 375; Nuwayhiḍ, *Muʿǧam al-mufassirīn*, Bd. I, S. 197; Yūsuf, *al-Muʿallifāt min an-nisāʾ*, S. 45; Ṭāyir, *Nayl as-sāirīn fī tabaqāt al-mufassirīn*, S. 381; Birışık, *Hind Altkıtası Düşünce ve Tefsir Ekolleri*, S. 47; Fāl, „*al-Marʾa wa t-tafsīr: al-Hāḍir wa l-ġāib*".

4 Nosrat Beygom Amīn (gest. 1403/1983) und ihr „*Maḫzan al-ʿerfān dar tafsīre Qurʾān*"

Eine weitere in diesem Kontext erwähnenswerte Koranexegetin ist Nosrat Beygom Amīn aus dem Iran. Wie bereits oben erwähnt, kann Ziyb an-Nisāʾ möglicherweise als erste Korankommentatorin betrachtet werden, wobei jedoch nach wie vor einige Zweifel darüber bestehen, ob sie die tatsächliche Urheberin ihres *tafsīr* ist. Daher sei an dieser Stelle festzuhalten, dass bei Nosrat Beygom Amīn keinerlei Zweifel darüber besteht, dass sie als weibliche Gelehrte einen Korankommentar verfasst hat. Nosrat Beygom Amīn ist zudem unter den Namen Bānū Amīn und Bānū Irānī bekannt.[24]

Im Iran gibt es eine ganze Reihe von weiblichen Gelehrten, die sich entweder mit der Auslegung des gesamten Korantextes befassten oder sich auf die Interpretation einiger Suren konzentrierten, bzw. sich den methodischen Zweigen der Koranexegese (*ʿulūm al-qurʾān*) zu diesem Zweck widmeten.[25] Die wichtigste von ihnen scheint jedoch Hacı (al-Ḥāǧǧ) Nosrat Beygom bt. Muḥammad ʿAlī zu sein, die iranischer Abstammung ist. Sie war die erste nicht-arabische Frau, die sich mit der Interpretation des gesamten Korantextes beschäftigte.

Tatsache ist, dass es keine historische Aufzeichnung gibt, die auf etwas anderes hinweisen würde. Daher war sie, wie bereits oben aufgeführt, die erste weibliche Gelehrte, die eine Interpretation des gesamten Korans vorgenommen hat. Sie wurde 1308/1890 in Isfahan geboren. Unter der grausamen Unterdrückung während des Pahlavi-Regimes durchlief sie eine Ausbildung in islamischem Recht (*fiqh*), Psychologie, Sufismus, islamischer Theologie (*kalām*), Koranexegese (*tafsīr*) sowie arabischer Sprache, und es gelang ihr schließlich, einige Bücher zu verfassen. Mit ungefähr 40 Jahren wurde sie von der damaligen religiösen Instanz als *muǧtahid/a* bestätigt und anerkannt (d. h. als eine der Gelehrten, die den höchsten Autoritätsgrad in der Tradition des islamischen Rechts innehat). Sie verbrachte ihr gesamtes Erwachsenleben als engagierte Gelehrte, die sich in

24 Vgl. ʿAbdurraḥīm ʿAqīqī Baḫšāyašī, „Ṭabaqāte mufasserāni šīʿa", URL: http://ketaab.iec-md.org/TAFSEER_QURAN/ tabaqaat_mofasseraan_shia_jeld_5_aqiqi-bakhshaayeshi_05.html (letzter Zugriff: 10.11.2013).

25 Vgl. Baḫšāyašī, „Ṭabaqāte mufasserāni šīʿa", URL: http://quran.al-shia.org/fa/id/16/item/tfsir/tabaqat/5/tabaq505.htm (letzter Zugriff: 20.04.2013); Baḫšāyašī, „*Ṭabaqāte mufasserāni šīʿa*", URL: http://ketaab.iec-md.org/TAFSEER_QURAN/tabaqaat_mofasseraan_shia_jeld_5_aqiqi-bakh-shaayeshi_05.html (letzter Zugriff: 10.11.2013).

der Islamwissenschaft und insbesondere in der Koranwissenschaft spezialisierte. Sie verstarb 1403/1983 mit 90 Jahren in Isfahan, wo sie auch begraben wurde.[26]

Ihr tafsīr-Werk trägt den Namen „Maḫzan al-ʿerfān dar tafsīre qurʾān"[27] und beinhaltet den gesamten Korantext. Es besteht aus 15 Bänden und wurde in persischer Sprache verfasst. Darüber hinaus wurde er auf Grundlage eines schiitischen Verständnisses des Islams erstellt. Zu Beginn des tafsīr findet sich eine Einleitung, welche Aspekte wie die Vorzüge des Lesens und Nachdenkens über den Koran sowie die religiös begründete Zurückweisung des Bestrebens, den Koran ohne die narrative Tradition der Religion zu deuten, beinhaltet. Außerdem findet sich in ihrem Werk die Interpretation der ersten Koransure, der al-Fātiḥa.

In ihrem *tafsīr* beschäftigt sie sich überwiegend mit erzieherischen und ethischen Themen. Zudem greift und weitet sie die Themen aus, die sich auf Philosophie, Religionsphilosophie und Linguistik beziehen. Des Weiteren ist für jeden, der sich ihren *tafsīr* anschaut, leicht ersichtlich, dass sie besonderes Augenmerk auf die Verse legt, die Gebote und rechtliche Aspekte im Allgemeinen beinhalten.[28]

Obwohl es einige wissenschaftliche Arbeiten zu diesem Tafsir im Persischen gibt, sind wir auf keine Untersuchung dieses *tafsīr* in türkischer Sprache gestoßen. Ferner waren keine Informationen erhältlich, die belegen würden, dass dieser *tafsīr* bereits ins Türkische, Arabische oder eine andere Sprache übersetzt worden wäre.

5 ʿĀʾiša ʿAbdurraḥmān Bint aš-Šāṭīʾ (gest. 1419/1998) und *„at-Tafsīr al-bayānī li-l-Qurʾān al-karīm"*

ʿĀʾiša Muḥammad ʿAlī ʿAbdurraḥmān Bint aš-Šāṭīʾ war eine renommierte ägyptische Professorin und Denkerin. Sie war außerdem die erste weibliche Dozentin an der Al-Azhar Universität. Sie wurde 1331/1913 in Dimyat, Ägypten, geboren. Nach Abschluss ihrer Schulausbildung nahm sie an der Universität Kairo ein Studium auf, im Rahmen dessen sie die arabische Sprache intensiv studierte. Nach Abschluss ihres Studiums wurde sie dann wissenschaftliche Mitarbeiterin am Institut für arabische Sprache. Darüber hinaus erlangte sie an derselben

---

26 Merziye Haklı, „*İlk Kadın Müçtehid ve Müfessir*", URL: http://www.rasthaber.com/yazar_2060_108_ilk-kadin-muctehid-ve-mufessir.html (letzter Zugriff: 10.11.2013).

27 Nosrat Beygom Amīn, *Maḫzan al-ʿerfān dar tafsīre Qurʾān*, o.O. 1390.

28 Siehe: „*Ṭabaqāte mu-fasserāni šīʿa*", URL: http://quran.al-shia.org/fa/id/16/item/tfsir/tabaqat/5/tabaq505.htm (letzter Zugriff: 20.04.2013).

Universität einen Doktortitel. Als Dozentin unterrichtete sie an verschiedenen Universitäten. Sie verstarb im Jahr 1419/1998 mit 86 Jahren.

Als produktive Schriftstellerin veröffentlichte sie zahlreiche Bücher. Wichtigstes Werk ist ihr *tafsīr*, der den Titel *„at-Tafsīr al-bayānī li-l-Qurʾān al-karīm"* trägt. Sie verfasste diesen *tafsīr*, der in zwei Bänden erschien, unter Berücksichtigung der chronologischen Reihenfolge der Koranverse.[29] Während der erste Band die Sure *aḍ-Ḍuḥā* (93), *aš-Šarḥ* (94), *az-Zalzala* (99), *al-ʿĀdiyāt* (100), *an-Nāziʿāt* (79), *al-Balad* (90) und *at-Takāṯur* (102) beinhaltet, finden sich im zweiten Band die Sure *al-ʿAlaq* (96), *al-Qalam* (68), *al-ʿAṣr* (103), *al-Layl* (92), *al-Fağr* (89), *al-Humaza* (104) und *al-Māʿūn* (107).

Die erste Ausgabe des Buches erschien 1382/1962. Ihr Korankommentar verfügt über einen einzigartigen Ansatz, da sie die Interpretation der kurzen Suren im Sinne von Wortbedeutungen vornimmt. Des Weiteren konzentrierte sie sich auf die Beziehung zwischen den Suren und machte von Hadithen Gebrauch, wobei sie eine einfach zu verstehende Sprache benutzte. Im gesamten *tafsīr* berücksichtigte sie außerdem die Sichtweisen von Gelehrten wie al-Hasan al-Baṣrī, az-Zamaḫšarī und Muḥammad ʿAbduh.[30]

ʿĀʾiša ʿAbdurraḥmān zufolge sind die Zahlen in den juristischen Koranversen wortwörtlich zu verstehen, während die Zahlen in anderen Versen metaphorisch verwendet werden. Die Zahl „eintausend" beispielsweise, die im Vers „die Nacht der Bestimmung (*laylat al-qadr*) ist besser als tausend Monate"[31] Erwähnung findet, wird nur metaphorisch verwendet, um den Vorzug der Nacht der Bestimmung (*laylat al-qadr*) zu verdeutlichen.[32]

In Verbindung mit dem ersten Vers der Sure *an-Nisāʾ* (4) verdeutlicht sie, dass Adam und Eva aus derselben Essenz erschaffen wurden, was im Gegensatz zu der Auffassung, dass Eva aus Adams Rippe erschaffen wurde, steht. Ferner betrachtet sie die Hadithe, die sich auf diesen Fall beziehen, als metaphorisch formulierte Aussagen, die den Respekt gegenüber Frauen verdeutlichen.[33]

---

29 Vgl. ʿĀʾiša ʿAbdurraḥmān Bint aš-Šāṭiʾ, *at-Tafsīr al-bayānī li-l-Qurʾān al-karīm*, 2 Bde., Kairo 1962.

30 Vgl. *„Bint aš-Šāṭiʾ"*, URL: http://dvd4arab.maktoob.com/f494/419430.html (letzter Zugriff: 24.12.2012).

31 Koran 97/3.

32 Ekrem Demir, *„Aişe Abdurrahman Ve Kur'an Tefsirindeki Metodu"*, in: Kur'ani Hayat Dergisi 1 (2008). Siehe auch: http://www.kuranihayat.com/aise-abdurrahman-ve-kuran-tefsirindeki-metodu_d12.html (letzter Zugriff: 24.12.2013).

33 Vgl. Demir, *„Aişe Abdurrahman ve Kur'an Tefsirindeki Metodu"*, in: Kur'ani Hayat Dergisi 1.

Es sind zwei Arbeiten vorhanden, die den *tafsīr* von ʿĀʾiša ʿAbdurraḥmān behandeln. Die erste, eine Doktorarbeit, ist von ʿAbdulmağīd al-Maʿlūmī und trägt den Titel *„Manhağ ad-Doktora ʿĀʾiša ʿAbdurraḥmān bint aš-Šāṭiʾ min ḫilāli kitābihā at-Tafsīr al-bayānī"*. Das zweite Werk trägt den Titel *„Bir Kadın Müfessir: Aişe Abdurrahman ve Kur'an Tefsirindeki Yeri"* und wurde von M. Akif Koç verfasst. Die zuletzt genannte Doktorarbeit wurde zudem veröffentlicht.[34]

6 Zaynab al-Ġazālī (gest. 1426/ 2005) und ihr „*Naẓarāt fī kitābillāh*"

Zaynab Muḥammad al-Ġazālī, die in demselben Gebiet wie ʿĀʾiša ʿAbdurraḥmān lebte, verfasste ebenso zwei *tafsīr*-Werke. Zaynab Muḥammad al-Ġazālī al-Ǧubaili, mit vollem Namen, wurde 1917 in einem Dorf in der Nähe Kairos geboren. Nach dem Abitur engagierte sie sich in der Sozialarbeit in Ägypten und gründete den Muslimischen Frauenverband. Al-Ġazālī war lange Zeit in der islamischen Bewegung des Landes involviert und gab Vorlesungen zur Weiterbildung junger Frauen. Anfang des Jahres 1410/1990 hielt sie die Vorlesungen in Buchform fest und veröffentlichte dieses *tafsīr* -ähnliche Werk unter dem Titel *„Naẓarāt fī kitābillāh"* (Einblicke in das Buch Gottes). Sie verstarb 2005 im Alter von 88 Jahren in Ägypten.

In ihrem *tafsīr* erläutert al-Ġazālī die Bedeutungen der Verse auf einfache Weise. Zunächst erklärt sie die Grundgedanken des jeweiligen Verses oder der jeweiligen Verse. Dann beschreibt sie, zu welchem Zeitpunkt die Verse offenbart wurden. Abschließend überträgt sie die Bedeutungen und Rechtsurteile der Verse auf die moderne Zeit, d. h. sie zieht eine Verbindung zwischen den jeweiligen Versen und aktuellen politischen und wirtschaftlichen Ereignissen. Ein Punkt, den sie in ihrem *tafsīr* besonders betont, ist, dass Muslime den Koran aus der Gegenwartsperspektive verstehen müssen.[35]

---

34 Mehmed Akif Koç, *Bir Kadın Müfessir Aişe Abdurrahman ve Kur'an Tefsirindeki Yeri*, Istanbul 1998.

35 Ali Akpınar, „Zeyneb el-Gazali el-Cübeyli", in: Kur'an'a Bakışlar: Meal-Tefsir, übers. von Ali Akpınar, Konya 2003, Bde. VI–VII; Akpınar, *„Bir Hanım Müfessir: Zeyneb el-Gazali ve Tefsiri"*, in: Cumhuriyet Üniversitesi İlahiyat Fakültesi Dergisi 3 (1999), S. 231.

7 Nā'ila Hāšim Ṣabrī und ihr *„al-Mubaṣṣir li nūr al-Qur'ān"*

Ein weiterer *tafsīr*, der von einer palästinensischen Gelehrten verfasst wurde, ist *„al-Mubaṣṣir li nūr al-Qur'ān"* von Nā'ila Hāšim Ṣabrī. Nā'ila Hāšim Ṣabrī wurde 1944 in Qalqilya geboren.[36]

Ihr tafsīr trägt den Titel „al-Mubaṣṣir li nūr al-Qur'ān" und umfasst 16 Bände. Der tafsīr beinhaltet den gesamten Korantext und ist im Grunde das Ergebnis ihres 20-jährigen Selbststudiums. In einem Interview verdeutlichte Hāšim, dass die meisten zuvor geschriebenen tafsīr-Werke nicht den Anforderungen der heutigen Zeit entsprächen und zudem eine schwierig zu verstehende Sprache beinhalteten. Sie habe einen eigenen tafsīr mit dem alleinigen Ziel, darin die aktuellen sozialen Probleme der Muslime anzusprechen, verfassen wollen.[37]

In dem Korankommentar, den sie 1982 zu schreiben begann, findet sich zu Beginn einer jeden Sure eine Einführung. In diesen Einführungen beschreibt sie, ob es sich bei der jeweiligen Sure um eine mekkanische oder medinensische Sure handelt, wie viele Verse, Wörter und Buchstaben sie beinhaltet und welche Namen, Tugenden und vordergründigen Aspekte darin genannt werden. Sie wendet in ihrem tafsīr im Wesentlichen folgende Methodik an: Zunächst führt sie einige Verse auf und beschreibt, in welchem Kontext diese offenbart wurden. In der Folge legt sie dann die Bedeutungen der Wörter, die in diesen Versen vorkommen, dar. In der Regel interpretiert sie die Verse in Verbindung mit anderen, d. h. sie macht bei der Auslegung eines bestimmten Verses Gebrauch von anderen relevanten Versen. Darüber hinaus umfasst die von ihr angewandte Tafsir-Methodik eine Vorgehensweise, die als *tafsīr* (*tafsīr bi r-riwāya*) beschrieben wird, in dem Hadithe bzw. Aussagen der engen Gefährten des Propheten Muḥammads Anwendung finden. Des Weiteren zieht sie bei Bedarf die Aussagen der Generationen nach den engen Gefährten (*tābi'ūn*) und der darauffolgenden (*tāba-i tābi'ūn*) heran. Dabei zeigt sie die Bezüge zwischen den Versen und der heutigen Situation der Muslime auf. Ferner nennt sie – im Sinne eines *tafsīr* – die ggf. in den jeweiligen Versen enthaltenden Gebote, die sie unter der Überschrift ‚Rechtsurteil' (*ḥukmun fiqhiyyun*) bzw. ‚Rechtsurteile' (*aḥkāmun fiqhiyyatun*) aufführt.[38] Abschließend behandelt sie in ihrem *tafsīr* auch solche Aspekte, die sich auf Semantik, Rhetorik usw. beziehen.[39]

---

36 Ḥamīd, *„Min ǧuhūd al-mar'a Al-Mubaṣṣir li nūr al-Qur'ān Awwalu ǧahdin kāmilin fī t-tafsīr li l-mar'ati ḥadīṯan"* S. 4.

37 Ebd.

38 Ebd., S. 19–21.

39 Ebd., S. 21–22.

8 Semra Kürün Çekmegil und ihr „Okuyucu Tefsiri"

Soweit herauszufinden war, ist „Okuyucu Tefsiri" von Semra Kürün Çekmegil der erste *tafsīr*, der von einer türkischen Gelehrten verfasst wurde. Die Autorin wurde in Malatya, einer Stadt im Südosten der Türkei, geboren. Im Jahre 2004 begann Çekmegil den *tafsīr* zu verfassen,[40] woraus sie 2006 die bis dahin fertig gestellten Teile in acht Bänden veröffentlichte.

In der Einleitung schreibt die Autorin, dass dieser *tafsīr* keine akademische Arbeit, sondern lediglich das Ergebnis ihrer Treffen mit Frauen aus einer Gruppe sei, die über Jahre hinweg stattfanden. Der Korankommentar entstand im Wesentlichen aus den Vorträgen, die sie vor Vereinigungen wie der Malatya Birlik Vakfı oder der Akabe Eğitim ve Kültür Vakfı gab. Aus den Vorträgen heraus entwickelte sie den Radiosender Radyo Nida. Kurz gesagt kann dieses Werk als „ein *tafsīr*, der überwiegend aus Übertragungen und Entlehnungen aus anderen *tafsīr*-Werken besteht"[41] bezeichnet werden.

Çekmegils Ansicht nach bringe das Lesen des Korans ohne ernsthafte Anstrengung, ihn auch zu verstehen, den Muslimen nicht viel Nutzen.[42] Darüber hinaus habe sie sich bei der Entstehung ihres *tafsīr* im Wesentlichen von der Idee leiten lassen, herauszufinden, inwiefern der Koran Lösungen für die Probleme der heutigen Zeit enthält. Sie erklärt zudem, dass der von ihr gewählte Titel *„Okuyucu Tefsiri"*, der wortwörtlich *„tafsīr* des Lesers" bedeutet, insbesondere aufgrund seines Bezugs zum ersten Koranvers, der mit der Aufforderung „Lies!" beginnt, gewählt wurde.[43]

In der Einführung zur ersten Sure des Korans (*al-Fātiḥa*) betont Çekmegil, die Interpretation des Korans im Sinne eines Bittgebetes mit den Worten „Mit dem Namen Allahs, des Allerbarmers, des Barmherzigen" (der *basmala*)[44] beginnen zu wollen. Angesichts der Tatsache, dass *al-Fātiḥa* „zu eröffnen, zu verdeutlichen, was rechtmäßig ist", bedeutet, schreibt sie dann wie folgt:

> „Mit dem Schlüssel, den wir in unseren Händen halten, treten wir nun in den Palast des Glaubens hinein. So lasst uns also verstehen, wie Allah diesen Palast für den Menschen, den Er auf perfekte Art und Weise erschaffen hat und der es würdig ist, dass zu ihm gesprochen wird, erbaut hat, damit dieser ein anständiges Leben führe (...)."[45]

---

40 Vgl. Semra Kürün Çekmegil, *Okuyucu Tefsiri (Tafsīr'l-Kari)*, Malatya 2006, S. 6.
41 Ebd., Bd. I, S. 9.
42 Vgl. ebd, S. 11.
43 Vgl. ebd, S. 19.
44 Vgl. ebd, S. 25.
45 Ebd. S. 27.

9 Necla Yasdıman und ihr „Kur'an Tahlili"

Necla Yasdıman wurde 1962 geboren. Nach Abschluss ihres Studiums an der Theologischen Fakultät der Universität Ankara im Jahre 1984, begann Yasdıman einen Aufbaustudiengang in Islamwissenschaften, worauf sie wenige Jahre später nach Ägypten ging, um weitere Nachforschungen für ihre Doktorarbeit anzustellen. Darüber hinaus war sie zwischen 1995 und 1998 in Melbourne, Australien, Dozentin für Islamwissenschaften (bzw. „Islamstudien") am Institut für Religiöse Angelegenheiten tätig. Nach ihrer Rückkehr aus Melbourne führte sie ihr Aufbaustudium fort und promovierte mit der Doktorarbeit „Aile Hukuku ile ilgili Hadislerin Tahlili ve Mezhep İmamlarının Anlayışları" (Analyse der Hadithe hinsichtlich des Familienrechts und der Erläuterungen durch die Rechtsschulen), die 2003 mit dem Titel „Kur'an-Sünnet-Fıkıh-Bağlamında Kadının Evlilikteki Hakları" (Die Rechte der Frauen in der Ehe im Kontext von Koran, Sunnah und islamischer Rechtsprechung) veröffentlicht wurde. Zwischen 1999 und 2006 war sie als Predigerin in der türkischen Stadt Izmir tätig und ist zudem Mutter zweier Kinder. 2006 ging sie in den Ruhestand.[46]

Die Veröffentlichung ihres *tafsīr*-Werkes „Kur'an Tahlili" wurde 2006 begonnen. Bis 2014 sind 6 Bände erschienen. Während im ersten und zweiten Band die Suren *al-Fātiḥa* und *al-Baqara* enthalten sind, beginnt der sechste Band mit der Interpretation der Sure *Maryam* und endet mit dem letzten Vers der Sure *al-Furqān*. Vermutlich werden die übrigen Bände mit der Auslegung des restlichen Korantextes im Laufe der Zeit herauskommen. In den bereits veröffentlichten Bänden ist der *tafsīr* wie folgt strukturiert: 1. Untersuchung der linguistischen Bedeutungen der Wörter, die im jeweiligen Vers enthalten sind; 2. Übersetzung des Verses; 3. grammatikalische Analyse des Verses (*iʿrāb*) und 4. die eigentliche Interpretation (*tafsīr*).

Über die angewandte Methodik in diesem *tafsīr* äußert sich Yasdıman folgendermaßen:

> „Zunächst führten wir eine einzige Seite im Original auf. Danach interpretierten wir der Reihe nach die einzelnen Verse dieser Seite. Dann schließlich stellten wir den arabischen Text der einzelnen Verse der türkischen Übersetzung gegenüber, und zwar auf Grundlage unserer Recherche zahlreicher vorangegangener Übersetzungen, die eine sorgfältige Analyse der linguistischen Bedeutungen der Wörter und die relevanten

---

46 Vgl. Necla Yasdıman, *„Yrd. Doç. Dr.Neclâ Yasdiman Kimdir?"*, URL: http://www.neclayasdiman.com/ (letzter Zugriff: 24.12.2014).

> Aspekte hinsichtlich der arabischen Grammatik enthielten. Abschließend versuchten wir, eine dreifache Analyse vorzunehmen."[47]

Yasdıman versieht diese Teilschritte mit der Überschrift „Linguistische Bedeutungen" („*Sözlükçe*"), „Grammatikalische Analyse" („*Dilbilgisi Tahlili*") sowie „Erläuterung" („*Açıklama*") und erklärt diese in der Folge. Demnach spezifiziert sie unter dem Abschnitt „*Sözlükçe*" die Gegenwarts-, Vergangenheits- und Infinitivformen der Verben bei gleichzeitiger Nennung der Singular- und Pluralformen der Substantive des jeweiligen Verses.[48] Unter „*Dilbilgisi Tahlili*" führt sie die Übersetzung des Verses in Fettdruck einschließlich der ursprünglichen arabischen Begriffe mitsamt ihrer Bedeutungen in dem jeweiligen Vers auf.[49] Abschließend macht sie sich im Abschnitt „*Açıklama*" die *tafsīr*-Werke zunutze, die in den vergangenen Jahrzehnten veröffentlicht wurden, anhand derer sie eine schlüssige Interpretation der Verse vornimmt und die Botschaften, die sie in dem jeweiligen Vers vorfindet, darlegt.[50] Schaut man sich die Bibliographie ihres Werkes an, so sollte zudem erwähnt werden, dass Yasdıman offensichtlich von zahlreichen Werken, die in der Türkei zuvor veröffentlicht wurden, einschließlich der Übersetzungen ins Türkische, profitiert hat.[51]

10 Fawqiyya aš-Širbīnī und ihr „*Taysīr at-tafsīr*"

Nach Abschluss eines grundständigen Studiums in arabischer Sprache und Literatur im Jahre 2000 engagierte sich Fawqiyya Ibrāhīm aš-Širbīnī in zahlreichen öffentlichen Aktivitäten und hielt Vorträge zu religiösen Themen in Moscheen und islamischen Zentren in Kairo. In diesem Sinne ist sie als eine Person mit missionarischer Tätigkeit (*daʿwa*) anzusehen. Tatsächlich basiert ihr *tafsīr*, der den Titel „*Taysīr at-tafsīr*" trägt, im Wesentlichen auf diesen Vorträgen. Prinzipiell entstand ihr *tafsīr* also auf der Grundlage ihrer Vorträge, die aufgezeichnet und von der Hörerschaft transkribiert wurden. Nach sorgfältiger Bearbeitung des transkribierten Materials konnte sie schließlich den gesamten Korantext abdecken, woraufhin sie ihren *tafsīr* 2006 vollendete.

Bezogen auf die Methodik, die sie in ihrem Korankommentar verfolgt, scheint es, dass sie besonderes Augenmerk auf eine phänomenologische Deutung legt.

---

47 Necla Yasdıman, *Kur'an Tahlili (Arapça Gramer Işığında, Sözlük-Meâl-İ'rab-Tefsir)*, Izmir 2006, Bd. I/IV.

48 Vgl. ebd, Bd. I/IV-V.

49 Vgl. ebd, Bd. I/V-VI.

50 Vgl. ebd, Bd. I/VI.

51 Vgl. ebd, Bd. I/VII-VIII.

Das heißt, sie legt Wert darauf, die Verse auf das tägliche Leben zu übertragen. Darüber hinaus erwähnt sie, dass sie einen leicht zu verstehenden Sprachstil verwendet und versucht habe, die *isrāʾīlīyyāt* zu vermeiden. Ferner habe sie sich in ihrem *tafsīr* derjenigen Thematiken angenommen, die von Islamkritikern angeführt würden, wie beispielsweise Polygamie, Scheidung und Erbrechte aufseiten der Frauen, und zwar auf eine Weise, die für jeden, der den Koran verstehen wolle, zugänglich sei. In diesem Zusammenhang legt sie dar, dass Polygamie im Islam, d. h. die Erlaubnis, bis zu vier Frauen heiraten zu dürfen, kein Gebot, welches jeder muslimischer Mann umsetzen müsse, sondern eher eine religiös begründete Genehmigung sei, die es ermögliche, einige gesellschaftliche Herausforderungen, die durch eine höhere Anzahl von Frauen gegenüber Männern aufgrund von Kriegen und dergleichen entstehen, angehen zu können. Ihrer Ansicht nach kann die gestiegene Anzahl von außerehelichen Beziehungen in westlichen Gesellschaften als Hinweis auf die islamische Weisheit betrachtet werden.

11 Kāmila bt. Muḥammad al-Kawārī und ihr „*Tafsīr Ġarīb al-Qurʾān*"

Kāmila bt. Muḥammad b. Ǧāsim b. ʿAlī āl-i Ǧihām al-Kawārī wurde in Doha, Katar, geboren, wo sie auch ihre Schulausbildung absolvierte. Sie lernte schon in jungen Jahren den gesamten Koran auswendig und schlug danach ihren Weg in islamische Fachrichtungen ein. 1997 absolvierte sie schließlich ihr Studium mit Schwerpunkt in islamischem Recht (*šarīʿa*). Nach Fertigstellung ihrer Masterarbeit ging sie an das Ministerium für religiöse Stiftungen und Islamische Angelegenheiten in Katar, wo sie auch heute noch tätig ist.[52]

In ihrem tafsīr, der den Titel „Tafsīr Ġarīb al-Qurʾān" trägt, hat die Autorin insbesondere versucht, die schwer verständlichen Begriffe zu erläutern, wobei sie sich auf vorangegangene tafsīr-Werke sowie Bücher, welche sich mit den sonderbaren und „unverständlichen" Koranbegriffen (ġarīb al-Qurʾān) befassen, stützte.[53] Um dies zu verdeutlichen, soll an dieser Stelle ihre Interpretation des Begriffs al-ʿālamīn aus der Sure al-Fātiḥa aufgeführt werden. Kāmila al-Kawārī beschreibt diesen Begriff wie folgt:

52 Vgl. „*Kāmila Al-Kawārī*", URL: http://shamela.ws/index.php/author/179 (letzter Zugriff: 06.02.2013).

53 Vgl. Kāmila al-Kawārī, „*Einleitung*", in: *Tafsīr Ġarīb al-Qurʾān*, o.O. 2008.

> „Der Begriff al-ʿālamīn bezeichnet in diesem Kontext alles Existierende mit Ausnahme Gottes. Der Begriff existiert in seiner Pluralform und kann nicht verwendet werden, um auf ein einzelnes Wesen hinzudeuten. In diesem Sinne hat dieser Begriff auch keine Singularform wie beispielsweise der Begriff al-qawm. Den klassischen Gelehrten der arabischen Sprache al-Farrāʾ und Abū Ubayda zufolge kann der Begriff ʿālam ausschließlich für intelligente Wesen verwendet werden. Ihres Erachtens können Menschen, Engel, Dschinn und Dämonen mit diesem Begriff bezeichnet werden. Tiere seien in diesem Begriff nicht mit eingeschlossen, da sie keine intelligente Wesen seien.“[54]

Dieser *tafsīr*, der 2008 vom Verlagshaus *Dār Ibn Hazm* veröffentlicht wurde, besteht aus einem einzigen Band mit 352 Seiten.

12 Karīmān Ḥamza und ihr „al-Luʾluʾu wa l-marǧān fī tafsīr al-Qurʾān“

Karīmān Ḥamza studierte Journalismus auf Universitätsniveau, d. h. sie hat kein religiöses bzw. theologisches Studium absolviert. Sie spezialisierte sich auf dem Gebiet der Massenkommunikation. Laut Karīmān Ḥamza ist ihr *tafsīr „al-Luʾluʾu wa l-marǧān fī tafsīr al-Qurʾān“* im Wesentlichen auf Grundlage der Interviews, die sie mit berühmten Gelehrten für Radio und Fernsehen durchgeführt hat, entstanden. Sie legte ihren Korankommentar Gelehrten der Al-Azhar-Universität vor, damit diese prüfen konnten, ob darin Angaben enthalten waren, die nicht mit der offiziell kodifizierten islamischen Glaubenslehre übereinstimmten. Die Gelehrten gaben zur Auskunft, dass das Werk keine solchen Angaben enthalte und sie daher eine Veröffentlichung genehmigen und in hohem Maße befürworten würden.

Der in ihrem tafsīr verwendete Sprachstil ist leicht zu verstehen. Karīmān Ḥamza zufolge gehörten zu ihrer Zielgruppe primär junge Männer und Frauen. Sie schrieb ihren *tafsīr* aus der Sicht einer Mutter, d. h. als eine Mutter, die ihren Kindern Geschichten erzählt und ihnen Ratschläge gibt. Somit lässt sich sagen, dass sie für ihren *tafsīr* einen pädagogischen Ansatz gewählt hat. In diesem Zusammenhang fokussierte sie sich beispielsweise auf das Konzept der Liebe. Ihrer Ansicht nach sei der Gedanke, einander ‚um Gottes Willen‘ zu lieben, in modernen Zeiten abhanden gekommen, wodurch sich die Emotionen der Menschen, die sich normalerweise in der Liebe zum Nächsten ausdrückten, drastisch verringert hätten. Karīmān Hamzas *tafsīr* wurde 2010 in 3 Bänden (10 Teile) unter dem Titel *„al-Luʾluʾu wa l-marǧān fī tafsīr al-Qurʾān“*veröffentlicht.[55]

---

54 Al-Kawārī, *Tafsīr Ġarīb al-Qurʾān*, S. 2.

55 Vgl. *„Karīmān Ḥamza: Tafsīral-Qurʾān li š-šabāb wa l-aṭfāl“*, URL: http://www.egypty.com/miscellaneous-details.aspx?miscellaneous=3109 (letzter Zugriff: 20.03.2010).

13 Ḥannān al-Laḥḥām und ihr „Silsilat an-naẓarāt fī kitābillāh“

Ḥannān bt. Muḥammad al-Laḥḥām wurde 1943 in Syrien geboren und ist für ihre wissenschaftlichen Ambitionen bekannt. So verfasste sie beispielsweise das Buch „*Hikāyāt li aḥfād*“ (Geschichten für meine Enkelkinder) und schrieb einen *tafsīr* aber die Sure *al-ʿAṣr*. Des Weiteren unterrichtete sie ca. zwei Jahre lang an der König-Abdulʿazīz-Universität in Dschidda am Campus für Frauen die Kurse „*tafsīr* der Sure *an-Nisāʾ*“, „Juristische Koranverse (*āyāt al-aḥkām*)“ und „Islamische Kultur“.

Ihre Arbeit auf dem Gebiet der Koranwissenschaften umfasst die Interpretation diverser Koransuren. So schrieb sie einen *tafsīr* über 13 Koransuren, den sie unter dem Titel „*Silsilat an-naẓarāt fī kitābillāh*“ (Reihe zu Betrachtungen über das Buch Gottes) veröffentlichte. Zudem brachte sie einen Korankommentar zu drei Suren unter den folgenden Titeln heraus: „*Aḍwāʾ ʿalā sūra Yāsīn*“, „*Aḍwāʾ wa taʾammulāt min sūra Tāhā*“ und „*Aḍwāʾ min sūra Luqmān*“.[56] Kürzlich von ihr erschienene Werke sind „*Tafsīr sūra aṭ-Ṭalāq*“ sowie „*Tafsīr sūra at-Tawba*“.[57]

Al-Laḥḥām legte Wert auf eine traditionsbasierte Exegese und stützte sich dabei überwiegend auf Überlieferungen, die direkt vom Propheten Muḥammad, seinen engen Gefährten sowie Gelehrten nach ihm (*tābiʿūn*) stammten. Da sie selbst Schriftstellerin war, versuchte sie die literarischen Aspekte des Korans hervorzuheben. Außerdem ist festzustellen, dass sie die Priorität auf gesellschaftliche Themen legte und dabei eine Interpretationstechnik anwandte, die heutzutage allgemein als „thematische Exegese“ bekannt ist. Zudem scheint es, dass sie in ihrem *tafsīr* kontroverse Themen vermieden hat. Zu Beginn einer jeden Sure nennt sie, wie andere Koranexegeten auch, zunächst die genaue Anzahl der Verse der jeweiligen Sure, ob es sich bei den Versen um mekkanische oder medinensische handelt und zitiert die Hadithe in Bezug auf die besonderen Aspekte der Sure. Darüber hinaus befasst sie sich mit der Beziehung zwischen den Suren, unterteilt die jeweilige Sure in Abschnitte und zieht andere Verse bei der Deutung eines spezifischen Verses heran.[58]

---

56 Vgl. Ḥamīd, *Min ǧuhūd al-marʾa fī t-tafsīr al-Qurʾān al-karīm fī l-ʿaṣr al-hadīṯ*, S. 220.
57 Ḥannān al-Laḥḥām, *Tafsīr Sūra at-tawba*, o.O. 2007.
58 Vgl. ebd, S. 224–227.

14 Angelika Neuwirth und „Der Koran als Text der Spätantike: Ein europäischer Zugang'"

Im Kontext weiblicher Gelehrter auf dem Gebiet der Koranexegese würden wir zudem gerne die deutsche Orientalistin Angelika Neuwirth nennen. Auf den ersten Blick könnte man meinen, dass es „nicht angemessen" sei, eine Orientalistin als Koranexegetin (*mufassira*) im traditionellen Sinne zu betrachten. Dies liegt darin begründet, dass es sich bei dem zu deutenden Buch um den Koran handelt, welcher für die Muslime die letzte Botschaft Gottes darstellt, die Korankommentatorin selbst aber keine Muslima ist. Wir tendieren dazu, Angelika Neuwirth unter der Kategorie der weiblichen Koranexegeten zu erwähnen, aus dem einfachen Grund, dass sie den Versuch unternommen hat, den Koran unabhängig von ihrer Religionszugehörigkeit zu interpretieren. Des Weiteren ist es möglicherweise ein „Plus", dass sie sich bei der Interpretation des Korans auf eine neue Perspektive, die sich von der klassischen unterscheidet, stützt. Daher werden wir in diesem Kontext auch über ihr Werk sprechen.

Angelika Neuwirth widmet sich diesem Forschungsgebiet vor allem aus semantischer und philologischer Perspektive. Um ihre Fachkenntnisse in der Koranwissenschaft zu vertiefen, besuchte sie als Akademikerin diverse Universitäten in Berlin, Teheran, Jerusalem, Göttingen und München. Darüber hinaus war sie u. a. an der Universität in Jordanien als Gastdozentin tätig. Sie wurde Leiterin des Forschungsprojekts „Corpus Coranicum", eines der wichtigsten akademischen Unternehmungen im Westen, die von deutschen Gelehrten ins Leben gerufen wurden. Dieses Vorhaben zielt hauptsächlich darauf ab, alle koranbezogenen Dokumente systematisch zu erfassen und Wissenschaftlern zur Verfügung zu stellen.[59]

Hinsichtlich Angelika Neuwirths Veröffentlichung mit dem Titel „Der Koran" äußert sich Gözeler wie folgt:

> „Neuwirths kürzlich erschienenes Werk ‚Der Koran' ist in der Tat ein chronologischer Korankommentar. Das Werk umfasst folgende Bände: (1) Frühmekkanische Zeit, (2) Mittelmekkanische Zeit, (3) Spätmekkanische Zeit, (4) Frühmedinische Zeit, (5) Spätmedinische Zeit. Der erste Band dieses Werkes, in dem Neuwirth die frühmekkanischen Suren in vier Surengruppen unterteilte, welche wiederum in Subgruppen gegliedert sind, ist bereits in Buchform erschienen."[60]

---

59 Vgl. Esra Gözeler u.a., „*Corpus Coranicum Projesi: Kur'an'ı Geç Antik Döneme Ait Bir Metin Olarak Okumak*" in: Ankara Üniversitesi İlahiyat Fakültesi Dergisi 53 (2012) 2, S. 226.

60 Vgl. Gözeler, „*Corpus Coranicum Projesi*", S. 224.

Entsprechend der chronologischen Reihenfolge, die Neuwirth berücksichtigte, beinhaltet der Korankommentar folgende Abschnitte: (1) Transliteration der Sure in die lateinische Schrift, (2) Übersetzung der Sure (die Neuwirth selbst vorgenommen hat), (3) Literarkritik, (4) Komposition, (5) Strukturformel/Proportionen, (6) Kursorischer Verskommentar, (7) Analyse und Interpretation sowie (8) Bibliographie.[61]

15 Miyāda bt. Kāmil und ihr „ad-Durra fī tafsīr sūrat al-Baqara"

Miyāda bt. Kāmil schrieb ihren *tafsīr* mit dem Titel *„ad-Durra fī tafsīr sūrat al-Baqara"*[62] im Wesentlichen zu dem Zweck, dass die Studentinnen, die sie am *Markaz al-Qurʾān al-karīm* unterrichtete, die Bedeutungen und Botschaften der Sure *al-Baqara* leichter verstehen konnten. Dabei achtete sie darauf, ihren Korankommentar so zu gestalten, dass dieser ihren Studentinnen beim Auswendiglernen der Verse der Sure *al-Baqara* behilflich ist. So unterteilte sie die Sure in verschiedene Abschnitte im Hinblick auf die darin behandelten Themen. In jedem dieser Abschnitte erläutert sie, inwiefern diese Gruppe von Versen im Zusammenhang mit den Versen zu Anfang der Sure steht. Bei der Auslegung der Verse geht sie zunächst durch die Bedeutungen der seltenen Begriffe und erläutert dann die Verse kurz und bündig. Demnach vermeidet sie in ihrem *tafsīr* lange Interpretationen und Erläuterungen und zieht es vor, kurze Erläuterungen anstelle von detaillierten Bedeutungsanalysen anzuführen, damit die LeserInnen die Verse mühelos verstehen und ggf. auswendig lernen können. Im Allgemeinen versucht sie dabei immer auch die Wechselbeziehungen zwischen den Versen hervorzuheben. Bei der Interpretation von Versen mit juristischem Inhalt führt sie die Gebote der jeweiligen Verse an, ohne dabei ins Detail zu gehen oder die Ansichten vorangegangener *tafsīr*-Gelehrter zu nennen. Was die Auslegung der Verse angeht, die sich auf die Glaubensinhalte (*iʿtiqād*) und insbesondere auf die Namen und Attribute Gottes beziehen, so vertritt sie wiederum den regulären sunnitischen Ansatz (*ahl as-sunna wa l-ǧamāʿa*).

61 Vgl. ebd., S. 225.
62 Vgl. Miyāda bt. Kāmil, *ad-Durra fī tafsīr sūrat al-Baqara*, Beirut 1427/2006.

16 Kommentare weiblicher Gelehrter zur Thora und den Evangelien

Im Kontext dieses Artikels sei erwähnenswert, dass ein *tafsīr* über die Thora existiert, der von Wissenschaftlerinnen gemeinschaftlich geschrieben wurde. Dazu kamen mehr als hundert Wissenschaftlerinnen aus unterschiedlichen Disziplinen zusammen und erstellten unter der Redaktion von Tamara Cohn Eskenazi und Andrea L. Weiss einen Kommentar zur jüdischen Bibel mit dem Titel „The Torah: A Women's Commentary".[63] Diesen Wissenschaftlerinnen zufolge reflektierten die Kommentare, die bis in die moderne Zeit hinein über die Thora geschrieben wurden, die Mentalität einer männlichen Hegemonie und beinhalteten dadurch zahlreiche herabwürdigende Anmerkungen gegenüber Frauen. Sie würden in ihrer Arbeit hingegen eine weibliche Perspektive vertreten, die Männer und Frauen als gleichwertige Menschen ansehe.[64] Zum Beispiel weisen diese Wissenschaftlerinnen entgegen der Auffassung vorangegangener Thora-Kommentatoren darauf hin, dass Eva nicht aus Adams Rippe, sondern aus derselben Essenz und zur selben Zeit wie Adam erschaffen wurde; zudem seien sie beide nach dem Abbild Gottes erschaffen worden. Eine solche weibliche Sichtweise dominiert auch in Thora-Kommentaren wie „The Women's Thora Commentary: New Insights from Women Rabbis on the 54 Weekly Thora Portions"[65], der von fünfzig Wissenschaftlerinnen verfasst wurde, und ist auch in Judith S. Antonellis „In the Image of God: A Feminist Commentary on the Thora"[66] vorzufinden.

Ebenso sind zu den Evangelien Kommentare von Wissenschaftlerinnen verfasst worden. Als Beispiel sei dabei der „Women's Bible Commentary" zu nennen, der von einer Gruppe feministischer Autorinnen geschrieben wurde.[67]

---

63 Siehe Tamara Cohn Eskenazi/Andrea L. Weiss (Hrsg.), *The Torah: A Women's Commentary*, New York 2008.

64 Vgl. David Z. Jucker, „*Book Review*", in: Jewish Bible Quarterly, April-Juni, 39 (2011) 2, S. 125–128, URL: http://jbq.jewishbible. org/assets/Uploads/392/JBQ_392_zuckerbookwom.pdf (letzter Zugriff: 26.12.2012).

65 Elise M. Goldstein (Hg.), *The Women's Torah Commentary: New Insights from Women Rabbis on the 54 Weekly Torah Portions*, Woodstock 2000.

66 Judith S. Antonelli, *In the Image of God: A Feminist Commentary on the Torah*, Michigan 1995.

67 Carole A. Newsom/Sharon H. Ringe/Jacqueline E. Lapsley (Hg.), *Women's Bible Commentary*, Louisville/Kentucky 2012.

17 Ergebnisse/Schlussfolgerung

Angesichts der bislang aufgeführten Informationen lässt sich schließen, dass ungefähr 13 Frauen einen Korankommentar, entweder vollständig oder in einer anderen Form, verfasst haben. Offensichtlich gibt es möglicherweise noch andere Arbeiten dieser Art, die uns jedoch nicht zugänglich sind. Während einige der genannten Korankommentare den gesamten Koran abdecken, befassen sich andere nur mit Teilen daraus. Dabei sind einige der Werke vollständig, andere nicht. Demnach lassen sich die *tafsīr*-Werke wie folgt klassifizieren:

1 Vollständige *tafsīr*-Werke: Dies sind Korankommentare, die den gesamten Koran abdecken. Dazu zählen die Werke „*Ziyb at-Tafāsīr*" von Ziyb an-Nisā᾽ Begüm al-Hindiyye, „*Maḫzan al-ʿerfān dar tafsīre Qur᾽ān*" von Nosrat Beygom Amīn, „*Naẓarāt fī kitābillāh*" von Zaynab al-Ġazālī, „*al-Mubaṣṣir li nūr al-Qur᾽ān*" von Nā᾽ila Hāšim Ṣabrī, „*Tafsīr Ġarīb al-Qur᾽ān*" von Kāmila bt. Muḥammad b. Ǧāsim b. ʿAlī Al-Kawārī, „*Taysīr at-tafsīr*" von Fawqiyya aš-Širbīnī und „*al-Lu᾽lu᾽u wa l-marǧān*" von Karīmān Ḥamza. Diese Korankommentare enthalten jedoch nicht alle Koranverse. Wir betrachten diese jedoch aus dem Grund als ‚vollständige *tafsīr*-Werke', da sie mit der ersten Sure des Korans (*al-Fātiḥa)* beginnen und mit der letzten Sure (*an-Nās*) enden.
2 Unvollständige *tafsīr*-Werke: Hierzu zählen Korankommentare, die den gesamten Koran abdecken sollen, jedoch noch vervollständigt werden müssen. Die Korankommentare von Semra Kürün Çekmegil, Necla Yasdıman und Angelika Neuwirth fallen unter diese Kategorie. Dabei sei zu erwähnen, dass Çekmegils *tafsīr* aus acht Bänden besteht und Yasdımans bislang nur aus sechs Bänden. Angelika Neuwirths Werk hingegen umfasst bislang nur einen Band.
3 Teilkommentare: Dazu zählen Korankommentare, die bestimmte Teile des Korans, wie z. B. nur einige Suren, umfassen. Folgende Korankommentare fallen unter diese Kategorie: „*Tafsīr Umm al-mu᾽minīn*" (einige Überlieferungen von ʿĀ᾽iša), ʿĀ᾽iša ʿAbdurraḥmān Bint aš-Šāṭis „*at-Tafsīr al-bayānī li-l-Qur᾽ān al-karīm*", Ḥannān al-Laḥḥāms „*Silsilat an-naẓarāt fī kitābillāh*" und Miyāda bt. Kāmil al-Mādīs „*ad-Durra fī tafsīr sūrat al-Baqara*".

Da die Fähigkeit, den Koran zu verstehen und zu interpretieren, nicht nur Männern vorbehalten ist und es auch keine derartige Bedingung dafür gibt,[68] sollte es keine Überraschung sein, dass auch weibliche Gelehrte auf diesem Forschungsgebiet existieren. Die Anzahl der Korankommentatorinnen von der Zeit des

68 Siehe as-Suyūṭī, *al-Itqān*, Bd. VI, S. 2275–2305; Maḥmūd, *Manāhiǧ al-mufassirīn*, S. 361.

Propheten an bis heute, was einen Zeitraum von ungefähr 1500 Jahren umfasst, scheint jedoch sehr gering zu sein. Dabei ist besonders die Tatsache zu beachten, dass sich zwar die Ehefrauen des Propheten und die übrigen seiner Gefährtinnen sehr für den Koran und seine Auslegung interessiert haben, dieses Interesse in der darauf folgenden Zeit auf Seiten der Frauen jedoch allmählich schwand. Dies müsste natürlich in einem größeren Kontext anhand historischer und psychosozialer Analysen erörtert werden.

Heutzutage lässt sich jedoch beobachten, dass das Interesse von weiblichen Gelehrten auf dem Gebiet der Koranexegese drastisch gestiegen ist. Die oben genannten weiblichen Gelehrten haben, mit Ausnahme der Ehefrauen des Propheten Muḥammads, in der heutigen Zeit gelebt. Außer Nosrat Beygom, ʿĀʾiša ʿAbdurraḥmān und Zaynab al-Ġazālī weilen die übrigen nach wie vor unter uns. Somit ist festzustellen, dass es in der heutigen Zeit immer mehr Wissenschaftlerinnen gibt, die sich für die Koranexegese als wissenschaftliche Disziplin interessieren.

Die Erwartung, dass weibliche Gelehrte, die sich für Koranexegese interessieren, eine Interpretation des Korans vorlegen werden bzw. sollten, die sich gänzlich von den Korankommentaren der männlichen Kollegen unterscheidet, scheint nicht angemessen zu sein. Damit ließe sich nämlich unterstellen, dass die männlichen Korankommentatoren aus ihrer ausschließlich männlichen Perspektive heraus die Thematiken, die im Koran zugunsten von Frauen genannt werden, bislang in gewisser Weise verschleiert hätten. Faktisch lassen sich ganz leicht *tafsīr*-Werke, die von weiblichen Gelehrten in der Geschichte des Islams verfasst wurden, ausfindig machen, die sich in dieser Hinsicht nicht weit von den Werken der männlichen Gelehrten unterscheiden.

Nebenbei erwähnt gibt es jedoch einige männliche Koranexegeten, die eine Perspektive zugrunde gelegt haben, die von Frauen in gewisser Weise als beleidigend empfunden werden könnte. Diese Perspektive ist insbesondere dann offensichtlich, wenn sie Koranverse interpretieren, die sich auf Themen wie die Erschaffung der Frauen, der „Erbsünde“ oder die Vertreibung von Adam und Eva aus dem Paradies beziehen.[69] Diese Sichtweise wird sogar als Versuch

69 Vgl. Sadık Kılıç, „*Kadın Erkeğin Kaburga Kemiğine İndirgenecek İkincil Bir Fenomen Değildir*“, in: EKEV Akademi Dergisi 10 (2006) 27, S. 7–11; Kadriye Durmuşoğlu/ Abdurrahman Kurt, „*Üç Kur'an Yorumunda Kadının Ötekiliği*“, in: Uludağ Üniversitesi İlahiyat Fakültesi Dergisi 17 (2008) 2, S. 625–644; Mustafa Öztürk, „*Klasik Tefsir Kaynaklarında Kadın İmgesi*“, in: Türkiye V. Dini Yayınlar Kongresi Kadın Konulu Dini Yayınlar, Ankara 2011, S. 45–87; Safiye Gürlevik, *Mekkî Surelerde Kadın (Razi Tefsiri Örneği)*, Ankara 2006, S. 35–48; Mehmet Hayri Kırbaşoğlu, „*Kadın Konusunda Kur'an'a Yöneltilen Başlıca Eleştiriler*“, in: İslami Araştırmalar 5 (1991) 4, S. 271–283;

beschrieben, den Koran mit einer männlichen Mentalität auszulegen.[70] In jüngster Zeit haben indessen sowohl männliche als auch weibliche Koranexegeten versucht, solche Verse auf eine Art und Weise zu interpretieren, die in keiner Weise frauenfeindlich ist.[71]

In der Türkei sind ca. 75% der Schüler und Studenten, die Religionsschulen und andere religiöse Einrichtungen besuchen, weiblich, wobei insbesondere die İmam-Hatip-Gymnasien (religiöse Berufsfachgymnasien) sowie Theologieschulen (theologische Hochschulen) zu nennen sind. Nahezu die Hälfte der Studenten, die einen religiösen Hochschulabschluss machen, sind Frauen. Eine ähnliche Situation ist auch in anderen muslimischen Ländern wie Jordanien, Bosnien und Iran anzutreffen.

Betrachtet man diese ganzen Informationsfragmente in einem Gesamtbild, so lässt sich sagen, dass es in den kommenden Jahren und Jahrzehnten in der gesamten muslimischen Welt immer mehr Wissenschaftlerinnen geben wird, die sich im Bereich der Koranwissenschaften und -exegese spezialisieren werden.

Von den oben erwähnten weiblichen Korankommentatorinnen stammt eine aus Indien, eine aus dem Iran, zwei aus der Türkei, eine aus Deutschland und die übrigen aus dem arabischen Raum. Von diesen arabischen Wissenschaftlerinnen kommen wiederum vier aus Ägypten, zwei aus Saudi Arabien, eine aus Palästina, eine aus Syrien und eine aus Katar.

Was die Sprache betrifft, in der diese ihren Korankommentar verfasst haben, so sind zwei davon auf Persisch, zwei weitere auf Türkisch, eine auf Deutsch und die übrigen auf Arabisch geschrieben worden. Während nur eine dieser Arbeiten noch in Manuskriptform vorliegt, sind die übrigen allesamt veröffentlicht worden. Das umfangreichste Werk ist der Korankommentar von Nāʾila Hāšim Ṣabrī, der mit 16 Bänden unter dem *Titel „al-Mubaṣṣir li nūr al-Qurʾān“* veröffentlicht wurde. Direkt danach sei das Werk von Nosrat Beygom Amīn (gest. 1403/1983) mit dem Titel *„Maḫzan al-ʿerfān dar tafsīre Qurʾān“* zu nennen, welches in 15 Bänden erschien. Es sollte an dieser Stelle erwähnt werden, dass wir nicht ermitteln konnten, wie viele Bände das Werk *Ziyb at-Tafāsīr* von Ziyb an-Nisāʾ Begüm al-Hindiyya (gest. 1113/1702) umfasst. Vermutlich ist es

İlhami Güler, *„Kur'an'da Kadın-Erkek Eşitsiliğinin Temelleri“*, in: İslami Araştırmalar 5 (1991) 4, S. 310–319.

70 Vgl. Amina Wadud-Muhsin, *Kur'an ve Kadın*, übers.von Nazife Şişman, Istanbul 2000, S. 104–116. Siehe auch *„Interview with Amina Wadud“*, URL: http://www.pbs.org/wgbh/pages/frontline/shows/muslims/interviews/wadud.html (letzter Zugriff: 22.04.2005).

71 Siehe: Kılıç, *„Kadın, Erkeğin Kaburga Kemiğine İndirgenecek İkincil Bir Fenomen Değildir“*, S. 4–7, 11–20.

jedoch sehr umfangreich, da es hauptsächlich auf dem *tafsīr* von ar-Rāzī beruht. Allem Anschein nach werden das Werk von Semra Kürün Çekmegil, von dem bereits acht Bände erschienen sind, sowie das Werk von Necla Yasdıman, woraus bereits sechs Bände veröffentlicht wurden, in ihrer finalen Fassung auch recht voluminös werden. Es kann demnach davon ausgegangen werden, dass es in den kommenden Jahren und Jahrzehnten einen drastischen Anstieg an Korankommentaren von weiblichen Gelehrten geben wird.

(Übersetzung: Nina Ouadia)

Literatur

Abū as-Suʿūd, Muḥammad al-ʾImādī, *Tafsīr Abū as-Suʿūd, Iršād al-aql as-salīm ilā mezāyā al-kitāb al-karīm*, kommentiert von ʿAbdalqādir Aḥmad ʿAṭā, Riad o.J.

Akpınar, Ali, „*Bir Hanım Müfessir: Zeyneb el-Gazali ve Tefsiri*" in: Cumhuriyet Üniversitesi İlahiyat Fakültesi Dergisi 3 (1999), S. 229–256.

Akpınar, Ali, „*Zeyneb el-Gazali el-Cübeyli*", in: *Kur'an'a Bakışlar: Meal-Tefsir*, übers. von Ali Akpınar, Konya 2003.

Alper, Hülya, „*Ataerkil Zihniyetin Kur'an Meallerine Yansıması*", in: Akademik Araştırmalar Dergisi 6 (2004) 22, S. 171–184.

Amīn, Nosrat Beygom, *Maḫzan al-ʿerfān dar tafsīre Qurʾān*, o.O. 1390.

Antonelli, Judith, *In the Image of God: A Feminist Commentary on the Torah*, Michigan 1995.

al-Baġdādī, Ismāʿīl, *Hadiyyat al-ʿārifīn: Asmāʾ al-muʾallifīn wa asrār al-muṣannifīn*, Istanbul 1951.

Badr, ʿAbdullāh Abū as-Suʿūd, *Tafsīr as-sayyida ʿĀʾiša umm al-muʾminīn raḍiyallāhu ʿanha*, Kairo 1981.

Badr, ʿAbdullāh Abū as-Suʿūd, *Tafsīr umm al-muʾminīn ʿĀʾiša raḍiyallāhu ʿanha*, Kairo 1416/1996.

Başar, Serpil, *Erken Dönemde (Hicri I. Asır) Kadınların Kur'an Yorumuna Katkıları*, (Doktorarbeit, vorgelegt an der Dokuz Eylül Üniversitesi Sosyal Bilimler Enstitüsü), Izmir 2010.

Bint aš-Šāṭiʾ, ʿĀʾiša ʿAbdurraḥmān, *at-Tafsīr al-bayānī li-l-Qurʾān al-karīm*, Kairo o.J.

Birışık, Abdulhamid, *Hind Altkıtası Düşünce ve Tefsir Ekolleri*, Istanbul 2001.

Cerrahoğlu, İsmail, *Tefsir Tarihi*, Ankara 1988.

Çekmegil, Semra Kürün, *Okuyucu Tefsiri (Tafsīr al-qārī)*, Malatya 2006.

Demir, Ekrem, „*Aişe Abdurrahman ve Kur'an Tefsirindeki Metodu*", in: Kur'ani Hayat Dergisi 1 (2008).

Durmuşoğlu, Kadriye/Kurt, Abdurrahman, „*Üç Kur'an Yorumunda Kadının Ötekiliği*", in: Uludağ Üniversitesi İlahiyat Fakültesi Dergisi 17 (2008) 2, S. 21–48.

Eskenazi, Tamara Cohn/Andrea L. Weiss (Hg.), *The Torah: A Women's Commentary*, New York 2008.

al-Funaysān, Suʿūd b. ʿAbdillāh, *Marwiyya umm al-mu'minīn ʿĀʾiša fī t-tafsīr*, Riad 1413/1992.

Ǧaʿfaryān, Rasūl, „*Tafsiru Zeyb at-tafāsīr az safī bin velī Qazvīnī be nām- Zeyb an-Nisāʾ doḫter ureng Ziyb*", in: Fasılnāme Peyam Baharistān, Teheran 1989, S. 494–499.

al-Ġazālī, Zaynab, „*Einleitung*", in: *Kur'an'a Bakışlar*, übers. von Ali Akpınar, Konya 2003.

al-Ġazālī, Zaynab, *Kur'an'a Bakışlar: Meal-Tefsir*, ins Türkische übers. von Ali Akpınar, Konya 2003.

al-Ġazālī, Zaynab, „*Muqaddima maʿa kitābillāh*", in: *Nazarāt fī kitābillāh*, Kairo 1414/1994.

Goldstein, Elise M. (Hg.), *The Women's Torah Commentary: New Insights from Women Rabbis on the 54 Weekly Torah Portions*, Woodstock 2000.

Gözeler, Esra u.a., „*Corpus Coranicum Projesi: Kur'an'ı Geç Antik Döneme Ait Bir Metin Olarak Okumak*", in: Ankara Üniversitesi İlahiyat Fakültesi Dergisi 53 (2012) 2, S. 219–253.

Gözeler, Esra, *Corpus Coranicum Projesi Özelinde Batı'da Kur'ân Çalışmaları* (vorgelegt an der İstanbul Üniversitesi İlahiyat Fakültesi Tefsir Anabilim Dalı), Istanbul 2014.

Güler, İlhami, „Kur'an'da Kadın-Erkek Eşitsiliğinin Temelleri", in: İslami Araştırmalar 5 (1991) 4, S. 310–331.

Gürlevik, Safiye, *Mekkî Surelerde Kadın (Razi Tefsiri Örneği)*, Ankara 2006.

Ḥamīd, ʿAffāf ʿAbdulġafūr, „*Ǧuhūd al-mar'ati fī našr al-hadīṯ wa ʿulūmihī*", in: *Maǧallat ǧāmiʿat umm al-qurā li ʿulūm aš-šarīʿati wa l-luġat al-ʿarabiyya wa ādābihā* 19 (1428/831) 42, S. 232–260.

Ḥamīd, ʿAffāf ʿAbduġafūr, „*Min ǧuhūd al-marʾat al-mubaṣṣir li nūr al-Qurʾān awwalu ǧahdin kāmilin fī t-tafsīr li l-marʾati ḥadīṯan*", in: *al-Mu'tamar al-Qurʾānī ad-duwalī as-sanawī muqaddas fī l-mihwar aṯ-ṯānī*, Kuala Lumpur 2013, S. 4–22.

Ḥamīd, ʿAffāf ʿAbdulġafūr, „*Min ǧuhūd al-marʾa fī t-tafsīr al-Qurʾān al-karīm fī l-ʿaṣr al-hadīṯ*", in: *Maǧalla kulliyyat aš-šarīʿa wa d-dirāsat al-islāmiyya*, 25 (1428/2007), S. 164–232.

Ḥamza, Karīmān, *al-Lu'lu'u wa l-marǧān fī tafsīr al-Qur'ān*, o.O. 2010.

al-Ḥusaynī, ʿAbdulḥayy b. Faḫraddīn, *al-Iʿlām bi man fī tārīḫ al-hind min al-aʿlām (Nuzhat al-ḫawātir wa bahǧat al-masāmiʿ wa n-nawāẓir)*, o.O. 1420/1999.

Ibn ʿAšūr, Muḥammad Ṭāhir, *at-Taḥrīr wa t-tanwīr*, Tunis 1984.

Kahraman, Abdullah, „*Kadın Fakihlerin Öncüsü: Hz. ʿĀʾiša*", in: Diyanet İlmi Dergi XLV (2009) 2, S. 73–90.

al-Kawārī, Kāmila, *Tafsīr ġarīb al-Qurʾān*, o.O. 2008.

Kılıç, Sadık, „*Kadın Erkeğin Kaburga Kemiğine İndirgenecek İkincil Bir Fenomen Değildir*", in: EKEV Akademi Dergisi 10 (2006) 27, S. 7–18.

Kırbaşoğlu, Mehmet Hayri, „*Kadın Konusunda Kur'an'a Yöneltilen Başlıca Eleştiriler*", in: İslami Araştırmalar 5 (1991) 4, S. 276–277.

Koç, Mehmed Akif, *Bir Kadın Müfessir Aişe Abdurrahman ve Kur'an Tefsirindeki Yeri*, Istanbul 1998.

Maḥmūd, Munīʿ b. ʿAbdulḥalīm, *Manāhiǧ al-mufassirīn*, Kairo 1421/2000.

Mahrīzī, Mahdī, „*Zan dar tafsīr maḫzan al-ʿerfān Bānū Amīn Isfahānī*", in: Āyine Pezu Heş 98–99.

Miyāda bt. Kāmil, *ad-Durra fī tafsīr sūrat al-Baqara*, Beirut 1427/2006.

Muḥammad, Umayma ʿAlī, *Zawǧat ar-rasūl ummahāt al-muʾminīn.ʿIffa-šaraf-ṭahāra*, Kairo o.J.

Muḥammad b. Azūz, *Ṣafaḥāt mušriqa min ʿināyat al-marʾa bi Ṣaḥīḥ al-imām al-Buḫārī riwāyatan wa tadrīsan*, o.O. 1423/2002.

Nuwayhiḍ, Ādil, „*Einleitung*", in: *Muʿǧam al-mufassirīn min ṣadr al-islām hattā al-ʿaṣr al-ḥāḍir*, o.O. 1403/1983.

Öztürk, Mustafa, „*Klasik Tefsir Kaynaklarında Kadın İmgesi*", in: Türkiye V. Dini Yayınlar Kongresi Kadın Konulu Dini Yayınlar 2.–4. Dezember 2011 Ankara, 2012, S. 45–91.

al-Qāsimī, Muḥammad Ǧamāladdīn, *Tafsīr al-Qāsimī (Maḥāsin at-taʾwīl)*, kommentiert von Muḥammad Fuʾād ʿAbdulbāqī, o.O. 1376/1957.

al-Qurṭubī, Abū ʿAbdillah Muḥammad b. Aḥmad, *al-Ǧāmiʿ li aḥkām al-Qur'ān wa al-mubayyin limā taḍammanahū min as-sunna wa āy al-furqān*, kommentiert von ʿAbdullāh b. ʿAbdulmuḥsin at-Turkī, Beirut 2006.

ar-Rāzī, Faḫruddīn, *Tafsīr al-Faḫr ar-Rāzī (at-Tafsīr al-kabīr mafātīḥ al-ġayb)*, o.O. o.J.

as-Suyūṭī, Abū l-Faḍl Ǧalāladdīn ʿAbdurraḥmān b. Abībakr, *al-Itqān fī ʿulūm al-Qurʾān*, kommentiert von *Markaz ad-dirāsat al-Qurʾāniyya*, o.O. o.J.

Ṭāyir, Mawlāna Muḥammad, *Nayl as-sāʾirīn fī tabaqāt al-mufassirīn*, Pakistan 1421/2000.

Tütün, Sevgi, „*Taberi Tefsir'inde Hz. ʿĀʾiša'nin Rivayetleri ve Tefsir Metodu*", in: İSTEM: İslâm San'at, Tarih, Edebiyat ve Mûsikîsi Dergisi VIII (2010) 16, S. 99–111.

Wadud-Muhsin, Amina, *Kur'an ve Kadın*, übers. von Nazife Şişman, Istanbul 2000.

Yasdıman, Necla, *Kur'an Tahlili (Arapça Gramer Işığında, Sözlük–Meâl–İ'rab-Tefsir)*, Izmir 2006.

Yūsuf, Muḥammad Ḫayr Ramadān, *al-Muʾallifāt min an-nisāʾ wa muʾallifātuhunna fī t-tārīḫ al-islām*, Beirut 1421/2000.

az-Zamaḫšarī, Ǧārullāh Abū l-Qāsim Maḥmūd b. ʿUmar, *al-Kaššāf an-ḥaqāiq ġawāmiḍ at-tanzīl wa ʿuyūn al-aqāwīl fī wuǧūh at-taʾwīl*, kommentiert von ʿĀdil Aḥmad ʿAbdulmawǧūd/ʿAlī Muḥammad Muʿawwiḍ, Riad 1418/1998.

Webseiten

Alvi, Anna/Hübsch, Alia, „*Interview mit Angelika Neuwirth, Islam as a Culture of Knowledge*", 11.12.2013, URL: http://en.qantara.de/content/interview-with-angelika-neuwirth-islam-as-a-culture-of-knowledge (letzter Zugriff: 25.08.2014).

Baḫšāyašī, ʿAbdurraḥīm ʿAqīqī, „*Ṭabaqāte mufasserāni šīʿa*", URL: http://ketaab.iec-md.org/TAFSEER_QURAN/tabaqaat_mofasseraan_shia_jeld_5_aqiqi-bakhshaayeshi_05.html (letzter Zugriff: 10.11.2013).

Demir, Ekrem, „*Aişe Abdurrahman ve Kur'an Tefsirindeki Metodu*", URL: http://www.kuranihayat.com/aise-abdurrahman-ve-kuran-tefsirindeki-metodu_d12.html (letzter Zugriff: 24.12.2013).

Egypty, „*Karīmān Ḥamza: Tafsīr al-Qurʾān li š-šabāb wa l-aṭfāl*", URL: http://www.egypty.com/ miscellaneous-details.aspx?miscellaneous=3109 (letzter Zugriff: 20.03.2010).

Haklı, Merziye, „*İlk Kadın Müçtehid ve Müfessir*", URL: http://www.rasthaber.com/yazar_2060_108_ilk-kadin-muctehid-ve-mufessir.html (letzter Zugriff: 10.11.2013).

Jucker, David Z., „*Book Review*", in: Jewish Bible Quarterly, 2011, URL: http://jbq.jewishbible.org/assets/Uploads/392/JBQ_392_zuckerbookwom.pdf (letzter Zugriff: 12.12.2012).

PBS Frontline, „*Interview Amina Wadud*", 2002, URL: http://www.pbs.org/wgbh/pages/frontline/shows/muslims/interviews/wadud.html (letzter Zugriff: 22.04.2005).

Shamela, „*Kāmila al-Kawārī*", URL: http://shamela.ws/index.php/author/179 (letzter Zugriff: 06.02.2013).

Tafsir Center for Quranic Studies, „*al-Mufassira al-Hindiyya Beygum. Hal hiya awwalu man fassara al-Qurʾān min an-nisāʾ*", URL: http://www.tafsir.net/vb/tafsir6056/ (letzter Zugriff: 06.02.2013).

Yasdıman, Necla, „*Dr. Necla Yasdıman Kimdir*", URL: http://www.neclayasdiman.com/ (letzter Zugriff: 24.08.2014).

III Meinungsbeiträge im innermuslimischen Diskurs

Silvia Horsch und Melahat Kisi

Frauen in Moscheen – isoliert, ignoriert und integriert[1]

Sollten wir wirklich über die Situation von Frauen in den Moscheen Deutschlands diskutieren? Fallen wir damit nicht der muslimischen Community in den Rücken, die sich ohnehin schon fortwährend mit dem Vorwurf, der Islam sei frauenfeindlich, auseinandersetzen muss? So lautet eines der Argumente, die eine Auseinandersetzung mit dieser dringlichen Frage erschweren, aus unserer Sicht aber nicht gültig sind.

Der Widerspruch zwischen Theorie und Praxis

Kontraproduktiv ist es vielmehr, ein wunderbar theoretisches Bild zu zeichnen, das sich in der Praxis vieler Gemeinden nicht widerspiegelt. Nichtmuslimische Moscheebesucher, die den kleinen, dunklen und schlechter ausgestatteten Frauenraum einer Moschee gesehen haben, werden sich von einem Vortrag zur „Stellung der Frau im Islam" nicht überzeugen lassen – auch nicht, wenn die Mülleimer vor dem Fraueneingang für den Tag der Offenen Moschee schnell weggeräumt wurden.

Es geht um die Angleichung von Theorie und Praxis, die unter anderem der Gelehrte Ḥabīb Alī al-Ǧifrī schon häufig gefordert hat: „Wir sollten aufhören, bloß darüber zu reden, dass der Islam Frauen Rechte gab und sie befreite. [...] Die Frage, die sich jeder stellen sollte, ist, warum wir den Islam nicht in dieser Hinsicht implementieren. Warum belassen wir es bei Predigten? Oder nur bei einem Mittel zur Selbstverteidigung gegenüber den Medien?" (IZ, August 2012)

Innermuslimische Debatten

Im englischsprachigen Raum ist die innermuslimische Diskussion schon weiter fortgeschritten: In Kanada erschien bereits 2005 der Dokumentarfilm „Me and the Mosque" von Zarqa Nawaz (http://topdocumentaryfilms.com/me-mosque/),

1 Dieser Meinungsbeitrag wurde am 31.03.2015 in der Islamischen Zeitung unter dem Titel „Widersprüche zwischen Theorie und Praxis. Frauen in Moscheen – isoliert, ignoriert und integriert" veröffentlicht. URL: http://www.islamische-zeitung.de/widersprueche-zwischen-theorie-und-praxis/ (letzter Zugriff 17.03.2018)

die 2007 auch durch ihre erfolgreiche Comedy-Serie „Little mosque on the prairie" auf Probleme und Herausforderungen der Moscheen in der Diaspora aufmerksam machte.

In England wurde 2010 eine Liste der 100 frauenfreundlichsten Moscheen erstellt, während in Amerika neben der Bekanntmachung der „The Islamic Bill of Rights for Women in the Mosque" eine Handreichung für frauenfreundliche Moscheen („Women Friendly Mosques and Community Centers: Working Together to Reclaim Our Heritage") von verschiedenen islamischen Organisationen und muslimischen WissenschaftlerInnen herausgebracht wurde.

Aktuell hat sich in den letzten Wochen die Debatte anlässlich der Gründung einer Frauenmoschee intensiviert. Dabei wird deutlich, dass die Diskussion schnell auf Nebenschauplätze ausweicht (wie die Frage, ob das Freitagsgebet einer reinen Frauengemeinschaft zulässig ist oder nicht), um das zugrunde liegende Problem nicht angehen zu müssen.

Der populäre Prediger Yasir Qadhi – selbst ein Vertreter eher simplifizierender Geschlechterrollen – schreibt dazu: „Wenn unseren Schwestern das Recht vorenthalten wird zur Moschee zu kommen, oder ihnen schlechtere Räumlichkeiten gegeben und sie respektlos behandelt werden, ist es nur natürlich, dass einige von ihnen die Dinge selbst in die Hand nehmen und reagieren werden. Einige dieser Gegenreaktionen werden legitim sein, andere illegitim. Anstatt uns über die Art der Gegenreaktionen Gedanken zu machen und ob sie rechtlich zulässig sind, sollten wir uns auf das zugrunde liegende Problem konzentrieren." Als eines der zentralen Probleme nennt er, dass Männer sich mit der Kleidung der Moscheebesucherinnen beschäftigten, Kommentare zu ihrer Meinung nach unangemessener Kleidung abgäben und auf diese Weise viele Frauen aus der Moschee vergraulten.

Der Film „Unmosqued" (2013) ist ein weiteres Zeichen dafür, dass über die mangelnde Teilhabe von Frauen in den Moscheen in Amerika mittlerweile offen diskutiert wird. Der Film thematisiert und kritisiert die fehlende Offenheit vieler Moscheen gegenüber Frauen, Jugendlichen und ethnischen Minderheiten. Für die Gelehrte Anse Tamara Gray, die als junge Frau den Islam annahm und 20 Jahre in Syrien die islamischen Wissenschaften studierte, war der Film ein Katalysator, der es ihr ermöglichte, zum ersten Mal offen über ihre bedrückenden Erlebnisse als junge Muslimin in den Moscheen Amerikas zu sprechen: „Ich habe niemandem erzählt, wie es sich anfühlte, wenn ich in einen kleinen Raum mit einem dreckigen Teppich und schreienden Kindern verwiesen wurde, während die wenigen Männer sich auf dem makellosen orientalischen Teppich ausbreiteten. (…) Ich habe niemandem die beunruhigenden Vergleiche mitgeteilt, die in meinem Kopf stattfanden, als ich realisierte, dass ich nicht ein einziges Mal in einer Kirche so behandelt worden war. Ich habe nicht davon gesprochen, nicht einmal zu mir selbst."

Nach ihrer Rückkehr in die USA im Jahr 2012 machte sie die Erfahrung, dass sich nicht viel geändert hatte: Alle Moscheen, mit denen sie Kontakt aufnahm, hatten keine Verwendung für sie – trotz ihrer Arabischkenntnisse, ihres Studiums und ihrer Idschaza (arab. für traditionelle Lehrerlaubnis) von anerkannten Gelehrten in verschiedenen islamischen Wissenschaften.

Ihre Reaktion war die Gründung eines anderen, eines virtuellen Raumes für Schwestern (rabata.org). Nachdem sie ihre Gedanken auf Facebook öffentlich gemacht hatte, erhielt sie eine Flut von Nachrichten, in denen Frauen von ähnlichen Erfahrungen berichteten.

In Deutschland diskutieren Muslime in diesen Tagen über die Inklusion von Gehörlosen und praktizieren sie mancherorts auch schon. Die Mehrheit der muslimischen Frauen ist nicht gehörlos und kann oft trotzdem dem Imam oder Vortragenden nicht richtig zuhören, weil zum Beispiel Vorträge in räumlichen Arrangements stattfinden, die es den Frauen weder erlauben, den (fast immer männlichen) Referenten zu sehen, noch ihn gut zu hören, geschweige denn Fragen zu stellen oder sich an der Diskussion zu beteiligen. Oft genug ist die Teilnahme von Frauen gar nicht vorgesehen und es gibt auch keinen gleichwertigen Programmersatz für sie.

Folgen der mangelnden Integration von Frauen

Eine Folge ist, dass die Moscheen besonders für viele junge und engagierte Frauen keine wichtige Rolle spielen. Sie bringen sich lieber in Hochschulgruppen ein, in der Muslimischen Jugend, bei Zahnräder oder in anderen Vereinen, in denen sie mehr Gestaltungsmöglichkeiten haben. Und Kinder erleben Moscheen häufig als einen Platz, an dem betende Männer ihre Ruhe brauchen.

So ist die Moschee kein Ort, in dem muslimische Familien wachsen und gedeihen können, sondern eher einer, an dem man kontraproduktive Umgangsweisen zwischen den Geschlechtern einstudiert. Dabei brauchen wir die Moschee nicht nur als Ort des Gebetes und der religiösen Bildung, sondern auch des sozialen Lernens, für alle, nirgendwo so dringend wie im Westen!

Im privaten Gespräch erfährt man immer wieder, dass viele Frauen (und auch Männer!) unzufrieden sind; sie scheuen sich aber, diese Unzufriedenheit auch zum Ausdruck zu bringen, Veränderungen einzufordern und aktiv daran mitzuwirken. Wer bestehende Verhältnisse in Frage stellt, wird schnell unbequem und mehr Zusammenarbeit zwischen den Geschlechtern einzufordern, gilt als unschicklich.

Es gibt allerdings auch positive Entwicklungen: So hat etwa die DITIB vorgesehen, dass zukünftig mindestens eine Frau unter den Mitgliedern der Moscheevorstände sein sollte. In Deutschland gibt es auch schon einige Moscheen mit weiblichen Vorstandsvorsitzenden. Und selbstverständlich bestehen nicht in allen Moscheen die beschriebenen Missstände, sondern es gibt auch frauen-, jugend- und familienfreundliche Moscheen, in denen die Zusammenarbeit gut funktioniert und gesunde Gemeinden gedeihen können.

Beiträge zur Debatte

Als Mitarbeiterinnen am Institut für islamische Theologie (IIT) der Universität Osnabrück und als nafisa.de-Team beschäftigen uns diese Fragen schon länger. Kathrin Klausing hat die Situation von Frauen in Moscheen bereits 2009 in einem Artikel, der auch in der IZ erschien, thematisiert. Am IIT organisierten wir im Wintersemester 2014/15 und Sommersemester 2015 eine Ringvorlesung zum Thema „Islam und Geschlecht", in deren Rahmen auch das Thema „Frauen und Moscheen" behandelt wurde.

Ein neues Projekt unserer Seite nafisa.de ist der Blog „Frauenbereich" (frauenbereich.tumblr.com). Dort sammeln wir Erfahrungsberichte von Frauen in den verschiedenen Moscheen Deutschlands – positive wie negative. Damit verfolgen wir zwei Strategien:

Bewusstsein schaffen – Frauen nehmen die Verhältnisse häufig als gegeben hin. Eine Frau, die in „Frauenbereich" von den Erfahrungen in der Moschee ihrer Kindheit berichtet, fragt sich selbst, warum sie und die anderen Frauen die Zustände in ihrer Moschee so lange kritiklos erduldet haben. „Die Dinge, die man von klein auf kennt", so schreibt sie, „nimmt man als normal an".

Männer andererseits machen in den Moscheen ganz andere Erfahrungen als Frauen und können deren Lage nicht unmittelbar nachvollziehen. Sie sind nicht mit der Situation konfrontiert, in kleinen und dunklen Räumen beten zu müssen, den Imam nicht sehen und – wenn die Lautsprecher nicht funktionieren – auch nicht hören zu können. Sie haben nicht das Problem, dass sie keine Fragen stellen, sondern nur Zettel nach vorne reichen oder über die Galerie werfen können. Normalerweise werden sie nicht skeptisch beäugt, wenn sie in die Moschee kommen, und niemand gibt ihnen zu verstehen, dass ihre Hose zu eng oder ihr Hemd zu kurzärmelig ist.

Beides führt dazu, dass kein ausreichend breites Bewusstsein für bestehende Missstände vorhanden ist. Wenn Frauen von negativen Erfahrungen in Moscheen berichten, bekommen sie oft zu hören, dass sie übertreiben und nur ihre eigenen Erfahrungen unzulässig verallgemeinern würden. Die gesammelten

Erfahrungen sollen deshalb aufzeigen, dass hier tatsächlich ein Problem besteht, das die Gemeinden angehen müssen.

Lösungswege aufzeigen – Die positiven Beispiele zeigen, dass es auch anders geht: Gut organisierte ʿIdgebete und -feste, bei denen die Frauen nicht ausgeschlossen sind; Veränderungen in Vorstandsstrukturen, so dass auch Frauen in Entscheidungsprozesse einbezogen werden, oder große Gebetsräume, die Männern und Frauen Platz bieten, so dass alle den Imam hören und sehen können – so wie es die Praxis unseres Propheten, Friede sei mit ihm, war.

An diesem Projekt kann sich jede und jeder durch eigene Beiträge beteiligen. Die Situation von Frauen (und Kindern) in der Moschee ist kein reines „Frauenproblem", mit dem sich nur die Frauen selbst beschäftigen müssten. Wenn mehr als die Hälfte der Gemeinde in der Moschee keinen angemessenen Platz findet, hat das Folgen für die Gemeinschaft als Ganzes. Wir hoffen auf eine breite, sachliche und konstruktive innermuslimische Debatte, die Bewusstsein schafft und positive Entwicklungen verstärkt – auf dass unsere Moscheen keine Rückzugsorte bleiben, sondern Leuchttürme werden.

Zaynab Ansari

Verschwommene Grenzen: Frauen, „berühmte" *šuyūḫ* (Gelehrte) und spiritueller Missbrauch[1]

„Ihr, die ihr glaubt, steht für die Gerechtigkeit ein als Zeugen für Gott, auch wenn es gegen euch selbst wäre oder gegen die Eltern und Angehörigen. Ob einer reich ist oder arm, Gott steht beiden ganz nahe. Folgt nicht dem Gelüst, statt gerecht zu verfahren! Wenn ihr euch aber umdreht oder abwendet – Gott weiß genau, was ihr tut."[2] (Koran 4/135)

„Der Prophet Muḥammad, Allah segne ihn und schenke ihm Heil, sagt: ‚Religion ist guter Rat' " Wir [die die Prophetengefährten] fragten: ‚Wem gegenüber?' Er, Friede sei auf ihm, sagte: ‚Gegenüber Allah, Seinem Buch, Seinem Gesandten, den Führern der Muslime und dem Volk.' " (Muslim)

„Es wurde gesagt, dass ein Mann der Kinder Israels so viel Wissen aus Büchern erlangte, dass es achtzig Gewölbe zu füllen vermochte. Doch gereichte ihm dieses Wissen nicht zum Vorteil. Allah, der Erhabene, offenbarte dem Propheten dieser Zeit, jenem Mann zu sagen: „Auch wenn du noch mehr Bücher studierst, um dein Wissen zu vertiefen, so wird es dir immer noch keinen Nutzen bringen, denn du handelst nicht nach diesen drei Dingen: (1) Binde dich nicht an diese Welt, denn diese Welt ist keine bleibende Stätte für die aufrichtig Glaubenden (*mu'minīn*); (2) sei kein Freund des Satans, denn er ist kein Freund der aufrichtig Glaubenden; (3) schade keinem der Geschöpfe Allahs, denn dies ist nicht das Wesen eines jeden aufrichtig Glaubenden." '[3]

---

1 Dieser Artikel wurde am 27. Mai 2015 auf MuslimMatters.org veröffentlicht, einer Internet-Plattform, an der Blogger und Religionswissenschaftler gleichermaßen beteiligt sind. (Zaynab Ansari, *"Blurred Lines: Women, 'Celebrity' Shaykhs, and Spiritual Abuse"*, MuslimMatters.org, 27.05.2015, URL: http://muslimmatters.org/2015/05/27/blurred-lines-women-celebrity-shaykhs-spiritual-abuse/ (letzter Zugriff: 16.11.2017). Er wurde von Lesern vielfach kommentiert und die dabei aufgeworfenen Fragen beantwortete Zaynab Ansari in einem weiteren Artikel, *"Drawing a Line in the Sand: Student-Teacher Relationships in the Digital Age"*, MuslimMattters, 30.05.2015, URL: http://muslimmatters.org/2015/05/30/drawing-line-sand-student-teacher-relationships-digital-age/ (letzter Zugriff: 16.11.2017). Diese Fragen und Antworten werden hier im Anschluss an den ersten Artikel wiedergegeben.

2 Die deutschen Übersetzungen der Koranzitate folgen der Übersetzung von Hans Zirker, *Der Koran. Übersetzt und eingeleitet von Hans Zirker*, Darmstadt ²2007.

3 Ibn Ḥaǧar al-ʿAsqalānī/Mawlānā Muḥammad ʿAbd al-Ǧabbār, *Al-Munabbihat: The Counsel*, übers. von Habib Siddiqui, Kuala Lumpur 2007, S. 17.

Erklärung: Der folgende Artikel vertritt meine eigenen Ansichten und nur diese allein. Jegliche Verknüpfung des folgenden Inhalts mit Personen oder Organisationen, mit denen ich derzeit arbeite oder mit denen ich in der Vergangenheit gearbeitet habe, sollte unterbleiben. Die Ereignisse, die den folgenden Darstellungen zugrunde liegen, haben nachweisbar stattgefunden, auch wenn Namen und Informationen, aufgrund derer Personen zu identifizieren wären, aus Datenschutzgründen nicht genannt oder angegeben werden. Anmerkungen und Fragen zu diesem Thema sind ausdrücklich erwünscht, jedoch werde ich mich nicht an Spekulationen zu Identitäten der Personen, die hier beschrieben werden, beteiligen. Auch geht es in diesem Aufsatz nicht um einen bestimmten Zugang zum Islam, um eine bestimmte Denkrichtung oder *minhağ* [Methode],[4] sondern um menschliches Verhalten.

Im Namen Gottes, des Herrn der Barmherzigkeit und des Erbarmers[5]

Meine Rolle als Lehrerin und Sprecherin im von Männern dominierten Feld des „traditionellen Islams“[6] weckt häufig Neugier bei den Menschen. „Was macht eigentlich eine Frau, die als Gastwissenschaftlerin (*scholar-in-residence*) tätig ist?“, werde ich des Öfteren gefragt. Meine Rolle erscheint gerade nichtmuslimischen Fragestellern ein wenig als Kuriosum, vor allem mit Blick auf das vorhandene, üblicherweise von den Medien kolportierte Bild der unterdrückten muslimischen Frau. Für den muslimischen Fragesteller geht die Frage jedoch weiter in die Tiefe. Für einige Frauen stelle ich ein potenzielles Rollenvorbild und eine Mentorin für ihre Töchter dar. Für einige Männer vertrete ich die selten anzutreffende Frau aus mit dem traditionellen Islam assoziierten Kreisen, die bereitwillig in der Öffentlichkeit spricht. Ich bin in gleichem Maße dazu aufgerufen, für die Frauen im Publikum zu sprechen, wie meine Anwesenheit am Rednerpult auf (islamisch rechtlicher) Grundlage der Scharia zu verteidigen. Die meist sehr dankbaren Veranstalter sind davon überzeugt, dass ich zu den vielfältigen Perspektiven beitrage, die sie ihrerseits den Zuhörern anbieten möchten.

4 Erläuterungen in eckigen Klammern stammen von den Herausgeberinnen.

5 Diese Anrufung und die Übersetzungen aller Koranverse folgen M.A.S. Abdel Haleem Oxford World's Classics Qur'an. Die Übersetzungen der Hadithe sind meine eigenen (Z.A.).

6 Dieser Begriff wird von mir mit Anführungsstrichen versehen, weil die meisten gläubigen Muslime der Auffassung sind, dass sie einen traditionellen Islam praktizieren im Gegensatz zu einem nicht-traditionellen Islam.

Ich stelle vermeintlich – als oft einzige Frau in einer Reihe von sonst ausschließlich männlichen Referenten – eine Fortsetzung der Tradition der gelehrten muslimischen Frau dar.

Auf den ersten Blick mag es so erscheinen, als würde ich erfolgreich die Genderpolitik der amerikanischen muslimischen Konferenzszene verhandeln. Tatsächlich zeigen sich die Spannungen zwischen meiner öffentlichen Rolle und meiner privaten Realität jedoch abseits des Rednerpults. Es bereitet mir Freude, von Lehrern, Predigern und *šuyūḫ* [Gelehrten], die die Konferenzen, Veranstaltungen und Klausurtagungen besuchen, welche die amerikanisch-islamische sozio-intellektuelle Szene begründen, zu lernen sowie mich mit ihnen auszutauschen; dennoch habe ich Momente erlebt, die mich innehalten ließen. Dies sind jene Momente, in denen die Grenzen zwischen der öffentlichen Welt des „berühmten" *šayḫ* [Gelehrten] und seinem Privatleben verschwimmen und in denen die Frauen, die Teil beider Welten sind, sich an mich wenden, um für sich Klarheit zu erlangen.

Als ich damit begann, islamische Ratgeberkolumnen zu schreiben, war ich gänzlich unvorbereitet für die Fülle an Anfragen, die Männer und Frauen aus der ganzen Welt an mich richten würden. Ein früherer Kollege meinte, dass die Arbeit wohl nicht schwierig werden würde: „Du wirst einfach die muslimische Version von *Dear Abby*[7] sein", witzelte er. Solange *Abby* jedoch keine Fragen zum Recht der Scharia bewältigen muss, gelangte ich jedoch zu der Erkenntnis, dass ich mit seiner Einschätzung nicht übereinstimme. Im Laufe der Jahre kamen Tausende von Anfragen zu jeder nur erdenklichen Fragestellung, wie etwa zu Theologie, Koranexegese, Hadithwissenschaften, Menschenrechten, Umweltschutz, Behinderung, Ehe- und Familienrecht, Sexualität, Geschlechterbeziehungen, islamischem rituellen Recht, Geschichte, Politik ... die Liste lässt sich fortsetzen. Mir wurde schnell klar, dass die muslimische (Internet-)Öffentlichkeit in einem schnelleren Maße Antworten konsumierte und einforderte, als ich oder irgendein anderer Autor ihnen diese liefern konnte. So begannen zukünftige Studierende der islamischen Wissenschaften – einen hohen Prozentteil davon stellten Frauen – sich für Veranstaltungen bei den von ihnen favorisierten Lehrern und Wissenschaftlern anzumelden, vielleicht auch deshalb, weil sie mit den vom Inhalt und Umfang her begrenzten Möglichkeiten der islamischen Antworten und der „quasi"-*fatāwā* [Rechtsgutachten] im Internet unzufrieden

7 *Dear Abby* ist eine amerikanische Ratgeberkolumne, die 1956 von Pauline Phillips gegründet wurde und in verschiedenen amerikanischen Zeitungen erscheint (Anm. d. Hgg.).

waren. Auch pilgerten sie zu Klausurtagungen, Intensivseminaren und Konferenzen, wo sie auf der Suche nach der persönlichen Begegnung waren, an der es den Internetforen mangelte.

Diese Verbindung von elektronischer Überlieferung islamischer Inhalte und persönlicher Interaktion mit Gelehrten und Lehrern bei Veranstaltungen vor Ort hat zu einer Revolution der traditionellen Art des islamischen Wissenserwerbs geführt.[8] Mit einem Male mussten die Studierenden nicht länger Tausende von Dollars für eine Ausbildung im Ausland ausgeben und den Kulturschock erfahren, der mit dem Auslandsaufenthalt einherging. Nun konnten sie bequem von ihren Rechnern daheim – und im zunehmenden Maße mit ihren Smartphones – auf religiöse Quellen zugreifen und sogar in Echtzeit mit ihrem Lehrer kommunizieren, indem sie von Skype, Chat und anderen sofortigen Nachrichtendiensten Gebrauch machten. Von einem Moment auf den anderen war die Distanz zwischen Studierenden und Lehrern geschrumpft, und die Grenzen des Anstandes, die die öffentlichen Interaktionen von Männern und Frauen umgaben, verlagerten und lockerten sich. Das Verschwimmen von Grenzen, das durch diese technologische Revolution hervorgerufen wurde, hatte Fanseiten für *ʿulamāʾ* (Gelehrte), Freundschaftsanfragen an nicht verwandte Männer und Frauen auf *Facebook*, das Verfolgen der Profile von Lieblingslehrern in den sozialen Medien sowie das zwanglose Senden von Nachrichten an zuvor unerreichbare Personen zu jeder Tages- und Nachtzeit zur Folge.

Adab im Internet

Aus der Perspektive der Demokratisierung des islamischen Wissens mögen die oben skizzierten Entwicklungen vielversprechend erscheinen. Aus der Sicht des *adab* (Verhaltensregeln), der „Umgangsformen zwischen Männern und Frauen" – wie eine prominente weibliche Gelehrte dies so trefflich formulierte – der Integrität des Wissens selbst und seiner Vertreter sowie mit Blick auf die Sicherheit der Familienstruktur sind die oben ausgeführten Entwicklungen besorgniserregend.[9] Bevor ich darlege, warum ich diesen Trend mit Sorge

8 Dieser Begriff [traditional modes of Islamic learning] wurde ebenfalls mit Anführungsstrichen versehen aufgrund der Tatsache, dass eine Vielzahl von Institutionen, die ihrerseits verschiedene Zugänge zum Islam verkörpern, einen Anspruch auf dieses „Qualitätssiegel" erheben. Wie eingangs erwähnt, geht es in diesem Aufsatz weder um irgendeinen bestimmten Ansatz noch eine bestimmte Institution.

9 Siehe: *"Formality between men and women"*, Artikel auf peacespective.org, URL: http://www.peacespective.org/formality/ (letzter Zugriff: 07.09.2016).

betrachte, möchte ich einige Worte zum „berühmten“ *šayḫ* sagen. Sollte ich den Eindruck erweckt haben, dass ich unsere *ʿulamāʾ* [Gelehrten] geringschätze, so versichere ich, dass dies nicht der Fall ist. Ich denke nicht, dass Lehrer, Gelehrte und Referenten es darauf anlegen, berühmt zu werden. Ich bete darum, dass wir alle, die wir in einer öffentlichen Funktion dienen, Imam al-Ġazālīs (möge sich Allah seiner Seele annehmen und sein Geheimnis geheiligt werden) Mahnung an die Lehrer des religiösen Wissens lesen und immer wieder lesen, vor allem was die eigene Anfälligkeit anbelangt, überheblich zu sein, zu protzen und Anhänger um sich zu scharen. Meiner Meinung nach wird der prominente *šayḫ* zum Opfer seines eigenen Erfolges, wird zum Produkt einer technikgläubigen Kultur, die jedem *ʿālim* [Gelehrten], jeder Schule und jeder Einrichtung vorschreibt, entweder ihre „authentischen“, „klassischen“ und „traditionellen“ islamischen „Produkte und Dienstleistungen“ zu vermarkten oder aber unterzugehen. Mehr noch, der prominente *šayḫ* ist auf ein Podest gehoben worden, auf dem er nun thront, ein Podest der unanfechtbaren Frömmigkeit und des tadellosen Charakters, ein Podest des „Sehe ich kein Unrecht, gibt es kein Unrecht“, auf den wir, die bewundernden Studierenden, diesen nur zu fehlbaren Menschen gehoben haben, als sei er in der Tat übermenschlich.

Wir erweisen uns selbst und unseren Lehrern einen Bärendienst, wenn wir sie über die zerbrechliche Natur des Menschen hinaus erheben. Unsere *ʿulamāʾ*, Lehrer und *mašāyiḫ* [Gelehrte] sind nicht vollkommen. Sie sind mit Makeln behaftete Menschen, die mit den gleichen Schwächen, Unzulänglichkeiten und Herausforderungen zu kämpfen haben wie wir alle. Der einzig vollkommene Mensch war der Prophet Muḥammad, Allahs Frieden und Segen seien auf ihm. Und bei der Lektüre seiner Biografie stellen wir fest, dass sogar er, Friede sei auf ihm, sowie seine Ehefrauen, seine Gefährten und seine Wegbegleiter sich mit realen menschlichen Problemen auseinandersetzen mussten. Warum also streben wir heutzutage danach, unseren Lehrern und Gelehrten den Nimbus der Perfektion zuzuschreiben? Es ist verständlich, dass wir für den Menschen, der uns lenkt und anleitet, Zuneigung empfinden, aber inwieweit dienen wir den Vertretern unserer Religion damit, sie über jeden Zweifel zu erheben?

Ich möchte die Behauptung aufstellen, dass wir für unsere religiösen Führungspersönlichkeiten ein geradezu toxisches Umfeld geschaffen haben: ein Umfeld, in dem die angemessenen Grenzen zwischen Studierenden und Lehrern verschwimmen; eine Umgebung, in der Machtmissbrauch weit verbreitet ist, und in der insbesondere Frauen Täuschungen aufliegen und spirituellem Missbrauch ausgesetzt sind. Der Grund, warum ich dieses Thema zur Sprache bringe, ist nicht, um Uneinigkeit (*fitna*) in den Reihen der Muslime zu schüren, sondern um unsere Führungspersonen, unsere Ältesten und unsere Gemeinschaft zu ermahnen, dieses soziale Übel anzupacken, bevor wir all unsere Glaubwürdigkeit verlieren, wenn es um die koranische Verfügung an die Gläubigen geht: „Ihr seid die beste Gemeinschaft, die für die Menschen hervorgebracht worden ist. Ihr gebietet das Rechte, untersagt das Verwerfliche und glaubt an Gott." (Koran 3/110)

Den Islam in und außerhalb der Öffentlichkeit zusammenbringen

Es ist unabdingbar, dass unsere Religionsvertreter, insbesondere diejenigen, die von sich behaupten, spirituelle Lehrer zu sein, auch das praktizieren, was sie predigen. Unsere *ʿulamāʾ* sind keine Politiker, für die eine größere Diskrepanz zwischen öffentlichem Bild und privatem Verhalten angenommen werden kann. Ja, unsere *ʿulamāʾ* sind fehlbar, dennoch tragen sie die Verantwortung, die Spannungen, die ihren Rollen innewohnen, die Fallen und Tücken der Kultur des berühmten *šayḫ* und die Integrität der Rollen, die sie bekleiden, zu erkennen. Wie können unsere Religionsvertreter in der Öffentlichkeit Plattitüden zum Empowerment und zur Stellung der Frau im Islam vortragen, während sie privat, jenseits der Öffentlichkeit, gerade jene Rechte, die sie zu würdigen vorgeben, unterlaufen? Inwiefern ist es hinnehmbar, in der Öffentlichkeit Respekt für Frauen kundzutun, und sie im privaten Bereich nur als wenig mehr denn sexuelle Eroberungen zu erachten?

Es ist mir kürzlich bekannt geworden, dass es wohlbekannte Personen gibt, die ihre Rolle für weit mehr nutzen als für die Verbreitung der Lehre des Islams. Es liegen Hinweise vor, die zeigen, dass diese Personen ihre Stellung in Kreisen des religiösen Wissens nutzen, um Anhängerinnen zu schmeicheln, sie zu umwerben und anzulocken mit Heiratsversprechen, Kontakt zu *šuyūḫ*, Studienaufenthalten im Ausland und Zugang zu exklusiven sozio-spirituellen Netzwerken. Unter dem Deckmantel des Mentoring führen sie private, unbeaufsichtigte Unterhaltungen mit heiratsfähigen Personen des anderen Geschlechts. Diese Unterhaltungen, die in der relativen Anonymität des Cyberspace stattfinden, bilden offenbar die ganze Palette ab und reichen vom recht unverfänglichen Austausch biografischer Informationen (vergleichbar der Brieffreundschaft in der Ära vor dem Computer) zu Inhalten, die nur Gedanken hervorrufen, bis hin zu Gefühlen, die gänzlich unangebracht sind. Diejenigen, die diese Unterhaltungen damit entschuldigen, dass sie den Auftakt zur Ehe darstellen, möchte ich lediglich daran erinnern, dass die an diesem Szenario beteiligten Personen das islamische Recht lehren und sich daher voll und ganz darüber im Klaren sind, dass im Islam Regeln rund um die Werbung existieren. Ich weise auch darauf hin, dass wenn besagter Lehrer mit mehreren Frauen gleichzeitig Unterhaltungen führt, sich uns darüber hinaus ein mathematisches Problem stellt. Das islamische Recht erlaubt es einem Mann, vier Frauen zu heiraten, wenn also der bereits verheiratete Lehrer mehrere Frauen gleichzeitig „umwirbt", kann nur ein bestimmter Prozentanteil erwarten, dass die Beziehung legitimiert wird. Was ist dann mit dem restlichen Prozentanteil? Noch einmal, ein mathematisches Problem.

Man könnte als Entschuldigung hervorbringen, dass unsere *ʿulamāʾ* keine Mathematiker sind. Das ist wahr, aber sicherlich verfügen sie zumindest über Grundkenntnisse der Newton'schen Physik, die besagt, dass „auf jede Reaktion eine gleichwertige und gegensätzliche Reaktion erfolgt". Nachdem die Lehrer kaltherzig berechnet haben, wen sie aus dem Kreis der sie verehrenden Studentinnen für eine Ehe auswählen und wen sie davon ausschließen, sehen sie sich vielleicht gut in der Lage, die Sache hinter sich zu lassen, und sagen der nächsten aufregenden oder lukrativen Vortragsverpflichtung zu. Den Frauen jedoch, denen die Heirat versprochen war und die dann sitzen gelassen wurden, fällt die Sache ungleich schwerer. Dass mit ihnen gespielt wurde, können sie nicht so einfach auf die leichte Schulter nehmen, insbesondere dann nicht, wenn der Spieler der verehrte *šayḫ* ist. Man kann nur erahnen, wie sich die Sichtweise dieser Frauen auf den Islam verändert, vor allem wenn der *šayḫ* ihr Islam war.

Eine unmittelbare Konsequenz des Handelns und Entscheidens dieser Personen ist die Desillusionierung, Verbitterung und Niedergeschlagenheit dieser Frauen. Jedes Mal wenn diese Personen ihre Stimmen erheben, um ihre aufrichtige Liebe zum *dīn* [zur Religion] zu verkünden, sinken die Herzen dieser Frauen noch ein Stückchen tiefer. Der Schaden fällt umso ungeheuerlicher aus, wenn es sich bei diesen Frauen tatsächlich um Exfrauen der *šuyūḫ* handelt. Üblicherweise sind diese Frauen zunächst eifrige Studentinnen, die übers Internet eine Bekanntschaft mit dem *šayḫ* herstellen (oder mit denen der *šayḫ* Kontakt aufnimmt), die sich dann zu Scherz und Flirt auswächst, bis schließlich Versprechen zur festen Bindung ausgesprochen werden, Gespräche über eine Heirat erfolgen etc. In einigen Fällen macht der *šayḫ* den Heiratsantrag, in anderen Fällen tun dies die Frauen. Das Vorhandensein einer ersten Ehefrau ist jedoch in allen Fällen der gemeinsame Nenner. Auf ihr Dasein wird häufig in den Unterhaltungen übers Internet angespielt, trotzdem wird ihre Zustimmung zur Beziehung nur selten eingeholt. Es wird entweder verlautbart, sie sei „damit einverstanden", oder es wird angenommen, sie sei in der Lage, „damit umzugehen". In den meisten Fällen ist die erste Ehefrau jedoch weder mit der Situation einverstanden, noch ist sie in der Lage, damit umzugehen. Tatsächlich hat die arme Frau in den allermeisten Fällen keinen blassen Schimmer, dass die andere Frau überhaupt existiert, bevor es zu spät ist.

Ṭalāq [Scheidung] per SMS

Da es die Absicht dieses Essays ist, auf die Misere der „anderen Frau“ aufmerksam zu machen, werde ich die Situation der ersten Ehefrau nicht übermäßig bemühen und nur festhalten, dass wenn die Liebschaften und Ehen ihres Ehemannes aufgedeckt werden, das Vertrauen zu ihm unwiderruflich zerstört ist. Im Falle, dass die Frau gesetzlich verheiratet ist (durch die Gesetze der Vereinigten Staaten beispielsweise), mag sie einige Möglichkeiten haben, eine Entschädigung zu erhalten. Der anderen Frau stehen diese Mittel jedoch nicht zur Verfügung. Auf gesetzlichem Wege hat die geheime zweite (oder dritte oder vierte) Ehefrau des *šayḫ* keine Möglichkeit, ihre Rechte einzufordern. Ihr islamischer *nikāḥ* (Ehevertrag) ist rechtlich nicht durchsetzbar, sodass sie sich in einer extrem verwundbaren Position befindet. Es ist eine Lage, in der sich niemand seine Tochter oder Schwester wünschen würde, trotzdem widerfährt dies guten Frauen aus guten Familien. Als geheime zweite Ehefrau des *šayḫ* erhält die arme Frau weder öffentliche Anerkennung noch Respekt. Sie kann mit ihm weder bei Versammlungen erscheinen, noch kann sie sich der Gemeinde vorstellen. Auch darf sie es nicht wagen, zur ersten Ehefrau Kontakt aufzunehmen und sich ihr mitzuteilen, um nicht der *fitnah* [hier: Stiften von Unruhe] beschuldigt zu werden. Um diesen Kränkungen noch eine weitere hinzuzufügen, wird der *šayḫ*, der sich nicht einmal dazu herablassen kann, die Frau öffentlich anzuerkennen, die eheliche Verbindung aufrechterhalten und alle Freuden der Ehe genießen, ohne die Verantwortung zu übernehmen, denn in vielen Fällen stattet er die zweite geheime Ehefrau weder mit einem ehelichen Zuhause aus, noch gewährt er ihr eine finanzielle Unterstützung. Als Krönung des Ganzen wird er, wenn er mit seiner zweiten Ehefrau abgeschlossen hat, die Ehe ohne viele Umstände beenden – es sei denn, man hält *ṭalāq* per SMS für umständlich. Wenn die Frau, wie vorauszusehen ist, negativ darauf reagiert – was wohl jede unter diesen Umständen tun würde – wird sie vom *šayḫ* und seinen Anhängern als „instabil“ abgetan.

Ich möchte die Leser mit einigen Gedanken zurücklassen. Was ist das gebrochene Herz einer Frau wert? Was bedeutet uns der verlorene Glaube einer Frau? Was würde der Prophet, Allahs Frieden und Segen seien auf ihm, der seine Ehen in vollständiger Transparenz führte, über uns denken? Ist es richtig, seinen Zugang zu Wissen und Lehrern als Lockmittel für bedürftige und verletzliche Frauen zu nutzen? Ist es fair, heimlich eine Frau zu heiraten, wohlwissend, dass man nicht über die Mittel verfügt, sie zu unterstützen? Wenn ein Mann hinter dem Rücken seiner Ehefrau heiratet, bringt er dem Bund der Ehe wirklich die angemessene Wertschätzung entgegen? Wenn Einzelpersonen ihre religiöse Autorität auf diese Art und Weise missbrauchen, bewahren sie damit die

Integrität der Tradition, die ihnen anvertraut ist? Ist es nicht inkonsequent, in der Öffentlichkeit über Bescheidenheit und den *niqāb* (Gesichtsschleier) für Frauen zu sprechen, in der privaten Kommunikation jedoch diese Zurückhaltung fallen zu lassen? Wir sollten sehr sorgfältig darüber nachdenken, wie wir als Lehrer, Gelehrte, *mašāyiḫ* und Studierende zu den verschwommenen Grenzen beitragen, die zerrüttete Familienverhältnisse, gebrochene Herzen und den gebrochenen Geist der Betroffenen zur Folge haben.

„Beim Nachmittag! Der Mensch steckt im Verlust. Außer denen, die glauben, gute Werke tun, einander zur Wahrheit mahnen und zur Standhaftigkeit.“ (Koran 103/1–3)

Literatur

Ansari, Zaynab, “*Blurred Lines: Women, ‘Celebrity’ Shaykhs, and Spiritual Abuse*”, MuslimMatters.org, 27.05.2015, URL: http://muslimmatters.org/2015/05/27/blurred-lines-women-celebrity-shaykhs-spiritual-abuse/ (letzter Zugriff: 16.11.2017).

Ansari, Zaynab, “Drawing a Line in the Sand: Student-Teacher Relationships in the Digital Age”, MuslimMattters, 30.05.2015, URL: http://muslimmatters.org/2015/05/30/drawing-line-sand-student-teacher-relationships-digital-age/ (letzter Zugriff: 16.11.2017).

Ibn Ḥağar al-ʿAsqalānī/Mawlānā Muḥammad ʿAbd al-Ǧabbār, *Al-Munabbihat: The Counsel*, übers. von Habib Siddiqui, Kuala Lumpur 2007.

Zirker, Hans, *Der Koran. Übersetzt und eingeleitet von Hans Zirker*, Darmstadt ^{2}2007.

Kommentare, Fragen und Antworten[1]

Auch wenn die Reaktionen zu meiner Stellungnahme überwiegend positiv ausfielen, bemängelten einige Leser den Artikel aus folgenden Gründen:

Ich hätte Namen nennen sollen. Solange ich keine Namen preisgebe, sehe sich jeder *šayḫ* und Referent, der im Veranstaltungsverzeichnis einer Tagung geführt wird, von mir unter Generalverdacht gesetzt.

Meine Antwort:

Ich habe keine Namen genannt und werde dies auch zukünftig nicht tun, da es nicht die Absicht meines Artikels ist, die Übeltäter zu identifizieren. Vielmehr ist mein Hauptanliegen das *Verhalten* von Einzelpersonen, die ihre gelehrte Autorität zu ihrem persönlichen Vorteil nutzen. Ich bin weder daran interessiert, eine Hexenjagd zu initiieren, die die Karriere von Personen zerstört, noch daran, wie es eine Person auf Facebook ausdrückte, „die islamische Gelehrsamkeit zu untergraben". Mein Artikel war sehr pointiert formuliert, ja, dies war von mir beabsichtigt. Ich schrieb ihn aus der Sichtweise der „anderen Frau", d.h. aus dem Blickwinkel der sitzen gelassenen, geheimen zweiten Ehefrau, weil ich denke, dass ihre Lage veranschaulicht, in welchem Maße die Integrität des religiösen Wissens und seiner Lehrer kompromittiert werden. Es ist mein Wunsch, dass die Personen, die Machtpositionen innehaben oder die islamische (intellektuelle) Öffentlichkeit beeinflussen, meinen Rat bedenken und die (moralischen) Grenzen wieder einsetzen, die meines Erachtens zum Nachteil von Lehrern und Studierenden weggefallen sind.

In diesem Artikel geht es auch nicht um spezielle Einzelpersonen, auch wenn einige Fälle herausragten, die sich als besonders ungeheuerlich erwiesen. Seit mehr als einem Jahrzehnt wurden mir (und anderen Personen) Berichte über die Zweckentfremdung und den Missbrauch der Institution der Polygynie zugetragen. Geht man zu einer beliebigen muslimischen Gemeinschaft, wird man Geschichten über geheime mehrfache Ehen, schmutzige Scheidungen und andere verwandte Dramen hören, die sich zutragen, wenn sich Menschen nicht an die gesetzlichen Vorschriften des islamischen Personenstandsrechts halten. Ich hätte einen Artikel über den männlichen muslimischen Laien schreiben

---

1 Die Antworten auf die Kommentare und Fragen sind Gegenstand eines Folgeartikels mit dem Titel: "*Drawing a Line in the Sand: Student-Teacher Relationships in the Digital Age*", MuslimMattters, 30.05.2015, URL: http://muslimmatters.org/2015/05/30/drawing-line-sand-student-teacher-relationships-digital-age/ (letzter Zugriff: 16.11.2017).

können, der serielle Monogamie praktiziert oder bei dem die zweiten Ehefrauen wie durch eine Drehtür ein- und ausgehen: In beiden Fällen handelt es sich um eine Verspottung des islamischen Rechts, in deren Folge er eine Reihe von zerstörten Beziehungen hinterlässt. Ich unterlasse dies, weil diese Einzelpersonen – in den meisten Fällen – keinen Anspruch darauf erheben, als religiöse Autorität zu handeln. Obwohl sie sich vielleicht auf (einzelne Aspekte von) Koran und Sunna beziehen, um ihr Verhalten zu rechtfertigen (die Frauen seien Besitz ihrer rechten Hand [!]),[2] belehren sie das Publikum nicht über Moral, *taqwā* [Gottesfurcht], Bescheidenheit, Spiritualität usw. Es ist meine feste Überzeugung, dass diejenigen unter uns, die den öffentlichen Raum des islamischen Vortragsbetriebs besetzen – und ich beziehe mich hier selbst mit ein –, sich sowohl in der Öffentlichkeit als auch im Privatleben an höheren Maßstäben orientieren und nach einem bestimmten Grad von Konsistenz streben müssen.

Es besteht kein Grund, jedem einzelnen Vortragenden mit Misstrauen zu begegnen. Im Großen und Ganzen bin ich der Überzeugung, dass sich unsere *ʿulamāʾ* mit dem gebührenden Anstand verhalten, vor allem gegenüber Personen des anderen Geschlechts. Dieser Artikel handelt von denen, die die angemessenen Grenzen nicht beachten und auf diese Weise ihren (ehemaligen) Studentinnen emotionalen und spirituellen Schaden zufügen. Auch wenn einige Leser meine Sorgen für aus der Luft gegriffen halten mögen, haben mir andere entweder in der Öffentlichkeit oder im privaten Umfeld zu verstehen gegeben, dass die Probleme, die ich hier anspreche, gültig sind.

Ich gestehe zu, dass die gesammelten Informationen vor allem – wenn auch nicht ausschließlich – auf Einzelberichten beruhen. Bedauerlicherweise wird unser Wissen darüber weiterhin auf einzelnen Berichten beruhen, solange sich die Frauen weigern, mit ihren Geschichten an die Öffentlichkeit zu treten. Meines Erachtens wäre eine Studie zu (nordamerikanischen) muslimischen Heiratspraktiken hilfreich, insbesondere in Bezug zur Polygynie und ihren Einfluss auf Frauen und Kinder. Glücklicherweise befindet sich Literatur zu diesem Thema in der Entstehung. Jedoch handelt dieser Artikel nicht, wie zuvor erwähnt, von der Polygynie *per se*, sondern von der Schnittfläche zwischen religiöser Autorität, öffentlichem Raum und Geschlechterfragen in dem exklusiven Kreis, den die islamische Konferenzszene darstellt.

---

2 Mit der Anspielung auf den Koranvers 4/3, der sexuelle Beziehungen zu Sklavinnen erlaubt, werden die betroffenen Frauen auf den Status von Sklavinnen reduziert. (Anm. d. Hrsg.)

Frage: Was versteht man unter einem „berühmten *šayḫ*“ (celebrity Shaykh)?

Meine Antwort:
Offensichtlich traf mein Artikel mit der Bezugnahme auf das Phänomen des „berühmten *šayḫ*“ einen Nerv, und ich kann nachvollziehen, dass mein Tonfall dem einen oder anderen respektlos erschien. Wie ich anfangs erklärte, ist es nicht mein Bestreben, unsere *šuyūḫ* herabzusetzen oder sie gering zu schätzen. Wie ich bereits betont habe und dies nun erneut betonen möchte: Ich denke nicht, dass irgendeiner aus dem Kreis derer, die auf Tagungen Vorträge halten, seine Tätigkeit mit dem Vorhaben beginnt, berühmt zu werden. Wir sind es, die dazu beitragen, dass diese Personen zu Berühmtheiten werden, und nun zahlen alle den Preis dafür. Anstatt eine Veranstaltung zu besuchen, um zu lernen, nehmen wir an Angeboten teil, um uns unterhalten zu lassen. So geschieht es, dass die Redner mit großen Namen für ihren Vortrag das begehrte Zeitfenster am Sonntagnachmittag erhalten, der dem maximalen Besucherandrang vorbehalten ist. Weniger bekannte Redner oder solche, die inhaltlich tiefer vordringen, werden oft zu früh am Tag oder zu spät am Abend platziert, als dass sie tatsächlich ein Publikum erreichen könnten. Wir waren alle schon einmal in einem Vortragssaal, der sich in dem Moment leerte, als der „wirklich berühmte“ Redner seinen Vortrag beendet hatte, sodass der darauffolgende „weniger aufregende“ Redner seinen Vortrag vor leeren Stuhlreihen hielt. Erschwerend kommt hinzu, dass wir uns, wie ein (sehr guter) Redner auf einer Tagung bemerkte, an der ich kürzlich teilnahm, nun Rednern gegenübersehen, die mit einer ganzen Entourage sie bewundernder Studierender anreisen, die halb verbeugt im *rukūʿ* [Verneigung im Gebet] stehen. Auch wenn das Bild scherzhaft anmutet: Was für einen Eindruck mag es beim Publikum hinterlassen? Es ist der Versuch, den Redner auf ein Podest zu heben, das ihn beinahe übermenschlich erscheinen lässt. Wenn wir dann also hören, dass er (oder sie) in der Tat menschlich ist und Fehler begeht, nehmen wir es persönlich und verlieren entweder unseren *īmān* [Glauben] oder lehnen alle samt und sonders ab. Dies ist eine extreme Reaktion auf die häufig extreme Verehrung unserer Lehrer. Wir sollten zulassen, dass sie wieder menschlich sein können. Ja, wir sollten sie an höheren Maßstäben messen – immerhin sind sie Überlieferer des prophetischen Vermächtnisses –, aber sie bleiben doch immer Menschen.

Sehr wenige Menschen, die regelmäßig Vorträge halten, ich selbst eingeschlossen, werden den Ansprüchen an die Fähigkeiten eines *šayḫ* gerecht. Tatsache ist, dass es sich bei einem großen Anteil derjenigen, die im Veranstaltungsprogramm von Tagungen geführt werden, um Prediger handelt, um *duʿāt* [Prediger] und Motivationsredner. Nur ein kleiner Anteil von denen, die bei Tagungen sprechen, sind in der Tat Gelehrte. Tatsächlich neigen einige der ernsthaftesten Gelehrten dazu, öffentliche Auftritte gänzlich zu meiden.

Frage: Was lässt sich zur Rolle der Frauen sagen? Verhalten sich nicht viele von ihnen unangemessen?

Meine Antwort:
Ja, Frauen spielen in den gezeichneten Szenarien eine Rolle. Ich erinnere mich daran, wie ich zu einer Veranstaltung mit einem Stapel Bücher aus meiner Bibliothek ging – es waren Bücher von wohlbekannten *ʿulamāʾ* und Rednern. Ich war fest entschlossen, meine Bücher von diesen Autoren signieren zu lassen, und die meisten der Autoren kamen dem auch nach. Einige waren sehr zuvorkommend und erinnerten sich sogar an meinen Namen (wahrscheinlich von der letzten Gelegenheit, bei der ich ihnen auflauerte). Einige schienen recht irritiert darüber zu sein, weshalb ich mir wünschte, dass sie ihre Bücher signieren sollten. Einige beschäftigten persönliche Assistenten, die ihnen den Rücken freihielten, aber die meisten waren überraschenderweise – und für mich als Frau auf eine erfrischende Art und Weise – sehr zugänglich. Wenn ich aber zurückblicke, komme ich nicht umhin, mein Handeln einem kritischeren Blick zu unterwerfen. Ja, ich war meiner Auffassung nach nur eine Bücherliebhaberin, die darauf aus war, ihre Bücher von ihren Lieblingsautoren signieren zu lassen. Aber wie hätten die Ehefrauen der Männer mich betrachtet? Sie hätten nicht gewusst, dass ich jede Chance wahrnehme, die sich mir bietet, um zu Signierstunden zu gehen, da ich die Institution der Gelehrsamkeit hochhalte und das Schreiben guter Bücher unterstützen möchte. Was hätten sie anderes gesehen als eine weitere (ziemlich junge) Frau, die lächelt und Small Talk hält. Ich teile diese Anekdote, um unsere Schwestern zu ermahnen, dass wir unsere Handlungen durch die Augen der anderen betrachten sollten, insbesondere der Ehefrauen der *šuyūḫ*. Diese leidensfähigen Frauen müssen sich üblicherweise damit abfinden, dass ihre Ehemänner häufiger abwesend und verreist sind, als dass sie zu Hause sind. Sie müssen auch hinnehmen, dass sich Studentinnen der islamischen Wissenschaften ihren Ehemännern auf eine Art und Weise nähern, die häufig – ganz offen gesagt – unangemessen ist. Ich muss zugeben, dass es mir als Ehefrau einen Stich versetzen kann, wenn ich Fotos von meinem Ehemann zusammen mit anderen Frauen zu sehen bekomme, so harmlos diese Fotos auch sein mögen. Wie, denken wir, mag es sich dann auf die Ehefrau des *šayḫ* auswirken, wenn sie mit weiblichen Fans umgehen muss, die alle um ein Selfie mit ihrem geliebten Ehemann

ringen, bevor sie eine Unterhaltung mit besagten Ehemann initiieren, sobald sie zum nächstgelegenen Computer gelangen?

Es wäre nachlässig von mir, würde ich nicht auf diejenigen zu sprechen kommen, die eine Ehe „*ḥalāl*“ [auf eine erlaubte Art und Weise] zerstören. Das sind die Frauen, die fest entschlossen sind, den verheirateten *šayḫ* um jeden Preis zu umwerben, wohl wissend um den Schaden, den dieses Verhalten seiner Ehe zufügt, und um die Verletzung, die es für seine Ehefrau bedeutet. Diese Frau zitiert Hadithe, um das Umwerben eines verheirateten Mannes zu rechtfertigen, und behauptet, dass es der ersten Ehefrau an Glauben mangelt, wenn sie ihren Ehemann nicht bereitwillig teilt. Diese Behauptung ist sowohl falsch als auch gefährlich. Falsch, da es der zweiten Frau von vornherein nicht zusteht, über den Glauben der ersten Frau Mutmaßungen anzustellen. Gefährlich, da wir wissen, was der Koran über die sagt, die Zwietracht zwischen Ehemann und Ehefrau säen; und dieses Urteil fällt nicht positiv aus. Alles, was ich dem hinzuzufügen habe, ist: Wenn eine Frau die Absicht verfolgt, nicht bloß die zweite Ehefrau zu werden, sondern die einzige Ehefrau, muss sie ihre Absicht prüfen und *taubah* [Reue] zeigen. Auch sollte man sich an die Redensart erinnern: „Wie du ihn bekommst, so wirst du ihn verlieren.“ Wenn er auf ihre Avancen eingegangen ist, wird er auch auf die einer anderen Frau eingehen.

Kommentar: Dieser Artikel wird es Frauen noch schwerer machen, bei männlichen Lehrenden zu studieren. Und männliche Lehrende sind gelehrter als weibliche.

Meine Antwort:
Mir geht es in diesem Artikel nicht darum, den Zugang zu qualifizierter Gelehrsamkeit zu verhindern. Frauen steht das Recht zu, nach dem Wissen der Religion zu streben, solange sie (und die Lehrer) dabei die angemessenen Umgangsformen zwischen den Geschlechtern einzuhalten wissen. Wenn Veranstalter damit beginnen, Frauen von Veranstaltungen auszuschließen, wird dies nicht aufgrund meines Artikels geschehen. Mein Artikel ruft nicht dazu auf, die Räume zu kontrollieren, in denen sich Männer und Frauen versammeln, um nach dem Wissen der Religion zu streben. Ich rufe dazu auf, die nach gesundem Menschenverstand angemessenen Richtlinien und moralischen Grenzen, die die Studierenden-Lehrer-Beziehung umgeben, wieder instand zu setzen, insbesondere wenn diese Beziehungen in die relative Anonymität des Cyberspace hinüberschwappen – einem Raum, in dem Menschen dazu verleitet werden, Dinge zu sagen oder zu tun, die sie aller Voraussicht nach nicht in der Öffentlichkeit sagen oder tun würden.

Wenn bisweilen der Eindruck entsteht, dass in der Gelehrsamkeit die Männer den Frauen voraus sind, dann rührt dieser Eindruck vielleicht daher, dass es für Männer sehr viel wahrscheinlicher ist, eine Form der Ausbildung, Betreuung und Förderung zu erhalten, die unabdingbar ist, um gründlich Wissenschaft zu betreiben und hervorzubringen. Es gibt ernst zu nehmende strukturelle Barrieren, die Frauen daran hindern, mit ihren männlichen Gegenübern in traditionell-islamischen Gelehrtenkreisen gleichzuziehen. Ironischerweise ist eines der Haupthindernisse, denen sich Frauen gegenübersehen, das Fehlen einer Plattform, von der aus sie lehren und vortragen könnten. Es ist schwierig, eine einflussreiche Lehrerin oder eine exzellente Sprecherin zu werden, wenn viele Veranstaltungsorte Frauen schlichtweg nicht miteinbeziehen. Wir müssen uns jenseits einer Politik der Frauenquote bewegen und uns ernsthaft darum bemühen, der nächsten Generation von weiblichen Gelehrten und Lehrerinnen beratend zur Seite zu stehen.

Frage: Was sind die Lösungen?

Meine Antwort:
Ich habe mehrere Vorschläge, jedoch sind nur wenige davon durchsetzbar. Letzten Endes fällt die Verantwortung, an diesen Problemen zu arbeiten, den jeweiligen Personen zu und denen, die ihren engeren Kreisen angehören. Im Idealfall würden Kollegen und Lehrer sich mit ihnen dieser Sache annehmen. Da dies jedoch bislang nicht der Fall gewesen zu sein scheint, war dieser Essay notwendig.

Ingrid Mattson twitterte, ob nicht unsere ʿulamāʾ in Erwägung ziehen sollten, eine Berufsethik zu übernehmen, die dem Berufskodex der muslimischen Chaplains ähnelt. Diesem Vorschlag stimme ich zu. Wenn ein Lehrer oder ein *šayḫ* sich in einer Position befindet, in der er beabsichtigt, eine (oder mehrere) seiner Studentinnen zu heiraten, ist es dringend vonnöten, dass er diesen Umstand sorgsam überdenkt. Dazu gehört, Rücksprache mit seiner Frau zu halten und zu überlegen, welchen potentiellen Gewinn oder Schaden die Aufnahme der Polygynie nach sich ziehen könnte. Idealerweise wären Grenzen vorhanden, die diesen Szenarien, wie das Werben um derzeitige Studentinnen und die darauffolgende Heirat mit ihnen, zuvorkämen und sie zu verhindern wüssten. Im Falle, dass der Lehrer und die Studentin eine Heirat für notwendig erachten, um *fitnah* [hier: illegitime sexuelle Handlungen] zu vermeiden, sollte dieser Prozess mit der allergrößten Integrität und Transparenz vollzogen werden und Maßnahmen beinhalten, die sicherstellen, dass die Rechte aller Beteiligten respektiert werden.

Frauen, an die eine Ehe als Zweitfrau herangetragen wird, müssen ihren gesunden Menschenverstand wiedererlangen. Warum sollten sie eine Beziehung eingehen, die im Westen gesetzlich nicht anerkannt ist, um sich dann zu beschweren, dass sie keine Rechte besitzen? In eine Ehe mit einem bereits verheirateten Mann einzuwilligen und dessen Beteuerungen zu vertrauen, dass seine erste Ehefrau mit dieser Vereinbarung „einverstanden" sei oder – noch schlimmer – darüber gar nicht erst in Kenntnis gesetzt werden müsse, ist im besten Falle naiv, im schlechtesten aber unaufrichtig. Warum sollte diese Frau nicht mit seiner ersten Ehefrau sprechen wollen, um herauszufinden, wie er sich tatsächlich verhält, wenn er kein Süßholz raspelt? Warum davor zurückschrecken, mit den Exfrauen zu sprechen? Sie sind da draußen. Sind die Frauen besorgt, dass diese etwas zu berichten haben, was die geheimnisvolle Ausstrahlung des Bruders erschüttert?

Für die Lehrer und Kollegen dieser Personen besteht eine moralische Verpflichtung, unsere Brüder auf den Boden der Tatsachen zurückzuholen und zurechtzuweisen, und ihr Verhalten nicht unter den Teppich zu kehren. Meiner Meinung nach existiert eine Kultur, die diese Art des Verhaltens ermöglicht – oder es zumindest ignoriert und durchgehen lässt –, da sich diese Dinge hinter verschlossenen Türen zutragen und eine Gruppe der Bevölkerung betreffen, die am wenigsten geneigt ist, sich zu äußern: nämlich Frauen.

Schlussendlich schreit das Problem förmlich nach weiblichen Gelehrten, die diese Wissens- und Beratungslücken ausfüllen können. Anstatt sich an männliche Gelehrte zu wenden, um Bestätigung und Inspiration zu erhalten, warum nicht die Lehrerinnen bemühen? Als ich in Damaskus war, fiel mir die Existenz von stabilen Netzwerken weiblicher Gelehrter und Studentinnen auf. Wenn ich Jahre später die Auswirkung dieser Netzwerke betrachte und die Qualität der Beziehung zwischen Studentin und Lehrerin beurteile, stelle ich fest, dass ich nirgends Frauen gesehen habe, die selbstsicherer, selbstbewusster und selbstständiger waren als diese Frauen, die in ein Umfeld eingetaucht sind, das durch genderspezifisches Wissen und Lernen geprägt ist. Ganz im Gegenteil: Mir ist aufgefallen, dass gerade die Frauen, die nach Lehrern des anderen Geschlechts suchen, um Beratung und Bestätigung zu erlangen – was häufig daraus hinausläuft, dass sie am Ende mit ihnen verheiratet sind – ganz erheblich mit Selbstwertproblemen zu kämpfen haben.

Und Allah weiß es am besten!

(Übersetzung: Corinna Küster)

Nachtrag der Herausgeberinnen:

Ustadha Zaynab Ansari war die erste religiöse Gelehrte, die diese Form des Missbrauchs männlicher religiöser Autorität offen ansprach. Sie brachte damit eine Diskussion in Gang und es erschienen weitere Artikel in dem Onlinemagazin MuslimMatters, verfasst nun auch von männlichen Gelehrten und Predigern: „What do I do when I find out my favourite preacher is corrupt?" von Imam Omar Suleiman[3] und „On secret marriages" von Shaykh Dr. Mohammad Akram Nadwi.[4] Ein weiterer Gelehrter, Shaykh Rami Nsour, gründete zusammen mit einem Team von PsychologInnen und JuristInnen die Website *InShaykh'sClothing*, die sich dem Phänomen des spirituellen Missbrauchs widmet.[5] Die Forderung Zaynab Ansaris, dass (männliche) Personen aus den Kreisen derer, die ihre Autorität missbrauchen, Verantwortung übernehmen müssen, hat damit einen gewissen Widerhall gefunden.

---

3 Omar Suleiman, *"What Do I Do When I Find Out My Favorite Preacher Is Corrupt"*, MuslimMatters, 37.2017, URL: https://muslimmatters.org/2017/06/03/what-do-i-do-when-i-find-out-my-favorite-preacher-is-corrupt/ (letzter Zugriff: 08.11.2017).

4 Mohammad Akram Nadwi, *"On Secret Marriages"*, 06.10.2017, MuslimMatters, URL: https://muslimmatters.org/2017/10/06/secret-marriages-dr-shaykh-mohammad-akram-nadwi/ (letzter Zugriff: 08.11.2017).

5 Vgl. InShaykh'sClothing, URL: http://inshaykhsclothing.com/ (letzter Zugriff: 08.11.2017).

Zu den Autorinnen und Autoren

Annett Abdel-Rahman
Annett Abdel-Rahman ist Landeskoordinatorin für das Netzwerk der Lehrkräfte des Faches islamische Religion im Auftrag des Kultusministeriums Niedersachsen, Religionspädagogin und Mitgründerin des Zentrums für islamische Religionspädagogik Niedersachsen (ZIRP). Ihre Arbeitsschwerpunkte sind Entwicklung von bildungstheoretischen und fachdidaktischen Grundlagen zu Fragestellungen der islamischen Religionspädagogik. Sie ist Autorin der Schulbuchreihe *Bismillah – Wir entdecken den Islam.*
annett.abdelrahman@googlemail.com

Omaima Abou-Bakr
Prof. Dr. Omaima Abou-Bakr ist Professorin für Englisch und Vergleichende Literatur im Department of English Language and Literature of English and Comparative Literature an der Cairo University. Sie ist Gründungsmitglied und stellvertretende Vorsitzende des Women and Memory Forum.
wmf@wmf.org.eg

Zaynab Ansari
Ustadha Zaynab Ansari verbrachte mehrere Jahre mit dem Studium der Islamischen Kernwissenschaften, darunter Arabisch, Islamisches Recht, Koranrezitation und -exegese, Hadith und Prophetenbiographie am Abu Nour Moschee Institut in Damaskus, Syrien. Gegenwärtig ist sie Gastwissenschaftlerin bei der Tayseer Foundation in Knoxville, Tennessee. zaynab.ansari@tayseerseminary.org

Mehmet Atalay
Prof. Dr. Mehmet Atalay ist Professor an der Theologischen Fakultät der Universität Istanbul. Seine Schwerpunkte sind Philosophie, pädagogische Psychologie und religiöse Bildung. Auf Englisch ist von ihm erschienen: *"Religious Texts for the Benefit of All: How Can We Benefit From Religious Texts?"* in: Bülent Ucar/Ismail Yavuzcan (Hg.): *Die islamischen Wissenschaften aus Sicht muslimischer Theologen*, Frankfurt 2010, S. 33–50.
matalay@istanbul.edu.tr

Hidayet Aydar
Prof. Dr. Hidayet Aydar ist Professor für Koranexegese am Theologischen Institut der Universität Istanbul. Auf Englisch ist von ihm erschienen: *"I and the*

Other. A Quranic Account in the Context of Religious Differences", Bülent Ecevit Üniversitesi İlahiyat Fakültesi Dergisi, Zonguldak 2015, o.S.
hidayet@istanbul.edu.tr

Wolfgang Bauer
Dr. Wolfgang Bauer promovierte an der Universität Wien in Islamwissenschaft (Arabistik). Er lehrt und forscht, mit Schwerpunkt in *Uṣūl al-Fiqh*, am Institut für Islamische Religion (IRPA) der Kirchlich Pädagogischen Hochschule Wien/Krems und am Institut Islamische Theologie (IIT) der Universität Osnabrück. Seine Dissertation *ʿĀʾishahs Grundlagen der Islamrechtsergründung und Textinterpretation* erschien 2012 im Peter Lang Verlag.
wolfgang.j.bauer@hotmail.com

Gabriele Boos-Niazy
Dipl.-Soz.Wiss. Gabriele Boos-Niazy ist Diplom-Sozialwissenschaftlerin und Vorstandsvorsitzende des Aktionsbündnis muslimischer Frauen in Deutschland e.V. Sie berät und referiert zum Thema Diskriminierung kopftuchtragender Frauen beim Zugang zum Arbeitsmarkt. Von ihr erschienen im *Rechtshandbuch für Frauen- und Gleichstellungsbeauftragte* die Artikel „*Die Auswirkungen gesetzlicher Kopftuchverbote in der Praxis*" (2013) und „*Die Situation kopftuchtragender Frauen nach dem Beschluss des Bundesverfassungsgerichts*" (2015).
info@muslimische-frauen.de

Doris Decker
Dr. Doris Decker ist wissenschaftliche Mitarbeiterin im Fachgebiet Religionswissenschaft im Rahmen des DFG-Projektes „Geschlecht und Sexualität im Werk des Großayatollahs Sayyid Muḥammad Ḥussayn Faḍlallāh (1935–2010): Transformationen religiöser Konzeptionen im schiitischen Islam der Moderne" an der Philipps-Universität Marburg. Ihre Forschungsschwerpunkte sind frühislamische Literatur und Geschichte, Frauen im Islam und Religion, Geschlecht und Sexualität (insbesondere Diskurse im Schiitischen Islam der Moderne und in der MENA-Region).
dr.doris.decker@googlemail.com

Silvia Horsch
Dr. Silvia Horsch promovierte am Institut für Arabistik der Freien Universität Berlin und ist Postdoktorandin am Institut für Islamische Theologie der Universität Osnabrück. Ihre Forschungsschwerpunkte sind Transformationsprozesse theologischer Konzepte, Gender und Autorität sowie europäische Islamrezeption. Zuletzt erschienen: "*Gelehrsamkeit, religiöse Autorität und Institutionalisierung in der Sunna im Hinblick auf die Partizipationsmöglichkeiten von Frauen*",

in: Christian Ströbele/Mohammad Gharaibeh u.s. (Hg.): *Kritik, Widerspruch, Blasphemie. Anfragen an Christentum und Islam*, Stuttgart 2017, S. 167–178.
silvia.horschalsaad@uni-osnabrueck.de

Melahat Kisi

Melahat Kisi, M.A., ist Doktorandin am Institut für Islamische Theologie Osnabrück mit dem Arbeitsschwerpunkt Geschlechterforschung und Islamische Religionspädagogik. Zuletzt erschienen: *„Ist Gender eine religionspädagogische Kategorie für den Islamischen Religionsunterricht? Argumente für die Implementierung der Genderkategorie in die Islamische Religionspädagogik“*, in: Yaşar Sarıkaya/ Franz-Josef Bäumer (Hg.), *Aufbruch zu neuen Ufern. Aufgaben, Problemlagen und Profile einer Islamischen Religionspädagogik im europäischen Kontext*, Münster/New York 2017, S. 273–290.
melahat.kisi@uni-osnabrueck.de

Kathrin Klausing

Dr. Kathrin Klausing ist wissenschaftliche Mitarbeiterin am Institut für Islamische Theologie der Universität Osnabrück und Mitgründerin des Zentrums für islamische Religionspädagogik Niedersachsen (ZIRP). Ihre Arbeitsschwerpunkte sind Koranexegese und muslimische Perspektiven auf Feminismus und Geschlechtergerechtigkeit. Ihre Dissertation *Geschlechterrollenvorstellungen im Tafsir* erschien 2014.
kklausing@uni-osnabrueck.de

Michael Tunc

Dr. päd., Dipl. Soz. Päd. Michael Tunc vertritt die Professur Migration und Interkulturalität in der Sozialen Arbeit an der Hochschule Darmstadt. Seine Arbeits- und Forschungsschwerpunkte sind Männlichkeit, Väterlichkeit, Intersektionen von Männlichkeit/Väterlichkeit und Migration/Ethnizität. Migrationsforschung und Migrationssozialarbeit. Diversität, Rassismuskritik und Antidiskriminierung, (migrationssensible) Väterarbeit und ihre Evaluation. 2018 erschien im Springer Verlag sein Buch *Väterforschung und Väterarbeit in der Migrationsgesellschaft. Rassismuskritische und intersektionale Perspektiven.*
post@michael-tunc.de

Asma Sayeed

Prof. Dr. Asma Sayeed ist Associate Professor und Program Director of Islamic Studies an der UCLA im Department Near Eastern Languages & Cultures. Ihr Buch *Women and the Transmission of Religious Knowledge in Islam* (2013) analysiert die religiöse Ausbildung von Frauen im Bereich Hadith vom Beginn des Islams bis in die Osmanische Zeit. Ihre Forschungsinteressen liegen im Bereich

frühe und klassische Sozialgeschichte der islamischen Welt, Geschichte der muslimischen Bildung und Erziehung, die Beziehungen zwischen Recht und Sozialgeschichte sowie Gender Studies.
sayeed@humnet.ucla.edu

Ismahan Wayah
Ismahan Wayah, M.A., promoviert zu zeitgenössischen muslimisch-diasporischen Romanen am Lehrstuhl für English, Postcolonial and Media Studies an der Westfälischen Wilhelms Universität Münster. Ihre Forschungsschwerpunkte sind Postkoloniale Studien, Diasporatheorien, Intersektionalität, Critical Muslim Studies sowie Schwarze Wissens-und Kulturproduktion. Letzte Veröffentlichung: *„Auch Wir schreiben Geschichte: Archivieren als Dekoloniale Praxis“*, in: Glokal (Hg.), *Connecting the Dots: Lernen aus Geschichte(n) zu Unterdrückung und Widerstand*, Berlin 2017, S. 10–18.
ismahanwayah@gmail.com

Reihe für Osnabrücker Islamstudien

Herausgegeben von Bülent Ucar und Rauf Ceylan

Band 1 Bülent Ucar / Ismail H. Yavuzcan (Hrsg.): Die islamischen Wissenschaften aus Sicht muslimischer Theologen. Quellen, ihre Erfassung und neue Zugänge im Kontext kultureller Differenzen. 2010.

Band 2 Bülent Ucar (Hrsg.): Die Rolle der Religion im Integrationsprozess. Die deutsche Islamdebatte. 2010.

Band 3 Bülent Ucar (Hrsg.): Islamische Religionspädagogik zwischen authentischer Selbstverortung und dialogischer Öffnung. Perspektiven aus der Wissenschaft und dem Schulalltag der Lehrkräfte. 2011.

Band 4 Christiane Paulus (Hrsg.): Amīn al-Ḫūlī: Die Verbindung des Islam mit der christlichen Reformation. Übersetzung und Kommentar. 2011.

Band 5 Amir Dziri: Al-Ǧuwaynīs Position im Disput zwischen Traditionalisten und Rationalisten. 2011.

Band 6 Wolfgang Johann Bauer: Aishas Grundlagen der Islamrechtsgründung und Textinterpretation. Vergleichende Untersuchungen. 2012.

Band 7 Ali Türkmenoglu: Das Strafrecht des klassischen islamischen Rechts. Mit einem Vergleich zwischen der islamischen und der modernen deutschen Strafrechtslehre. 2013.

Band 8 Rauf Ceylan (Hrsg.): Islam und Diaspora. Analysen zum muslimischen Leben in Deutschland aus historischer, rechtlicher sowie migrations- und religionssoziologischer Perspektive. 2012.

Band 9 Bülent Ucar (Hrsg.): Islam im europäischen Kontext. Selbstwahrnehmungen und Außenansichten. 2013.

Band 10 Wolfgang Johann Bauer: Bausteine des Fiqh. Kernbereiche der *'Uṣūl al-Fiqh*. Quellen und Methodik der Ergründung islamischer Beurteilungen. 2013.

Band 11 Lahbib El Mallouki: Zweckrationales Denken in der islamischen Literatur. Al-maqāṣid als systemhermeneutisches Denkparadigma. 2013.

Band 12 Bülent Ucar / Martina Blasberg-Kuhnke (Hrsg.): Islamische Seelsorge zwischen Herkunft und Zukunft. Von der theologischen Grundlegung zur Praxis in Deutschland. 2013.

Band 13 Kathrin Klausing: Geschlechterrollenvorstellungen im Tafsīr. 2014.

Band 14 Mohammed Hashim Kamali / Saffet Köse: Menschenrechte aus zwei islamtheologischen Perspektiven. 2013.

Band 15 Ṭāha Ǧābir Fayyāḍ Al-ʿAlwānī: Verhaltensethik einer innerislamischen Streitkultur. Übersetzt und mit einer Einführung versehen von Bacem Dziri. 2013.

Band 16 Assem Hefny: Herrschaft und Islam. Religiös-politische Termini im Verständnis ägyptischer Autoren. 2014.

Band 17 Rauf Ceylan/Benjamin Jokisch (Hrsg.): Salafismus in Deutschland. Entstehung, Radikalisierung und Prävention. 2014.

Band 18 Kathrin Klausing / Erna Zonne (Hrsg.): Religiöse Früherziehung in Judentum, Islam und Christentum. 2014.

Band 19 Abdurrahim Kozali / Ibrahim Salama / Souheil Thabti (Hrsg.): Das islamische Wirtschaftsrecht. 2016.

Band 20 Murat Bagriacik: Tradition und Innovation des Fiqh im Denken von Hayreddin Karaman. 2016.

Band 21 Mouez Khalfaoui / Bülent Ucar (Hrsg.): Islamisches Recht in Theorie und Praxis. Neue Ansätze zu aktuellen und klassischen islamischen Rechtsdebatten. 2016.

Band 22 Jörg Ballnus: Text und Performanz. Eine Didaktik des Gebets im islamischen Religionsunterricht zwischen Normativität und Spiritualität. 2016.

Band 23 Vivien Neugebauer: Europa im Islam – Islam in Europa. Islamische Konzepte zur Vereinbarkeit von religiöser und bürgerlicher Zugehörigkeit. 2016.

Band 24 Özden Güneş: Prosozialität im Islam. Ihre Lehren und Dimensionen im Koran und Hadith. 2016.

Band 25 Hakki Arslan: Juridische Hermeneutik (*uṣūl al-fiqh*) der hanafitischen Rechtsschule am Beispiel des *uṣūl al-fiqh*-Werks *Mirqāt al-wuṣūl ilā ʿilm al-uṣūl* von Mulla Ḫusraw (gest. 885/1480). 2016.

Band 26 Rauf Ceylan / Coşkun Sağlam (Hrsg.): Die Bedeutung der Religionswissenschaft und ihrer Subdisziplinen als Bezugswissenschaften für die Theologie. 2016.

Band 27 Maḥmūd Šabistarī: Rosenflor des Geheimnisses. Gulšan-i Rāz. Übersetzt und herausgegeben von Joseph von Hammer-Purgstall. Neu herausgegeben und aus dem Persischen ins Türkische übersetzt von Fatih Ermiş. 2017.

Band 28 Rauf Ceylan (Hrsg.): Muslimische Gemeinden. Geschichte, Gegenwart und Zukunft des Islam in Niedersachsen. 2017.

Band 29 Mahmud El-Wereny: Normenlehre des Zusammenlebens. Religiöse Normenfindung für Muslime des Westens. Theoretische Grundlagen und praktische Anwendung. 2018.

Band 30 Souheil Thabti: Die Anwendung der *maqāṣid aš-šarīʿa* im Islamic Banking in Deutschland. 2018.

Band 31 Esnaf Begić: Zwischen Tradition und Innovation: Der Einfluss des gesellschaftlichen Wandels auf die Anwendung der Scharia in Bosnien und Herzegowina im 20. Jahrhundert. 2018.

Band 32 Hüseyin Uçan: Die Bildung von religiöser Autorität in der Frühzeit des Islam am Beispiel von Sufyān aṯ-Ṯawrī und Sufyān bin ʿUyayna. Kriterien der Autoritätswerdung. 2018.

Band 33 Martina Blasberg-Kuhnke / Rauf Ceylan / Bülent Ucar (Hrsg.): Institut für Islamische Theologie Osnabrück (IIT). Entwicklung, Zwischenstand und Perspektiven. 2019.

Band 34 Silvia Horsch / Melahat Kisi / Kathrin Klausing / Annett Abdel-Rahman (Hrsg.): Der Islam und die Geschlechterfrage. Theologische, gesellschaftliche, historische und praktische Aspekte einer Debatte. 2019.

Band 35 Hatem Elliesie / Irene Schneider / Bülent Uçar (Hrsg.): Islamische Normen in der Moderne zwischen Text und Kontext. 2019.

www.peterlang.com

www.ingramcontent.com/pod-product-compliance
Lightning Source LLC
Chambersburg PA
CBHW030242100426
42812CB00002B/291